普通高等学校土木工程专业精编系列规划

桥梁工程检测与施工监控技术

主　编　方诗圣
副主编　汪　权　吴文明
主　审　王建国

WUHAN UNIVERSITY PRESS

武汉大学出版社

图书在版编目(CIP)数据

桥梁工程检测与施工监控技术/方诗圣主编.—武汉:武汉大学出版社,2014.3(2023.5重印)

普通高等学校土木工程专业精编系列规划教材
ISBN 978-7-307-12637-4

Ⅰ.桥…　Ⅱ.方…　Ⅲ.①桥梁工程—检测—高等学校—教材　②桥梁工程—施工监督—高等学校—教材　Ⅳ.U44

中国版本图书馆 CIP 数据核字(2013)第 316791 号

责任编辑:王亚明　孙　丽　　　责任校对:路亚妮　　　　装帧设计:吴　极

出版发行:**武汉大学出版社**　(430072　武昌　珞珈山)

(电子邮件:whu_publish@163.com 网址:www.stmpress.cn)

印刷:湖北黄冈市新华印刷有限责任公司

开本:850×1168　1/16　印张:18.75　　字数:515 千字

版次:2014 年 3 月第 1 版　　2023 年 5 月第 2 次印刷

ISBN 978-7-307-12637-4　　　　定价:37.00 元

普通高等学校土木工程专业精编系列规划教材
编审委员会

（按姓氏笔画排名）

特别提示

教学实践表明,有效地利用数字化教学资源,对于学生学习能力以及问题意识的培养乃至怀疑精神的塑造具有重要意义。

通过对数字化教学资源的选取与利用,学生的学习从以教师主讲的单向指导的模式而成为一次建设性、发现性的学习,从被动学习而成为主动学习,由教师传播知识而到学生自己重新创造知识。这无疑是锻炼和提高学生的信息素养的大好机会,也是检验其学习能力、学习收获的最佳方式和途径之一。

本系列教材在相关编写人员的配合下,将逐步配备基本数字教学资源,其主要内容包括:

课程教学指导文件

(1)课程教学大纲;
(2)课程理论与实践教学时数;
(3)课程教学日历:授课内容、授课时间、作业布置;
(4)课程教学讲义、PowerPoint 电子教案。

课程教学延伸学习资源

(1)课程教学参考案例集:计算例题、设计例题、工程实例等;
(2)课程教学参考图片集:原理图、外观图、设计图等;
(3)课程教学试题库:思考题、练习题、模拟试卷及参考解答;
(4)课程实践教学(实习、实验、试验)指导文件;
(5)课程设计(大作业)教学指导文件,以及典型设计范例;
(6)专业培养方向毕业设计教学指导文件,以及典型设计范例;
(7)相关参考文献:产业政策、技术标准、专利文献、学术论文、研究报告等。

本书基本数字教学资源及读者信息反馈表请登录www.stmpress.cn下载,欢迎您对本书提出宝贵意见。

前言

为更好地适应高等教育改革与发展的需要,满足新形势下土木工程专业应用型创新人才所具备的相应知识储备、技能训练和素质拓展的要求,依据全国土木工程专业教学指导委员会最新颁布的《高等学校土木工程本科指导性专业规范》(以下简称《专业规范》),并结合编者多年的教学经验和工程实践,我们编写了这本适用于开设土木工程专业本科院校教学的配套用书。本书为住房和城乡建设部高等学校土木工程学科专业指导委员会"2013 年度高等教育教学改革项目土木工程专业卓越计划专项"立项课题成果之一。

本书立足于当前基础设施建设迅速发展的现状,以工程实际案例为载体,以行业需求为导向,以能力培养为目标,培养基础知识扎实、实践能力突出的专业应用型创新人才。本教材编写时主要突出以下特色:

(1)紧扣最新规范——近年来桥梁工程检测与施工监控技术在突飞猛进地发展,部分技术标准和行业规范已经重编或修订。本教材编写时均采用我国目前最新颁布和实施的国家及行业有关标准和规范,力求反映当前桥梁工程检测与施工监控的最新技术。

(2)体现区域特色——本教材结构体系新颖,涉及的专业基础知识和应用技能的工程实践内容均选取某区域土木工程行业的典型案例、操作方法、操作流程,使读者在了解和掌握基础知识的同时,对相关领域内的新技术有更深的把握,突出其区域特色。

(3)强调工程实践——本教材编写过程中着眼于理论知识与实际工程,充分考虑学生的学习目标和社会的实际需求。通过对典型案例、操作方法或流程进行分析,重点培养学生的实践认知能力和创新精神,提高学生运用桥梁工程检测与施工监控技术的知识解决实际工程问题的能力。

(4)体例风格全新——本教材编写时通过"内容提要"和"能力要求"明确学生在学习后应达到的相关能力;"案例分析"中的工程实例理论联系实际,可引发学生的学习兴趣;"知识归纳"和"独立思考"在总结内容的同时,留给学生充分的学习空间。

本书共分为 7 章:第 1 章综合介绍了桥梁工程检测与施工监控的基本概念、内容、方法及其必要性与重要性;第 2 章主要介绍了桥梁检查的分类,桥梁结构的普查,桥梁结构应变、变形、振动等测试技术;第 3 章主要介绍了桥梁支座和伸缩装置、混凝土结构构件、预应力混凝土结构、钢结构和悬吊结构等的检测;第 4 章主要介绍了桥梁结构静载试验和动载试验的主要内容、实施程序、测试方法、仪器设备、数据分析与处理及承载力状况评定;第 5 章主要介绍了桥梁混凝土结构无损检测的基本概念、检测的相关要求、检测结果的评定方法;第 6 章主要介绍了地基、桩基础、钻孔灌注桩施工时泥浆性能、成孔质量及基桩承载力检测的方法;第7章主要介绍了桥梁工程施工监控的基本概念、工作内容与实施方法。

本书由合肥工业大学方诗圣担任主编;合肥工业大学汪权、铜陵学院吴文明担任副主编;合肥工业大学卞步喜、安徽建筑大学郝英奇、安徽新华学院何苏林担任参编。

具体编写分工为:

合肥工业大学,方诗圣(前言、第1章、第7章);

合肥工业大学,汪权(第4章、第7章);

铜陵学院,吴文明(第2章);

合肥工业大学,卞步喜(第3章);

安徽建筑大学,郝英奇(第5章);

安徽新华学院,何苏林(第6章)。

合肥工业大学王建国担任本书主审,对本书的编写工作提出了许多宝贵建议,特致谢意。

本书编写时按照《专业规范》规定的完成本课程教学至少需要32学时的要求,考虑到各院校的实际需求,对部分内容进行了适当增加,超出《专业规范》中最低教学要求以外的内容各院校可作适当调整。

教材在编写过程中参考并引用了已公开发表的文献资料、专业规范和相关书籍的部分内容,得到了许多专家的专业指导,武汉大学出版社对本书的出版也给予了极大的帮助和支持,在此一并深表感谢。

由于我国桥梁工程检测与施工监控技术的飞速发展,新技术、新方法不断涌现,加之编者水平有限,书中难免存在疏漏和不足之处,恳请读者批评指正,在此表示衷心的感谢。

编　者

2014年1月

目录

1

绪　论

课前导读

▽ 内容提要

　　本章综合介绍了桥梁工程检测与施工监控技术的基本概念、任务与内容、方法与依据及其在公路建设中的重要意义，还介绍了本课程的学习方法与要求。本章的教学重点是桥梁工程检测与施工监控的基本概念、主要内容。

▽ 能力要求

　　通过本章的学习，学生应熟悉桥梁工程检测与施工监控的重要意义，掌握桥梁检测与施工监控的基本概念、主要内容，了解桥梁工程检测与施工监控技术的主要依据。

1.1　概　述

1.1.1　目的和意义

随着国民经济的迅猛发展,我国公路建设事业也迎来了发展高潮。作为公路建设重要组成部分的桥梁建设也得到了相应发展,跨越大江(河)、海峡(湾)的长、大桥梁相继修建,一般公路和高等级公路上的中小桥、立交桥形式多样,极大地改善了交通环境,创造出了可观的经济效益和社会效益,为经济的发展发挥了巨大作用。但另一方面,由于近年来交通流量增长迅速,大件运输车和超重车日益增多,公路运输对公路桥梁通行能力和承载能力的要求越来越高,一些旧桥陈旧老化、破损现象日趋严重,许多旧桥难以适应日趋增长的交通流量需要。为保证公路的畅通,创造一个安全、舒适的行车环境,加强桥梁工程检测和施工监控工作显得十分必要,这已成为各级公路管理部门工作的重点。如何保证桥梁建设的质量,养护管理好现有桥梁,保持桥梁的良好工作状态,延长其使用寿命,这一新的机遇和挑战对各级公路管理部门提出了更高的要求。

桥梁工程检测和施工监控是为了保证桥梁在施工过程中以及成桥后的线形、内力与设计思路相吻合,在桥梁工程建设中占有重要的地位,是施工质量控制和竣工验收评定工作中必不可少的一个主要环节。特别是近几年来,桥梁跨度、结构形式有了很大的突破,桥梁施工过程复杂,影响施工目标实现的因素很多,目前的计算手段难以准确地对桥梁在施工期和运营期的结构行为进行预测,因此有必要引入检测和监控手段对桥梁的施工进行指导。总之,桥梁工程检测和施工监控对提高桥梁工程质量、加快工程施工进度、降低工程建设成本、推动桥梁工程施工技术进步,将会起到极为关键的积极影响。

1.1.2　任务和内容

桥梁工程检测与施工监控是大跨径桥梁施工质量控制、新桥型结构性能研究、各类桥梁施工质量评定、桥梁养护管理工作的重要手段。总体而言,桥梁工程检测与施工监控工作包括以下几方面的任务:

① 对于各类常规桥涵,施工前先要试验、鉴定进场的原材料、成品和半成品部件是否符合国家质量标准和设计文件的要求,对其做出接收或拒收决定。从桥位放样到每一工序和结构部位的完成,均需通过试验检测来判定其是否符合质量标准要求,经检验符合质量标准后方可进行下一工序的施工,否则就需采取补救措施或返工。桥涵施工完成后需全面检测,进行质量等级评定,必要时还需进行荷载试验,以对结构整体的受力性能是否达到设计文件和标准规范的要求做出评价。

② 对于施工中的大跨径悬索桥、斜拉桥、拱桥和连续刚构桥,为使结构达到或接近设计的几何线形和受力状态,施工各阶段需对结构的几何位置和受力状态进行监测,根据测试值对下一阶段的控制变量进行预测并制订调整方案,实现对结构的施工控制,而试验检测是施工控制的重要手段。

③ 对于新桥型结构、新材料、新工艺,必须通过试验检测、鉴定其是否符合国家标准和设计文件的要求,同时为完善设计理论和施工工艺积累实践资料。

④ 试验检测也是评价桥涵工程质量缺陷和鉴定工程事故的手段。试验检测可为质量缺陷或事故判定提供实测数据,以便准确判别质量缺陷和事故的性质、范围和程度,合理评价事故损失,明确事故责任,从中总结经验教训。

⑤ 开展桥梁工程检测、评定与维修加固,是保证桥梁安全、路网畅通的重要措施。

⑥ 桥梁施工控制是桥梁施工技术的重要组成部分,也是实施难度相对较大的部分。对不同体系、不同施工方法、不同材料等的桥梁,其施工控制技术的要求也不一样。

⑦ 衡量一座桥梁的施工宏观质量标准,使其成桥状态的线形以及受力情况符合设计要求。对于桥梁的下部结构,只要基础埋置深度、尺寸以及墩台尺寸准确就能达到标准要求,且容易检查和控制。而对于采用多工序、多阶段施工的桥梁上部结构,要求结构内力和高程的最终状态符合设计要求就不那么容易了。

⑧ 为了安全可靠地建设好每座桥梁,施工控制变得非常重要。因为每种体系的桥梁所采用的施工方法均按预定的程序进行,所以施工中的每一阶段,结构的内力和变形是可以预计的,同时可通过监测得到各施工阶段结构的实际内力和变形,从而完全可以跟踪、掌握施工进程情况。当发现施工过程中监测的实际值与计算的预计值相差太大时,就要检查和分析原因,而不能再继续进行施工,否则可能出现事故。

桥梁工程检测与施工监控的主要内容包括以下几方面:

① 桥梁结构试验检测:包括桥梁检查的分类,桥梁结构的普查,桥梁结构应变、变形、振动等测试技术。

② 桥梁上部结构检测:包括桥梁支座和伸缩装置、混凝土结构构件、预应力混凝土结构、钢结构和悬吊结构等的检测。

③ 桥梁结构荷载试验:包括桥梁结构静载试验和动载试验的主要内容、实施程序、测试方法、仪器设备、数据分析与处理及承载力状况评定。

④ 桥梁结构无损检测:包括桥梁混凝土结构无损检测的基本概念、检测的相关要求、检测结果的评定方法。

⑤ 桥梁工程地基与基础检测:包括地基、桩基础、钻孔灌注桩施工时泥浆性能与成孔质量及基桩承载力检测的方法。

⑥ 桥梁工程监控:包括桥梁施工监控的基本概念、工作内容与实施方法。

1.1.3　方法与依据

公路桥梁工程试验检测应以国家和中华人民共和国交通运输部颁布的有关公路工程的法规、技术标准、设计施工规范和材料试验规程为依据进行。对于某些新结构以及采用新材料和新工艺的桥梁,有关的公路工程规范、规程暂无相关条款规定时,可以借鉴执行国外或国内其他行业的相关标准、规范的有关规定。

公路桥梁工程检测与施工监控主要涉及的常用标准、规范包括如下内容:

①《城镇桥梁安全鉴定技术规程》(DB 34745—2009);

②《公路桥梁承载能力检测评定规程》(JTG/T J21—2011);

③《公路桥梁技术状况评定标准》(JTG/T H21—2011);

④《混凝土结构试验方法标准》(GB 50152—2012);

⑤《公路工程质量检验评定标准　第一册　土建工程》(JTG F80/1—2004);

⑥《大跨径混凝土桥梁的试验方法》(交通部公路科学研究所等,1982 年);

⑦《城市桥梁工程施工与质量验收规范》(CJJ 2—2008);

⑧《公路桥涵设计通用规范》(JTG D60—2004);

⑨《公路钢筋混凝土及预应力混凝土桥涵设计规范》(JTG D62—2004);

⑩《公路桥涵地基与基础设计规范》(JTG D63—2007);

⑪《公路桥涵钢结构及木结构设计规范》(JTJ 025—1986)；

⑫《公路斜拉桥设计细则》(JTG/T D65-01—2007)；

⑬《公路桥涵施工技术规范》(JTG/T F50—2011)；

⑭《城市桥梁养护技术规范》(CJJ 99—2003)；

⑮《公路桥涵养护规范》(JTG H11—2004)；

⑯《钻芯法检测混凝土强度技术规程》(CECS 03—2007)；

⑰《超声回弹综合法检测混凝土强度技术规程》(CECS 02—2005)；

⑱《回弹法检测混凝土抗压强度技术规程》(JGJ/T 23—2011)；

⑲《工程测量规范》(GB 50026—2007)；

⑳《公路桥梁板式橡胶支座》(JT/T 4—2004)；

㉑《公路桥梁盆式支座》(JT/T 391—2009)；

㉒《公路桥梁伸缩装置》(JT/T 327—2004)；

㉓《预应力混凝土用钢绞线》(GB/T 5224—2003)。

未尽部分内容需结合桥梁实际状况参考现行相关国家及行业标准、规范和规程等。

1.2　基本概念

1.2.1　桥梁工程检测

桥梁工程检测是判定桥梁结构承载能力和使用条件、检验设计和施工质量的重要手段之一。桥梁工程检测工作包括三方面内容：桥梁施工前检测，桥梁施工期检测，桥梁运行期技术状况检查（桥梁检查）。

1.2.2　桥梁施工监控

桥梁施工监控是指对桥梁施工过程中结构的受力、变形及稳定进行控制，以使施工中的结构处于最优状态，保证施工过程安全和成桥状态（包括内力和线形状态）符合设计、规范的要求。施工监控通常由施工控制单位（小组）来完成。

1.3　学习本课程的方法与要求

1.3.1　学习方法

本课程内容广泛，综合性强，包括桥梁结构试验检测的基本原理和技术、桥梁上部结构检测、桥梁工程施工监控、桥梁结构无损检测、桥梁工程地基与基础检测、桥梁结构荷载试验6大部分内容，理论性、实践性较强，具有很好的操作性，并列举了大量的工程案例，以使学生在了解和掌握基本知识的同时，对实际工程有更深层次的理解。学习本课程前，学生应具有高等数学、土木工程材料、结构力学、桥梁工程、地质与地基基础等课程的基础。对于土木工程专业的学生而言，今后多数是在工程实践中应用课堂上所学的知识，因此在学习本课程时不仅要重视理论内容的学习，更应重视实践内容的学习与积累。实验课是本课程的主要实践性教学环节，学生应通过上实验课学习和掌握各种常用试验的原理和方法,培养严谨求实的科学态度和实际操作能力。上实验课时,应严格按照实验方法,一丝不苟地做实验;要了解实验条件对实验结果的影响,并能对实验数据、实验结果进行正确的分析和判断。

1.3.2 学习要求

通过本课程的学习,学生应达到如下要求:熟悉和掌握桥梁检测与施工监控的主要理论基础和技术要求,掌握主要的检测方法和应用条件,熟悉常用的检测仪器及操作技术,能够对桥涵进行必要的检测,能对检测的数据进行必要的分析、处理,能够编写检测桥梁的相关检测报告。

【知识归纳】
(1) 桥梁工程检测与施工监控的目的和意义。
(2) 桥梁工程检测与施工监控的内容和任务。
(3) 桥梁工程检测与施工监控的方法和依据。
(4) 桥梁工程检测与施工监控的基本概念。

【独立思考】
1-1 简述桥梁工程检测与施工监控的意义。
1-2 桥梁工程检测与施工监控包括哪些内容?
1-3 简述桥梁工程检测与施工监控的基本概念。

【参考文献】
[1] 中华人民共和国交通部.JTG H11—2004 公路桥涵养护规范.北京:人民交通出版社,2004.

[2] 中华人民共和国建设部.CJJ 99—2003 城市桥梁养护技术规范.北京:中国建筑工业出版社,2004.

[3] 中华人民共和国交通部.JTG F80/1—2004 公路工程质量检验评定标准:第一册 土建工程.北京:人民交通出版社,2004.

[4] 中华人民共和国交通部.JTG D60—2004 公路桥涵设计通用规范.北京:人民交通出版社,2004.

[5] 中华人民共和国交通部.JTG D62—2004 公路钢筋混凝土及预应力混凝土桥涵设计规范.北京:人民交通出版社,2004.

[6] 范立础.桥梁工程:上册.2版.北京:人民交通出版社,2012.

[7] 张宇峰,朱晓文.桥梁工程试验检测技术手册.北京:人民交通出版社,2009.

[8] 张俊平.桥梁检测与维修加固.2版.北京:人民交通出版社,2011.

[9] 刘自明,陈开利.桥梁工程检测手册.2版.北京:人民交通出版社,2010.

[10] 黄平明,陈万春.桥梁养护与加固.北京:人民交通出版社,2009.

[11] 向中富.桥梁工程控制.北京:人民交通出版社,2011.

2

桥梁结构试验检测
基本原理和技术

课前导读

▽ **内容提要**

　　本章的主要内容包括桥梁检查的分类，桥梁结构普查，桥梁结构应变、变形、振动等的测试技术。本章的教学重点是桥梁检查的分类，桥梁结构普查的内容，桥梁结构测试的基本原理；教学难点是桥梁结构测试技术。

▽ **能力要求**

　　通过本章的学习，学生应熟悉桥梁检查的分类，掌握桥梁结构普查的内容，理解桥梁结构测试技术的基本原理，了解部分测试仪器的基本性能和测量方法。

2.1　桥梁结构试验检测的任务、目的及桥梁检查的分类

2.1.1　桥梁结构试验检测的任务

近些年来,我国公路建设进入到了一个快速发展的时期,许多新的桥梁需要建设,同时部分旧桥已接近服役期限。因此,桥梁试验检测技术已逐渐受到桥梁工作者的重视,并不断得到发展与提高。一般来说,公路桥梁结构试验检测的任务包括以下三个方面。

2.1.1.1　在役桥梁运营期的技术状况检查

在役桥梁在运营期间,会受到一些因素(例如自然灾害、设计施工缺陷、桥梁使用荷载超过设计荷载等级等)的影响而使其使用性能和承载能力降低,所以需要对桥梁进行检查。桥梁检查包括经常检查、定期检查、特殊检查。通过桥梁检查可系统地掌握桥梁的技术状况,及时发现桥梁结构发生的异常或损坏。

2.1.1.2　桥梁施工期的试验监测

施工监测是桥梁施工的一部分,通过采集施工期间的动态数据,可采取适当的措施来保证桥梁在成桥时处于理想的状态。

2.1.1.3　新建桥梁竣工后的试验检测

对于重要的桥梁结构,在竣工后通过试验检测可考查桥梁的施工质量和结构性能,判断桥梁的实际承载能力,为竣工验收、投入使用提供科学依据。随着桥梁工程的发展,新结构、新材料、新工艺的推广应用,原有的规范、规程可能不再适应工程实践的要求。这时往往需要通过系统的试验检测来掌握桥梁结构在荷载作用下的实际受力状态,为充实和发展桥梁设计理论积累资料;为修改、完善既有的规范、规程,更好地指导设计和施工工作提供依据。

2.1.2　桥梁结构试验检测的目的

桥梁结构试验检测是对桥梁原型结构或桥梁模型结构直接进行的科学试验工作。桥梁原型结构试验的目的是通过试验掌握桥梁结构在试验荷载下的实际工作状态,判定桥梁结构的使用性能和承载能力,检验桥梁设计和施工质量。桥梁模型试验的目的是研究结构的受力行为,探索结构的内在规律,为设计、施工服务。总体而言,桥梁试验检测是桥梁工程设计参数、施工质量控制、施工验收评定、养护管理决策的主要依据。桥梁试验检测对提高工程质量、加快工程进度、降低工程造价、推动桥梁设计和施工技术的进步具有极为重要的作用。

2.1.3　桥梁检查的分类

根据中华人民共和国交通部 2004 年颁布的《公路桥涵养护规范》(JTG H11—2004)的规定,桥梁检查分为经常检查、定期检查和特殊检查。

2.1.3.1　经常检查

经常检查主要是指日常养护工作中的经常性巡查,对桥面设施、上部结构、下部结构及附属构

造物的技术状况进行检查,以确保桥梁的安全为目的。经常检查的主要内容有:

① 外观是否整洁,有无杂物堆积、杂草蔓生。构件表面的涂装层是否完好,有无损坏、老化变色、开裂、起皮、剥落、锈迹。

② 桥面铺装是否平整,有无裂缝、局部坑槽、积水、沉陷、波浪、碎边;混凝土桥面是否有剥离、渗漏,钢筋是否露筋、锈蚀,缝料是否老化、损坏,桥头有无跳车。

③ 排水设施是否良好,桥面泄水管是否发生堵塞和破损。

④ 伸缩缝是否堵塞卡死,连接部件有无松动、脱落、局部破损。

⑤ 人行道、缘石、栏杆、扶手、防撞护栏和引道护栏(柱)有无撞坏、断裂、松动、错位、缺件、剥落、锈蚀等。

⑥ 桥梁结构有无异常变形,异常的竖向振动、横向摆动等情况,然后检查各部件的技术状况,查找异常原因。

⑦ 支座是否有明显缺陷,活动支座是否灵活,位移量是否正常。支座的经常检查一般可以每季度进行一次。

⑧ 桥位区段河床冲淤变化情况。

⑨ 基础是否受到冲刷损坏,发生外露、悬空、下沉,墩台及基础是否受到生物腐蚀。

⑩ 墩台是否受到船只或漂浮物撞击而受损。

⑪ 翼墙(侧墙、耳墙)有无开裂、倾斜、滑移、沉降、风化剥落和异常变形。

⑫ 锥坡、护坡、调治构造物有无塌陷,铺砌面有无缺损、勾缝脱落、灌木杂草丛生。

⑬ 交通信号、标志、标线、照明设施以及桥梁其他附属设施是否完好。

⑭ 有无其他显而易见的损坏或病害。

经常检查主要由专门桥梁养护人员或有一定经验的工程技术人员负责。检查的周期根据桥梁的技术状况而定,一般每月不得少于一次,汛期应加强不定期检查。检查一般采用目测的方法,也可配以简单工具进行测量,当场填写"桥梁经常检查记录表",见表 2-1。现场要登记所检查项目的缺损类型,估计缺损范围及养护工作量,提出相应的小修保养措施,为编制辖区内的桥梁养护(小修保养)计划提供依据。

经常检查中发现桥梁重要部件存在明显缺损时,应及时向上级提交专项报告。

表 2-1 桥梁经常检查记录表

管理单位:

路线编码		路线名称		桥位桩号	
桥梁编码		桥梁名称		养护单位	
部件名称	缺损类型	缺损范围		保养措施意见	
翼墙					
锥坡、护坡					
桥台及基础					
桥墩及基础					
地基冲刷					
支座					

部件名称	缺损类型	缺损范围	保养措施意见	
上部机构 异常变形				
桥与路连接				
伸缩缝				
桥面铺装				
人行道、缘石				
栏杆、护栏				
标志、标线				
排水设施				
照明系统				
桥面清洁				
调治构造物				
其他				
负责人		记录人	检查日期	年　月　日

2.1.3.2 定期检查

桥梁的定期检查主要是对桥梁主体结构及附属构造物的技术状况进行的全面检查,为评定桥梁使用功能、制订养护计划提供基本数据,为桥梁养护管理系统搜集结构技术状态的动态数据。

定期检查要求具有丰富的实践经验,受过专门桥梁检查培训并熟悉桥梁设计、施工等方面知识的工程师来进行。检查以目测为主,辅以必要的测量仪器、探查工具、望远镜、照相机和现场用器材等设备进行。通过对结构物及其材料进行彻底的、视觉的和系统的检查,建立和完善桥梁管理与养护档案。

定期检查的时间应符合下列规定:

① 定期检查周期根据技术状况确定,最长不得超过三年。新建桥梁交付使用一年后,进行第一次全面检查。临时桥梁每年检查不得少于一次。

② 在经常检查中发现重要部(构)件的缺损明显达到三、四、五类技术状况时,应立即安排一次定期检查。

定期检查的主要内容有:

① 现场校核桥梁基本数据。

② 当场填写"桥梁定期检查记录表",见表 2-2,记录各部件缺损状况并作出技术状况评分。

③ 实地判断缺损原因,确定维修范围及方式。

④ 对难以判断损坏原因和程度的部件,提出特殊检查(专门检查)的要求。

⑤ 对损坏严重、危及安全运行的危桥,提出限制交通或改建的建议。

⑥ 根据桥梁的技术状况,确定下次检查时间。

表 2-2 **桥梁定期检查记录表**

县级公路管理机构名称：

1 路线编码		2 路线名称		3 桥位桩号	
4 桥梁编码		5 桥梁名称		6 下穿通道名	
7 桥长/m		8 主跨结构		9 最大跨径/m	
10 管养单位		11 建成年月		12 上次大中修日期	
13 上次检查日期		14 本次检查日期		15 气候	

16 部件号	17 部件名称	18 评分 (0～5)	19 特别检查	20 维修范围	21 维修方式	22 维修时间	23 费用/元
1	翼墙、耳墙						
2	锥坡、护坡						
3	桥台及基础						
4	桥墩及基础						
5	地基冲刷						
6	支座						
7	上部主要承重构件						
8	上部一般承重构件						
9	桥面铺装						
10	桥头跳车						
11	伸缩缝						
12	人行道						
13	栏杆、护栏						
14	照明、标志						
15	排水设施						
16	调治构造物						
17	其他						

24 总体状况评定等级		25 全桥清洁状况评分		26 保养、小修状况评分	

27 经常性养护建议

28 记录人		29 负责人		30 下次检查时间	

31 缺损说明

部件号	部件名称	缺损位置	缺损状况 (类型、性质、范围、程度)	照片或图片 (编号/年)
1	翼墙、耳墙			
2	锥坡、护坡			
3	桥台及基础			
4	桥墩及基础			
5	地基冲刷			
6	支座			
7	上部主要承重构件			
8	上部一般承重构件			
9	桥面铺装			
10	桥头跳车			
11	伸缩缝			
12	人行道			
13	栏杆、护栏			
14	照明、标志			
15	排水设施			
16	调治构造物			
17	其他			

对特大型、大型桥梁而言,需设立永久性观测点,定期进行控制检测。控制检测的项目及永久性观测点的设置见表 2-3。特大型桥梁或特殊桥梁还可根据养护、管理的需要,增加相应的控制检测项目。新建桥梁交付使用前,公路管理机构应事先要求桥梁建设单位在竣工时设置便于检测的永久性观测点。大桥、特大桥必须设置永久性观测点。测点的编号、位置(距离、标高和地物特征)和竣工测量数据,均应在竣工图上标明,作为验收文件中必要的竣工资料予以归档。应设而没有设置永久性观测点的桥梁,应在定期检查时按规定补设。测点的布设和首次检测的时间及检测数据等,应按竣工资料的要求予以归档。桥梁主体结构维修、加固或改建前后必须进行控制测量,以保持观测资料的连续性。桥梁永久性观测点的设置要牢固可靠。特大、大、中桥墩(台)旁,必要时可设置水尺或标志,以观测水位和冲刷情况。

表 2-3 控制检测的项目及永久性观测点的设置

	检测项目	观测点
1	墩、台身、索塔、锚碇的高程	墩、台身底部(距地面或常水位 0.5~2 m),桥台侧墙尾部顶面和锚碇的上、下游各 1~2 点
2	墩、台身、索塔倾斜度	墩、台身底部(距地面或常水位 0.5~2 m),上、下游两侧各 1~2 点

	检测项目	观测点
3	桥面高程	沿行车道两边(靠缘石处),按每孔跨中、$L/4$、支点等设置不少于五个位置(10个点)。观测点应固定于桥面板上
4	拱桥桥台、悬索桥锚碇水平位移	拱座,锚碇的上、下游两侧各 1 点
5	悬索桥索卡滑移	索卡处设 1 点

2.1.3.3 特殊检查

特殊检查是指查清桥梁的病害原因、破损程度、承载能力、抗灾能力,确定桥梁技术状况的工作。特殊检查分为专门检查和应急检查两种:前者是指根据经常检查和定期检查的结果,对需要进一步判明损坏原因、缺损程度或使用能力的桥梁,针对病害进行专门的现场试验检测、验算与分析等鉴定工作;后者是指桥梁受到灾害性损伤后,为了查明破损状况,采取应急措施,组织恢复交通,对结构进行的详细检查和鉴定工作。

特殊检查应委托具有相应资质和能力的单位承担。实施专门检查前,承担单位负责检查的工程师应充分收集资料,包括设计资料(设计文件、计算所用的程序、方法及计算结果)、竣工图、材料试验报告、施工记录、历次桥梁定期检查和特殊检查报告,以及历次维修资料等。原始资料如有不全或疑问,可现场测绘构造尺寸,测试构件材料的组成及性能,勘察水文地质情况等。

桥梁在下列情况下应进行特殊检查:

① 定期检查中难以判明损坏原因及程度时。

② 技术状况为四、五类时。

③ 拟通过加固手段提高荷载等级时。

④ 条件许可时,特殊重要的桥梁在正常使用期间可周期性进行荷载试验。

⑤ 遭受洪水、流冰、滑坡、地震、风灾、漂流物或船舶撞击,因超重车辆通过或其他异常情况影响造成损害时。

以上前四种情况下的检查属于专门检查,最后一种情况下的检查属于应急检查。

桥梁特殊检查应根据需要对以下三方面问题进行鉴定:

① 桥梁结构材料缺损状况。包括对材料物理、化学性能退化程度及原因的测试鉴定,结构或构件开裂状态的检测及评定。

② 桥梁结构承载能力。包括对结构强度、稳定性和刚度的检算、试验和鉴定。

③ 桥梁防灾能力。包括对桥梁抵抗洪水、流冰、风、地震及其他地质灾害等能力的检测鉴定。

承担特殊检查的单位及负责检查的工程师应按合同规定的内容及时间完成检查任务,并作出检查报告。检查报告应包括以下主要内容:

① 概述检查的一般情况。包括桥梁的基本情况、检查的组织、时间、背景和工作过程等。

② 描述桥梁目前的技术状况。包括现场调查、试验与检测的项目及方法、检测数据与分析结果和桥梁技术状况评价等。

③ 详细叙述检查部位的损坏程度及原因,并提出结构部件和总体的维修、加固或改建的建议方案。

2.2 桥梁结构普查

2.2.1 桥面铺装

桥面铺装即行车道铺装,是车轮直接作用的部分。桥面铺装的主要作用有:分布车轮荷载,防止桥面板受到车辆轮胎或履带的直接磨损,保护主梁免受雨水侵蚀。因此,桥面铺装质量的好坏直接影响到行车是否舒适、畅通与安全。

桥面铺装普查的重点是桥面纵坡横坡、桥面平整度、磨耗及损坏等情况。目前,桥面铺装使用较广的主要是沥青混凝土铺装和水泥混凝土铺装,下面介绍这两种类型的铺装检查。

2.2.1.1 沥青混凝土铺装检查

沥青混凝土铺装常见的缺陷有:泛油,纵裂、横裂、龟裂,老化开裂,收缩开裂,车辙、推移、波浪,磨光、剥落、松散、坑槽等。因此,对沥青混凝土铺装应观察其是否平整,有无跳车现象;是否有龟裂,是否有松散、露骨,即桥面是否出现锯齿状的粗糙状态;是否有车辙、推移、波浪等现象。同时还要对桥面的平整度、抗滑性能等进行相应的检测。

桥面铺装层裂缝的宽度和长度可以用直尺量测,桥面铺装平整度常用的检测方法有 3 m 直尺法及连续式平整度仪法,车辙常用路面横断面仪或路面横断面尺来检测,抗滑性能检测可以采用构造深度测试法(手工铺砂法、电动铺砂法)、摆式仪法、横向力系统测试法等。

沥青混凝土铺装层出现泛油、裂缝、波浪、坑槽、车辙等病害时,应及时处理。当损坏面积较小时,可以局部修补;损坏面积较大时,可将整跨铺装层凿除,重铺新的铺装层。一般不应在原桥面上直接加铺,以免增加桥梁恒载。

2.2.1.2 水泥混凝土铺装检查

水泥混凝土铺装常见的缺陷有表面裂缝、表面磨耗、脱皮露骨、坑槽等,因此对水泥混凝土铺装应观察其是否平整,是否有裂缝,是否有露骨等现象。其中最重要的是要观察是否有大面积裂缝或局部裂缝(错台)。同时还要对桥面的平整度、抗滑性能等进行相应的检测。水泥混凝土铺装层裂缝的检测、平整度的检测、抗滑性能检测等与沥青混凝土铺装层相关检测相同。

水泥混凝土铺装层出现断缝、拱胀、错台、起皮、露骨等情况时,应及时处理,损坏面积较大时,应将原铺装整块或整跨凿除,重铺新的铺装层。

2.2.2 伸缩装置

伸缩装置是指为使车辆平稳通过桥面并满足桥面变形的需要,在桥面伸缩缝处设置的各种装置的总称。其不但要保证梁体能自由变形,而且要使车辆在设缝处能平顺地通过,防止雨水、垃圾、泥土等渗入阻塞。目前常用的伸缩装置有 U 形锌铁皮式伸缩缝、钢板式伸缩缝和橡胶伸缩缝。

桥梁伸缩装置一般都暴露在大自然中,受到各种自然因素的影响,直接承受车辆荷载的反复作用,再加上其设置在梁端构造薄弱部位,所以是很容易损坏的,也比较难修补。各种伸缩装置的缺陷往往表现在伸缩缝自身的破坏、损伤,锚固件损坏,接头周围部位后铺筑料的剥落、凹凸不平等,这些缺陷会导致伸缩缝漏水,进而加速主梁、支座和盖梁等构件的损坏。

检查伸缩装置时要注意伸缩缝的宽度是否合适,有无拉开或挤抵现象,是否平整,是否完整,有无磨耗、损坏,相关设备、构件是否完善,能否活动自如,工作状况是否正常。检查的要点:伸缩缝是否堵塞、挤死、失效;各部件的构件是否完好;锚固连接是否牢固,连接是否松动;有无局部破损;密封橡胶带是否老化、失去弹性、异常变形或开裂;伸缩缝是否有不正常的响声或异常的伸缩量;伸缩缝各基本单元间隙是否均匀,在平行、垂直于桥梁轴线的两个方向是否均能自由伸缩;钢构件是否发生锈蚀、变形;伸缩缝处是否平整,有无跳车现象等。另外,在检查的过程中应做好记录,建立检查记录档案。有计划、有组织地做好经常性检查工作,可以尽早避免因小的损坏而演变成大的破坏现象的发生。

2.2.3 人行道

人行道是指用路缘石或护栏及其他类似设施加以分隔的专门供人行走的部分。人行道应牢固、完整,符合要求。桥面路缘石应经常保持完好状态,若出现松动、缺损应该及时进行修整或更换。在桥梁运营过程中,有时会因桥梁伸缩缝的问题而将伸缩缝附近的人行道挤压破碎或使之隆起。桥梁普查时,应检查人行道构件有无撞坏、断裂、松动、错位、缺件、剥落、锈蚀等。

2.2.4 防撞护栏

桥梁上的防撞护栏是桥面上的安全防护设施。防撞护栏应该牢固、可靠,若有损坏应及时修理或更换。在护栏端面涂有立面标记或示警标志的,应定期涂刷,一般一年一次,以使油漆颜色保持鲜明。由于防撞护栏长期暴露在自然环境中,加之受到人为损坏或车辆的撞击,出现各种各样的缺陷或损伤是不可避免的。因此,必须加强对防撞护栏的检查,检查其构件有无撞坏、断裂、松动、错位、缺件、剥落、锈蚀等。

2.2.5 桥面排水系统

为了迅速排除桥面积水,防止雨水滞留在桥面并渗入梁体而影响桥梁结构的耐久性,在桥梁设计时要有一个完整的桥面排水系统。桥面的泄水管、排水槽如有堵塞,应该及时疏通,并保持畅通;对于桥梁上设置的封闭式排水系统,应保持各排水管畅通,排水系统的设备如水泵等应工作正常,若有堵塞应及时疏通,若有损坏则应及时更换。因此,在进行桥面排水系统检查时,应查看排水管是否发生破坏、损伤、脱落、堵塞,以及引水槽是否发生堵塞、破裂损坏,同时要注意桥头排水沟功能是否完好,锥坡有无冲蚀、塌陷。

2.2.6 桥面板

桥面板是桥梁的承重构件之一,既参与主梁共同受力,又是主要传力构件。引起混凝土桥面板损伤的原因有很多,主要有:混凝土质量问题,混凝土的收缩、徐变,浇筑施工工艺不过关,冻融循环作用,重车或超载问题,混凝土板中钢筋的锈蚀,车辆反复荷载作用产生的疲劳应力等。

桥梁普查时,桥面板的检查内容包括:检查是否有蜂窝麻面,以及蜂窝麻面面积的大小;检查混凝土是否剥落、掉角,以及剥落或掉角的范围;检查混凝土是否有空洞、孔洞,以及混凝土空洞、孔洞的范围;检查混凝土保护层厚度是否符合要求,以及是否会对混凝土耐久性产生影响;检查钢筋是否锈蚀,混凝土表面是否有沿钢筋的裂缝或混凝土表面是否有锈迹,是否存在因钢筋锈蚀引起的混凝土剥落、钢筋裸露、表面膨胀性显著等状况,甚至混凝土部分钢筋屈服或锈断、混凝土表面严重开裂等现象;检查混凝土是否发生碳化现象;检查混凝土强度状态;检查桥面板有无明显变形,挠度是否超过限值等。

2.2.7 梁板横向连接(铰缝)

对于装配式简支板桥和装配式简支 T 梁桥,通常由纵向板块和 T 梁通过横向连接而形成整体。装配式简支板桥常用的横向连接方式有企口混凝土铰连接和钢板焊接连接。装配式简支 T 梁桥常用的桥面板横向连接方式有焊接接头和湿接头。在对梁板进行横向连接(铰缝)检查时,应查看梁(板)接缝处混凝土有无开裂和钢筋;横向连接构件是否开裂,连接钢板的焊缝有无锈蚀、断裂,边梁有无横移或向外倾斜,弯斜桥有无平面移动(爬移)等。

2.2.8 梁体裂缝

不论是钢筋混凝土桥梁还是预应力混凝土桥梁,梁体裂缝一般都存在。这些裂缝的宽度必须在规范允许的范围内,否则将对桥梁结构的耐久性有影响,甚至会影响到桥梁结构的承载力。梁体裂缝的最大限值规定见表 2-4,裂缝宽度超过表列数值时应进行修补或加固,以保证结构的耐久性。

桥梁普查时,检查内容包括:梁体是否出现网状裂缝以及出现的范围;主梁(特别是控制截面)是否出现横向裂缝,顺主筋方向是否出现纵向裂缝或出现斜裂缝、水平裂缝、竖向裂缝等。记录裂缝宽度、长度、分布状况等,检查裂缝的缝宽是否超过限值。

表 2-4   **梁体裂缝限值**

结构类型	裂缝种类	允许最大缝宽/mm	其他要求
钢筋混凝土梁	主筋附近竖向裂缝	0.25	
	腹板斜向裂缝	0.30	
	组合梁结合面	0.50	不允许贯通结合面
	横隔板与梁体端部	0.30	
	支座垫石	0.50	
预应力混凝土梁	梁体竖向裂缝	不允许	
	梁体纵向裂缝	0.2	

注:表中所列除特指外适用于一般条件。对于潮湿环境和空气中含有较强腐蚀性气体条件下的缝宽限制应要求严格一些。
    预应力混凝土梁指全预应力或部分预应力 A 类结构。

2.2.9 支座

桥梁支座是设在墩(台)顶,用于支承上部结构的传力装置。它不仅要传递很大的荷载,并且要保证上部结构按设计要求能产生一定的变位。支座是容易损坏的部位,在桥梁普查中应视为重点检查的部位。各种支座的检查内容如下:

① 支座组件是否完好、清洁,有无断裂、错位、脱空。

② 活动支座是否灵活,实际位移量是否正常;固定支座的锚销是否完好。

③ 支座垫石是否有裂缝。

④ 简易支座的油毡是否老化、破裂或失效。

⑤ 橡胶支座是否老化、开裂,有无过大的剪切变形或压缩变形;各夹层钢板之间的橡胶层外凸是否均匀。

⑥ 四氟滑板支座是否脏污、老化,四氟乙烯板是否完好,橡胶块是否滑出钢板。

⑦ 盆式橡胶支座的固定螺栓是否剪断、螺母是否松动,钢盆外露部分是否锈蚀,防尘罩是否完好。

⑧ 组合式钢支座是否干涩、锈蚀,固定支座的锚栓是否紧固,销板或销钉是否完好。

⑨ 摆柱支座各组件相对位置是否准确,受力是否均匀。

⑩ 辊轴支座的辊轴是否出现不允许的爬动、歪斜。

⑪ 摇摆支座是否倾斜。

⑫ 钢筋混凝土摆柱支座的柱体有无混凝土脱皮、开裂、露筋,钢筋及钢板有无锈蚀。

2.2.10 墩台与基础

墩台是支承上部结构并将其传来的恒载和车辆等活载再传至基础的构造物,基础是保证桥梁墩台安全并将荷载传至地基的结构部分。

墩台与基础的检查内容如下:

① 墩台及基础有无滑动、倾斜、下沉或冻拔。

② 台背填土有无沉降或挤压隆起。

③ 混凝土墩台及帽梁有无冻胀、风化、开裂、剥落、露筋等。

④ 石砌墩台有无砌体断裂、通缝脱开、变形,砌体泄水孔是否堵塞,防水层是否损坏。

⑤ 墩台顶面是否清洁,伸缩缝处是否漏水。

⑥ 基础下是否发生不许可的冲刷或淘空现象,扩大基础的地基有无侵蚀。桩基顶段在水位涨落、干湿交替变化处有无冲刷磨损、缩径、露筋,有无环状冻裂,是否受到污水、咸水或生物的腐蚀。必要时对大桥、特大桥的深水基础应派潜水员潜水检查。

桥梁墩台重点检查部位见表2-5。

表 2-5 桥梁墩台重点检查部位

墩台类型		重点检查部位
桥墩	重力式桥墩	支座底面、墩身、水面变化部位
	桩式桥墩	支座底面、盖梁、横系梁、横系梁与桩连接处、水面变化部位
桥台	重力式桥台	支座底面、台身
	轻型桥台	支座底面、支撑梁、耳墙
	扶壁式桥台	支座底面、台身、底板
	框架式桥台	支座底面、框架混凝土浇筑界面、角隅处

墩台、基础在水面或地面以上部分的检查与上部结构相同,比较困难的是水下或地下部分的检查。国外有用侧向超声波测位仪来检查桥梁水下部分桥墩、基础的冲刷,填石或石笼的范围、移动情况等的实例,还有用贯入地面雷达检测桥台外形及其稳定性的实例。国内曾进行过在墩顶放置仪器,用水电效应法测桩的承载力及完整性的试验,但结果并不理想。对于水下、地下部分的检测,还需要进行探索与研究。

2.2.11 河道冲刷

冲刷是指水流对河床的冲蚀淘刷过程,是组成河床的泥沙颗粒被水流冲走,致使河底高程降低或河岸后退的过程。建桥后除河床的自然演变外,还有桥梁孔径压缩水流和墩台阻挡水流引起的冲刷。桥梁普查时,检查河道堵塞情况即查看是否有漂流物堵塞河道,检查河床冲刷情况即查看河床是否稳定、有无冲刷现象或冲刷程度如何,检查河床变迁情况即查看河床淤泥状况、河床扩宽及变迁程度。

2.2.12 调治构造物

调治构造物是指为引导和改变水流方向,使水流平顺通过桥孔并减缓水流对桥位附近河床、河岸的冲刷而修建的水工构造物。其主要包括各种形式的导流堤、丁坝及其他桥头防护工程。调治构造物应保持良好的技术状况,引导水流均匀、顺畅地通过桥孔,防止和减少桥位附近河床和河岸的变迁,保证桥梁、桥头引道和河岸的安全稳定。洪水前后应巡察,及时清除调治构造物上的漂流物。导流堤、梨形堤、丁坝或顺坝的边坡受到洪水冲刷和波浪冲击后,坡脚发生局部破坏时,应及时抛填块石和铁丝石笼等进行防护。对于因河道改变而增设的护岸工程,应注意坡面有无变化,基础是否牢固,发现缺损后应及时处理。桥梁普查时,要检查调治构造物是否完好,功能是否适用,桥位段河床是否有明显的冲淤或漂浮物堵塞现象。

2.3 桥梁结构应变测试

2.3.1 电阻应变测试

电阻应变测试是指通过安装在试件上的电阻应变片将荷载、应变、位移等力学参数转换成电阻变化,并用专门的装置使其转换成电压、电流或功率输出,从而获得应变读数的测试。

2.3.1.1 电阻应变片

(1)电阻应变片的工作原理

电阻应变片简称应变片或应变计,是电阻应变测试中将应变转换为电阻变化的传感元件。由物理学知识,可知金属丝电阻为

$$R = \frac{\rho L}{A} \tag{2-1}$$

式中 ρ——电阻率,$\Omega \cdot mm^2/m$;

L——电阻丝长度,m;

A——电阻丝截面面积,mm^2。

当电阻丝受拉伸长后,电阻变化率为

$$\frac{dR}{R} = K\varepsilon \tag{2-2}$$

式中 K——电阻丝灵敏系数,对于大多数金属丝而言,其为常量;

ε——电阻丝的应变。

由式(2-2)可知,应变片的电阻变化率与应变值呈线性关系,这也是将非电量 ε 转换为电量变化 $\Delta R/R$ 的转换关系。

(2)电阻应变片的构造和性能指标

电阻应变片的种类很多,但基本结构相似。电阻应变片的构造如图 2-1 所示,其由引出线、覆盖层、敏感栅、基底等组成。敏感栅一般由金属或半导体材料制成,栅的形状和尺寸直接影响应变

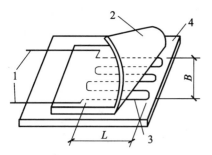

图 2-1　电阻应变片的构造

1—引出线;2—覆盖层;

3—敏感栅;4—基底

片性能,栅长 L 和栅宽 B 代表应变片的规格;覆盖层可保护电阻丝免受划伤并避免丝栅间短路;引出线一般用 $\phi 0.15 \sim$ $\phi 0.3$ mm 的镀锡铜线或铜带制成,与电阻丝丝栅焊接在一起;基底使电阻丝和被测构件之间绝缘并使丝栅定位。

电阻应变片的性能指标包括以下几方面。

① 几何尺寸:栅长 L 为电阻应变片纵轴方向的有效长度,栅宽 B 为应变片垂直于纵轴方向的电阻丝外侧间的距离。

② 灵敏系数 K:应变片包装上标出的 K 值是该批产品由抽样标定测得的平均值。

③ 电阻值 R:室温下不受外力作用时测得的应变片电阻值,一般取 120 Ω。

④ 应变极限:应变片保持线输出时所能量测的最大应变值,一般取 1‰~3‰。

⑤ 机械滞后:试件加载和卸载时应变片特性曲线的不重合程度。

⑥ 温度效应:温度变化引起的应变片电阻值改变的现象。

⑦ 零漂:在恒定温度环境中,电阻应变片的电阻值随时间的变化。

⑧ 蠕变:在温度一定并承受一定的机械应变时,应变电阻值随时间的变化。

⑨ 绝缘电阻:已经安装好的应变片的丝栅及引线与被测试件间的电阻值。

⑩ 疲劳寿命:应变片在一定的机械应变和温度条件下,可以连续工作而不产生疲劳损坏的循环次数。

(3) 电阻应变片的种类

电阻应变片的种类很多,按照不同的分类方式可分为以下几种(图 2-2)。

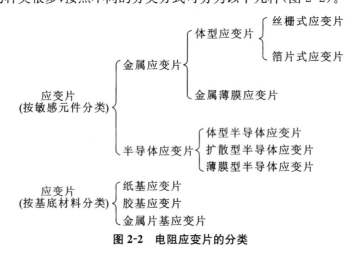

图 2-2　电阻应变片的分类

此外,按照应变片的标距,应变片可分为大标距应变片和小标距应变片;按照丝栅形状,应变片可分为单轴(单片)应变片和应变花。

下面主要介绍几种常见的应变片。

① 丝栅式应变片。

丝栅式应变片是较为常见的一种应变片,如图 2-3 所示。它是通过把镍铬或康铜等材料的丝栅直接固定在绝缘基底上制成的。这种应变片可分为圆角线栅式和直角线栅式:圆角线栅式制造简便,但横向效应大;直角线栅式横向效应小,但不适用于动应变测试。丝栅式应变片黏结性能好,稳定性好,能有效地传递变形,价格经济。

② 箔片式应变片。

箔片式应变片是利用光刻腐蚀技术,将镍铜或镍铬箔片在基底上制成所需形状的应变片,如图 2-4 所示。箔片式应变片尺寸精密,横向效应小,灵敏系数及阻值稳定,容易制成小标距及各种形式的应变花或应变片。该应变片具有黏结性能好,散热条件好,允许通过较大的电流,测量灵敏度高,蠕变小,疲劳寿命高等特点。

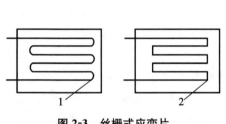

图 2-3　丝栅式应变片

1—圆角线栅式;2—直角线栅式

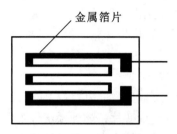

图 2-4　箔片式应变片

③ 半导体应变片。

半导体应变片是用半导体材料作为敏感栅而制成的,其构造如图 2-5 所示。这种应变片尺寸小,灵敏度高(一般比丝式、箔式应变片高几十倍),机械滞后和横向效应小,但温度效应较大,稳定性差,测量精度较低。

(4)电阻应变片的选择

电阻应变片的种类很多,选用时应根据测试的环境条件、被测构件的材料性质、被测构件的应力状态、应变片的电阻值、测量精度等因素来确定。

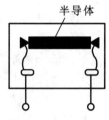

图 2-5　半导体应变片

① 环境条件。

测量时要根据构件的温度选择适当的电阻应变片。环境湿度对应变片的性能影响很大,如果构件处于潮湿环境中,应选用防潮性能好的应变片,并采取防潮措施;如果构件处于强磁场环境下,敏感栅材料应采用磁致伸缩效应小的镍铬合金或铂钨合金。

② 被测构件的材料性质和应力状态。

对于应力梯度较大、材质均匀的构件,应选择小标距的电阻应变片;对于应力分布变化缓慢、材质不均匀的结构和试件,应选用大标距的电阻应变片。如果是一维应力,则应选用单轴电阻应变片;如果是二维应力,当主应力方向已知时,可使用直角应变花,否则应使用多轴应变花。

③ 应变片的电阻值。

应变片电阻值的选择,一般根据测试仪器对应变电阻值、测量应变的灵敏度要求及测试条件等而定。应力分析测试时,普遍选用电阻值为 120 Ω 的应变片,选用时应注意与应变仪相一致,否则应予以修正。

④ 测量精度。

一般以胶膜为基底、以铜镍合金和镍铬合金材料为敏感栅的应变片性能较好,它具有精度高、长时间稳定性好以及防潮性能好等优点。

(5)电阻应变片的粘贴

粘贴工艺是应变测试中非常重要的环节。应变片粘贴的好坏,直接影响到构件表面的应变能否正确、可靠地传递到敏感栅,从而影响到测试的精度。其工作程序如下:

① 检查应变片。

贴片前要对应变片进行外观检查和电阻值检查。进行外观检查时,主要应检查应变片的敏感栅有无锈斑、基底和覆盖层有无破损及引出线的焊接质量等。电阻值检查主要检查应变片的电阻值是否符合要求(要逐片核查),误差是否符合测量精度要求。

② 构件(被测物)表面处理。

粘贴前必须要对粘贴应变片的构件(被测物)表面部分进行处理,使之平整、光洁、无污染等。

③ 确定粘贴应变片的定位线。

为了保证应变片粘贴位置的准确无误,可用画线笔在构件(被测物)表面画出定位线。粘贴时应将应变片的中心线与定位线对准,一般应将应变片贴在构件(被测物)应变最大的部位。

④ 粘贴应变片。

先在处理好的粘贴位置和应变片基底上各涂抹一层薄薄的黏合剂,根据黏合剂的要求稍等一段时间后,将应变片粘贴到预定位置上。而后在应变片上加一层玻璃纸或透明塑料薄膜,并用手轻轻沿轴向滚压,挤出多余的黏合剂和气泡,使黏合剂层的厚度尽可能薄。在此过程中要注意防止应变片发生错位。

⑤ 固化。

对粘贴好的应变片,按照黏合剂的固化要求进行固化处理。贴片时最常用的是氰基丙烯酸酯黏结剂(如502胶水、501胶水黏结剂)。用它贴片后,只要在室温下放置数小时即可充分固化,而且具有较强的黏结能力。对于需要加温固化的黏结剂,应严格按规范进行。一般是用红外线灯烘烤,但加温速度不能太快,以免产生气泡。

⑥ 粘贴质量检查。

检查内容有:

a. 粘贴前后应变片电阻值的检查,不应有较大的变化;

b. 应变片与构件(被测物)之间绝缘电阻的检查,一般应大于 200 MΩ;

c. 应变片粘贴位置是否正确,黏合层是否有气泡,粘贴是否牢固,有无短路、断路等外观检查。

⑦ 导线的连接。

将粘贴好的应变片引出线与导线焊接好,为防止应变片电阻丝和引出线被拉断,需用胶布将导线固定在构件(被测物)表面,且要处理好导线与被测物之间的绝缘问题。

⑧ 防潮防蚀处理。

对粘贴好且固化后的应变片应作防潮防蚀处理,以防止因潮湿引起绝缘电阻黏合强度下降,防止因污染腐蚀而损坏应变片,从而影响测量精度。处理方法是在应变片上涂一层凡士林、石蜡、蜂蜡等,或环氧树脂、氯丁橡胶、清漆等。

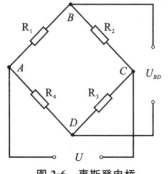

图 2-6　惠斯登电桥

2.3.1.2　电阻应变仪

利用电阻应变片作为传感元件来测量应变的专用电子仪器叫作电阻应变仪。它的功能是将应变片的变化转变为电压或电流信号并加以放大,在显示部分以刻度或数字显示静态应变的读数,或者向记录仪输出模拟应变的信号。电阻应变仪由测量桥路、放大器、相敏检波器、振荡器、滤波器、指示记录器和电源等部分组成。测量桥路的作用是将应变片的电阻值变化转换为电压或电流的变化。电阻应变仪的测量桥路一般采用惠斯登电桥,如图 2-6 所示。

(1) 工作原理

应用电桥测量应变是基于电桥的输出电压与应变片电阻变化率的代数和成正比的原理。如图2-6中,当A、C端输入电压U后,若四个桥臂的电阻值满足:

$$\frac{R_1}{R_2}=\frac{R_4}{R_3} \tag{2-3}$$

则B、D端的输出电压$U_{BD}=0$,此时电桥处于平衡状态。如果四个桥臂的电阻值不满足式(2-3),则在B、D端就有电压输出。

在初始状态符合式(2-3)的前提下,由电工学知识可知,当电桥各桥臂电阻都有微小的增量时,引起的输出电压增量为

$$\Delta U_{BD}=\frac{UR_2R_4}{(R_1+R_2)(R_3+R_4)}\left(\frac{\Delta R_1}{R_1}-\frac{\Delta R_2}{R_2}+\frac{\Delta R_3}{R_3}-\frac{\Delta R_4}{R_4}\right) \tag{2-4}$$

在全等臂电桥情况下,即四个桥臂电阻值均相等且应变片的灵敏系数K均相同时,再根据式(2-2)得:

$$\Delta U_{BD}=\frac{KU}{4}(\varepsilon_1-\varepsilon_2+\varepsilon_3-\varepsilon_4) \tag{2-5}$$

由式(2-5)可知,电桥输出电压增量与桥臂应变成正比,这将电学参量与力学参量联系起来。

在应用电阻应变片测量应变时,环境温度的变化能通过应变片的作用引起电阻应变仪示值的变化,这就需要在测量过程中消除温度变化的影响。为此将量测试件应变的电阻应变片(称为工作片)接入AB桥臂,另将一片性能相同的电阻应变片(称为补偿片)贴在和试件相同的材料上,置于相同的温度环境中但不承受荷载,最后将补偿片接入BC桥臂上。补偿片只承受因温度的变化而引起的电阻变化,又称为温度补偿片。由式(2-5)可知,补偿片可正好抵消工作片由温度引起的电阻变化,从而使最终测量结果仅为工作片受力后产生的应变值,而不受温度的影响。

在实际测量中,应变片的阻值总是有偏差的,从而使得电桥产生不平衡。为满足实际测量的要求,电阻应变仪都改用了平衡电桥,如图2-7所示。当电阻应变片产生应变,使得电桥不平衡有电流输出时,输出信号经放大器输出到指示仪表,调节电位器R_S可使电桥重新平衡。为适应不同灵敏系数的电阻应变片,通过调节电位器R_K来改变电压U,可使R_S上所标的应变值适合不同灵敏系数的电阻应变片。注意在使用过程中,必须使R_K处于所用应变片K值的位置。R_K称为灵敏系数调节旋钮。

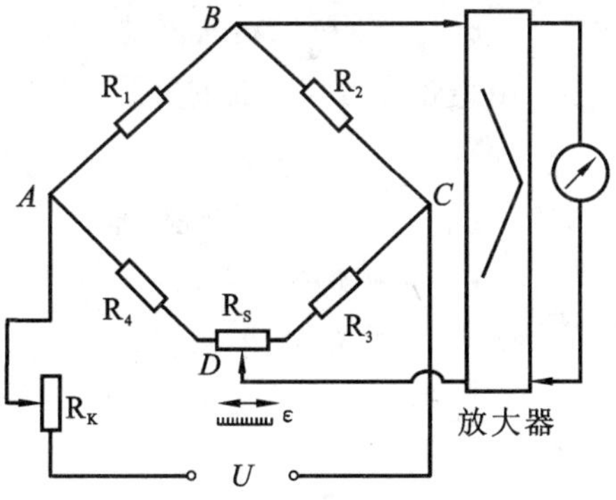

(2) 电阻应变仪的种类

电阻应变仪根据所测应变的特点和变化规律一般分为静态电阻应变仪和动态电阻应变仪:静态电阻应变仪用于测量静态应变,动态电阻应变仪用于测量500 Hz以下的动态应变。随着电子仪器的发展,各种新型的动、静态电阻应变仪不断出现。只要掌握一些量测电路基本原理的知识,再加上阅读相关的技术说明书,选用和操作各种电阻应变仪都不会很困难。

图2-7 平衡电桥原理图

2.3.2 振弦式应变测试

振弦式(又称为钢弦式)传感器基于钢弦振动频率随钢丝张力变化的原理,可直接输出振弦的

频率信号。它具有抗干扰能力强、受温度影响小、性能稳定、分辨率高、有利于传输和远程测量等特点，因而广泛应用于桥梁检测中。

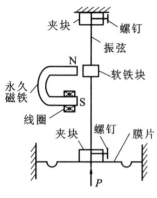

图 2-8　振弦式传感器的结构原理

2.3.2.1　工作原理

振弦式传感器的结构原理如图 2-8 所示。振弦固定在上、下夹块间并紧固，给弦一定的初始张力。在振弦的中部固定软铁块、永久磁铁和线圈构成振弦的激励器，同时又兼作弦的拾振器；下夹块与膜片相连并感受压力。

振弦式传感器的工作原理如下。先给弦以激励力 P，使弦按固有频率振动。振弦是通过线圈中的电流脉冲所产生的电磁吸力来产生激励作用的。当电流脉冲到来时，磁铁的磁性大大增强，钢弦被磁铁吸住；当电流脉冲过去后，磁铁的磁性又大大减弱，钢弦立即脱离磁铁而产生自由振动，并使永久磁铁和弦上软铁块间的磁路间隙发生变化，从而形成了变磁阻的条件，在兼作拾振器用的线圈中将产生与弦的振动同频率的交变输出电势。这样通过测量感应电势的频率就可检测弦的张力大小。

根据数理方程中有关弦振动的微分方程，可推导出钢弦应力与振动频率间的关系，即有

$$f=\frac{1}{2L}\sqrt{\frac{\sigma}{\rho'}} \tag{2-6}$$

式中　f——钢弦振动频率；

　　　L——钢弦长度；

　　　σ——钢弦所受的张拉应力；

　　　ρ'——钢弦的材料密度。

由钢弦应力与应变的关系，有

$$\sigma=E_w \cdot \varepsilon_w \tag{2-7}$$

式中　E_w——钢弦的弹性模量；

　　　ε_w——钢弦的应变。

由式(2-6)和式(2-7)，得

$$f=\frac{1}{2L}\sqrt{\frac{E_w \cdot \varepsilon_w}{\rho'}} \tag{2-8}$$

当用钢弦频率的变化来反映钢弦应变的变化时，由于振弦应变计与被测结构物变形协调，故其应变即为结构物的应变。

2.3.2.2　埋入式振弦应变计

埋入式振弦应变计多埋入混凝土、钢筋混凝土等结构中，应用于例如基础、桥梁、大坝等的长期应变测量。埋入式振弦应变计的构造如图 2-9 所示。

埋入式振弦应变计的安装有两种主要方式：一种是预先将仪器绑扎在钢筋或预应力锚索(或钢绞线)上，再直接埋入混凝土中；另一种是将仪器预先浇筑到混凝土预制块内，再将预制块浇筑到混凝土结构中，或灌注到混凝土观测孔中。

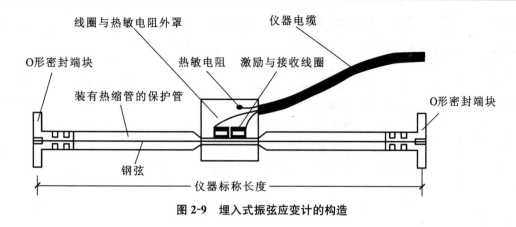

图 2-9　埋入式振弦应变计的构造

2.3.2.3　表面式振弦应变计

表面式振弦应变计一般安装在钢结构及其他建筑物表面,用于测量结构的应变。表面式振弦应变计的构造如图 2-10 所示。

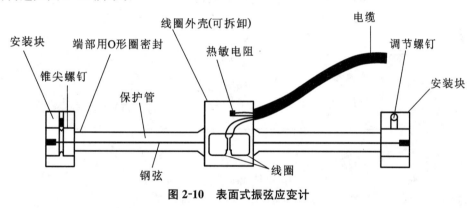

图 2-10　表面式振弦应变计

表面式振弦应变计通常用于测量结构表面的应变。在钢结构上安装时,通常采用焊接安装块的方式,安装应在焊接工作全部完成后进行,焊接时应避免过热。应变计安装在混凝土表面上时,主要采用两种方法:

① 在安装块上焊好锚头(锚头可使用 $\phi 8 \sim \phi 10$ mm 的螺纹钢,长度为 $60 \sim 80$ mm),利用安装杆定位,在合适的位置钻出两个 $70 \sim 90$ mm 深的孔,孔的最小直径为 12 mm,将锚头用速凝砂浆或环氧树脂固定在钻孔中。

② 只要保护措施完善,标准的安装块也可用专用黏合剂直接黏合到混凝土表面上。如果采用这种方法,必须先清除安装部位上的砂粒等杂物,并清洗干净。使用安装杆定位时,用环氧树脂直接将安装块黏结到位。

2.3.2.4　振弦式应变测试的优缺点

振弦式应变测试的主要优点有:现场操作方便;不易受电磁场和温度等的影响,抗干扰性能好;分辨率高,测量结果精确、可靠;易于实现自动化数据采集、多点同步测量、远距离测量和遥感测试。振弦式应变测试也有不足的地方,例如响应速度较慢,不适合动态和瞬态应变量测;应变计标距较大,一般为 $100 \sim 150$ mm,不适合小尺寸构件量测,也不能测量变化梯度较大的应变;量程范围较小,一般为-1500~1500 $\mu\varepsilon$;测试元件和仪器成本较高。

2.3.3 光纤光栅应变测试

1978年,K. O. Hill等人发现了光纤的光敏性,并采用驻波干涉法制成了第一支光纤光栅(Fiber Bragg Grating),从而使光纤光栅的新型无源器件得以出现。1989年,美国的Meltz等人发明的紫外侧写入技术,可以制作出任意光栅周期的光纤光栅,从此光纤光栅得到了迅速发展。

光纤(Bragg)光栅传感器采用非电量测量方法,具有测量信号稳定,绝对测量无固定参考点要求,易在一根光纤上串接实现波分复用等一系列优良光学特性,因而得到了较快的发展,被广泛应用于土木工程结构监测中。

2.3.3.1 光纤(Bragg)光栅传感基本原理

光纤(Bragg)光栅传感技术是通过对在光纤内部写入的光栅反射或透射布喇格波长光谱的检测,实现被测结构的应变和温度量值的绝对测量的技术,其传感原理如图2-11所示。

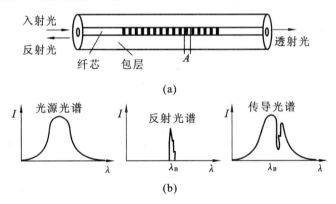

图2-11 光纤(Bragg)光栅传感原理

(a) 光纤(Bragg)光栅结构;(b) 光的能量分配

光纤(Bragg)光栅的反射或透射峰的波长与光栅的折射率调制周期以及纤芯折射率有关。当宽带光源入射到光纤(Bragg)光栅时,会因折射率的改变而发生折射、透射或反射,其中反射要符合布喇格条件,即光的反射波长要满足:

$$\lambda_B = 2n_{eff}\Lambda \tag{2-9}$$

式中 λ_B——光纤(Bragg)光栅中心波长;

n_{eff}——光纤芯区有效折射率;

Λ——布喇格光栅周期。

由式(2-9)可知,光纤(Bragg)光栅的布喇格波长随着 n_{eff} 和 Λ 的变化而变化,任何使 n_{eff} 和 Λ 发生改变的物理过程(如外界力、热负荷等)都会引起光纤(Bragg)光栅的反射或透射峰波长漂移。通过对 Bragg 波长反射或透射光谱的检测,可实现温度量或应变量的绝对监测。

当有应变和温度变化时,不考虑应变与温度的耦合作用,光纤(Bragg)光栅的中心波长将会随之变化,其公式如下:

$$\frac{\Delta\lambda_B}{\lambda_B} = (\alpha+\xi)\Delta T + (1-p_e)\varepsilon \tag{2-10}$$

式中 $\Delta\lambda_B$——波长的变化;

α——光纤材料的热膨胀系数；

ξ——热学系数；

ΔT——温度的变化量；

p_e——光纤的有效弹光系数；

ε——外加轴向应变。

2.3.3.2 光纤光栅埋入式应变计

光纤光栅埋入式应变计如图 2-12 所示，主要用于大体积混凝土结构中，例如桥梁、大坝、隧道衬砌等的长期应变测量。传感器安装的主要方式是：预先将传感器绑扎在钢筋或预应力锚索（或钢绞线）上，再直接埋入混凝土中，或将传感器预先浇筑到混凝土预制块内，再将预制块浇筑到混凝土结构中或灌注到混凝土观测孔中进行应变量的测量。

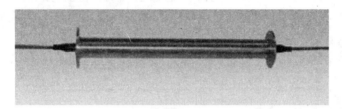

图 2-12　光纤光栅埋入式应变计

2.3.3.3 光纤光栅表面焊接式应变计

光纤光栅表面焊接式应变计如图 2-13 所示，主要用于测量钢、混凝土结构表面的应变。传感器的安装主要采用焊接方式，短期监测时也可以用卡具及螺栓将其固定在钢或混凝土表面。

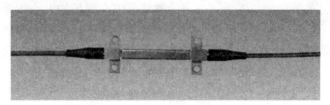

图 2-13　光纤光栅表面焊接式应变计

2.3.3.4 光纤光栅应变测试的优缺点

光纤光栅应变测试的主要优点有：对环境干扰不敏感，抗电磁干扰性能好，耐久性好，适于长期监测；波长编码方便实现绝对测量，检出量是波长信息，因此不受接头损失、光沿程损失等因素的影响；既能实现点观测，也能实现准分布式观测；光纤光栅尺寸小，测量值空间分辨率高；信号、数据可多路传输，便于与计算机连接，单位长度上的信号衰减小；单光纤单端检测，可以尽量减少光纤的根数和信号解调器的个数。光纤光栅应变测试的缺点为：制造及使用成本较高，技术较复杂，可靠性较低，使用不太方便。

2.4　桥梁结构变形测试

在荷载作用下结构会产生变形，例如水平位移、竖向挠度、相对滑移、转角等，这些变形也是桥梁结构检测中需要量测的重要内容。桥梁结构变形测试的方式主要有机械式变形测试和电测类变形测试。

2.4.1 机械式变形测试

机械式变形测试就是通过机械传动系统和指示机构来测定结构的各种变形(包括挠度、相对位移、倾角、转角等)的大小。在机械式变形测试中使用的仪表有很多,它们的主要特点是使用简便、性能可靠、适应性强、准确度高,在许多方面都能满足桥梁检测的要求;不足之处在于灵敏度不高,放大能力有限,测量数据一般需要人工测读,不利于自动记录和远程自动监测。

2.4.1.1 位移计

位移量测的主要内容为某一特征点的荷载-位移曲线及各特征荷载值下构件的挠度曲线。位移计是桥梁工程检测中最基本的机械式量测仪表,一般有接触式和张弦式两种。

(1)接触式位移计

百分表和千分表都是接触式位移计,是桥梁工程检测中最常见的机械式仪表。它们常被用来量测桥梁结构的挠度与位移,还可以与其他传感器组合成量测应变、转角、曲率、扭角等的仪具。下面主要介绍百分表。

百分表是利用齿条-齿轮传动机构将线位移转变为角位移,并通过齿轮传动比进行放大的精密量具。其构造如图 2-14 所示,其最小刻度值为 0.01 mm(千分表为 0.001 mm)。百分表的工作原理是将被测尺寸引起的测杆微小直线移动,经过齿轮传动放大,变为指针在刻度盘上的转动,从而读出被测尺寸的大小。如图 2-14(b)所示,当测量杆 1 向上或向下移动 1 mm 时,通过齿轮传动系统带动大指针 5 转一圈,同时小指针 7 转一格。大指针每转一格读数为 0.01 mm,小指针每转一格读数为 1 mm。小指针处的刻度范围为百分表的测量范围。测量的大小指针读数之和即为测量尺寸的变动量。刻度盘可以转动,以供测量时大指针对零用。百分表的读数是先读小指针转过的刻度线(即毫米整数),再读大指针转过的刻度线(即小数部分),将之乘以 0.01,然后两者相加,即得到所测量的数值。

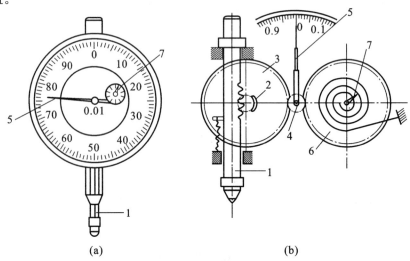

(a)   (b)

图 2-14 百分表及其结构原理

(a)百分表;(b)传动原理

1—测量杆;2,3,4,6—齿轮;5—大指针;7—小指针

百分表测量的优点是使用方便,适应性强,构造简单,价格便宜,准确度高;其缺点是量程小,特别是检测大的变位时,常常不能满足桥梁工程检测的要求。

千分表和百分表类似,只是千分表增加了一对放大齿轮,其灵敏度提高了10倍。

(2) 张线式位移计

张线式位移计是桥梁检测中测量大位移的基本仪器。它通过一根张紧的钢丝使仪器与桥梁结构上的测点相连,利用钢丝传递测点的位移。张线式位移计一般分为简易挠度计(利用杠杆放大的挠度计)、静载挠度计(利用摩擦轮放大的挠度计)和齿轮传动的挠度计。

常用的张线式位移计是摩擦轮放大的挠度计,其工作原理如图2-15所示:被测量结构的位移或挠度通过钢丝1使滑轮2带动刻度轮3旋转,再经过摩擦轮4而传递给指针5。从仪器度盘上的环形标尺6以及槽口内能见到的刻度盘,就可记取测量的位移值。

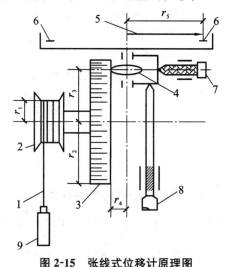

图 2-15 张线式位移计原理图

1—钢丝;2—滑轮;3—刻度轮;4—摩擦轮;5—指针;
6—环形标尺;7—摩擦力调整螺钉;8—放大率调整螺钉;9—重锤

张线式位移计的主要优点是构造简单,使用方便,量程无限,无齿轮误差。其缺点是仪表的传导作用全靠摩擦,当仪表被碰伤或挠度变化迅速时,易使摩擦部分发生相对滑动而导入误差;仪表长时间使用后,刻度轮和摩擦轮不易保持垂直,也会引起较大误差。

2.4.1.2 水准管式倾角仪

受力结构的节点、截面或支座截面都有可能发生转动。对转动角度进行测量的仪器有许多种,也可以根据量测原理自行设计。在桥梁工程检测工作中,角变形和转角的测定多用水准管式倾角仪,下面简要介绍一下该仪器。

水准管式倾角仪利用零位法测定结构节点、截面或支座倾角,其构造如图2-16所示。高灵敏度的水准管被安放在弹簧片上,一端铰于基座,另一端被弹簧片顶升,同时被测微计的测微螺钉压住。测试时,将倾角仪的夹子装在测点上,转动测微螺钉使水准管水泡居中。当结构或构件受力后随断面发生倾角,水准管的气泡将偏向一边,如转动测微螺钉把气泡调回中央位置,则调平度盘的两次读数差就代表了断面的倾角变化值。这种倾角仪的精度可达 $1''\sim2''$,量程可达 $3°$。

水准管式倾角仪的主要优点是灵敏度较高,一般能满足桥梁工程检测的要求,且安装和使用都很方便。其缺点是仪器受外界温度影响较大,使用时应防止水准管受阳光暴晒,以免爆裂。

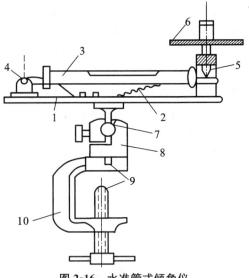

图 2-16 水准管式倾角仪

1—平板;2—弹簧;3—水准管;4—活铰;5—测微螺钉;
6—刻度圆盘;7—球形铰;8—承环;9—转轴;10—夹子

2.4.2 电测类变形测试

结构受荷载作用产生的静位移(如挠度、侧移、转角等)可以转化为电量信号进行量测。常用的量测设备有差动变压器式位移传感器、应变梁式位移传感器、滑线电阻式位移传感器、电子倾角仪等。

2.4.2.1 差动变压器式位移传感器

差动变压器式位移传感器的构造原理如图 2-17 所示,它是由一个初级线圈 1 和两个次级线圈 2 分内外两层同绕在一个圆筒 3 上,圆筒内放一个能上下自由移动的铁芯 4。当初级线圈加入激磁电压时,通过互感作用使次级线圈内产生感应电动势。当铁芯居中时,感应电动势 $\varepsilon_1 - \varepsilon_2 = 0$,无输出信号;当铁芯向上移动位移 δ 时,$\varepsilon_1 - \varepsilon_2 \neq 0$,输出电动势为 $\Delta E = \varepsilon_1 - \varepsilon_2$;当铁芯向下移动位移 δ 时,ε_1 减小而 ε_2 增大,输出电动势为 $\varepsilon_1 - \varepsilon_2 = -\Delta E$。由于电动势的输出量与位移成正比,故可以通过测定来事先确定电动势输出量与位移的标定曲线,从而测量位移。这种传感器的量程大,可达 ± 500 mm。

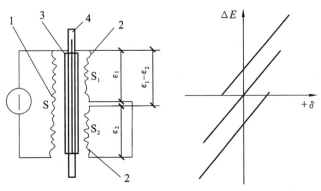

图 2-17 差动变压器式位移传感器的构造原理

1—初级线圈;2—次级线圈;3—圆筒;4—铁芯

2.4.2.2 应变梁式位移传感器

应变梁式位移传感器主要由测杆、悬臂梁、应变片和弹簧片组成,如图 2-18 所示。悬臂弹簧片由一块弹性好、强度高的金属制成,固定在仪器外壳上。在簧上粘贴四片应变片,组成全桥或半桥测量线路,簧片的自由端固定有拉簧,拉簧与指针固结。当测杆随变形移动时,传力弹簧使簧片产生挠曲,簧片产生应变,通过电阻应变仪测得的应变即可反映出试件的位移。由材料力学知识可知,位移传感器的位移 δ 为

$$\delta = \varepsilon C \tag{2-11}$$

式中 ε ——悬臂梁上的应变,由应变仪测定;

C ——刚度系数,与簧片尺寸及拉簧材料性能有关。

梁上四片应变片按图 2-18 所示贴片位置和接线方式,取 $\varepsilon_1 = \varepsilon_3 = \varepsilon$,$\varepsilon_2 = \varepsilon_4 = -\varepsilon$,则桥路对角线输出为

$$U_{BD} = \frac{U}{4} K (\varepsilon_1 - \varepsilon_2 + \varepsilon_3 - \varepsilon_4) = \frac{U}{4} K\varepsilon \cdot 4 \tag{2-12}$$

由此可见,采用全桥接线且贴片为图 2-18 中所示位置时,桥路输出灵敏度最高,应变被放大了 4 倍。

这种位移传感器的量程为 30~150 mm,读数分辨率可达 0.01 m,但测量精度和稳定性受应变片粘贴质量的影响。

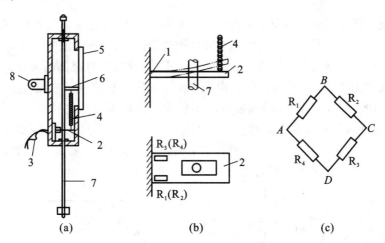

图 2-18 应变梁式位移传感器

(a) 传感器;(b) 悬臂梁贴片;(c) 接桥

1—应变片;2—悬臂梁;3—引线;4—弹簧片;5—标尺;6—标尺指针;7—测杆;8—固定环

2.4.2.3 滑线电阻式位移传感器

滑线电阻式位移传感器由测杆、滑线电阻和触头等组成,构造与测量原理如图 2-19 所示。滑线电阻固定在表盘上,触点将电阻分为 R_1 和 R_2。工作时将电阻 R_1 和 R_2 分别接入电桥桥臂,预调平衡后输出为零。当测杆向下移动一个位移 δ 时,R_1 增大 ΔR_1,R_2 减小 ΔR_1。由相邻两臂电阻增量相减的输出特性可知:

$$U_{BD} = \frac{U}{4} \frac{\Delta R_1 - (-\Delta R_1)}{R} = \frac{U}{2} K\varepsilon \tag{2-13}$$

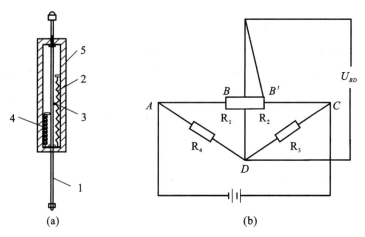

图 2-19 滑线电阻式位移传感器

（a）位移传感器；（b）滑线电阻测量线路

1—测杆；2—滑线电阻；3—触头；4—弹簧；5—壳体

采用这样的半桥接线，其输出量与电阻增量（或与应变）成正比，也与位移成正比。量程可达 10～100 mm 以上。

2.4.2.4　电子倾角仪

电子倾角仪主要利用电阻的变化来测定结构某部位的转动角度，其构造原理如图 2-20 所示。该仪器的主要装置是一个盛有高稳定性导电液体的玻璃器皿，在导电液中插入 3 根电极并固定，电极等距离设置且垂直于器皿底面。当传感器处于水平状态时，导电液体的液面保持水平，3 根电极浸入液体内的长度相等，故 A、B 极之间的电阻 R_{AB} 等于 B、C 极之间的电阻 R_{BC}，即 $R_{AB}=R_{BC}$。使用时将倾角仪固定在结构测点上，结构发生微小转动时倾角仪也随之转动；因导电液始终保持水平，所以插入导电液内的电极深度必然会发生变化：图 2-20 中，电阻 R_{AB} 减少 ΔR，电阻 R_{BC} 增大 ΔR。若将 AB 和 BC 视为惠斯登电桥的两个臂，则可建立电阻改变量 ΔR 与转角 α 之间的关系，可以用电桥原理测量和换算倾角 α，且有 $\Delta R = K\alpha$ 的关系式。

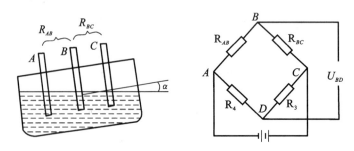

图 2-20 电子倾角仪的构造原理

2.5　桥梁结构振动测试

桥梁结构的频率、振幅、阻尼、振型、动力放大系数等都是动力试验所需测量的基本参数。振动量测设备的基本组成是感受、放大和显示记录三部分。振动量测中的感受部分一般称为拾振器（或称为测振传感器),它是振动测试系统中的一个重要组成部分。振动参量可用不同类型的传感器予以感受拾起,并从被测量对象中引出形成测量信号,将能量通过测量线路发送出去,再通过仪器仪表将振动过程中的物理量进行测量并记录下来。

根据被测对象的具体情况及各种测振传感器的性能,合理选用测振传感器是进行动力试验的关键,因此应了解和掌握有关测振传感器的工作原理与技术特性。按照工作原理分类,传感器可以分为机械惯性式传感器和电测传感器两大类。

2.5.1 惯性式传感器

应用惯性式传感器可直接对位移、速度、加速度等进行测量,其输入、输出均为机械量。常用的惯性式传感器有机械式测振仪、地震仪等。惯性式传感器由质量块、弹簧组成,如图 2-21 所示。使用时,将传感器安放在振动体的测点上并与振动体固定成一体,使仪器外壳和振动体一起振动。传感器的输出信号和质量块与振动体之间的相对运动直接相关。下面介绍传感器的力学原理。

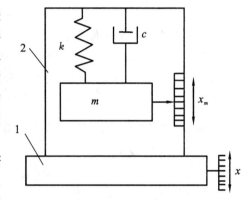

图 2-21 惯性式传感器的构造
1—振动体;2—传感器

图 2-21 中,m、k、c 分别为传感器质量块质量、弹簧刚度、阻尼系数,x 为振动体相对于固定参考坐标的位移,x_m 为质量块相对于仪器外壳的位移。设振动体按下列规律振动:

$$x = X_0 \sin\omega t \tag{2-14}$$

式中　X_0——振动体的振幅;

　　ω——振动体的角频率。

根据力学知识,由质量块所受的惯性力、阻尼力和弹性力之间的平衡关系,可建立振动体系的运动微分方程:

$$m\frac{\mathrm{d}^2(x+x_m)}{\mathrm{d}t^2} + c\frac{\mathrm{d}x_m}{\mathrm{d}t} + kx_m = 0 \tag{2-15}$$

或

$$m\frac{\mathrm{d}^2 x_m}{\mathrm{d}t^2} + c\frac{\mathrm{d}x_m}{\mathrm{d}t} + kx_m = mX_0\omega^2\sin\omega t \tag{2-16}$$

这是一个强迫振动方程,其通解为

$$x_m = c\mathrm{e}^{-nt}\cos(\sqrt{\omega^2-n^2}\,t + \alpha) + X_m\sin(\omega t - \varphi) \tag{2-17}$$

其中 $n = c/2m$,φ 为相位角,X_m 为质量块的相对振幅。通解中的第一项为自由振动解,由于阻尼作用而很快衰减;第二项为强迫振动解,其中:

$$X_m = \frac{X_0\left(\dfrac{\omega}{\omega_0}\right)^2}{\sqrt{\left[1-\left(\dfrac{\omega}{\omega_0}\right)^2\right]^2 + \left(2\zeta\dfrac{\omega}{\omega_0}\right)^2}} \tag{2-18}$$

$$\varphi = \arctan\frac{2\zeta\dfrac{\omega}{\omega_0}}{1-\left(\dfrac{\omega}{\omega_0}\right)^2} \tag{2-19}$$

式中 ζ——阻尼比,$\zeta = n/\omega_0$;

ω_0——传感器的固有频率,$\omega_0 = \sqrt{K/m}$。

将式(2-17)中第二项 $X_m \sin(\omega t - \varphi)$ 与式(2-14)进行比较可知,质量块相对于仪器外壳的运动规律与振动体的运动规律一致,频率相同,但振幅和相位不同。

质量块的相对振幅 X_m 与振动体的振幅 X_0 之比为

$$\frac{X_m}{X_0} = \frac{\left(\frac{\omega}{\omega_0}\right)^2}{\sqrt{\left[1 - \left(\frac{\omega}{\omega_0}\right)^2\right]^2 + \left(2\zeta \frac{\omega}{\omega_0}\right)^2}} \tag{2-20}$$

其相位相差一个相位角 φ。

根据式(2-19)、式(2-20),以 ω/ω_0 为横坐标,并分别以 X_m/X_0 和 φ 为纵坐标,选取不同的阻尼比可作出图 2-22(a)、(b)所示曲线,分别称之为测振仪器的幅频特征曲线和相频特征曲线。

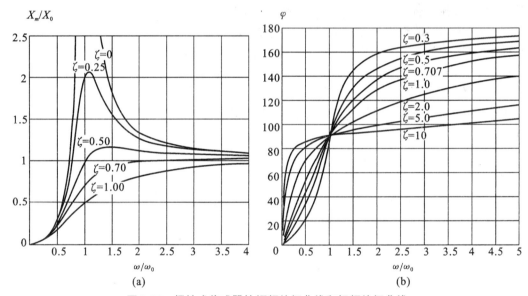

图 2-22 惯性式传感器的幅频特征曲线和相频特征曲线
(a)幅频特征曲线;(b)相频特征曲线

根据上述原理,当被测对象振动频率与惯性式传感器的固有频率之比发生变化时,可以测量不同的振动参量。

(1) $\omega/\omega_0 \gg 1$,$\zeta < 1$

由图 2-22 知,$X_m/X_0 \approx 1$,即 $X_m \approx X_0$;$\varphi \approx 180°$。

代入式(2-17),得测振仪器强迫振动解为:

$$x_m = X_m \sin(\omega t - \varphi) \approx X_0 \sin(\omega t - \pi) \tag{2-21}$$

将式(2-21)与式(2-14)进行比较,可知由于此时振动体振动频率较之仪器的固有频率大很多,故不管阻尼比是大还是小,X_m/X_0 趋近于 1,而 φ 趋近于 180°。也就是质量块的相对振幅和振动体的振幅趋近于相等而相位相反,这是测振仪器的理想工作状态。结合图 2-22 可知,要保证达到理想的工作状态,位移传感器应具有较大的阻尼系数和较低的固有频率,例如地震仪的固有频率要小于 1 Hz。

应该注意,一般的桥梁结构、厂房、民用建筑的一阶自振频率在零点几到几十赫兹之间,这就要求传感器具有很低的自振频率。为降低 ω_0，必须加大质量块的质量。因此，一般惯性式位移传感器的体积较大且较重，使用时对被测系统有一定的影响，特别是对于质量较小的振动体就不太适用。

(2) $\omega/\omega_0 \rightarrow 1, \zeta \gg 1$

由式(2-18)得

$$X_m = \frac{X_0 \left(\dfrac{\omega}{\omega_0}\right)^2}{\sqrt{\left[1-\left(\dfrac{\omega}{\omega_0}\right)^2\right]^2 + \left(2\zeta\dfrac{\omega}{\omega_0}\right)^2}} \approx \frac{\omega}{2\zeta\omega_0}X_0$$

因为

$$v = \frac{\mathrm{d}x}{\mathrm{d}t} = X_0\omega\cos\omega t = X_0\omega\sin\left(\omega t + \frac{\pi}{2}\right) \tag{2-22}$$

而

$$x_m = X_m\sin(\omega t - \varphi) \approx \frac{1}{2\zeta\omega_0}X_0\omega\sin(\omega t - \varphi) \tag{2-23}$$

比较式(2-22)和式(2-23)可知，传感器反映的位移与振动体的速度成正比，故可以将传感器用于速度的测量。但是，要保持频比在 1 附近是不容易实现的，同时传感器的有用频率范围非常狭窄，测试失真也较大，故一般很少在工程中使用。

(3) $\omega/\omega_0 \ll 1, \zeta < 1$

由式(2-18)、式(2-19)得

$$X_m = \frac{X_0 \left(\dfrac{\omega}{\omega_0}\right)^2}{\sqrt{\left[1-\left(\dfrac{\omega}{\omega_0}\right)^2\right]^2 + \left(2\zeta\dfrac{\omega}{\omega_0}\right)^2}} \approx \frac{\omega^2}{\omega_0^2}X_0, \quad \varphi \approx 0$$

因为

$$a = \frac{\mathrm{d}^2 x}{\mathrm{d}t^2} = -X_0\omega^2\sin\omega t = A\sin(\omega t + \pi) \tag{2-24}$$

而

$$x_m = X_m\sin(\omega t - \varphi) \approx \frac{1}{\omega_0^2}X_0\omega^2\sin\omega t = \frac{1}{\omega_0^2}A\sin\omega t \tag{2-25}$$

比较式(2-24)和式(2-25)可知，传感器反映的位移与振动体的加速度成正比。当 $\zeta = 0.6 \sim 0.7$ 时，相频曲线接近直线，则相频与频率成正比，波形不会出现畸变，所以可以将传感器用于加速度测量。

综合以上讨论，惯性式传感器的适应性比较差，必须要特别注意振动体的工作频率和传感器固有频率之间的关系。其一般多用于动位移的测量，而速度和加速度的测量不宜采用惯性式传感器。

2.5.2　电测传感器

电测传感器是目前桥梁动力检测中主要采用的振动测试仪器，其输入量是机械参量，而输出量是电参量，所以它是将机械量转换成电参量的一种传感器。按机电变换原理，其可分为发电型和参量型两类。前者经变换后输出电动势、电荷等具有电能的电量，后者则将机械量的变化变换为电阻、电容或电参量的变化。下面主要介绍目前应用较多的传感器——磁电式速度传感器和压电式加速度传感器。

2.5.2.1 磁电式速度传感器

磁电式速度传感器基于电磁感应的原理将运动速度转换成线圈中的感应电动势输出,可直接从被测振动体中吸取机械能量并将其转换成电信号输出,是一种典型的发电型传感器。磁电式速度传感器的特点是性能稳定、灵敏度高、输出阻抗低、频率响应范围有一定宽度。

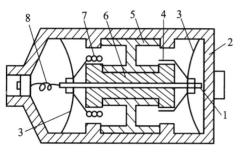

图 2-23 磁电式速度传感器
1—芯轴;2—壳体;3—弹簧片;4—阻尼环;
5—铝架;6—磁钢;7—线圈;8—输出线

图 2-23 所示为一种典型的磁电式速度传感器。其结构主要由钢制圆形外壳制成,里面用铝架将圆柱形磁钢(永久磁铁)与外壳固定为一体,芯轴穿过磁钢的中心孔,并由左、右两片弹簧支承在壳体上。芯轴的一端固定一个线圈,另一端固定一个阻尼环。工作时,磁钢和壳体固接安装在被测振动体上,并与振动体一起振动,芯轴与线圈组成传感器的可动系统。可动系统就是传感器的惯性质量块,测振时惯性质量块和仪器壳体发生相对移动,因而线圈和磁钢也发生相对移动,从而产生感应电动势。根据物理学知识可知,感应电动势 ε 的大小为

$$\varepsilon = BLNv \tag{2-26}$$

式中　B——线圈在磁钢间隙的磁感应强度;

　　　L——每匝线圈的平均长度;

　　　N——线圈匝数;

　　　v——线圈相对于磁钢的运动速度,即所测振动体的振动速度。

由式(2-26)可知,对于确定的仪器系统,B、L、N 均为常量,感应电动势 ε(也就是测振传感器的输出电压)与所测振动的速度成正比,故为速度传感器。其常用于结构振动速度的测量。

工程试验中经常需要测量 10 Hz 甚至 1 Hz 以下的低频振动(例如大跨度斜拉桥和悬索桥的振动基频一般在 0.3 Hz 以下),这时要求采用具有更低固有频率的摆式测振传感器。桥梁动力检测中广泛应用 941 型摆式传感器,如图 2-24 所示。摆式传感器也是磁电式传感器,输出电压与振动速度成正比。

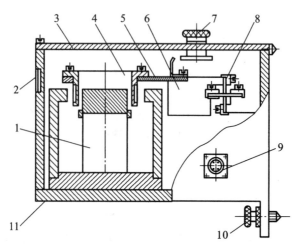

图 2-24 941 型摆式传感器
1—磁路;2—观察窗;3—上盖;4—线圈;5—摆架;6—摆锤;
7—摆锤卡位螺栓;8—十字簧片;9—插座;10—可调地脚螺钉;11—外壳

总之,磁电式速度传感器的输出电压是与所测振动的速度成正比的,振动的位移或加速度可以通过对信号的积分或微分来得出。

2.5.2.2 压电式加速度传感器

某些晶体(如石英晶体或极化陶瓷)在一定方向的外力作用下或承受变形时,在晶面或极化面上将产生电荷,这种现象称为压电效应;反之,若将晶体放于电场中,其几何尺寸将发生变化,即产生变形,这种现象称为逆压电效应。设压电晶体受到的外力为 F,释放出的电荷量为 q,则压电效应的基本关系式为

$$\frac{q}{A}=d\frac{F}{A} \tag{2-27}$$

式中 d——压电常数,与压电晶体材料有关;

A——晶体电极面的面积。

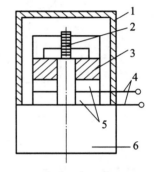

由式(2-27)可以看出,电荷密度与压应力成正比。压电式传感器就是利用某些晶体材料的压电效应来实现将振动加速度转换成电荷量的机电换能装置。这种传感器具有体积小、质量轻、输出大、固有频率高等突出优点。

压电式加速度传感器的结构如图 2-25 所示。其换能元件是上面压着质量块的压电晶片,连接螺纹通过硬弹簧给质量块预先加载,将其压紧在压电晶片上。整个组件连接在厚基底的壳体内。使用时,把传感器壳体牢牢地固定在被测对象的运动方向上,当传感器基座随被测物体一起运动时,由于弹簧刚度很大,相对而言质量块的质量 m 很小,即惯性很小,因而可认为质量块感受与被测物体相同的加速度,并产生与加速度成正比的惯性力。惯性力作用在压电晶片上,就可产生与加速度成正比的电荷,这样就可以通过电荷来测量加速度。

图 2-25　压电式加速度传感器结构示意图

1—壳体;2—弹簧;3—质量块;
4—引线;5—压电晶片;
6—传感器基座

2.6 桥梁结构其他测试

桥梁结构其他测试的内容主要有混凝土结构裂缝的分布和宽度、结构上作用力的大小、结构表面及内部温度等的测试。

2.6.1 裂缝宽度测试

桥梁结构裂缝的产生与发展、裂缝位置与分布以及裂缝长度与宽度是反映结构性能的重要指标,对确定结构的开裂荷载、研究结构的破坏过程、研究预应力结构的抗裂和变形性能均有十分重要的意义。目前,最常用来发现裂缝的方法是在构件表面刷一层薄层石灰浆后用肉眼借助放大镜查找裂缝,白色石灰浆涂层有利于衬托出构件表面的细微裂缝。当需要更精确地确定开裂荷载时,一般需安装应变计来检测裂缝的出现。近年来采用声发射技术法来发现裂缝也得到了应用。

一般用读数显微镜测量裂缝宽度,其构造如图 2-26(a)所示。它由光学透镜与游标刻度尺等组成,其最小刻度值要求不大于 0.05 mm。另外,也可采用较简便的方法,即采用裂缝标准宽度板(用印有不同宽度线条的宽度尺和裂缝进行对比来确定裂缝宽度),如图 2-26(b)所示;或用一组具有不同标准厚度的塞尺插入裂缝进行测试,刚好插入裂缝的塞尺厚度即为裂缝宽度。后两种方法测

试结果较为粗略,但能够满足一般测试要求。

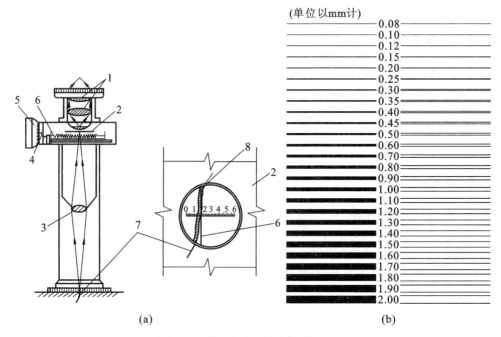

图 2-26　裂缝宽度测试的仪器及标尺

（a）读数显微镜；（b）裂缝标准宽度板

1—目镜、场镜；2—上分划板；3—物镜；4—读数指针；

5—读数轮鼓；6—下分划板；7—放大前的裂缝；8—放大后的裂缝

除以上介绍的几种裂缝宽度测试方法外,还有其他的方法。例如采用振弦式裂缝计测试裂缝宽度,其具体的方法介绍、仪器安装、数据读取、数据处理等可以参考国内外生产厂家相关产品的使用手册。

2.6.2　力的测试

荷载与支座反力测定是经常需要做的,另外,在预应力施力过程中钢丝或钢丝绳的张力也要测定。测试力的仪器比较多,其基本原理是用弹性元件去感受力或液压,弹性元件在力的作用下,会发生与外力或液压成对应关系的变形。

2.6.2.1　荷载和反力测试

荷载传感器可以量测荷载、反力及其他各种外力。荷载传感器有多种形式,但外形基本相同,其核心部件是一个厚壁筒,如图 2-27 所示。壁筒的横截面大小取决于荷载的量程及材料的允许应力。在壁筒上贴有电阻应变片,以便将机械变形转换为电信号。为便于设备或试件连接,在壁筒两端加工有螺纹。为避免在储存、运输或试验期间应变片发生损坏,需设置外罩加以保护。

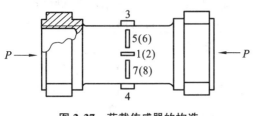

图 2-27　荷载传感器的构造

1~8—电阻应变片编号

荷载传感器的构造简单,可根据实际需要自行设计和定制。例如,在测量斜拉桥和系杆拱桥拉索的索力或悬索桥主缆索股的轴力时,可将荷载传感器设计成穿心式压力环预先安装在锚头与垫板之间,通过穿心式压力环来量测索力的大小。另外,应该注意:荷载传感器必须选用力学性能稳定的材料制作筒壁,还要选择稳定性好的应变片和黏合剂。荷载传感器投入使用后应当定期标定,检查其荷载应变的线性性能和标定常数。

2.6.2.2 拉力和压力测试

在桥梁结构试验中,测定拉力和压力的仪器有各种测力计。测力计的基本工作原理为:钢制弹簧、环箍或簧片在受力后会产生弹性变形,将变形通过机械放大后,再用指针刻度盘来表示或用位移计来反映力的大小。

图 2-28 所示为环箍式拉力计,用于测量张拉钢丝或钢丝绳的拉力。环箍式拉力计中,由两片弓形弹簧组成一个环箍,在拉力作用下环箍产生变形,通过一套机械传动放大系统带动指针转动,指针在刻度盘上的示值即为拉力值。

图 2-29 所示为环箍式拉、压测力计,其是用粗大的钢环作为弹簧。钢环在拉、压力作用下会产生变形,经过杠杆放大后推动位移计工作。位移计的示值与环箍变形的关系应预先标定。这种测力计大多只用于测定压力。

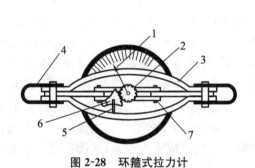

图 2-28 环箍式拉力计

1—指针;2—中央齿轮;3—弓形弹簧;
4—耳环;5—连杆;6—扇形齿轮;7—可动接板

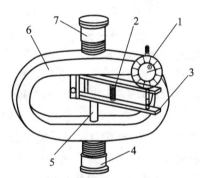

图 2-29 环箍式拉、压测力计

1—位移计;2—弹簧;3—杠杆;
4,7—下、上压头;5—立柱;6—钢环

2.6.2.3 液压千斤顶

在桥梁施工中,液压千斤顶是用来张拉预应力钢筋、吊索及系杆的主要机具,其张拉力的控制是通过液压千斤顶的液压表来实现的。因此,通过事先精确标定液压表读数与千斤顶张拉力的对应关系,便可在张拉预应力钢筋、吊索及系杆时通过液压表来测量、调整千斤顶的张拉力。

2.6.2.4 索力测试

缆索承重桥梁中,拉索或吊杆是桥梁受力体系中的一个重要组成部分,这些构件的索力大小直接影响桥梁上部结构的受力和变形状态。因此,准确测试拉索或吊杆索力的实际大小,在桥梁施工监控和成桥检测中显得非常重要。测量索力大小的方法有很多,例如磁通量法、振动测定法、张拉千斤顶测定法、压力传感器测定法、索拉力垂直度关系测定法、拉索伸长量测定法等。下面简要介绍磁通量法、振动测定法。

（1）磁通量法

磁通量法是通过索中的电磁传感器测定索中磁通量的变化来测定索力的测量方法。其测试原理是:铁磁性材料在外磁场作用下会被强烈磁化,磁导率很高,当铁磁性材料受到外力作用时,其内部会产生机械应力或应变,从而引起磁化强度发生改变,即产生磁弹性效应,通过找出磁化强度与应力之间的关系,就能实现对铁磁材料中的应力进行检测的目的。

(2)振动测定法

振动测定法是拉索索力测试的常用方法之一,具体方法是先将加速器传感器固定在拉索上,采用一定方法进行激振,测量拉索的振动响应后进行频谱分析,得出拉索的自振频率,再根据索力与自振频率的关系计算索力。振动测定法所用的仪器与测试元件可以重复使用,不消耗一次性仪表,也不需要事先预理,既经济方便又能基本满足工程检测的要求,但其测试精度不高。

2.6.3 温度测试

桥梁结构的内力线形常常随着温度的变化而变化。温度测试是桥梁工程检测中的一项重要内容。桥梁结构温度检测中主要会用到热电偶、热电阻、热敏电阻等。由于热电偶具有构造简单、使用方便、准确性高和敏感度好等特点,因而被广泛用于温度量测中。下面简要介绍一下热电偶。

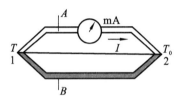

图 2-30 热电偶的基本工作原理

热电偶是利用物理学中的塞贝克效应制成的温度传感器。其基本工作原理如图 2-30 所示。它由两种导体 A 和 B 组合成一个封闭回路,并使结点 1 和结点 2 处于不同的温度 T 及 T_0,例如测温时将结点 1(结点 1 称为工作端)置于被测温度场中,使结点 2(结点 2 称为参考端)处于某一恒定温度状态。由于互相接触的两种金属导体内自由电子的密度不同,故在 A、B 接触处将发生电子扩散。电子扩散的速率和自由电子的密度与金属所处的温度成正比。假设金属 A 和 B 中自由电子密度分别为 N_A 和 N_B,且 $N_A > N_B$,则在单位时间内由金属 A 扩散到金属 B 中的电子数,比从金属 B 扩散到金属 A 中的电子数要多。这样,金属 A 因失去电子而带正电,金属 B 因得到电子而带负电,于是在接触点处便形成了电位差,从而可建立起电势与温度的关系,测得温度。根据理论推导,回路的总电势与温度的关系为

$$E_{AB} = E_{AB}(T) - E_{AB}(T_0) = \frac{k}{e}(T - T_0) \ln \frac{N_A}{N_B} \tag{2-28}$$

式中　T, T_0——A、B 两种材料接触点处的绝对温度;

　　　e——电子的电荷量,为 1.9×10^{-19} C;

　　　k——波尔兹曼常数,为 1.38×10^{-23} J/K;

　　　N_A, N_B——金属 A、B 的自由电子密度。

【知识归纳】

(1)桥梁结构试验检测主要有在役桥梁运营期的技术状况检查、桥梁施工期的试验监测、新建桥梁竣工后的试验检测等方面的内容。桥梁试验检测不仅是桥梁工程设计参数的确定、施工质量控制、施工验收评定、养护管理决策的主要依据,而且对提高工程质量、加快工程进度、降低工程造价、推动桥梁设计和施工技术的进步起到极为重要的作用。

(2)根据《公路桥涵养护规范》(JTG H11—2004)的规定,桥梁检查分为经常检查、定期检查和特殊检查。桥梁结构普查是对桥面铺装、伸缩装置、人行道、防撞护栏、桥面排水系统、桥面板、梁板横向连接(铰缝)、梁体裂缝、支座、墩台与基础、河道冲刷、调治构造物等进行细致的检查。桥梁结构普查的具体技术要求要达到定期检查的标准。

（3）桥梁结构测试技术是桥梁检测的重要技术保障，测试技术的科学性、准确性直接关系到桥梁工程检测能否达到预期的目的。随着新技术的不断发展，各种量测仪器、设备层出不穷，桥梁检测人员除应对被测参数的性质和要求非常熟悉外，还应重视对各种测试技术原理的理解，从而可根据有关产品目录正确选择和使用量测仪器、设备。

【独立思考】

2-1　简述桥梁结构检测的分类。

2-2　桥梁结构普查包括哪些内容？

2-3　简述电阻应变测试的工作原理。

2-4　桥梁结构变形测试包括哪些方面？

2-5　惯性式传感器的力学原理是什么？

2-6　桥梁结构测试中，力的测定方法有哪些？

【参考文献】

[1] 中华人民共和国交通部.JTG H11—2004　公路桥涵养护规范.北京：人民交通出版社，2004.

[2] 中华人民共和国交通运输部.JTG/T H21—2011　公路桥梁技术状况评定标准.北京：人民交通出版社，2011.

[3] 中华人民共和国交通运输部.JTG/T J21—2011　公路桥梁承载能力检测评定规程.北京：人民交通出版社，2011.

[4] 中华人民共和国建设部.CJJ 99—2003　城市桥梁养护技术规范.北京：中国建筑工业出版社，2004.

[5] 范立础.桥梁工程：上册.2 版.北京：人民交通出版社，2012.

[6] 姚玲森.桥梁工程.2 版.北京：人民交通出版社，2008.

[7] 张劲泉，王文涛.桥梁检测与加固手册：上册.北京：人民交通出版社，2007.

[8] 张宇峰，朱晓文.桥梁工程试验检测技术手册.北京：人民交通出版社，2009.

[9] 张俊平.桥梁检测与维修加固.2 版.北京：人民交通出版社，2011.

[10] 刘自明，陈开利.桥梁工程检测手册.2 版.北京：人民交通出版社，2010.

[11] 黄平明，陈万春.桥梁养护与加固.北京：人民交通出版社，2009.

[12] 陈开利，王邦楣，林亚超.桥梁工程鉴定与加固手册.北京：人民交通出版社，2009.

[13] 孔德仁，朱蕴璞，狄长安.工程测试技术.2 版.北京：科学出版社，2009.

[14] 杨德建，王宁.建筑结构试验.武汉：武汉理工大学出版社，2006.

[15] 王昌明，孔德仁，何云峰.传感与测试技术.北京：北京航空航天大学出版社，2005.

3

桥梁上部结构检测

课前导读

▽ 内容提要

桥梁上部结构检测是桥梁结构检测的重要环节，通过检测可掌握桥梁上部结构的质量性能，为工程质量评价和事故鉴定提供实测数据。本章主要介绍了桥梁支座和伸缩装置、混凝土结构构件、预应力混凝土结构、钢结构和悬吊结构等的检测，并给出了典型工程实例。本章的教学重点及教学难点为桥梁上部结构检测内容和检测方法。

▽ 能力要求

通过本章的学习，学生应熟悉桥梁上部结构检测的环节，熟练掌握桥梁上部结构的检测内容和检测方法，对工程设计、工程施工质量以及桥梁病害等作出正确的评判。

3.1 桥梁支座和伸缩装置检测

3.1.1 桥梁支座检测

桥梁支座设置在梁板式体系中主梁和墩台之间,主要功能是将上部结构的各种载荷传递给墩台,适应上部结构的荷载、温度变化、混凝土收缩等各种因素所产生的自由变形(水平位移及转角),并使上下部结构的实际受力情况符合设计要求。

桥梁支座按其材料可划分为小桥涵上使用的简易垫层支座,大中桥上使用的钢板支座,钢筋混凝土支座,铸钢、不锈钢支座和橡胶支座。目前,板式、盆式橡胶支座已经实现了产品的标准化、系列化,成为了我国桥梁支座的主导产品,在新建的大中型桥梁工程中被广泛应用。这里重点介绍板式橡胶支座的构造和检测方法。

3.1.1.1 板式橡胶支座的构造

板式橡胶支座(图 3-1)通常由若干层橡胶片和钢板组成,各层橡胶片与钢板之间经加压硫化牢固地黏结成一体。支座在竖直载荷作用下,嵌入橡胶片之间的钢板将约束橡胶的侧向膨胀,使垂直变形相应减小,极大地提高了支座的竖向刚度;支座的水平位移与支座橡胶的净厚有关。为防止薄钢板发生锈蚀,在板式橡胶支座的上下及四周均有橡胶保护层。

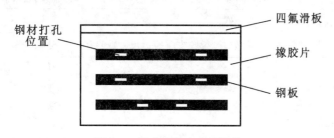

图 3-1 板式橡胶支座的结构

3.1.1.2 板式橡胶支座的技术要求

支座的材料、规格和质量必须满足设计和有关规范的要求,经过验收合格后方可安装。支座底板调平砂浆的性能应符合设计要求,灌注密实,不得留有空洞。支座上下各部件的纵轴线必须对正。当安装时的温度与设计要求不同时,应通过计算设置支座顺桥方向的预偏量。支座不得发生歪偏、不均匀受力和脱空现象。滑动面上的四氟滑板和不锈钢板不得有划痕、碰伤等,位置要正确,安装前必须涂上硅脂油。

支座安装实测项目见表 3-1,成品支座外观质量要求见表 3-2。

表 3-1 支座安装实测项目

项次	检查项目	规定值或允许偏差	检查方法和频率	权值
1	支座中心与主梁中心线偏位/mm	2	经纬仪、钢尺:每个支座	3
2	支座顺桥方向偏位/mm	10	经纬仪或拉线检查:每个支座	2

项次	检查项目	规定值或允许偏差	检查方法和频率	权值
3	支座高程/mm	符合设计要求； 设计未规定时：±5	水准仪：每个支座	3
4	支座四角高差/mm	1	水准仪：每个支座	2
		2		

表 3-2　　　　　　　　　　　　　　　　**成品支座外观质量要求**

项目	质量要求（不允许有下列两项以上缺陷同时存在）
气泡、杂质	气泡、杂质总面积不得超过支座平面面积的 0.1%，且每一处气泡、杂质面积不能大于 50 mm²，最大深度不得超过 2 mm
凹凸不平	当支座平面面积小于 0.15 m² 时，不得多于 2 处；大于 0.15 m² 时，不得多于 4 处，且每处凹凸高度不得超过 0.5 mm，面积不得超过 6 mm²
四侧面裂纹、钢板外露	不允许
掉块、崩裂、机械损伤	不允许
钢板与橡胶黏结处开裂或剥落	不允许
支座表面不平整度	①橡胶支座：表面不平整度不得大于平面最大长度的 0.4% ②四氟滑板式支座：表面不平整度不得大于四氟滑板平面最大长度的 0.2%
四氟滑板表面划痕、碰伤、敲击	不允许
四氟滑板与橡胶支座粘贴错位	不得超过橡胶支座短边尺寸或直径的 0.5%

3.1.1.3　板式橡胶支座的力学性能检测

（1）抗压弹性模量

检测方法为通过中心受压试验得出橡胶支座的应力-应变曲线，依此求出支座的抗压弹性模量，实测出使用应力下支座的最大压缩量并观察支座在受压情况下的工作状态。

在中心受压情况下，当压应力不大时，橡胶支座的应力-应变呈非线性变化，随着载荷的逐渐加大，橡胶支座的应力-应变将呈线性变化。

检测时，将橡胶支座产品直接放置于试验加载装置的夹板上，对准中心，安装到位，加载至压应力为 1.0 MPa，并在承载板四角对称安置四只百分表。将压应力缓缓增至 $[\sigma]$，持荷 5 min，然后卸载至压应力为 1.0 MPa，记录百分表初始值，预压三次。每一加载循环从 $\sigma_1 = 1.0$ MPa 开始，每级压应力增加 1.0 MPa，持荷 3 min，读取百分表读数，至 $[\sigma]$ 为止，然后卸载至压应力为 1.0 MPa，10 min 后进行下一加载循环。加载过程连续进行三次。以承载板四角所测得的变化值的平均值作为各级载荷下试样的累计压缩变形 Δ_c，按试样橡胶层的总厚度 δ_i，求出各级试验载荷作用下试样的累计压缩应变 ε_i。

试样的抗压弹性模量按式（3-1）计算：

$$E = \frac{\sum\limits_{i}^{k} (\sigma_i - \bar{\sigma})^2}{\sum\limits_{i}^{k} (\sigma_i - \bar{\sigma})\varepsilon_i} \tag{3-1}$$

式中　σ_i——第 i 级试验压应力,MPa;

　　　$\bar{\sigma}$——试验压应力的算术平均值,MPa;

　　　ε_i——第 i 级试验荷载下的累计压缩应变值;

　　　E——试样的抗压弹性模量,MPa。

对于矩形橡胶支座,取 $i=5,k=10$;对于圆形橡胶支座,取 $i=5,k=12.5$。

每一块试样的抗压弹性模量 E 为三次加载过程所得结果的算术平均值。但是单项结果与算术平均值之间的偏差不应大于算术平均值的 10%,否则该试样应重新试验一次。

(2)极限抗压强度

在抗压弹性模量试验完成后,按 1.0 MPa/min 的加载速率加载,至压应力达到极限抗压强度为止。对于矩形支座,加载至压应力为 70 MPa;对于圆形支座,加载至压应力为 75 MPa。要随时观察试样是否完好无损,如果试验过程中橡胶层无破坏、中间层钢板未断裂、黏结层未发生剥离,就认为试样的极限抗压强度满足要求。

(3)抗剪弹性模量

板式橡胶支座的水平位移是通过橡胶的剪切变形实现的,其抗剪弹性模量采用双剪试验装置来测定,剪切试验加载装置如图 3-2 所示。其采用两块支座,用中间钢拉板推或拉组成双剪装置。橡胶支座的顶面或底面必须与实桥设计图样一致,而且中间钢拉板的对称轴和加压设备的中轴须处在同一垂直面上。剪切变形量一般采用两个大标距的位移传感器或百分表测量,正应力和切应力一般采用力传感器进行量测控制。

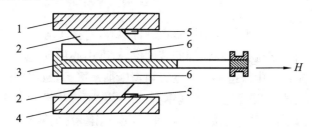

图 3-2　板式橡胶支座剪切试验加载装置

1—压力机上承载板;2—支座试样;3—中间钢拉板;4—压力机下承载板;
5—承载板附加的防滑挡板;6—混凝土、钢板或不锈钢板试样

试验中将压应力缓慢增至允许压应力 $[\sigma]$,并在抗剪过程中保持不变。压应力可通过试验机的加载吨位进行控制,也可以通过安装荷载传感器进行控制。安装好水平千斤顶、测力计和位移计。水平千斤顶的轴线应与中间钢拉板的对称轴重合。在钢拉板与水平千斤顶之间安装荷载传感器以测试水平力,控制试验过程中剪应力的大小,同时在水平方向安装百分表或其他位移计测试支座板上、下两个面的相对水平位移。预加载时,施加水平力到剪应力为 1.0 MPa,持荷 5 min,然后卸载至剪应力为 0.1 MPa,记录位移计初始读数。预加载循环进行三次。正式加载时,每一加载循环从 $\tau_1=0.1$ MPa 开始,每级剪应力增加 0.1 MPa,持荷 1 min,增加到 1.0 MPa 为止,然后卸载剪应力至 0.1 MPa。10 min 后进行下一循环,加载过程连续循环进行三次。

板式橡胶支座的抗剪弹性模量按式(3-2)计算:

$$G = \frac{\sum\limits_{i=8}^{10}(\tau_i-\bar{\tau})^2}{\sum\limits_{i=8}^{10}(\tau_i-\bar{\tau})\gamma_i} \tag{3-2}$$

式中 G——试样的抗剪弹性模量,MPa;

τ_i——第 i 级试验剪应力,MPa;

$\overline{\tau}$——试验剪应力的算术平均值,MPa;

γ_i——第 i 级试验荷载下的累计剪应变值:

$$\gamma_i = \frac{\Delta S}{\delta}$$

式中 ΔS——支座板上、下两个面的相对水平位移,mm;

δ——橡胶板的厚度,mm。

试验结果应该为三次试验的算术平均值,但各单项结果与算术平均值的偏差应不大于算术平均值的 10%,否则该试样应该再进行一次试验。

(4)允许剪切角检验

允许剪切角的检验方法同抗剪切模量一样,可与抗剪切模量的检验同时完成。试样的允许剪切角 α 可按下式计算:

$$\tan\alpha = \frac{\tau_{\max}}{G} \tag{3-3}$$

式中 $\tau_{\max}$——试验时的最大切应力,MPa;

G——试样的抗剪弹性模量,MPa;

α——试样橡胶片的允许剪切角。

(5)摩擦系数检验

摩擦系数检验要求必须对四氟板与不锈钢板进行检验,对橡胶与混凝土、橡胶与钢板间的摩擦系数检验可按需要或用户要求进行。将试样安装就位,对准中心位置,缓缓施加正压应力至 $[\sigma]$,并使之在整个摩擦系数检验过程中保持不变。逐级均匀施加水平力,每级间隔 30 s 增加水平切应力 0.2 MPa,至支座试样与混凝土板、钢板或不锈钢板试样接触面发生滑动为止,记录此时的水平切应力。连续进行三次检验,试样的摩擦系数按下式计算,并求出三次的算术平均值:

$$\mu = \frac{\tau}{[\sigma]} \tag{3-4}$$

式中 τ——接触面间发生滑动时的水平切应力,MPa;

$[\sigma]$——允许压应力,MPa;

μ——摩擦系数。

(6)容许转角检验

桥梁在外载荷作用下将发生竖向挠曲,并引起梁端转动,支座必须适应这种转动变形。在支座转动过程中,一侧继续压缩,另一侧则逐渐回弹。为了避免回弹支座边缘脱空,需要对支座的容许转角进行检验。板式橡胶支座转动试验装置如图 3-3 所示。

安装好试样后,在距中心 600 mm 处安装使梁产生转动的千斤顶和测力计,并在承载梁(板)四角对称安装四只百分表。预压时,将压应力缓缓增至 $[\sigma]$,保持 5 min,然后卸载压应力至 1.0 MPa,反复三次,并检查百分表工作是否正常。正式加载时,施加压应力至 $[\sigma]$,保持 5 min,读取百分表读数。保持 $[\sigma]$ 不变,用油压千斤顶对中间工字梁施加一个向上的力 P,使支座转角正切值达到预期值(偏差不大于 5%),停 5 min 后,读取千斤顶力 P 和百分表的读数。在用千斤顶施加力 P 的过程中,支座始终处于图 3-4 所示的工作状态。

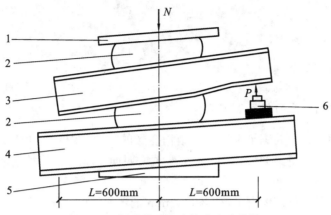

图 3-3 板式橡胶支座转动试验装置

1—压力机上承载板；2—试样；3—中间工字梁（假想梁）；4—承载梁（板）；5—压力机下承载板；6—千斤顶

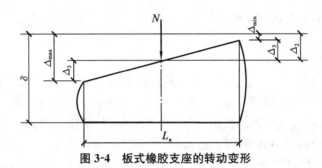

图 3-4 板式橡胶支座的转动变形

实测转角的正切值为

$$\tan\theta = \frac{\Delta_1^2 + \Delta_3^4}{2L} \tag{3-5}$$

式中　θ——实测转角；

　　　　Δ_1^2——百分表 1、2 处的变形平均值，mm；

　　　　Δ_3^4——百分表 3、4 处的变形平均值，mm；

　　　　L——转动力臂，$L = 600$ mm。

垂直载荷与转动载荷共同影响下试样的压缩变形按下式计算：

$$\Delta_2 = \overline{\Delta}_c - \Delta_1 \tag{3-6}$$

$$\Delta_1 = \frac{\Delta_1^2 - \Delta_3^4}{2} \tag{3-7}$$

式中　$\overline{\Delta}_c$——垂直载荷 N 作用时试样累积压缩变形值，mm；

　　　　Δ_1——转动试验时，试样中心平均回弹变形值，mm；

　　　　Δ_2——垂直载荷和转动载荷共同影响下试样中心处产生的压缩变形，mm；

　　　　Δ_3——试样边缘换算变形值，mm。

各种转角下，试样边缘换算变形值 Δ_3 按式(3-8)计算：

$$\Delta_3 = \frac{1}{2}L_a\tan\theta \tag{3-8}$$

式中　L_a——试样短边尺寸，mm。

支座边缘最大、最小变形值为

$$\Delta_{max} = \Delta_2 + \Delta_3 \tag{3-9}$$

$$\Delta_{min} = \Delta_2 - \Delta_3 \tag{3-10}$$

3.1.2　桥梁伸缩装置检测

3.1.2.1　桥梁伸缩装置的作用及种类

为使车辆平稳通过桥面并满足桥梁上部结构变形的需要,在桥梁伸缩缝处设置的由橡胶和钢材等组成的各种装置称为桥梁伸缩装置。伸缩装置按照伸缩体的不同可分为四类。

(1)模数式伸缩装置

模数式伸缩装置是指伸缩体由中钢梁和 80 mm 的单元橡胶密封带组合而成的伸缩装置,适用于伸缩量为 160～200 mm 的公路桥梁工程。

(2)梳齿板式伸缩装置

梳齿板式伸缩装置是指由钢制梳齿板组合而成的伸缩装置,一般适用于伸缩量不大于 30 mm 的公路桥梁工程。

(3)橡胶式伸缩装置

橡胶式伸缩装置分为板式和组合式两种。板式橡胶式伸缩装置即伸缩体,是指由橡胶、钢板或角钢硫化为一体的橡胶式伸缩装置,适用于伸缩量小于 60 mm 的公路桥梁工程。组合式橡胶式伸缩装置即伸缩体,是由橡胶板和钢托板组合而成的伸缩装置,适用于伸缩量不大于 120 mm 的公路桥梁工程。橡胶式伸缩装置不宜用于高速公路、一级公路上的桥梁。

(4)异型钢单缝式伸缩装置

异型钢单缝式伸缩装置是指伸缩体完全由橡胶密封带组成的伸缩装置。由单缝钢和橡胶密封带组成的单缝式伸缩装置,适用于伸缩量不大于 60 mm 的公路桥梁工程;由边钢梁和橡胶密封带组成的单缝式伸缩装置,适用于伸缩量不大于 80 mm 的公路桥梁工程。

3.1.2.2　伸缩装置产品力学性能试验

桥梁伸缩装置所使用的材料、加工工艺和成品的整体性能、外观质量及解剖检验等均应符合相关现行标准。

(1)整体性能要求

桥梁伸缩装置整体性能要求见表 3-3。

表 3-3　　　　　　　　　　　　　　**桥梁伸缩装置整体性能要求**

序号	项目		模数式		梳齿板式	橡胶式		异型钢单缝式
						板式	组合式	
1	拉伸、压缩时最大水平摩阻力/(kN/m)		≤4		≤5	<18	≤8	
2	拉伸、压缩时变位均匀性/mm	每单元最大偏差值(e 为总变位最大偏差值)	−2～2		e≤80	±1.5		
			e≤480	−5～5				
			480<e≤800	−10～10	e>80	±2.0		
			e>800	−15～15				

序号	项目		模数式	梳齿板式	橡胶式		异型钢单缝式
					板式	组合式	
3	拉伸、压缩时 最大垂直变形值/mm		1～2	0.3～0.5	−3～3	−2～2	
4	相对错位后拉伸、压缩试验(满足1、2项要求)	纵向错位	支撑横梁倾斜角度不大于2.5°				
		竖向错位	相当顺桥方向产生5%的坡度				
		横向错位	两支横梁3.6 m范围内两端相差80 mm				
5	最大荷载时中梁应力、横梁应力、应变测定、水平力(模拟制动力)试验		满足设计要求				
6	防水性能		注满水24 h无渗漏				

(2) 尺寸偏差要求

橡胶式伸缩装置的尺寸偏差应满足表3-4的要求。在自然状态下,伸缩装置中使用的单元密封橡胶带的尺寸(不包括锚固部分)偏差应满足表3-5的要求。

表3-4 橡胶式伸缩装置的尺寸偏差 (单位:mm)

长度范围	偏差	宽度范围	偏差	厚度范围	偏差	螺孔中距偏差
$l=1000$	−1～2	$a \leqslant 80$	−2.0～1.0	$t \leqslant 80$	−1.0～1.8	<1.5
		$80 < a \leqslant 240$	−1.5～2.0	$t > 80$	−1.5～2.3	
		$a > 240$	−2.0～2.0			

注:宽度范围正偏差用于伸缩体顶面,负偏差用于伸缩体底面。

表3-5 单元密封橡胶带的尺寸偏差 (单位:mm)

宽度范围	偏差	厚度范围	偏差
$a=80$	+3	$b \geqslant 7$	0～1.0
	0	$b_1 \geqslant 7$	0～0.3
$a<80$	+2	$b \geqslant 6$	0～0.5
	0	$b_1 \geqslant 3$	0～0.2

(3) 外观质量要求

橡胶式伸缩装置、密封橡胶带的外观质量应满足表3-6的要求。

表3-6 橡胶式伸缩装置、密封橡胶带的外观质量要求

缺陷名称	质量标准	缺陷名称	质量标准
骨架钢板外露	不允许	气泡、杂质	不得超过成品表面积的0.5%,且每处不得大于25 mm²,深度不得超过2 mm
钢板与黏结处开裂或剥离	不允许		
喷霜、发脆、裂纹	不允许		

缺陷名称	质量标准	缺陷名称	质量标准
明疤缺胶	面积不得超过 30 mm× 5 mm,深度不得超过 2 mm,缺陷每延米不得超过 4 处	螺栓定位孔歪斜及开裂	不允许
		连接榫槽开裂、闭合不准	不允许

伸缩装置的异型钢、型钢、钢板等的外观应光洁、平整,表面不得有大于 0.3 mm² 的凹坑、麻点、裂纹、结疤、气泡和杂质,不得有机械损伤。上、下表面应平行,端面应平整,长度大于 0.5 mm 的毛刺应清除。

（4）内在质量要求

进行板式橡胶伸缩装置成品解剖检验时,每 200 块或每批中任取一块,将其沿垂直方向锯开,进行规定项目的检验,检验结果应符合表 3-7 的要求。

表 3-7　　　　　　　　　　　　板式橡胶伸缩装置成品解剖检验结果要求

名称	质量要求
锯开后钢板、角钢位置	钢板、角钢位置要求准确,其平面位置偏差的允许值为 ±3 mm,高度位置偏差应为 −1~2 mm
钢板与橡胶黏结	钢板与橡胶应黏结牢固且无离层现象

3.2　混凝土结构构件试验检测

3.2.1　主梁

对于斜拉桥的主梁,当跨度大于 450 m 时多采用钢箱梁,当跨度在 450 m 以下时多采用结合梁、预应力混凝土箱梁或边纵梁的肋板结构。对于钢箱梁的检测,可参阅后面的章节。对于预应力混凝土主梁,一般每侧悬浇或悬装一个节段增加一对索,直至合龙。结合梁主梁是先将结合梁安装合龙,再在结合梁上拼装预制板,最后浇筑结合缝混凝土。

3.2.1.1　悬浇、悬拼及结合梁施工的质量要求标准

表 3-8～表 3-10 分别给出了悬臂浇筑混凝土梁、悬臂拼装混凝土梁及悬臂施工结合梁的施工要求。

表 3-8　　　　　　　　　　　　悬臂浇筑混凝土梁的施工要求

项　目		规定值或允许偏差
混凝土强度/MPa		在合格标准内
轴线偏位/mm	L≤100 m	10
	L>100 m	L/10000
斜拉索拉力/kN		符合设计要求

项　目		规定值或允许偏差
断面尺寸/mm	高	−10～5
	顶高	±30
	板厚	0～10
梁锚固点高程/mm	$L \leqslant 100$ m	±20
	$L > 100$ m	±(L/5000)
锚具轴线与孔位轴线偏位/mm		5

注：L 为跨径。

表 3-9　　　　　　　　　　　　　　　**悬臂拼装混凝土梁的施工要求**

项　目		规定值或允许偏差
轴线偏位/mm	$L \leqslant 100$ m	10
	$L > 100$ m	L/10000
斜拉索拉力/kN		符合设计要求
锚具轴线与孔位轴线偏位/mm		5
梁锚固点高程/mm	$L \leqslant 100$ m	±20
	$L > 100$ m	±(L/5000)
合龙段混凝土强度/MPa		在合格标准内

注：L 为跨径。

表 3-10　　　　　　　　　　　　　　　**悬臂施工结合梁的施工要求**

项　目		规定值或允许偏差
轴线偏位/mm	$L \leqslant 200$ m	10
	$L > 200$ m	L/20000
混凝土强度/MPa		在合格标准内
混凝土板断面尺寸/mm	厚	0～10
	宽	±30
斜拉索拉力/kN		符合设计要求
梁锚固点顶面高程/mm	$L \leqslant 200$ m	±20
	$L > 200$ m	±(L/10000)
钢梁防护		涂装符合设计要求

注：L 为跨径。

表 3-10 中所述的混凝土强度在合格标准内，是指浇筑好的梁各部位混凝土立方强度应达到设计标号，同时施工各阶段截面法向压应力应符合：

对于 30～40 号混凝土

$$\sigma_{ha} \leqslant 0.70 R_a^{b\prime} \tag{3-11}$$

对于 50～60 号混凝土

$$\sigma_{ha} \leqslant 0.75 R_a^{b\prime} \tag{3-12}$$

拉应力应符合：

预拉区不配非预应力筋时

$$\sigma_{hl} \leqslant 0.70 R_c^{b\prime} \tag{3-13}$$

配非预应力筋时

$$\sigma_{hl} \leqslant 1.15 R_c^{b\prime} \tag{3-14}$$

式中　σ_{ha}——预应力构件截面边缘的压应力；

　　　σ_{hl}——预应力构件截面边缘的拉应力；

　　　$R_a^{b\prime}$——制造、运输、安装阶段混凝土的抗压标准强度；

　　　$R_c^{b\prime}$——制造、运输、安装阶段混凝土的抗拉标准强度。

接缝处标准抗压、抗拉强度应根据试验确定。

上述应力限值也可按设计文件的规定执行。

斜拉索拉力应符合设计要求,一般允许有一定偏差,此项偏差应不大于 3％,至多不大于 5％。索力的过大偏差会导致梁线形与应力的变化,为保证安全,梁和索的应力均应合理控制。

3.2.1.2　梁的线形测量

首先在完成后的零号块及塔柱上传递并设置平面及高程控制点,据此计算梁的扭转及梁底线形。随后各个节段的施工控制和监测均相对于上述平面及高程控制点,并计算出桥轴线的偏移、线形的高差及扭转偏移值。

同样,线形及偏移的监测应同步于应力和索力的测量,并于清晨温度最稳定时段进行。各个桥及悬装施工会稍有差异,但基本方法应无大的差别。

3.2.1.3　主梁混凝土强度及施工应力控制

对于预制梁段和预制结合板的悬臂安装的斜拉桥主梁混凝土,为了减少收缩和徐变,应采用比较低的水灰比、小的坍落度和强的振捣,加入减水剂和早强剂以加快制梁周期。成品预制梁段及板块一般要存放 4～6 个月,以减少收缩徐变的影响,并一定要留有足够数量的立方体试块和弹性模量试块,以便获得不同龄期的强度数据和弹模数据。梁段安装时,界面环氧黏结剂要按安装时的温度采用相应的配方,以保证抗拉强度及固化时间满足施工要求。预制板的工地接头一般采用高配筋的微膨胀混凝土,以减少、细化裂缝。

对于悬臂浇筑的主梁,其施工程序要求混凝土必须满足下述特点：

① 早期强度高,以缩短悬浇梁段的施工周期,要求混凝土 3 d 龄期抗压强度达设计强度的 70％以上。

② 初凝时间长,4 m 节段和 8 m 节段混凝土拌和物的初凝时间要分别大于 10 h 和 16 h,以保证索力和线形调整有足够的时间,避免由此引起接缝处混凝土开裂,使上述程序在初凝前全部完成。

③ 坍落度大,可靠性好。一般要求坍落度不小于(18±2)cm,停放 1 h 后的坍落度也不小于 16 cm,即在按基准混凝土配方组成组合材料的基础上,必须寻求既早强又缓凝,既坍落度大又可有效控制坍落度损失的外加剂。

　　国内早强剂、缓凝剂及减水剂、泵送剂等混凝土外加剂的种类较多,通过一定的选择和试验,比较容易满足上述悬浇混凝土的性能要求。每浇筑一个节段,同样要留有足够的立方体及弹性模量试块。

　　在悬臂施工过程中,为配合主梁线形和索力的测量,保证施工安全,必须进行主梁应力监测。测点以及测试断面的布置可参照图3-5。在悬臂施工时,主梁靠近主塔断面处的轴向压力最大;在有索区中间区段除作用有轴向压力外,还作用有较大负弯矩。因此,应在图3-5所示的断面1—1、2—2 及 $1'$—$1'$、$2'$—$2'$ 处布置主梁应力检测点。

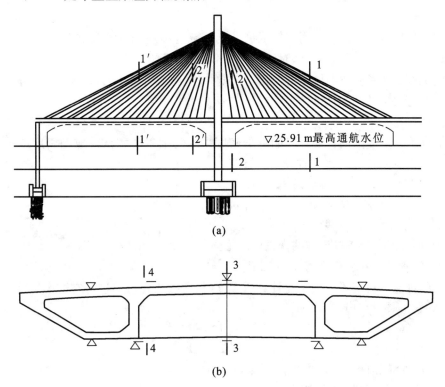

图 3-5　主梁应力检测测点布置图

3.2.2　桥面铺装

　　桥面铺装的主要功能是保护属于主梁整体部分的行车道板不受车辆轮胎(或履带)的直接磨耗,防止主梁遭受雨水的侵蚀,并对车辆轮重的集中荷载起一定的分配作用。为确保以上功能的顺利实现,进行包括沥青混凝土桥面铺装压实质量、水泥混凝土劈裂强度、平整度、抗滑性能及压实厚度等的检测是必要的。这里主要介绍沥青混凝土桥面铺装压实质量、水泥混凝土劈裂强度、平整度和压实厚度等的检测。

3.2.2.1　沥青混凝土桥面铺装压实质量的检测方法

　　沥青混凝土桥面铺装压实的作用在于:可以充分发挥桥面铺装层材料的强度;可以减小铺装层在行车荷载作用下产生的形变;可以增强铺装层的不透水性和强度稳定性,以防止主梁遭受雨水的侵蚀。

　　沥青混凝土桥面铺装压实质量检测的标准试验方法主要为钻芯法。但对钢桥面沥青混凝土铺装而言,钻芯法易对钢板造成损伤,此时不宜采用钻芯法进行检测。

(1)试验仪具及材料

试验仪具及材料为取芯钻机、天平(感量不大于 0.1 g)、溢流水槽、吊篮、石蜡、片尺、毛刷、小勺、取样袋(容器)、电风扇。

(2)试验方法与步骤

① 钻取芯样。按要求钻取桥面铺装层芯样,芯样直径不宜小于 100 mm。一次钻孔取得的芯样包含有不同层位的沥青混合料时,应根据结构组合情况用切割机将芯样沿各层结合面锯开分层测定。

② 在水中用毛刷轻轻刷净黏附于钻取试件上的粉尘,同时仔细清除试件边角的浮动颗粒。

③ 将试件晾干或用电风扇吹干,时间不少于 24 h,直至恒重。

④ 测定试件的视密度或毛体积密度 ρ。当试件的吸水率小于 2% 时,采用水中重法或表干法测定;当吸水率大于 2% 时,采用蜡封法测定。

(3)计算

① 当需计算压实度的沥青混合料的标准密度采用马歇尔击实试件成型密度或试验路段钻孔取样密度时,沥青面层的压实度按式(3-15)计算:

$$k = \frac{\rho_s}{\rho_0} \times 100\% \qquad (3\text{-}15)$$

式中 k——沥青面层的压实度,%;

ρ_s——沥青混合料芯样试件的视密度或毛体积密度,g/cm³;

ρ_0——沥青混合料的标准密度,g/cm³。

② 当按沥青混合料实测最大密度计算压实度时,应按式(3-16)进行空隙率折算并计算标准密度,而后代入式(3-15)中计算压实度:

$$\rho_0 = \rho_t \frac{100 - V_V}{100} \qquad (3\text{-}16)$$

式中 ρ_t——沥青混合料的实测最大密度,g/cm³;

ρ_0——沥青混合料的标准密度,g/cm³;

V_V——试样的空隙率。

3.2.2.2 水泥混凝土芯样劈裂强度的检测方法

水泥混凝土桥面铺装的强度控制指标主要是弯拉或劈裂强度。由于弯拉强度试验过程较烦琐,现多用劈裂强度来代替,其试验结果常作为工程验收的依据。

(1)试验仪具及材料

试验仪具及材料为取芯机、压力机、劈裂夹具、木质三合板垫条、卡尺。

(2)试验方法与步骤

① 试件外观检查。

每个芯样应详细检查有无裂缝、接缝、分层、麻面或离析集料及密实性等情况;试件两端平面应与其轴线垂直,误差不应大于 ±1°,端面凹凸每 100 mm 不应超过 0.05 mm,承压线凹凸不应大于 0.25 mm。

② 测量。

应在芯样 1/4、1/2 及 3/4 三处按两个垂直方向测量三对数值确定芯样的平均直径 d_m,精确至

1.0 mm。取芯样直径两端侧面测定钻取后芯样的长度及端面加工后的长度作为平均长度 l_m，精确至 1.0 mm。

③ 将试件在 (20 ± 2)℃的水中浸泡 40 h，从水中取出后立即进行试验。

④ 将试件、劈裂垫条和垫层放在压力机上，借助夹具两侧杆，将试件对中。

⑤ 启动压力机，当压力机压板与夹具条接近时，调整球座使压力均匀接触试件。当压力加至 5 kN 时，抽取夹具的侧杆，并以 (60 ± 4) N/s 的速度连续均匀加载，直至试件劈裂，记下破坏载荷，精确至 0.01 kN。

（3）计算

芯样劈裂抗拉强度按式（3-17）进行计算：

$$R_a = \frac{2P}{\pi A} = \frac{2P}{\pi d_m l_m} \tag{3-17}$$

式中　R_a——芯样劈裂抗拉强度，精确至 0.1 MPa；

　　　P——极限载荷，N；

　　　A——芯样劈裂面面积，mm^2；

　　　d_m——芯样截面平均直径，mm；

　　　l_m——芯样平均长度，mm。

（4）混凝土抗拉强度的合格标准

① 试件数大于 10 组时，平均合格强度判断式为

$$\overline{R} = R_{SZ} + K\sigma \tag{3-18}$$

式中　$\overline{R}$——平均合格判断强度，MPa；

　　　R_{SZ}——设计弯拉强度，MPa；

　　　K——合格判断系数，见表 3-11；

　　　σ——强度均方差。

当试件组数大于 20 组时，允许有一组强度小于 $0.85R_{SZ}$，但是不得小于 $0.75R_{SZ}$。

表 3-11　　　　　　　　　　　　　合格判断系数 **K** 值

试件组数	11～14	15～19	≥20
K	0.75	0.70	0.65

② 试件组数不大于 10 组时，试件平均强度不得小于 $1.05R_{SZ}$，且任一组强度均不得小于 $0.85R_{SZ}$。

3.2.2.3　平整度检测方法

平整度是桥面铺装层施工质量与服务水平的重要指标之一。不平整的桥面铺装层一方面会增大行车阻力，影响行车安全及乘客的舒适性，另一方面会给桥梁结构带来较大的冲击力，使结构产生较大的振动。平整度最常用的检测方法为 3 m 直尺法及连续式平整度仪法。

（1）3 m 直尺法

3 m 直尺法规定以用 3 m 直尺测定的距离桥面铺装层的最大间隙来表示铺装层的平整度，以 mm 计。此方法适用于测定压实成型的桥面铺装层各层表面的平整度，用以评定桥面施工质量及使用质量。

① 试验仪具与材料。

a. 3 m 直尺：硬木或铝合金钢制，底面平直，长 3 m；

b. 楔形塞尺：木或金属制的三角形塞尺，刻度精度不小于 0.2 mm；

c. 皮尺或钢尺，粉笔等。

② 方法与步骤。

a. 在测试桥面上选定测点：当施工过程中进行质量检测时，测点根据需要确定，可单杆检测；当为桥面铺装层验收检测时，应首尾相接连续测量 10 尺。

b. 根据需要测定的方向，将 3 m 直尺摆在测点的桥面上。

c. 目测 3 m 直尺底面与桥面之间的间隙情况，确定间隙最大位置，并使用带高度标线的塞尺量测最大间隙的高度，精确至 0.2 mm。

d. 按规定，每一处连续检测 10 尺，按上述步骤测记 10 个最大间隙。

③ 计算。

单杆检测桥面的平整度时，以 3 m 直尺与桥面的最大间隙为测定结果。连续测量 10 尺时，判断每个测定值是否合格，根据要求计算合格率，并计算 10 个最大间隙的平均值。

$$合格率 = \frac{合格尺数}{总测尺数} \times 100\% \tag{3-19}$$

④ 评定指标。

采用 3 m 直尺测定的最大间隙不得大于以下规定值。

a. 水泥混凝土面层：5 mm；

b. 沥青混凝土面层和沥青碎石面层：5 mm；

c. 沥青贯入式面层：8 mm；

d. 沥青表面处治面层：10 mm。

(2) 连续式平整度仪法

连续式平整度仪法规定用连续式平整度仪量测的桥面不平整度的标准差（σ）来表示桥面的平整度，以 mm 计。本方法适用于评定桥面的施工质量和使用质量，不适用于在破损严重的旧桥桥面上测定。

① 试验仪具与材料。

试验仪具与材料为连续式平整度仪、牵引车（小型面包车或其他小型牵引车）、皮尺或测绳。

② 方法与步骤。

a. 在检测桥梁的桥面上选定测点。

b. 将连续式平整度仪置于桥面检测段起点上。

c. 在牵引汽车的后部，将连续式平整度仪的挂钩挂上后，放下测定轮，启动检测器及记录仪；随即启动汽车，沿道路纵向行驶，横向位置保持稳定，并检查连续式平整度仪上测定数字的显示、打印、记录情况。牵引连续式平整度仪的速度应均匀，宜为 5 km/h，最大不得超过 12 km/h。

③ 计算。

a. 应用连续式平整度仪测定后，可按每 10 cm 间距采集的位移值自动计算 100 m 计算区间的平整度标准差，还可记录测试长度、曲线振幅大于某一定值（3 mm、5 mm、8 mm、10 mm 等）的次数，曲线振幅的单向累计值及以 3 m 机架为基准的中点桥面偏差曲线图，并打印输出。当为人工计算时，在记录曲线上任意设一基准线，每隔一定距离（宜为 1.5 m）读取曲线偏离基准线的偏离位移值 d_i。

b. 每一计算区间的桥面平整度以该区间测定结果的标准差表示，按式（3-20）计算：

$$\sigma_i = \sqrt{\frac{\sum (\overline{d} - d_i)^2}{n-1}} \tag{3-20}$$

式中 σ_i——各计算区间的平整度计算值,mm;

d_i——以 100 m 为一个计算区间,每隔一定距离(自动采集间距为 10 cm,人工采集间距为 1.5 m)采集的路面凹凸偏差位移值,mm;

$\overline{d}$——采集的路面凹凸偏差位移值的平均值,mm;

n——计算区间测试数据个数。

④ 评定指标。

对于采用连续式平整度仪计算的标准差,不同的桥面铺装层应满足以下要求。

a. 水泥混凝土面层:$\sigma \leqslant 2.5$ mm;

b. 沥青混凝土面层和沥青碎石面层:$\sigma \leqslant 2.5$ mm;

c. 沥青贯入式面层:$\sigma \leqslant 3.5$ mm;

d. 沥青表面处治面层:$\sigma \leqslant 4.5$ mm。

3.2.2.4 桥面铺装层结构厚度检测方法

对于新建桥梁及不宜钻芯取样的钢桥桥面铺装层结构厚度,可对比桥面浇筑前后的标高差按每 100 m 取 5 处进行检测。旧桥及桥面铺装各结构层厚度的检测可与压实度同时进行,当用钻芯法检测压实度时,可直接量取芯样高度。用钻孔法确定桥面铺装层厚度的方法与步骤如下。

① 随机取样确定挖坑检查的位置。

② 用取芯钻孔机钻孔,芯样直径应为 100 mm。如芯样仅供测量厚度使用,不进行其他试验,对沥青面层与水泥混凝土板也可用直径 50 mm 的钻头。在基层材料有可能损坏试件时,可用直径 150 mm 的钻头,但钻孔深度必须达到层厚。

③ 仔细取出芯样,清除底面灰尘,找出与下层的分界面。

④ 用钢板尺或卡尺沿圆周对称的十字方向四处量取表面至上下层界面的高度,取其平均值,即为该层的厚度,精确至 0.1 cm。

⑤ 计算一个评定区间检测厚度的平均值、标准差、变异系数,并计算厚度代表值。厚度代表值按式(3-21)计算。

$$x_1 = \overline{x} - \frac{t_a S}{\sqrt{n}} \tag{3-21}$$

式中 x_1——厚度代表值;

$\overline{x}$——厚度平均值;

S——标准差;

n——检测数量;

t_a——t 分布在表中随测点数的保证率(或置信度)α 而变的系数,采用如下保证率:高速、一级公路桥梁面层为 95%,其他为 90%。

当厚度代表值大于或等于设计厚度减去代表值允许偏差后的结果时,按单个检查值的偏差是否超过数值来评定合格率和计算应得分数。当厚度代表值小于设计厚度减去代表值允许偏差后的结果时,厚度评定指标分数为零。

代表值和极值的允许偏差为:

a. 沥青表面处治面层:代表值为 -5 mm,极值为 -10 mm;

b. 沥青贯入式面层:代表值为 -8% 的设计厚度或 -5 mm,极值为 -15% 的设计厚度或 -10 mm;

c. 沥青混凝土面层和沥青碎石面层:代表值为 -8 mm,极值为 -15 mm;

d. 水泥混凝土面层:代表值为 -5 mm,极值为 -10 mm。

3.2.2.5 试坑或钻孔的填补

填补试坑或钻孔时如有疏忽,易造成隐患而导致铺装层开裂,因而应按下述步骤用与取样层相同的材料填补:

① 适当清理坑中残留物,钻孔时留下的积水应用棉纱吸干;

② 对无机结合料稳定层及水泥混凝土路面板,用按相同配合比新拌和的材料填补,并用小锤击实,水泥混凝土中宜掺加少量快凝早强的外掺剂;

③ 对正在施工的沥青桥面,用相同级配的热拌沥青混合料分层填补,并用加热的铁锤或热夯压实,旧桥面钻孔也可用乳化沥青混合料修补;

④ 所有补坑结束时,宜比原面层鼓出少许,用重锤或压路机压实平整。

3.2.3 排水系统

3.2.3.1 桥面排水

设计桥梁时要设计一个完整的排水系统,桥面上除需设置纵横坡排水外,还常常需要设置一定数量的泄水管。

当桥面纵坡坡度大于 2% 而桥长小于 50 m 时,桥上可以不设泄水管,此时可在引道两侧设置流水槽;当桥面纵坡坡度大于 2% 而桥长大于 50 m 时,就需要设置泄水管,一般顺桥长方向每隔 $12\sim15$ m 设置一个;当桥面纵坡坡度小于 2% 时,泄水管就需设置得更密一些,一般顺桥长方向每隔 $6\sim8$ m 设置一个。泄水管可以沿行车道两侧左右对称排列,也可交错排列,其离缘石的距离为 $200\sim500$ mm。泄水管也可布置在人行道下面。

目前常用的泄水管有钢筋混凝土泄水管和金属泄水管两种。

3.2.3.2 防水层

桥面防水层设置在桥面铺装层下面,它将透过铺装层渗下来的雨水汇集到排水设施(泄水管)排出。国内常用贴式防水层,其由两层卷材(如油毡)和三层黏结材料(沥青胶砂)相间组合而成,一般厚 $10\sim20$ mm。桥面伸缩缝处应连续铺设,不可切断;桥面纵向应铺过桥台背;截面横向两侧则应伸过缘石底面,从人行道与缘石砌缝里向上叠起 100 mm。

3.2.4 栏杆与灯柱检测

安装栏杆和灯柱时必须全桥对直、校平。对于弯桥、坡桥,还必须保证栏杆和灯柱纵向线形平顺、美观。

3.2.4.1 栏杆的检测

(1)栏杆平顺度

对于直桥,沿桥梁纵向以每 5 根立柱为一组采用拉线检查;对于弯桥或坡桥,采用经纬仪检查。

测定的栏杆平面偏位不得大于 4 mm,栏杆扶手平面偏位不得大于 3 mm。

（2）栏杆柱顶面高差

沿桥抽查 20% 的栏杆立柱,采用水准仪检查。柱顶面高差的最大允许偏差为 4 mm。

（3）栏杆柱纵横向竖直度

采用吊重垂线或经纬仪检查,抽检 20%;竖直度的最大允许偏差为 4 mm。

（4）相邻栏杆扶手高差

采用三角尺检测,抽检 20%;相邻栏杆扶手高差的允许偏差为 5 mm。

（5）外观

采用目测法,主要检查栏杆有无断裂、弯曲现象;是否直顺、美观;接缝处有无开裂现象,钢栏杆是否有划痕、擦伤;混凝土表面的蜂窝麻面是否超过表面积的 0.5%,深度是否超过 10 mm。

3.2.4.2　灯柱的检测

（1）灯柱的平面位置

采用直尺或水准仪逐个检测。灯柱平面位置的允许偏差:纵向为 ±100 mm,横向为 ±20 mm。

（2）灯柱的垂直度

采用直尺或经纬仪逐个检查。垂直度的允许偏差为 ±5 mm。

（3）灯柱地面以上高度

采用水准仪通过测量基底、地面高程算得,抽检 30%。灯柱地面以上高度的允许偏差值为 40 mm。

（4）外观

外观检查包括检查灯柱基座是否平整美观,金属灯柱外涂层有无划痕、擦伤现象,混凝土灯柱表面的蜂窝麻面是否超过构件面积的 0.5%。

3.3　预应力混凝土结构的试验检测

3.3.1　锚具、夹具和连接器的检测

锚具是指在后张法预应力结构或构件中,为保持预应力筋的张拉力并将其传递到混凝土上所用的永久性锚具装置。夹具(又称工具锚)是指在先张法预应力混凝土结构或构件施工时,为保持预应力筋的拉力并将其固定在张拉台座(或设备)上的临时性锚固装置;或者是在后张法预应力结构或构件施工时,将千斤顶(或其他张拉设备)的张拉力传递到预应力筋的临时性锚固装置。连接器是指用于连接预应力筋的装置。

预应力锚具按锚固性能分为Ⅰ类和Ⅱ类两种:Ⅰ类锚具用于承受动、静载作用的预应力混凝土结构,Ⅱ类锚具仅用于有黏结的预应力混凝土结构中预应力筋应力变化不大的部位。预应力锚具、夹具和连接器按锚固方式的不同,可分为夹片式(单孔和多孔夹片锚具)、支承式(镦头锚具、螺母锚具等)、锥塞式(钢质锥形锚具)和握裹式(挤压锚具、压花锚具等)四种。它们的产品标记由四部分组成:第一部分由两个汉语拼音字母组成,第一个字母为预应力体系代号,由研制单位选定,无研制单位者可省略不写,第二个字母为锚具(M)、夹具(J)或连接器(L)代号;第二部分为预应力筋的直径(mm);第三部分为预应力筋的根数;第四部分为锚固方式代号,夹片锚、锥塞锚和握裹锚的代号分别为 J、Z 和 W,支承式锚中的螺母锚具和镦头锚具代号分别为 L 和 D。例如,锚固 21 根直径为

5 mm 钢丝的镦头锚具可以标记为 M5-21D。

3.3.1.1 技术要求

锚具、夹具和连接器应具有可靠的锚固性能、足够的承载能力和良好的适用性,以保证充分发挥预应力筋的强度,并安全地实现预应力张拉作业。

（1）锚具

锚具的静载锚固性能,应由静载试验时测定的锚具效率系数 η_a 和达到实测极限拉力时预应力筋-锚具组装件受力长度的总应变 ε_{apu} 确定。

锚具效率系数 η_a 按式（3-22）计算。

$$\eta_a = \frac{F_{apu}}{\eta_p F_{pm}} \tag{3-22}$$

式中 F_{apu}——预应力筋-锚具组装件的实测极限拉力;

F_{pm}——预应力筋的实际平均极限抗拉力,由预应力钢材试件实测破坏荷载平均值计算得出;

η_p——预应力筋的效率系数,按下列规定取用:预应力筋-锚具组装件中预应力钢材为 1～5 根时,$\eta_p = 1$;预应力筋-锚具组装件中预应力钢材为 6～12 根时,$\eta_p = 0.99$;预应力筋-锚具组装件中预应力钢材为 13～19 根时,$\eta_p = 0.98$;预应力筋-锚具组装件中预应力钢材为 20 根及以上时,$\eta_p = 0.97$。

锚具的静载锚固性能应同时满足下列两项要求:对于 I 类锚具,$\eta_p \geqslant 0.95$,$\varepsilon_{apu} \geqslant 2.0\%$;对于 II 类锚具,$\eta_p \geqslant 0.90$,$\varepsilon_{apu} \geqslant 1.7\%$。

在预应力筋-锚具组装件达到实测极限拉力时,应当是由于预应力筋的断裂,而不应当是由于锚具（或连接器）的破坏而导致试验的终结。试验后锚具部件会有残余变形,但应能确认锚具的可靠性。

对于预应力筋-锚具组装件,除必须满足静载锚固性能外,还需满足循环次数为 200 万次的疲劳性能试验,即试件经受 200 万次的循环载荷后,锚具零件不应发生疲劳破坏。在经受 200 万次循环载荷后,预应力筋在锚具夹持区域发生疲劳破坏的截面面积不应大于试件总截面面积的 5%。

用于有抗震要求结构中的锚具,预应力筋-锚具组装件还应满足循环次数为 50 次的周期载荷试验,即试件经过 50 次循环载荷试验后,预应力筋在锚具夹持区域不应发生破断、滑移和夹片松脱现象。

锚具应满足分级张拉、补张拉以及放松预应力筋的要求,锚具及其附件上应设置灌浆孔或排气孔。灌浆孔应有保证浆液畅通的截面面积,排气孔应设在锚具垫板空腔的上部。锚固过程中预应力筋的内缩量不应大于 6 mm,锚口摩阻损失不应大于 2.5%。

（2）夹具

夹具的静载锚固性能应由预应力筋-夹具组装件静载锚固试验测定的夹具效率系数 η_g 来确定。

$$\eta_g = \frac{F_{gpu}}{F_{pm}} \tag{3-23}$$

式中 F_{gpu}——预应力筋-夹具组装件的实测极限拉力。

夹具的静载锚固性能应符合 $\eta_g \geqslant 0.92$。

预应力筋-夹具组装件达到实测极限拉力时,应当是由于预应力筋的断裂,而不应当是由于夹具的破坏而导致试验的终结。夹具的全部零件均不应出现肉眼可见的裂纹或破坏,而且应该有良好的自锚性能、松锚性能和重复使用性能。需敲击才能松开的夹具,必须保证对其预应力筋的锚具没有影响,且不得对操作人员的安全造成危害。

（3）连接器

在先张法或后张法施工中,在张拉预应力后永久留在混凝土结构或构件中的连接器,都必须符合锚具的性能要求;如果是在张拉后还需放张和拆卸的连接器,必须符合夹具的性能要求。

3.3.1.2 试验方法

（1）一般规定

试验用的预应力筋锚具、夹具或连接器组装件应由全部零件和预应力筋组装而成,组装时不得在锚固零件上添加影响锚固性能的物质,比如金刚砂、石墨等（设计规定的除外）。束中各根预应力筋都应等长平行,其长度不应小于 3 m,配置单根预应力筋时其长度不应小于 0.8 m。生产厂的型式检验和新产品试验所用的试件,应该选用同一品种、同一规格中最高强度级别的预应力钢材;用于多品种预应力钢材的锚具、夹具和连接器,应对每个品种进行试验。

试验用的测力系统,不确定度不得大于 2%;测量总应变用的量具,其标距的不确定度不得大于标距的 0.2%,指示应变的不确定度不得大于标距的 0.1%。试验台座承载力应大于组装件中各预应力筋计算极限拉力之和的 1.5 倍,千斤顶额定拉力和测力传感器额定压力应大于组装件中各预应力筋计算极限拉力之和。试验设备和仪器每年至少标定一次。

锚具组装件试验之前必须对单根预应力筋进行力学性能试验。其试件应与组装件中的预应力筋试件一样,从同一盘钢丝或钢绞线中抽取。进行单根预应力筋力学性能试验时,每次随机抽取 6 个试件。

（2）静载试验

将锚具、预应力筋、传感器、千斤顶安装于试验机或试验台座上,使各预应力筋均匀受力,紧固锚具螺钉或敲紧夹片。图 3-6 给出了钢绞线锚具组装件静载试验组装图。

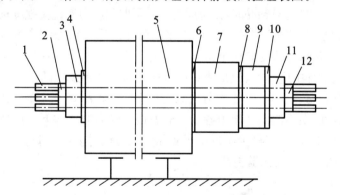

图 3-6　钢绞线锚具组装件静载试验组装图
1—钢绞线;2,12—夹片;3,11—锚圈;4,6,8,10—垫板;
5—试验台座;7—千斤顶;9—传感器

对于先张拉预应力筋再锚固的预应力体系,应先用施工用的张拉设备,按预应力钢材抗拉强度标准值的 20%、40%、60%、80% 分 4 级等速加载,加载速度宜为 100 MPa/min,张拉达到 80% 后锚固,持荷 1 h,再用试验设备逐步加载至破坏。如果能证明预应力钢材在张拉后锚固对静载性能没有影响,也可按先安装锚具、夹具或连接器再张拉的预应力体系加载。

试验过程中观察和测量的项目应包括各根预应力筋与锚具、夹具或连接器之间的相对位移;锚具、夹具或连接器各零件之间的相对位移;在达到预应力钢材抗拉强度标准值的 80% 后,在持荷 1 h 试件内的锚具、夹具或连接器的变形;试件的实测极限应力 F_{apu};达到实测极限应力时的总应变 ε_{apu};试件的破坏部位与形式。

根据试验结果记录、计算锚具、夹具和连接器的锚具效率系数 η_a,编写试验报告。锚具效率系数按式(3-24)计算。

$$\eta_a = \frac{F_{apu}}{\eta_p F_{apu}^c} \tag{3-24}$$

式中 F_{apu}——预应力筋-锚具组装件的实测极限拉力;

η_p——预应力筋的效率系数;

F_{apu}^c——预应力筋-锚具组装件中各根预应力钢材计算极限拉力之和。

$$F_{apu}^c = f_{ptm} A_p$$

式中 f_{ptm}——预应力钢材中抽取的试件极限抗拉强度的平均值;

A_p——预应力筋-锚具、预应力筋-夹具组装件中预应力钢材截面面积之和。

达到实测极限应力时的总应变为

$$\varepsilon_{apu} = \frac{L_2 - L_1 - \Delta a}{L_0} \tag{3-25}$$

式中 L_1——千斤顶活塞初始行程读数;

L_2——试件破坏时活塞终了行程读数;

Δa——预应力钢材与锚具、夹具或连接器之间在预应力筋应力达到极限拉力 F_{apu} 时的相对位移。

(3)疲劳试验

预应力筋-锚具组装件进行疲劳试验时应根据预应力筋的种类不同选取试验应力的上限和应力幅度:预应力筋为钢丝、钢绞线时,试验应力的上限取预应力筋抗拉强度标准值的 65%,应力幅度取 80 MPa;预应力筋为精轧螺纹钢筋时,试验应力的上限取预应力筋抗拉强度标准值的 80%,应力幅度不小于 80 MPa。试验选用的疲劳试验机(一般采用脉冲千斤顶)的脉冲频率不应超过 500 次/min。试验时应以 100 MPa/min 的速度加载至试验应力的下限值,再调节应力幅度达到规定值后,开始记录循环次数。试验过程中应观察、记录锚具和连接器部件及钢绞线的疲劳损伤情况及变形情况,疲劳钢绞线的断裂位置、数量和相应的疲劳次数,并填入记录表中。当疲劳试验机的能力不够时,只要试验结果有代表性,在不改变试验中各根预应力钢材受力的条件下,可以将预应力筋的根数适当减少,或用较少规格的试件,但最少不得低于实际预应力钢材根数的 1/10。试验台的长度不应小于 3 m,试验台的承载力应满足试验要求。

(4)周期荷载试验

进行周期荷载试验时,预应力筋若为钢丝、钢绞线或热处理钢筋,试验应力上限取预应力钢材抗拉强度标准值的 80%;预应力筋为钢材精轧螺纹钢筋时,试验应力上限取屈服强度的 90%,下限取预应力钢材抗拉标准值的 40%。周期荷载设备、仪器的锚具组装形式与静载试验相同。组装好试件后,以约 100 MPa/min 的速度加载至试验应力上限值,再卸载至试验应力下限值为第一周期,然后以荷载自下限值经上限值再回复到下限值为一个周期,试验时重复 50 个周期。

(5)辅助性试验

对于新型锚具、夹具和连接器应进行辅助性试验,包括锚具、夹具的内缩量试验、锚口摩阻损失试验和张拉锚固工艺试验。

3.3.2 张拉设备校验

桥梁工程中施加预应力所用的机具设备通常称为张拉设备。常用的张拉设备由液压千斤顶和配套的高压液压泵、压力表及外接油管等组成。液压千斤顶按其构造可分为台座式(普通液压千斤顶)、穿心式、锥锚式和拉杆式。预应力张拉机具应与锚具配套使用,并在进场前进行检查和校验。由于每台千斤顶的液压配合面实际尺寸和表面粗糙度不同,密封圈和防尘圈松紧程度不同,故千斤顶内摩擦阻力不同,且摩阻随油压高低和使用时间的变化而改变。所以,千斤顶、液压表、液压泵及油管仪器要定期进行配套校验,以减少累计误差,提高施加预应力时张拉力的控制精度。

3.3.2.1 长柱压力试验机校验

压力试验机的精度不得低于±2%。校验时应采取被动校验法,即在校验时用千斤顶试验机。这样活塞运行方向、摩阻力的方向与实际工作时相同,校验比较准确。在进行被动校验时,压力试验机本身也有摩阻力,且与正常使用时相反,故试验机表盘读数反映的也不是千斤顶的实际作用力。因此,用被动法校验千斤顶时,必须事先用具有足够吨位的标准测力计对试验机进行被动标定,以确定试验机的度盘读数值。标定后再校验千斤顶时就可以从试验机度盘上直接读出千斤顶的实际作用及相应液压表的准确读数。用压力试验机校验的步骤如下。

(1) 千斤顶就位

校验穿心式千斤顶时,将千斤顶放在试验机台面上,使千斤顶活塞面或撑套与试验机压板紧密接触,并使千斤顶与试验机的受力中心线重合。校验拉杆式千斤顶时,把千斤顶的活塞推出,取下封尾板,在缸体内放入一根厚壁无缝钢管,然后将千斤顶两脚向下立于试验机的中心线部位。放好后调整试验机,使钢管的上端与试验机上压板接紧,下端与缸体内活塞面接紧,并对准缸体中心线。

(2) 校验千斤顶

开动液压泵,千斤顶进油使活塞上升,顶试验机上压板。在千斤顶顶面上的试验机平缓增加负荷载的过程中(此时不得用试验机压千斤顶),自零位到最大吨位,将试验机被动标定的结果逐点标定到千斤顶的液压表上。标定点应均匀分布在整个测量范围内,且不应少于5个点。当采用最小二乘法回归分析千斤顶的标定经验公式时需10~20个点。各标定点应重复标定3次并取平均值,并且只测读进程,不得测读回程。

(3) 列表记录千斤顶校验数值

对千斤顶校验数值应列表记录,并可根据校验结果绘制千斤顶校验曲线供预应力筋张拉时使用;也可采用最小二乘法求出千斤顶校验的经验公式,供预应力筋张拉时使用。

3.3.2.2 用标准测力计校验

用水银压力计、测力环、弹簧拉力计等标准测力计校验千斤顶是一种简单可靠的方法。校验时,开动液压泵,千斤顶进油,活塞杆推出,顶压测力计。当测力计达到一定吨位 T_1 时,立即读出千斤顶液压表相应读数 P_1,应用同样的方法可得 T_2、P_2,T_3、P_3,…,T_n、P_n,此时 T_1,T_2,T_3,…,T_n,即为相应于液压表读数 P_1,P_2,P_3,…,P_n 的实际作用力。将测得的各值绘成曲线,实际使用时,即可由此曲线找出要求的 T 值和相应的 P 值。

此外,张拉设备的校验方法还有电测传感器校验法等。

3.4 钢结构的试验检测

3.4.1 主梁

3.4.1.1 钢梁的基本尺寸检测

钢梁制造完成后应分别满足表 3-12 和表 3-13 中的基本尺寸允许偏差要求。板梁和箱形梁基本尺寸允许偏差符合表 3-12 和表 3-13 中的要求。钢桥出厂时随附的文件、发送表及包装清单应齐全,质量计算应正确,标牌安装应正确,包装发运应符合有关规定。

表 3-12   **板梁基本尺寸允许偏差**   (单位:mm)

项目	允许偏差		说明
梁高 h	$\pm 2(h \leqslant 2 \text{ m})$		测量两端腹板处高度
	$\pm 4(h > 2 \text{ m})$		
跨度 l	± 8		测量两支座中心距离
全长	± 15		测量全桥长度
纵梁长度	$+0.5$ -1.5		测量两端角钢背至背之间的距离
横梁长度	± 1.5		
纵梁高度	± 1		测量两端腹板处高度
横梁高度	± 1.5		
纵、横梁旁弯	3		梁立置时在腹板一侧距主焊缝 100 mm 处拉线测量
主梁拱度 f	不设拱度	$+3$ 0	梁卧置时在下盖板外侧拉线测量
	设拱度	$+10$ 0	
纵、横梁拱度	$+3$ 0		梁卧置时在下盖板外侧拉线测量
两片主梁拱度差	4		分别测量两片主梁拱度,求差值
主梁腹板平面度	$h/350$ 且不大于 8		用平尺测量(h 为梁高或纵向加劲肋至下盖板间距离)
纵、横梁腹板平面度	$h/500$ 且不大于 5		
主梁,纵、横梁盖板对腹板的垂直度	0.5(有孔部位)		用直角尺测量
	1.5(其余部位)		

| 表 3-13 | 箱形梁基本尺寸允许偏差 | （单位：mm） |

项目	允许偏差	说明
梁高	±2($h \leqslant 2$ m)	测量两端腹板处高度
	±4($h > 2$ m)	
跨度 l	±(5+0.15l)	测量两支座中心距离，l 以 m 计
全长	±15	
腹板中心距	±3	测量两端腹板中心距
盖板宽度 b	±4	
横断面对角线差	4	测量两端断面对角线差
旁弯	3+0.1l	l 以 m 计
拱度	+10 −5	
支点高度差	5	
腹板平面度	$h/250$ 且不大于 8	h 为盖板与加劲肋或加劲肋与加劲肋之间的距离
扭曲	1 mm/m，且每段不大于 10	每段以两端隔板处为准

注：分段分块制造的箱形梁拼接处梁高及腹板中心距允许偏差按施工文件要求办理，箱形梁各项检查方法可参照板梁检查方法。

3.4.1.2 钢梁的架设

钢梁可在膺架上进行架设，可悬臂安装、拖拉、顶推或浮运安装。

（1）满布膺架上安装

应计算膺架沉降和变形对钢梁拱度的影响，考虑拱度调正设备的安装位置。对于满布膺架上的拼梁，冲钉和螺栓总数不应少于节点孔眼总数的 1/3，其中冲钉数为冲钉和螺栓总数的 2/3；孔眼数量较少的部位，冲钉总数不应少于 3 个，冲钉和螺栓总数不应少于 6 个或全部放足。

（2）悬臂安装

悬臂安装时应进行安装应力的计算和施工结构的计算。

① 平衡梁的设计与安装。

平衡梁可设在桥头路基或第一孔膺架上。前者由悬臂拼装桁梁连接处端节点向后拼出，除主梁端节点支座外，临时将平衡梁端节点改为支座，以备支点标高和反力调正；当在第一孔上拼装平衡梁时，应考虑膺架的压缩及变形对拱度调整的影响；悬出部分的膺架端部设临时支座，且半悬臂端标高不得低于前方墩顶支点顶面。必须在膺架上进行平衡梁孔拱度调整，经检查合格后方能悬臂拼出。开始悬出的支座应设为固定支座，其余为活动支座；固定支座处的横联应考虑抗扭设计，此处的扭转变形偏差应小于设计跨度的 1/2500。

② 悬拼钢梁倾覆稳定安全度应大于 1.3。

③ 悬臂孔上的各种施工荷载应不大于计算值。进入最大悬臂时应对临时不必要的荷载进行全面清查和撤除。

④ 每悬拼新节间时，主桁应已形成稳定、闭合的空间结构。

⑤ 主桁杆应上足 50% 的冲钉和 30% 的螺栓，其他杆件应上足 30% 的冲钉和 30% 的螺栓方能松钩。

⑥ 拼装过程中应及时进行拱度、偏移、应力、挠度的测量与计算数据的对比核定。

（3）合龙及临时连接杆的拆除

悬臂安装合龙时应符合下列规定。

① 合龙时跨两桥墩布置临时固定支座，其余为活动支座。

② 合龙节间安装前，应调整钢梁的平面及空间位置，以达到两端主桁平面中线偏差小于 2 mm、两悬臂端间隔距离符合设计尺寸要求的要求。

③ 节点合龙应符合的条件：两悬臂端标高一致，两悬臂端间隔距离与设计尺寸相符，两悬臂端转角一致。

④ 形成整体后立即将一端固定支座改为活动支座。

⑤ 合龙钉孔可以为工地扩孔或适当的长圆孔，最后采用足够的高强度螺栓连接。

合龙完成后，拆除临时连接杆时应在应力检测指导下进行；调整支座标高，当临时连接杆应力为零时，轻轻打出冲钉及螺栓。

（4）钢梁内力及支座调整

内力和支座的调整是钢梁安装的关键步骤。钢梁转换至设计结构体系后，内力及支座的调整需在结构设计计算和安装应力测试指导下进行。安装应力测试应已考虑此步施工的测点布置。通过支座纵、横移及高程调整后，钢梁质量应符合表 3-14 及表 3-15 中的允许偏差要求。

（5）工地高强度螺栓质量验收和施拧检测

工地高强度螺栓质量与施拧检测详见本节连接件部分。

表 3-14 钢梁节点位置尺寸允许偏差表

节点位置	项目	允许偏差
钢梁主桁平面位置	弦杆节点对梁跨端节中心连线的偏移	跨度的 1/5000
	弦杆节点对相邻两个奇数或偶数节点中心连线的偏移	5 mm
	立柱在横断面内的垂直偏移	立柱理论长度的 1/700
	拱度偏差：设计拱度≤60 mm	±4 mm
	拱度偏差：设计拱度≤120 mm	±设计拱度的 8%
	拱度偏差：设计拱度>120 mm	技术文件中另定
钢梁两主桁相对节点位置	支点处相对高差	梁宽的 1/1000
	跨中节点处相对高差	梁宽的 1/500
	跨中其他节点处相对高差	根据支点及跨中节点高低差按比例增减

表 3-15 钢梁中线、支座与设计线路中线、高程允许偏差表

关系	项目	允许偏差
钢梁中线与设计线路中线、高程之间的关系	墩台处铁路横梁中线对设计线路中线的偏移	10 mm
	简支梁与连续梁间、两联（孔）间相邻铁路横梁中线相对偏差	5 mm
	墩、台处铁路横梁顶与设计高程偏差	±10 mm
	两联（孔）相邻铁路横梁相对高差	5 mm

关系	项目	允许偏差
支座与设计线路中线之间的关系	支座十字线扭转偏差:支座尺寸≥2000 mm	1/1000 边宽(mm)
	支座十字线扭转偏差:支座尺寸<2000 mm	1 mm
	固定支座十字线中心点与全桥贯通测量后墩台中心线纵向偏差:连续梁或 60 m 以上简支梁	20 mm
	固定支座十字线中心点与全桥贯通测量后墩台中心线纵向偏差:60 m 以下简支梁	10 mm
	固定支座十字线中心点与全桥贯通测量后墩台中心线纵向偏差:辊轴位置纵向位移	按气温安装,灌注定位前±3 mm
	固定支座十字线中心点与全桥贯通测量后墩台中心线纵向偏差:支座底板四角相对高差	2 mm

3.4.2 连接件

钢结构桥梁连接件众多,这里仅以高强度螺栓为例进行说明。

钢结构桥梁所使用的高强度螺栓区别于普通螺栓之处有两个方面:几何形状及材质、制造工艺和力学性能。一套大六角头高强度螺栓连接副包括螺栓、螺母和两个垫圈,扭剪型高强度螺栓连接副包括螺栓、螺母和一个垫圈。扭剪型高强度螺栓制造要求高,施工需专用工具,施拧剪掉部分易造成浪费,而桥梁安装往往需要几万套、几十万套甚至几百万套,故桥梁上较少应用扭剪型高强度螺栓。

高强度螺栓施工检测的工作流程包括以下几点。

(1) 施拧前的准备工作

① 对到货的高强度螺栓连接副进行验收。

② 进行钢梁构件摩擦面抗滑移系数复验。

进行抗滑移系数复验的试件与钢梁同批制造,材质相同,制造工艺相同,在相同条件下运输和存放。每批钢梁三组试件。跨度小于 64 m 的钢梁,每两孔为一批;跨度为 64~100 m 时,每孔钢梁为一批;跨度大于 100 m 时按设计要求及订货合同办理。不同的板面处理工艺应分别制作试件。

试验机精度不得低于 1%,测螺栓轴力传感器精度不得低于 2%,高强度螺栓轴力为设计轴力 P 的 95%~105%,试验机加载速度为 3~5 kN/s。

试验时在试件侧画一直线,直线明显错动后读取滑移荷载 N,传感器的轴力 P 用电阻应变仪读取。试板应平整、清洁、无毛刺。组装时应先打入冲钉,然后逐个换成螺栓。也可以采用位移计测画出荷载-位移曲线取得屈服荷载,将其作为滑移荷载 N。

$$f = \frac{N}{m \sum P} \tag{3-26}$$

式中　N——由试验机测得的滑移荷载,kN;

　　　m——摩擦面数,此处取 2;

　　　$\sum P$——试件滑移荷载对应一侧高强度螺栓轴力之和,kN;

　　　f——抗滑移系数,精确到小数点后三位。

③ 扭矩系数试验。

按每批到货螺栓抽样进行扭矩系数试验。抽样数量要较批验收多一些,方法同批验收。施拧工艺按工地试验数据执行。

④ 定扭扳手的标定。

定扭扳手使用前必须进行标定,其施拧扭矩精度应不低于±5%。

⑤ 终拧转角试验。

当终拧采用转角施工时,需对钢梁实际的夹紧板束进行终拧转角试验。初拧扭矩的确定需将各类板束夹紧,使之密贴无缝。初拧和复拧均以扭矩进行控制,复拧扭矩等于初拧扭矩。试验时要测出各类板束在施工轴力作用下复拧后至终拧的转动角度 θ, θ 可由套在螺母上的量角器测出。扭转角 θ 按式(3-27)计算:

$$\theta = a + b(n-1) + cB \tag{3-27}$$

式中　θ——终拧转角,°;

　　　a——常数项,°;

　　　n——被连接板束的钢板层数;

　　　c——1 mm 被连接钢板所需的转角,°/mm;

　　　b——每层板缝所需转角,°/层;

　　　B——被连接钢板总厚度,mm。

a、b 和 c 的值通过试验来确定。

(2) 高强度螺栓连接副的安装

① 连接及被连接板的处理。

板件安装前应清除毛刺、飞边、焊接飞溅物,用钢丝刷刷除灰尘,并用丙酮或汽油洗除油污,待干燥后安装。

② 板束安装时必须按规定插入足够数量的冲钉和安装螺栓,采用扭矩法施工时不能用高强度螺栓兼作安装螺栓。螺栓长度按式(3-28)选用,不应过长或过短。

$$L = L' + \Delta L \tag{3-28}$$

式中　L'——板束厚度,mm;

　　　ΔL——附加长度,mm。

$$\Delta L = m + 2S + iP$$

式中　m——高强度螺母厚度,mm;

　　　S——高强度垫圈厚度,mm;

　　　i——当 $L < 100$ mm 时,$i=2$,当 $L > 100$ mm 时,$i=3$;

　　　P——螺纹螺距,mm。

(3) 高强度螺栓施拧及施拧检查

高强度螺栓设计预拉力及施工预拉力应符合表 3-16 中的要求。

表 3-16　　　　　　　　　　　　高强度螺栓预拉力　　　　　　　　　　（单位:kN）

螺纹规格	M22	M24	M27	M30
设计预拉力 P	200	230	300	370
施工预拉力 P_e	220	253	330	407

高强度螺栓连接副采用扭矩法或扭角法施工。扭角法要求有充分的试验数据,一般优先采用扭矩法。施拧扭矩采用式(3-29)计算:

$$T_e = K \cdot P_e \cdot d \tag{3-29}$$

式中 T_e——终拧扭矩,N·m;

$\quad\quad K$——高强度螺栓连接副扭矩系数平均值;

$\quad\quad P_e$——高强度螺栓施工预拉力,kN;

$\quad\quad d$——高强度螺栓公称直径,mm。

① 拧紧步骤:初拧、复拧、终拧。初拧扭矩为终拧扭矩的50%,复拧扭矩同初拧扭矩。

② 拧紧顺序:由节点中刚度大的部位向不受约束的边缘进行,由节点板中央向杆件四周进行。

施拧时扭矩施加于螺母上。初、复、终拧应于同一工作日完成。施拧时垫圈不能转动,否则要更换高强度螺栓连接副。终拧后应做好标记。

高强度螺栓连接副施拧检查包含以下内容:

① 施工扭矩扳手检查。施拧扭矩精度不低于3%。

② 复拧扭矩检查。首先用0.3 kg的小锤对全部复拧过的螺栓进行敲击检查,以防漏拧。然后以扭矩法抽查节点高强度螺栓连接副的10%,主桁节点不少于10套,其节点不少于2套进行复拧检查。有一套不合格,节点全部进行复拧。

③ 终拧扭矩检查。

a. 抽查数量:节点高强度螺栓连接副的5%,不少于2套,小节点不少于1套。

b. 抽查方法。

(a) 松扣、回扣法。将欲检查的螺母拧松约30°,然后将该螺母拧紧至原来标记位置,此时扭矩应为(0.9~1.1)T_{ch}。T_{ch}按式(3-29)计算,预拉力取设计预拉力P。

(b) 紧扣法。向前断续拧紧欲检查的连接副至螺母发生微小极对转角,此时扭矩为(0.9~1.1)T_{ch},此时T_{ch}应由试验确定。做此试验时应确保施工预拉力值在设计预拉力±2%范围内。每个节点或螺栓群不合格数不应超过20%,否则继续检查,直至累计合格80%为止。不合格者需重新施拧。

④ 转角法终拧检查。检查转角终拧标记,确定是否有漏拧;对角度不足者补至合格,超拧5°以上者进行更换重新施拧。

扭矩法施拧检查需在终拧4 h后进行,并于24 h内完成;扭角法施工应在终拧后及时检查。

3.4.3 焊接及焊接检查

① 焊接环境。

焊接应在室内进行:环境相对湿度应小于80%;对于环境温度,普通碳素钢应不低于0 ℃,低合金钢应不低于5 ℃。主要杆件应于组装后24 h内焊接。

② 焊前准备。

焊前应清除焊区有害物质。

③ 焊料已通过焊接工艺评定,焊纹、焊剂、焊条按规定烘干、清除污物;CO_2气体的浓度应大于99.5%。

④ 预热。

预热温度已通过焊接工艺评定;预热范围为焊缝每侧100 mm以上,温度检测应在距焊缝30~50 mm范围内进行。

⑤ 定位焊。

定位焊缝应距离设计焊缝端部30 mm以上,长度为50~100 mm;定位焊缝的焊脚尺寸不得大于设计焊脚尺寸的1/2;定位焊缝不得有裂纹、夹渣、焊瘤等缺陷,对于开裂的定位焊缝,应查明原因并清除,在保证杆件尺寸的前提下进行补充定位焊。

⑥ 引板。

埋弧自动焊必须在距设计焊缝端部80 mm以外引板上起、灭弧;若在焊接过程中灭弧,则必须将熄弧处刨成1∶5的斜坡,并搭接50 mm引弧;焊后搭接处应修平顺。

⑦ 焊缝磨修和返修焊。

杆件焊后两端的引弧板或试板需用气割切除,磨平切口,不得伤及杆件;垂直受力方向的对接焊缝必须顺应力方向磨平余高,超值余高、小于1 mm但超差的咬边必须磨修平顺。

对缺欠和裂缝进行返修焊时,应先用电弧气刨或机械方法清除缺欠和裂缝,磨掉两边的氧化皮,使之露出金属光泽,两边刨成1∶5的斜坡和利于返修焊的坡口;裂缝的清除长度由裂纹端向两边延伸50 mm,返修焊缝检查同原焊缝。

⑧ 焊缝检查。

焊缝应在全长范围内进行外观检查,不得有裂缝、未熔合、夹渣、未填满弧坑和焊瘤等缺陷,并符合表3-17中的规定。

表3-17　　　　　　　　　　　　焊缝外观质量标准　　　　　　　　　　　（单位:mm）

项目	焊缝种类	质量标准
气孔	横向对接焊缝	不允许
	纵向对接焊缝、主要角焊缝	直径小于1.0,1 m内不多于3个,间距不小于20
	其他焊缝	直径小于1.5,1 m内不多于3个,间距不小于20
咬边	受拉杆件横向对接焊缝及竖加劲肋角焊缝(腹板侧受拉区)	不允许
	受压杆件横向对接焊缝及竖加劲肋角焊缝(腹板侧受压区)	≤0.3
	纵向对接焊缝、主要角焊缝	≤0.5
	其他焊缝	≤1.0
焊脚尺寸	主要角焊缝	$h_1{}^{+2.0}_{0}$
	其他角焊缝	$h_1{}^{+2.0}_{-1.0}$
焊波	角焊缝	≤2.0(任意25 mm范围内的高低差)
余高	对接焊缝	≤3.0(b≤12),b为焊缝宽
		≤4.0(12<b≤25),b为焊缝宽
		≤4b/25(b>25),b为焊缝宽
余高铲磨后的表面	横向对接焊缝	不高于母材0.5
		不低于母材0.3

注:1.手工角焊缝全长的10%允许$h_1{}^{+3.0}_{-1.0}$。
　　2.外观检验合格的焊缝才能进行无损检验,并应在焊后24 h后进行。

3.5 悬吊结构的试验检测

悬吊结构桥梁主要包括斜拉桥和悬索桥(吊桥),这两种桥型近十年来在我国发展得很快,但其检测体系还有待完善。斜拉桥和悬索桥均为高次超静定结构,施工过程中存在多次体系转换。这两种桥型的跨径一般较大,结构受力变形非线性关系显著,影响结构受力变形的因素复杂。要保证桥梁的几何线形和内部受力达到设计要求的合理状态,其质量检验和施工中的监控检测十分重要。

3.5.1 斜拉桥的施工控制与测试

斜拉桥的形式、构造、施工方法多变。对于特定的斜拉桥,其施工方法选定以后,应对各施工阶段的内力、变形和几何位置进行理论分析,并根据施工各阶段的实测值对下一阶段内力变形的预测值进行调整,从而实现斜拉桥的施工控制。

3.5.1.1 结构分析

① 进行结构分析时要选用合理的计算图式,考虑施工过程中结构的逐步形成和体系转换、临时支承的设置和卸除以及结构各部分的强度增长,合理估计主梁架设过程中各阶段的施工荷载。对直桥的施工控制计算采用平面分析即可,对位于平曲线上斜拉桥的施工控制计算必须进行空间结构分析。

② 结构分析计入非线性影响。斜拉桥施工张拉中主梁挠度大,张拉初期索的垂度较大,必须计入几何非线性影响。结构分析时要计入混凝土收缩徐变对结构变形和内力的影响,考虑温度对变形和内力的影响,还应考虑风荷载等偶然因素对结构内力的不利影响。

③ 由于斜拉桥施工过程中混凝土受力变形的影响因素(收缩、徐变、温度)多,变化具有复杂性、随机性和不可逆性,这使得精确计算斜拉桥施工过程中的变形十分困难,所以工程界提出了不同的算法来模拟斜拉桥施工中的行为,如倒拆法、正算法、刚性支承连续梁法、零弯矩悬拼法等。

3.5.1.2 施工控制的原则与方法

一般斜拉桥主梁架设阶段施工时,确保主梁的线形顺直、正确是第一位的,即以标高控制为主;工期恒载施工时,为保证结构的整体受力变形处于理想状态,拉索张拉时以索力控制为主。

"标高控制为主"或"索力控制为主"是相对的,应结合主梁刚度大小、施工方法等制订控制策略。对斜拉桥施工仅按理论分析值进行控制往往达不到预期的效果,理论计算值与实测值总是存在一定的偏差,并且这种偏差具有积累性,必须予以控制和调整。工程界已确定出了不同的控制方法,包括一次张拉法、卡尔曼滤波法、多次张拉法等。

3.5.1.3 施工测试

施工测试是施工控制的主要组成部分,是控制调整的主要依据。施工测试的主要内容包括以下几个方面:

① 结构的几何位置和变形。其主要观测主梁轴线和索塔顶端的位置、主梁挠度和塔顶水平位移,测试设备有精密水准仪、经纬仪、测距仪等。

② 应力测试。其主要测试斜拉索索力,支座反力和主梁、塔的应力在施工中的变化。主梁和

索塔中的应力可以通过预埋钢弦式应变计测试。索力测试将在下面进行介绍。

③ 温度测试。观测主梁、索塔和斜拉索的温度,以确定结构温场,监控主梁挠度和索塔位移随温度和时间的变化规律。测定温度时可采用热电偶、红外温度计等测试仪器。

3.5.2 索力测试

斜拉索是斜拉桥梁、塔和索体系中的一个重要组成部分,斜拉索中索力的大小直接影响桥梁上部结构的受力和变形状态。各拉索中实际索力大小的测试是斜拉桥施工控制中的一个重要问题。斜拉桥斜拉索索力测定的方法有:电阻应变片测定法、拉索伸长量测定法、索拉力-垂度关系测定法、张拉千斤顶测定法、压力传感器测定法、振动测定法等。

电阻应变片测定法、拉索伸长量测定法和索拉力-垂度关系测定法从理论上讲是可行的,但实施中会遇到较多的实际问题。张拉千斤顶测定法和压力传感器测定法测定拉索张拉过程中的索力变化较方便,但不能测定成桥后的索力。应用振动测定法可实测斜拉索的固有频率,利用索的张力和固有频率间的关系可计算索力。

振动测定法可采用激振器激振或人工激振,也可采用环境随机振动法。测试时用索夹或绑带将传感器固定在拉索上进行激振和信号采集,经过现场分析,可以很方便地测求出索力。下面介绍其分析原理。

不计算抗弯刚度的拉索的振动微分方程为

$$\frac{W}{g}\frac{\partial^2 y}{\partial t^2} - T\frac{\partial^2 y}{\partial x^2} = 0 \tag{3-30}$$

式中　y——横向坐标(垂直于索的长度方向);

x——纵向坐标(索的长度方向);

W——单位索长的质量;

g——重力加速度;

T——索的张力;

t——时间。

假定索的两端固定,由下面的方程可以求出拉索的自振频率:

$$f_n = \frac{n}{2l}\sqrt{\frac{Tg}{W}} \tag{3-31}$$

$$T = \frac{4Wl^2}{g}\left(\frac{f_n}{n}\right)^2 \tag{3-32}$$

式中　f_n——索的第 n 阶自振频率;

l——索的计算长度;

n——振动阶数。

用振动测定法测定索力操作方便,且精度能够满足工程应用的需要,经济环保,无须消耗一次性仪器,所有仪器都可以重复使用。

考虑抗弯刚度后索的自由振动微分方程为:

$$\frac{W}{g}\frac{\partial^2 y}{\partial t^2} + EI\frac{\partial^4 y}{\partial x^4} - T\frac{\partial^2 y}{\partial x^2} = 0 \tag{3-33}$$

式中的 EI 是指拉索的抗弯刚度。其余符号意义同前。

假定拉索的边界条件为两端铰接,可由式(3-33)解得拉索中的拉力为

$$T=\frac{4Wl^{2}}{g}\left(\frac{f_{n}}{n}\right)^{2}-\frac{n^{2}EI\pi^{2}}{l^{2}} \tag{3-34}$$

另外计入索自重时,可解得拉索下端的拉力为

$$T=\frac{4Wl^{2}}{g}\left(\frac{f_{n}}{n}\right)^{2}+\frac{2Wl^{2}}{g}\left(\frac{f_{n}}{n}\right)^{2}\sqrt{1-\frac{n^{2}g^{2}\sin^{2}\alpha}{16l^{2}f_{n}\pi^{2}}} \tag{3-35}$$

式中　α——拉索弦线和水平方向的夹角;

　　　T——拉索下端的拉力。

经过对斜拉索实例参数的分析,式(3-34)和式(3-35)计算的结果非常接近,所以计算索力时可以不计拉索自重和斜度的影响,求得的索力为拉索下端的拉力。

经过对式(3-32)和式(3-35)的对比分析可知:细长拉索不计抗弯刚度时求得的索力比计入抗弯刚度时偏大,但一般不会超过3%,对长度小于40 m的斜拉索和系杆拱的吊杆有可能超过5%,此时应计入抗弯刚度的影响。

经理论分析可知,如拉索初应力较小,计算索力时应计入垂度的影响。斜拉桥施工中斜拉索都要经过几次张拉。第一次张拉索的初应力较小,垂度较大,垂度对实测低阶频率影响较大。为了减小垂度对实测索力的影响,建议采用4阶以上频率计算索力。

斜拉索两端处理为铰接或固定对索力的影响相差不会超过5%,随着索长的增加和抗弯刚度的减小,两种边界条件分析的结果会更为接近。对于跨径内安装减振器的斜拉索,如其长度大于150 m,则减振器对索力的影响不会超过5%;对于一般情况,应在安装减振器前后进行识别,确定安装减振器前后拉索的支承长度;如减振器的支承刚度大于1.0×10^{4} kN/m,则减振器可视为拉索的刚性支承。

3.6 工 程 案 例

3.6.1 简支-连续梁桥工程实例

3.6.1.1 沪溪沅水大桥简介

沪溪沅水大桥位于湖南省长沙市至吉首市的高速公路上,主桥为68 m+3×110 m+68 m的预应力混凝土简支-连续梁桥,如图3-7所示。本桥设有0.5%的纵坡和竖曲线,有部分平曲线进入大桥,横桥向设2%双向横坡。设计荷载:汽车——超20级,挂车——120,人群荷载为3.5 kN/m²;桥面宽度:1.5 m(人行道)+0.5 m(防撞墙)+10.75 m(行车道)+2 m(分隔带)+10.75 m(行车道)+0.5 m(防撞墙)+1.5 m(人行道),桥面总宽为27.5 m。主梁横截面如图3-8所示。

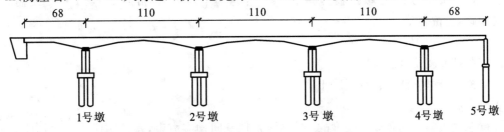

图3-7　桥梁总体布置立面图(单位:m)

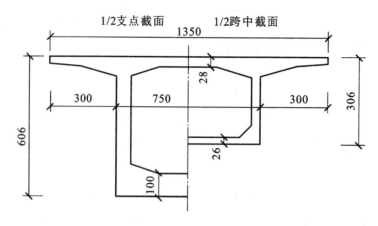

图 3-8 主梁横截面(单位:cm)

(1) 上部结构

主桥设计为分离式单箱单室截面,箱梁根部高(箱梁中心线)6.2 m,跨中梁高(箱梁中心线)3.2 m,箱梁高度及底板厚度均按二次抛物线变化。箱梁顶板全宽 13.5 m,顶板厚 28 cm,设有 2% 的横坡;箱梁底板宽 7.5 m,底板跨中板厚 26 cm,根部厚 80 cm;腹板厚度从跨中至根部分别为 40 cm、55 cm、70 cm;箱梁在 1~4 号桥墩墩顶处设 40 cm 厚的横隔板。箱梁单"T"共分为 18 段悬臂浇筑,其中 0 号块长 5 m,1~18 号梁段分段长为 9×2.5 m+7×3 m+2×4 m,边跨及中跨合龙段长均为 2 m。边跨支架现浇段长度为 12 m;0 号、1 号块采用托架浇筑,其余梁段均采用挂篮悬浇,悬浇梁段最大重量为 1140 kN。合龙顺序为先两个边跨合龙,然后两个次边跨合龙,最后中跨合龙。

箱梁采用三向预应力体系,纵、横向预应力采用高强低松弛钢绞线,配 OVM 型锚具,纵向预应力筋采用两端张拉,箱梁顶板横向预应力采用单端交错张拉;箱梁腹板内设竖向预应力精轧螺纹钢筋,直径为 $\phi32$ mm,纵向间距为 50 cm,配 YGM 锚具,单端张拉,上端为张拉端。

(2) 下部结构

0 号桥台设计为重力式桥台,扩大基础;过渡墩(5 号墩)为双柱式墩,墩柱为 2 根 D200 cm 的圆柱墩,墩顶设盖梁,该位置设悬梯,采用 2 根 D220 cm 的钻孔灌注桩基础;主桥 1~4 号墩采用双柱式桥墩,墩柱为 2 根厚为 3 m 的六边形截面桥墩,墩顶设置横撑,承台厚 3.5 m,基础为 4 根 D250 cm 的钻孔灌注桩。主桥采用 GPZ 系列盆式橡胶支座。

(3) 悬浇箱梁施工要点

连续箱梁悬浇施工顺序:① 安装墩顶盆式橡胶支座,浇筑临时固结块。② 安装托架浇筑 0 号、1 号梁段。③ 安装挂篮,悬浇 2~18 号梁段。④ 搭设支架浇筑边跨现浇段。⑤ 合龙 2 个边跨,拆除边跨的支架及 1 号、4 号墩顶临时固结。⑥ 合龙两个次边跨,拆除 2 号、3 号墩顶临时固结。⑦ 合龙中跨,全桥合龙。

每段梁的浇筑顺序为:

① 安装挂篮就位,测标高。

② 立模,扎钢筋,浇筑箱梁混凝土。

③ 测标高。

④ 待混凝土强度达到设计强度的 80% 后,张拉三向预应力束,张拉顺序为纵向预应力→横向预应力→竖向预应力。

⑤ 测标高。

⑥ 移动挂篮,进行下一梁段的施工。

⑦ 对已张拉的三向预应力孔道及时压浆。

注意事项:

① 由于结构受温度的影响较大,故测量应尽量在早上进行。

② 竖向预应力必须在挂篮移动前张拉,以避免混凝土承受超前主拉应力而导致开裂;在每次挂篮移动后,应采取措施消除其非弹性变形。

③ 箱梁混凝土数量较大,可以分次浇筑,但应注意新老混凝土应结合紧密,及时养护,防止混凝土出现收缩裂缝。

④ 在每一个"T"构悬浇过程中,应均衡对称施工,两端允许不均衡重为 200 kN,挂篮重(包括模板、机具及人员等的重量)按 700 kN 进行控制设计。

⑤ 各"T"构悬浇施工的工期应合理安排,最大悬臂阶段完成后应尽快合龙,以防止悬臂端产生过大的收缩徐变挠度,使得合龙后的桥面标高不平顺。

3.6.1.2 龙潭河大桥

龙潭河大桥位于湖北省宜昌市至恩施土家族苗族自治州的高速公路上,主桥为五跨连续刚构,跨径布置为 106 m+3×200 m+106 m,分两幅设计,单幅桥宽 12.5 m,桥面总宽 25 m,主墩最大高度 178 m,如图 3-9 所示。

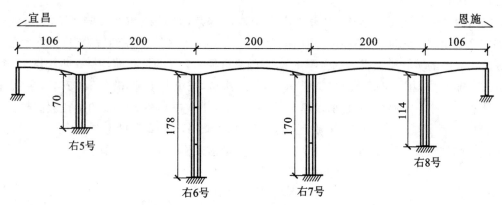

图 3-9　桥梁总体布置立面图(单位:m)

(1) 上部结构

上部结构采用预应力混凝土箱梁,如图 3-10 所示。箱梁根部梁高 12 m,跨中梁高 3.5 m,顶板厚 28 cm,跨中至根部底板厚由 32 cm 变化至 110 cm,腹板从跨中至根部三段采用 40 cm、55 cm、70 cm 三种厚度,箱梁高度和底板厚度按 1.8 次抛物线变化。箱梁 0 号节段长 18 m(包括墩两侧各外伸 1 m),每个悬浇"T"纵向对称分为 22 个节段,梁段数及梁段长从根部至跨中分别为 7×3.5 m、4×4.0 m、11×4.5 m,节段悬浇总长 91 m,悬浇节段最大控制重量为 2049 kN,挂篮设计自重为 1040 kN。边、中跨合龙段长均为 2 m,边跨现浇段长 5 m,箱梁根部设置 4 道厚 0.7 m 的横隔板,其位置与箱形薄壁墩的箱壁位置对齐,中跨跨中设一道厚 0.4 m 的横隔板,边跨梁端设一道厚 2 m 的横隔板,横隔板处均设置高 1.8 m、宽 1.0 m 的过人洞。

箱梁按全预应力混凝土设计,布置三向预应力,纵、横向及部分竖向预应力筋采用美国 ASTMA416-97A 标准 270 级高强度低松弛钢绞线(标准强度 1860 MPa)。箱梁纵向钢束每股直径

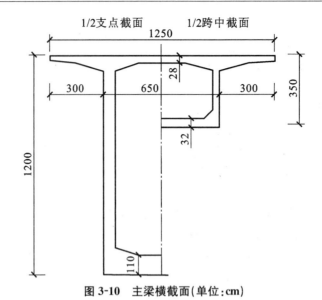

图 3-10　主梁横截面(单位:cm)

为 15.24 m,大墩位群锚体系;顶板横向钢束每股直径为 12.7 mm,扁锚体系;竖向预应力在箱梁高度大于 6 m 时采用钢绞线,箱梁高度小于 6 m 时采用精轧螺纹钢筋,纵向预应力束管道采用预埋塑料波纹管成孔,真空辅助压浆工艺。箱梁混凝土采用 C55 号,桥面铺装为 11 cm 厚的沥青混凝土。

(2)下部结构

下部结构为钢筋混凝土结构,主墩墩身采用双肢变截面矩形空心墩,壁厚 70 cm,肢间净距 9 m,如图 3-11 所示,纵向每墩双肢外侧均按 100∶1、60∶1 和 40∶1 三种坡度设计,在墩的顶部和底部各设 2 m 厚的实心段。主墩承台厚 4 m,基础为直径 2.4 m 的钻孔灌注桩。每个墩 16 个桩,纵横向均按 4 排布置;边墩(右 5 号、右 8 号)每个墩 12 根桩,按纵向 4 排、横向 3 排布置;主、引桥间过渡墩墩身采用等截面矩形空心墩,承台厚 3 m,基础为双排 4 根直径 2.0 m 的钻孔灌注桩。墩身混凝土为 C50,承台和基础采用 C30 混凝土。过渡墩处设 SSFB480 型伸缩缝,主桥箱梁下设 GPZ(Ⅱ) 4DX 单向滑动盆式橡胶支座和 GPZ(Ⅱ)4SX 双向滑动盆式橡胶支座各一套。

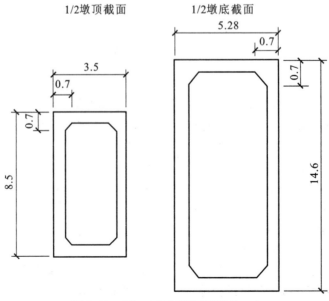

图 3-11　178 m 高墩横截面(单位:m)

（3）结构分析及施工要点

桥墩最高处为178 m,居国内梁式桥墩高度之首。高墩带来整体屈曲稳定性问题,以及高墩低频风振对施工、运营阶段安全性影响等问题。为此做了高墩稳定性专题研究,考虑几何与材料非线性,最低稳定性安全系数(施工阶段)为3.7,表明结构安全。

箱梁0块、首节墩身及承台属大体积混凝土,因水化热引起的混凝土内外温差及温度应力容易导致结构开裂。特别是首节墩身,因受到承台的约束,在收缩及内外温差共同作用下,测试较大的横向拉应力,易导致竖向裂缝。因此在施工中需要采取温控措施。

本桥桥墩较高,采用爬坡施工。桥墩施工时,顺桥向双壁间临时设置支撑。临时支撑高度方向每30 m设置一道,宜布置在有内膜隔的位置,临时支撑采用两根ϕ800 mm的钢管。

主桥箱梁采用先中跨、后次中跨、最后边跨的合龙顺序,合龙段采用吊架施工,吊架质量按50 t考虑。施工时首先安装平衡现浇段混凝土重量的压重(如水箱),安装内、外刚性支撑并张拉临时钢束,浇筑混凝土并同步卸除压重,待混凝土强度达到设计强度的85%且龄期不少于4 d后张拉合龙钢束,按先长束、后短束的顺序对称张拉。合龙温度应控制为(15±5)℃。

3.6.1.3　新寨河大桥

新寨河大桥位于贵州省西南部晴隆县境内,是沪瑞国道主干线GZ65(贵州境)镇宁至胜境关高速公路响水河大峡谷上的一座特大型桥梁。主桥尺寸为120 m+2×230 m+120 m,为预应力混凝土连续刚构,分两幅设计,桥面总宽24.5 m,最高墩高132 m。主桥立面布置如图3-12所示。

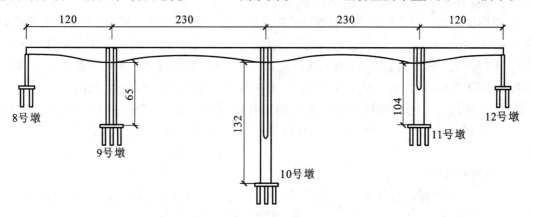

图3-12　新寨河大桥立面图(单位:m)

（1）上部结构

上部结构横向为分离式双幅布置,每箱梁采用单箱单室直腹板箱形截面,设2%单向横坡。各控制截面梁高分别为:箱梁端支座处梁高4.2 m,9号、10号、11号墩中心线处梁高14.2 m,中跨跨中处梁高4.2 m。梁底采用抛物线平滑过渡,中跨跨中范围有2 m的直线段,两边跨各有6 m的直线段。大桥横截面布置如图3-13所示。

箱梁顶板宽12 m,两翼悬臂长2.813 m,全桥顶板厚0.28 m,底板厚由箱梁根部的1.3 m按抛物线变化至直线段的0.32 m。腹板厚度从桥墩中心线至跨中62 m处为0.7 m,中间12 m过渡带处变为0.4 m,直至梁的直线段。

箱梁采用三向预应力体系。

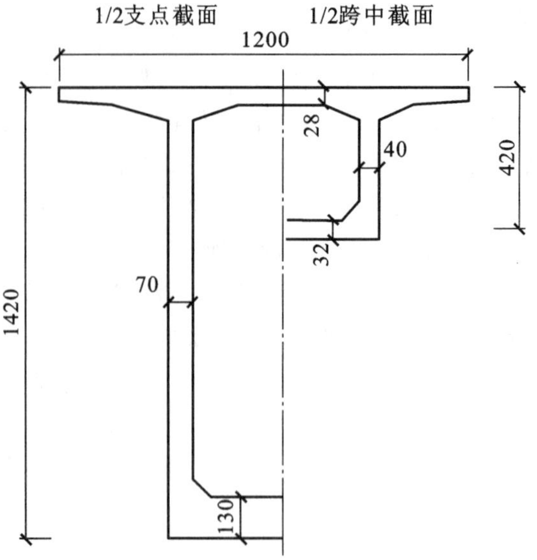

图 3-13 新寨河大桥横截面布置(单位:cm)

① 纵向预应力。箱梁纵向预应力钢束采用 $\phi^j15.24$ 高强度低松弛钢绞线,钢绞线的标准强度 $R_y^b=1860$ MPa;群锚体系,纵向预应力管道采用塑料波纹管成孔,真空压浆工艺进行管道压浆。锚具采用 OVM 群锚锚具,施加预应力时均采用两端同时张拉。

② 横向预应力。箱梁顶板预应力钢束采用 $2×\phi^j15.24$ 低松弛钢绞线,钢绞线标准同纵向束。扁锚体系,采用 50 mm×19 mm 的金属波纹管成孔。一端张拉,张拉段在悬臂外侧端。每一节段都在外侧悬臂端。每一节段的纵向钢束张拉完成之后,应自节段根部开始顺序张拉横向钢束。每一节段靠近施工接头的最后一根顶板横向预应力束与下一节段预应力束一起张拉。

③ 竖向预应力。箱梁腹板竖向预应力筋采用高强精轧螺纹钢筋,一端张拉,采用内径为 50 mm 的金属波纹管成孔。竖向预应力钢筋张拉锚固后的损失较大,必要时应进行二次张拉。

(2)桥墩及基础

主桥 8 号、12 号桥墩为交界墩,采用框架墩形式。帽梁为适应主桥和引桥不同的梁高,采用 L 形断面。帽梁纵向宽 4.3 m,横向宽 23.63 m。墩身立柱采用箱形断面,尺寸为 4.0 m×5.0 m,壁厚 0.5 m。承台尺寸为 21.2 m×8.2 m×3.5 m。基础采用挖孔桩基础,桩基直径为 2.0 m。12 号墩处基岩强度较低,桩基按摩擦桩设计。8 号墩下基岩经过现场检测若无断裂带通过,可采用柱桩基础。8 号、12 号墩身及基础均采用 C30 混凝土。

主桥 9 号、10 号、11 号墩与主梁固接,横桥向双幅墩身,整体式基础,其承台以上墩高分别为 65 m、132 m 和 104 m。9 号墩顺桥方向为双薄壁墩结构;10 号、11 号墩顺桥方向上部 65 m 高为双薄壁结构,下部过渡为整体式单箱双室截面,如图 3-14 所示,两薄壁墩中心距为 10.5 m,墩身为箱形断面,尺寸为 8.5 m×3.5 m,顺桥方向壁厚 0.8 m,横桥方向壁厚 1.2 m。10 号、11 号墩下部整体式墩身断面尺寸为 14 m×10 m,顺桥方向壁厚 0.9 m,横桥方向壁厚 1.2 m。9 号、10 号、11 号墩身采用 C50 混凝土,承台及桩基采用 C30 混凝土。

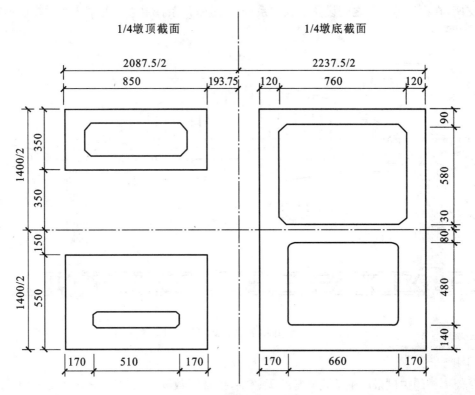

图 3-14　10 号墩身截面(单位:m)

3.6.2　拱桥工程实例

3.6.2.1　湖南益阳茅草街大桥

(1) 工程概况

茅草街大桥位于湖南益阳沅江茅草街轮渡口,是省道 1831 线跨越淞澧洪道、藕池河西支、南茅运河及沱江的一座特大型桥梁,桥梁全长 11.216 km,其中桥梁部分长 3.009 km。跨越淞澧洪道的主桥为三跨连续自锚中承式钢管混凝土系杆拱桥。大桥于 2000 年 10 月动工建设,2006 年 12 月 26 日建成通车。

(2) 主要技术指标

荷载等级:汽车——20,挂车——100。

桥面宽度:15.0 m(净)+2×0.5 m(防撞护栏),全宽 16.0 m。

地震烈度:基本烈度为 6 度,主桥按 7 度设防。

通航标准:Ⅳ—(1)级航道,通航净空 8 m×60 m。

桥型布置:淞澧洪道主桥桥型布置为 4×45 m(简支 T 梁)、80 m+368 m+80 m(中承式钢管混凝土系杆拱)、6×45 m(简支 T 梁),全桥长 982.96 m。

(3) 设计要点

① 结构体系。

根据通航设计的要求,大桥主桥型采用 80 m+368 m+80 m 的三跨连续自锚中承式钢管混凝土系杆拱桥(又称飞鸟式拱桥)。大桥主、边跨拱脚均固结于拱座,边跨曲梁与边墩之间设置轴向活动盆式支座,在两边跨端部之间设置钢绞线系杆,通过张拉系杆由边拱肋平衡主拱拱肋所产生的水平推力,如图 3-15 所示。

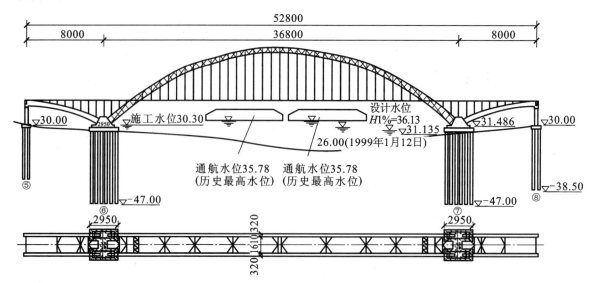

图 3-15 茅草街大桥主桥总体布置图(单位:cm)

② 主拱设计。

茅草街大桥的主拱采用中承式悬链线无铰拱,拱轴系数 $m=1.543$,矢跨比 $f/L=1/5$,主跨计算跨径 $L=356$ m,计算矢高 $f=71.2$ m。主拱拱肋采用桁式断面,如图 3-16 所示,每根拱肋由四根直径为 100 cm 的钢管组成,钢管内填 C50 混凝土,形成钢管混凝土组合桁式截面。截面高度由拱脚处的 8 m 高变化至拱顶处的 4 m 高,肋宽 3.2 m。其中弦杆钢管外径为 1000 mm,壁厚 20~28 mm,腹杆钢管外径为 550 mm,壁厚 10~12 mm。

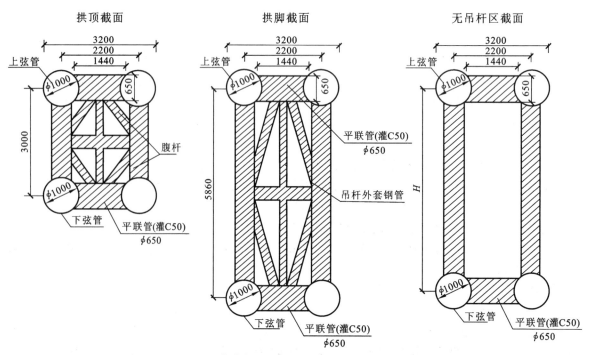

图 3-16 茅草街大桥主桥主拱断面图(单位:mm)

钢管拱节段采用缆索吊拼装,全桥共设四套主索吊装系统。吊装索塔安置于扣塔顶部,与扣塔铰接。吊塔高 30 m,每柱截面尺寸为 2 m×4 m,纵向宽 4 m,横向宽 28 m(塔顶);扣塔高 100 m,截面尺寸为 6 m×8 m;吊扣塔总高为 130 m,投入钢材约 4000 t。拱肋钢管桁架顺桥向半跨分为 11 个节段,中间一个合龙段;横桥向分为上、下游两肋;全桥两条拱肋分为 46 个节段。拱肋肋间由 K 形和米形撑相连,全桥横撑共计 14 道,吊装时为单肋单节段吊安,因此全桥共计 60 个吊装节段,最大节段吊装重量为 70 t。

③ 边拱设计。

边拱轴线也采用悬链线,即上承式双肋悬链线半拱,拱轴系数 $m=1.543$,矢跨比 $f/L=1/8.5$,计算跨径 $L=148$ m,计算矢高 $f=17.412$ m。每肋由高 4.5 m、宽 3.45 m 的 C50 钢筋混凝土箱梁组成,两肋间设有一组 K 字形和一组米字形钢管桁架式横撑,它们与边拱端部固结的预应力混凝土端横梁一起,组成一个稳定的空间梁系结构。为了便于传递水平力,将主拱拱肋、边拱拱肋的轴线置于同一直线上,且拱肋宽度相等。

④ 吊杆。

吊杆采用 PES7-73 型聚乙烯高强低松弛预应力镀锌钢丝束,其抗拉标准强度 $R_y^b=1670$ MPa,松弛值 1000 h 应力损失小于 2.5%。钢丝束呈正六边形,外涂防锈脂,缠绕纤维增强聚酯带,然后直接热挤高密度 HDPE 护套,配 OVM-LZM(K)7-73 型冷铸墩头锚。

⑤ 系杆。

茅草街大桥系杆采用 OVMXGT15-31 型钢绞线拉索体系,其抗拉标准强度 $R_y^b=1670$ MPa,张拉控制应力 $[\sigma]=0.47R_y^b$,张拉控制力为 3794 kN。在全部施工过程中,每索只需张拉一次,成桥后再集中调整一次索力。为保护系杆,在 31 股钢丝束外包纤维增强聚酯带及两层 HDPE 护套。为了能快捷施工、方便换索、可靠运营,设计带有简易滑动轴承的系杆支承架。

⑥ 桥面构造。

桥面板由预制Ⅱ型 C50 钢筋混凝土板和现浇桥面铺装层构成,如图 3-17 所示。板厚 12 cm,肋高 18 cm,肋宽 15～20 cm,翼板厚 6 cm,边板宽 185 cm,中板宽 210 cm。预制板间纵向接缝宽 30 cm,横向接缝宽 50 cm,接缝混凝土采用 C40 补偿收缩混凝土。桥面铺装厚 13 cm,其中钢纤维混凝土厚 8 cm,沥青混凝土桥面铺装厚 5 cm。

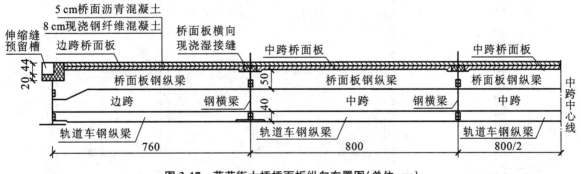

图 3-17 茅草街大桥桥面板纵向布置图(单位:cm)

3.6.2.2 重庆万县长江大桥

图 3-18 所示为重庆万县长江大桥,于 1997 年建成。该桥的结构体系为上承式劲性骨架混凝土拱桥,主孔跨径 420 m。

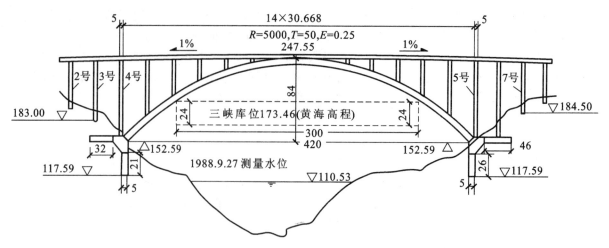

图 3-18 重庆万县长江大桥桥孔布置图(单位:m)

(1)主要技术指标

荷载等级:汽车——超20,挂车——120,人群3.5 kN/m²。

桥宽:净2×7.5 m(行车道)+2×3.0 m(人行道),总宽21 m。

地震烈度:基本烈度为6度,按7度验算。

通航等级:在三峡水库正常蓄水位175 m以上的通航净空尺寸为24 m×300 m,双向可通行三峡库区规划的万吨级驳船队。

桥孔布置:自南向北为5×30.668 m+420 m+8×30.668 m,全长856.12 m。

(2)主拱构造

主桥为劲性骨架钢筋混凝土拱桥:净跨420 m,拱圈宽16 m,高7 m,净矢高84 m,矢跨比1/5。横向为单箱三室,细部尺寸如图3-19所示(图中带圆圈的数字为施工顺序)。

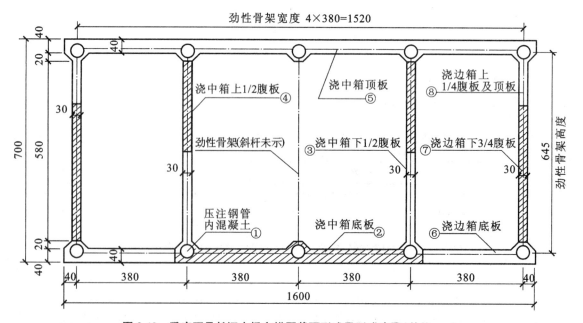

图 3-19 重庆万县长江大桥主拱圈截面形式及形成步骤(单位:cm)

主拱圈拱轴系数经优化设计,并考虑到拱顶截面应有稍大的潜力,以满足施工阶段及后期徐变应力增量的受力需要,最后选定为 $m=1.6$。

(3)劲性骨架构造

钢骨拱桁架由上弦杆、下弦杆、斜腹杆等组成。上弦杆和下弦杆根据材料的不同,可以采用型钢,也可以采用钢管。当钢管内填充混凝土后即成为钢管混凝土拱桁架。钢管混凝土桁架具有刚度大、用钢量省的特点。上弦杆和下弦杆是钢管拱桁架的主要受力构件,其截面尺寸应根据受力大小确定。竖杆和斜腹杆可以采用钢筋、钢管混凝土或型钢。钢管或钢管混凝土刚度大,但需要浇筑管内混凝土,从而给施工带来困难;采用型钢时,节点容易处理,可以省去向腹杆内浇筑混凝土的工序,而且混凝土的包裹效果好。

该桥劲性骨架采用 5 个桁片组成,间距 3.8 m,每个桁片上、下弦为 $D420$ mm×16 mm 的无缝钢管,腹杆与连接系杆为 4 L 75 mm×75 mm×10 mm 的角钢组合杆件,骨架沿拱轴分为 36 节桁段,每个节段长约 13 m,高6.8 m,宽15.6 m。每个节段横向由 5 个桁片组成,间距3.8 m,每个节段的质量约60 t。节段间采用法兰盘螺栓连接。因此在拼装过程中,高空除栓接外不再焊接,如图 3-20 所示。

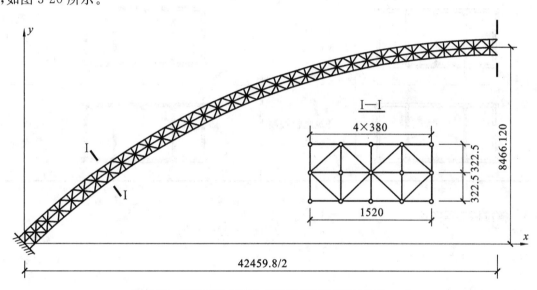

图 3-20 重庆万县长江大桥劲性骨架构造图(单位:cm)

(4)混凝土浇筑

劲性骨架混凝土浇筑包括钢管内混凝土灌注和拱箱外包混凝土的浇筑。该桥劲性骨架混凝土的施工顺序见表 3-18,也可参考图 3-19 中的主拱圈截面形成步骤。

钢管内混凝土灌注是在钢管骨架合龙以后开始进行的,待达到70%的设计强度后,再按中箱→边箱、底板→腹板→顶板的顺序分 7 环依次浇完全箱。两环之间设一个等待龄期,使先期浇筑的混凝土能参与结构受力,共同承担下环新浇混凝土的重力。在纵向采用六工作面法,对称、均衡、同步浇筑纵向每环混凝土,即将每拱环等分为 6 个区段,每段长约 80 m,以 6 个工作面在各个区段的起点上连续向前浇筑混凝土,直至完成全环。整个浇筑过程中,骨架挠度下降均匀,基本上无上下反复现象,骨架上下弦杆及混凝土断面始终处于受压状态,应力变化均匀,从而使拱圈在施工过程中的强度、稳定性得到了保证。

表 3-18　　　　　　　　　　　　　　　劲性骨架混凝土施工顺序

序号	示意图	内容	序号	示意图	内容
1	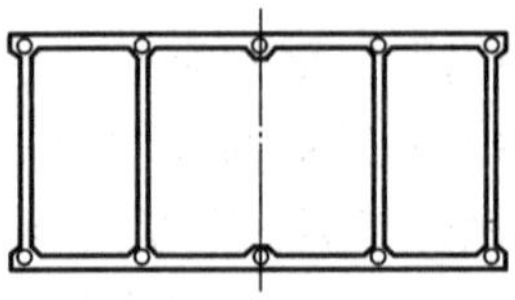	a. 安装劲性骨架 b. 灌注钢管混凝土	5	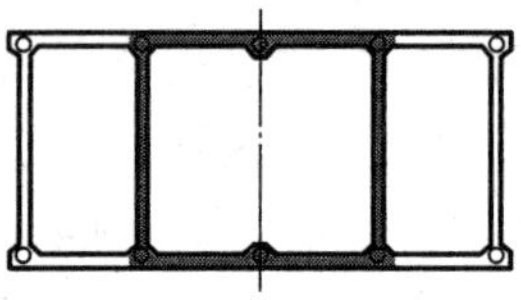	浇筑中室顶板混凝土
2	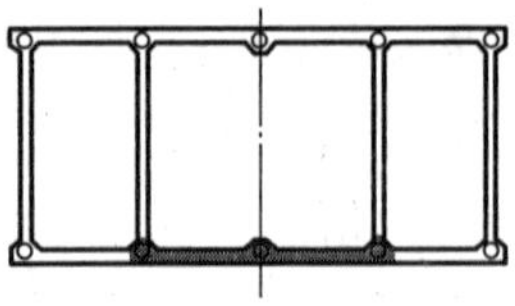	浇筑中室底板混凝土	6	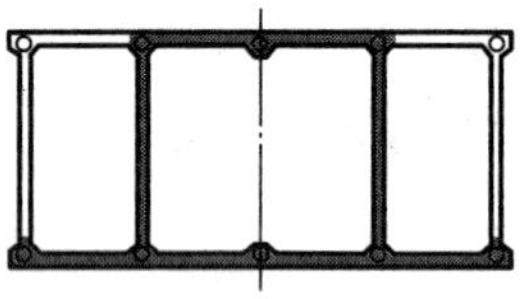	浇筑边室底板混凝土
3	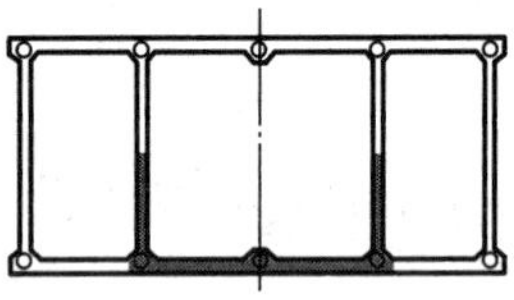	浇筑中室 1/2 高底板混凝土	7	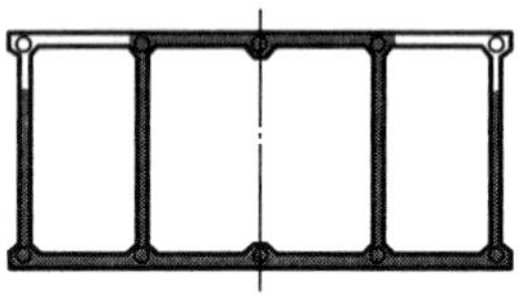	浇筑边室 3/4 高腹板混凝土
4	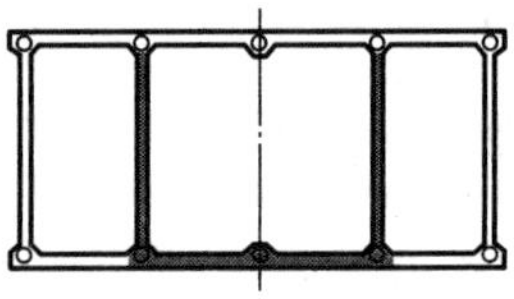	浇筑腹板混凝土至全高	8	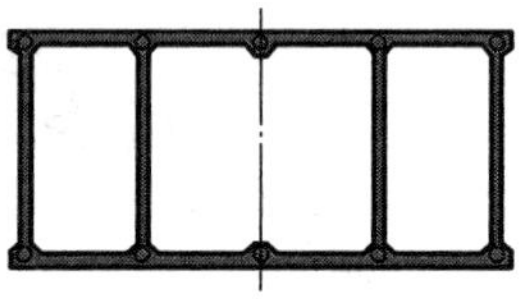	完成全截面混凝土的浇筑

3.6.3　斜拉桥工程实例

3.6.3.1　日本多多罗大桥

（1）工程概况

日本多多罗大桥位于日本本州-四国联络线-尾道今治线的中央部位,是连接生口岛(广岛县)和大三岛(爱媛岛)的一座特大桥梁,跨越西懒海多多罗 1000 多米的海峡,桥下净空 26 m,最大水深50 m,大桥于 1999 年建成通车。

（2）主要设计标准

跨径布置:270 m＋890 m＋320 m＝1480 m。

设计车速:80 km/h。

车道:双向四车道(9.5 m×2)＋人行道(2.5 m×2)。

设计基准风速:主梁为 46.1 m/s,塔为 54.4 m/s,索为 53.7 m/s。

（3）设计要点

① 结构体系。

多多罗大桥为一座三跨连续混合箱梁斜拉桥,如图 3-21 所示。边跨布置因地形原因是不对称的,其边跨与主跨之比分别为 0.3、0.4。由于边跨较小,在荷载作用下边跨将产生上拔力,所以在两边跨端部各布置了一段预应力混凝土主梁,在靠近生口岛侧,PC 梁长为 105.5 m,靠近大三岛侧 PC 梁长为 62.5 m,同时两边跨还分别布置了两排和一排辅助墩。桥梁其余部分都是钢箱梁。

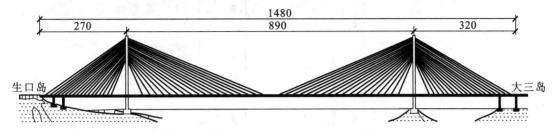

图 3-21 日本多多罗大桥总体布置图(单位:m)

主梁的支承体系采用了弹性固结于双塔的方案。

② 主梁。

根据风洞试验,钢箱梁选定有风嘴的扁平三室宽箱梁,如图 3-22 所示。梁高 2.7 m,梁高与主跨径之比为 1/330,梁相对纤细,轴压力起控制作用。斜拉索与梁连接的锚固构造设置在腹板之外和风嘴的下部,以利于安装、调索、维修和保养。

预应力混凝土梁的外形与钢箱梁相同,如图 3-22 所示。因其有收缩徐变等问题,故由此造成的影响在设计中应予以重视。钢箱梁与 PC 梁相结合的部位采用高流动性混凝土填实,以确保两者紧密结合。

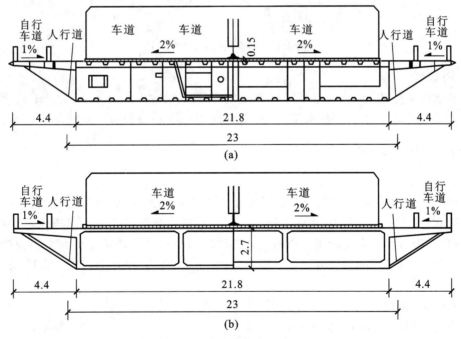

图 3-22 主梁横断面图(单位:m)

③ 索塔。

索塔经美学设计和多方案比较,采用现在的双子形钢塔,如图 3-23 所示。塔柱的断面形式为矩形并切去四个角隅以利于抗风。截面尺寸为(5.6~12.0 m)×(5.9~8.5 m)。塔高 220 m,共 23 段,段与段之间用高强度螺栓连接。

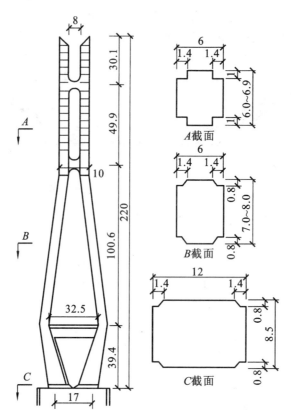

图 3-23　塔身构造图(单位:m)

④ 主塔基础。

主塔基础直接支撑在风化的花岗岩上,采用沉井基础,尺寸为 43.0 m×25.0 m。2 号主墩基础水深 33 m,沉井高 39 m;3 号基础水深 13 m,沉井高 19 m。桥基处最大流速为 4 n mile/h。

3.6.3.2　宜昌夷陵长江大桥

(1) 工程概况

宜昌夷陵长江大桥位于宜昌市城区,葛洲坝下游 7 km 处。大桥北起体育场路,沿胜利三路向南依次跨鸦宜铁路、东山大道、夷陵大道、沿江大道,越过长江后经点军区五龙村,穿过红光港机场,与江南大道以互通立交相接。该桥全长 3246 m,主桥是三塔单索面预应力混凝土主梁斜拉桥,主梁采用悬臂拼装的施工方法。该桥于 1998 年 11 月 28 日开工,2001 年 12 月 28 日建成通车。

(2) 主要技术标准

设计荷载:汽车——超 20 级。

最高通航水位:51.76 m。

桥面宽度:2.25 m(人行道)+7.75 m(行车道)+3.0 m(中央拉索区)+7.75 m(行车道)+2.25 m(人行道)=23 m。

(3) 设计要点

该桥主桥是三塔单索面预应力混凝土加劲梁斜拉桥,斜拉桥跨径布置为 38.08 m+38.5 m+43.5 m+348 m+348 m+43.5 m+38.5 m+38.35 m,桥面宽 23 m,如图 3-24 所示。

主梁结构如图 3-25 所示,采用外包聚乙烯的钢绞线体外索,从而减小了箱形梁的结构尺寸,使结构更加轻巧。

主塔采用造价低、造型新颖的钻石型桥塔结构,如图 3-26 所示。

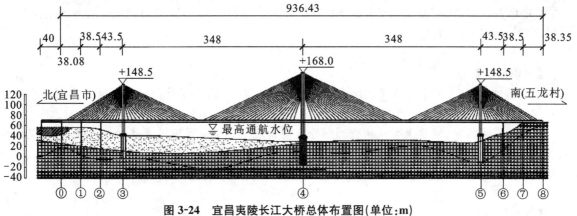

图 3-24 宜昌夷陵长江大桥总体布置图(单位:m)

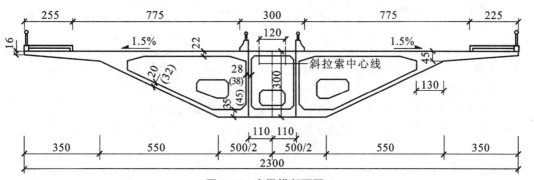

图 3-25 主梁横断面图

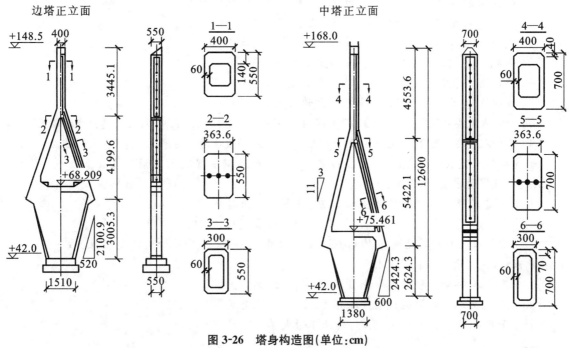

图 3-26 塔身构造图(单位:cm)

拉索采用全封闭式新型平行钢绞线斜拉索体系,具有安装方便、受力均匀、防腐蚀性能优越、易于更换等优点。双螺旋线 PE 管料可抑制风雨产生的斜拉索振动。

主桥基础采用大直径钻孔灌注桩。4 号中塔墩采用 16 根 $\phi 2.0$ m 的钻孔桩,高桩承台。3 号、5 号边塔墩各为 11 根 $\phi 2.0$ m 的钻孔桩,低桩承台。0 号墩及 1 号、2 号、6 号、7 号辅助墩均为 $\phi 2.0$ m 的钻孔桩,8 号台为扩大基础。

【知识归纳】

(1) 通过检测,可对新建桥梁或改建桥梁进行竣工鉴定,检验设计的预期效果。检测得到的检测数据可以为研究桥梁病害产生的原因提供支持,并可掌握其变化规律。

(2) 本章内容中,桥梁上部结构检测部分主要讲述了桥梁板式橡胶支座的性能检测、桥梁伸缩装置检测、混凝土结构构件检测、预应力混凝土结构检测、钢结构和悬吊结构等的检测,涉及众多典型检测内容和检测方法。

【独立思考】

3-1 板式橡胶支座需检验哪些力学指标?如何测试?

3-2 板式橡胶支座质量检验有哪几个控制环节?

3-3 锚、夹具的检验测试有哪些项目?

3-4 使用千斤顶前为什么要对千斤顶进行校验?用压力机进行校验时要采用被动校验的方式,被动校验是什么意思?

3-5 采用压力机标定千斤顶和采用测力计标定千斤顶有何不同?

3-6 索力测试有哪些方法?简述采用振动测试法测试索力的基本原理和优越性。

【参考文献】

[1] 刘自明,陈开立.桥梁工程检测手册.2 版.北京:人民交通出版社,2010.

[2] 范立础.桥梁工程:上册.2 版.北京:人民交通出版社,2012.

[3] 张俊平.桥梁检测与维修加固.2 版.北京:人民交通出版社,2011.

[4] 周先雁,王解军.桥梁工程.北京:北京大学出版社,2008.

[5] 邵旭东.桥梁工程.北京:人民交通出版社,2009.

[6] 董祥.道桥检测技术.北京:机械工业出版社,2011.

[7] 罗旗帜.桥梁工程.广州:华南理工大学出版社,2007.

[8] 中华人民共和国交通部.JTG B01—2003 公路工程技术标准.北京:人民交通出版社,2004.

[9] 中华人民共和国交通部.JTG D60—2004 公路桥涵设计通用规范.北京:人民交通出版社,2004.

[10] 中华人民共和国交通部.JTG D62—2004 公路钢筋混凝土及预应力混凝土桥涵设计规范.北京:人民交通出版社,2004.

[11] 朱霞.公路工程试验检测技术.北京:高等教育出版社,2004.

[12] 章关永.桥梁结构试验.2 版.北京:人民交通出版社,2010.

[13] 中华人民共和国交通部.JTG F80/1—2004 公路工程质量检验评定标准:第一册 土建工程.北京:人民交通出版社,2004.

[14] 王建华.桥涵工程试验检测技术.北京:人民交通出版社,2009.

[15] 陈红.交通工程设施试验检测技术.北京:人民交通出版社,1999.

[16] 李亚东.桥梁工程概论.成都:西南交通大学出版社,2000.

4

桥梁结构荷载试验

课前导读

内容提要

桥梁结构荷载试验是一项复杂而细致的工作，技术含量高，涉及面广。它是检验桥梁结构工作状态或实际承载能力的一种试验手段，可以弥补桥梁调查和检算中的不足，使得桥梁承载能力评定工作进一步深化。桥梁结构荷载试验分为静载试验和动载试验。本章全面介绍了桥梁结构静载试验和动载试验的主要内容、实施程序、测试方法、仪器设备、数据分析与处理及承载力状况评定，并给出了典型的工程实例。本章的教学重点及教学难点在于荷载试验检测方案的确定、结构模型的计算和数据的分析与处理。

能力要求

通过本章的学习，学生应熟悉静载和动载试验检测方案的设计，熟练运用有限元软件进行结构模型的计算，掌握常用的数据分析与处理方法，正确评定桥梁实际承载能力。

4.1 荷载试验的分类、方法与程序

4.1.1 荷载试验的分类

桥梁结构荷载试验包括静力荷载试验与动力荷载试验,一般情况下只做静力荷载试验,必要时增做部分动力荷载试验,如对特大型桥梁、新型桥梁等。

静力荷载试验又称静载试验,是指将静止的荷载作用于桥梁上的指定位置,以便测试出结构的静应变、静位移、裂缝及沉降等参量,再根据相关规范、规程的指标,推断出桥梁结构在荷载作用下的工作状态和使用能力的荷载试验。

动力荷载试验又称动载试验,是指利用某种方法激起桥梁结构的振动,如将行驶的汽车荷载或者其他动力荷载作用于桥梁结构上,以测出结构的固有频率、阻尼比、振型、动力冲击系数、动力响应(加速度、动挠度)等动力特性,从而判断出桥梁结构在动力荷载下受冲击和振动的影响以及结构刚度和使用性能的荷载试验。桥梁的动力荷载试验和静力荷载试验相比具有其特殊性:引起结构产生振动的动力荷载(如车辆、人群、阵风或地震力等)的振幅及其对结构的振动影响是随时间变化的,结构在动力荷载作用下的响应与结构自身的动力特性有着密切关系,动力荷载产生的动力效应一般大于相应的静力效应。

静载试验与动载试验虽然在试验目的、测试内容等方面不同,是两种不同性质的试验,但对于全面分析、掌握桥梁结构的工作性能是同等重要的。

桥梁结构荷载试验又可以根据测试对象的不同,分为现场桥梁试验和室内桥梁模型(或部件)试验,前者多用于既有桥梁检定,后者多应用于重要或新型桥梁的设计阶段,必要时还可作模型或部件的破坏性试验。

4.1.2 荷载试验的方法

4.1.2.1 静载试验方法

桥梁结构静载试验可以是生产性试验或科学研究性试验,可以是对桥梁主要构件的试验或全桥整体的试验,也可以是实桥现场检测或桥梁结构模型的室内试验。桥梁一般分为梁桥、拱桥、刚构桥、斜拉桥、悬索桥等结构形式。试验时,要根据不同结构形式的受力特点,结合病害特征或静载试验的主要目的,按照技术上可行、经济上合理、测试上可靠的原则,来设计桥梁静载试验的加载方案与测试方法。为了能够较为客观地反映桥梁结构的工作性能,桥梁结构静载试验多采用原位现场检测。进行桥梁结构静载试验时必须明确试验目的,遵循一定的程序,采用科学、先进的量测手段,在进行严密的准备和组织工作的基础上才可能达到预期的目标。为此,根据静载试验对象的实际情况,必须把握以下三个主要环节。

(1)明确试验目的,抓住主要问题

桥梁结构静载试验涉及理论计算、测点布置、加载测试、数据分析与整理等多个方面,因此,在进行试验之前一定要明确试验目的,预测试验桥梁的结构行为。只有这样才能有的放矢,合理地选择仪器设备,准确地确定加载设备及加载程序,科学地布置测点和测试元件,充分地利用有限的人力、物力及其他有利条件,采取各种必要的手段,以达到预期的试验效果。

(2)精心准备、严密组织

桥梁结构静载试验由于观测项目多、测点多、仪器设备多,故要求试验工作必须有严格的组织、统一的指挥,并能够紧密结合、协同作战。在正式试验之前,要做好充分的准备,对一些关键性的测试项目和测点要考虑备用的测试方法,注意防止和消除意外事故。大量事实表明,如果试验工作的某些环节考虑不周,轻者会使试验工作不能顺利进行,重者会导致整个试验工作的失败。

(3)加强测试人员的培训,提高测试水平

参加试验检测的工作人员,必须在试验之前熟练地掌握仪器、设备的性能、操作要领以及故障排除技术和技巧,了解本次试验的目的、程序和测试要求,及时发现、反映试验过程中的问题。

桥梁结构是承受恒载、车辆荷载、人群荷载等主要荷载的结构物。当车辆以一定速度在桥梁上通过时,由于发动机的抖动、桥梁的不平顺等原因,会导致桥梁结构产生振动。此外,人群荷载、风荷载、地震、环境因素的作用也会引起桥梁振动。影响桥梁结构振动的因素比较多,涉及的理论比较复杂,仅靠理论或计算分析无法满足工程实践的要求,一般多采用理论分析模拟与现场实测相结合的研究方法。因此,振动测试是解决工程振动问题的必要手段。近二十年来,随着计算机的普及与自动化技术的发展,振动测试技术取得了很大的进步:一方面表现在风洞试验、模拟地震振动台试验、拟动力试验逐步成为主要手段,另一方面表现为工程结构在风荷载、车辆荷载、地震荷载作用下动力反应的现场测试手段也得到了很大的改进。

4.1.2.2 动载试验方法

桥梁动载试验与静载试验在试验目的、测试内容等方面有所不同,但可以相互补充、相互印证,对于全面分析、掌握桥梁结构的工作性能是同等重要的。就试验步骤而言,其基本上与静载试验相同,动载试验也要经过准备、试验和分析总结三个阶段。就试验性质而言,动载试验可分为生产鉴定性试验和科学研究性试验两种。一般情况下,动载试验在现场实际结构上进行测试,也可根据桥梁的结构特点和实际需要在室内进行结构模型的动载试验,如在风洞内进行大跨度桥梁的风致振动试验,在模拟地震振动台上进行桥梁结构的地震响应试验研究等。

桥梁结构的动载试验中,常有大量的物理量,如位移、应变、振幅、加速度等,需要进行量测、记录和分析。在静载试验中,可以通过仪器、设备观测而直接获得数据序列。在动载试验中,可先通过仪器、设备将振动过程中大量的物理量进行测量并记录下来,这些随时间变化的物理量一般称为信号,而测得的结果称为数据。根据这些实测数据,可以进行有关振动量之间相互关系的分析。

信号的特征可用信号幅值随时间变化的数学表达式、图形或表格来表达,这类表达方式称为信号的时域描述,如加速度时程曲线、位移时程曲线等。信号的时域描述比较简单、直观,通过多个测点的时程曲线,可以分析出结构的振幅、振型、阻尼特性、动力冲击系数等参量,但不能明确揭示信号的频率成分和振动系统的传递特性。为此,常对信号进行频谱分析,研究其频率结构及其相应的幅值大小,即采用频域描述时需要把时域信号通过傅里叶变换的数学处理方法变换为频域信号。时域信号的傅里叶变换就是把确定的或随机的波形分解为一系列简谐波的叠加,以得到振动能量按频率的分布情况,从而确定结构的频率和频率分布特性。

4.1.3 荷载试验的程序

4.1.3.1 静载试验的程序

一般情况下,桥梁静载试验分为三个阶段,即桥梁结构的考察与试验工作准备阶段、加载试验与观测阶段、测试结果的分析总结阶段。

桥梁结构的考察与试验工作准备阶段是桥梁检测顺利进行的必要条件。桥梁检测与桥梁设计计算、桥梁施工状况关系密切。准备工作包括技术资料的搜集、桥梁现状检查、理论分析计算、试验方案制订、现场实施准备等一系列工作。这一阶段的工作是大量而细致的。实践证明，检测能否顺利完成很大程度上取决于检测的前期准备。这一阶段的具体内容如下。

（1）技术资料的搜集

技术资料包括桥梁设计文件、施工记录、监理记录、原有试验资料、桥梁养护与维修记录、环境因素的影响、现有交通量及重载车辆的情况等。

（2）桥梁现状检查

桥梁现状检查包括桥面平整度、排水情况、纵横坡的检查，承重结构开裂与否及裂缝分布情况、有无露筋现象及钢筋锈蚀程度、混凝土剥落碳化程度等情况的检查，支座是否老化、河流冲刷情况、基础有无冻融灾害等方面的检查。通过桥梁现状检查，可对试验桥梁的现状作出宏观的判断。

（3）理论分析计算

理论分析计算包括设计内力计算和试验荷载效应计算两个方面。设计内力计算是指按照试验桥梁的设计图纸与设计荷载，按照设计规范，采用专用桥梁计算软件或通用分析软件，计算出结构的设计内力；试验荷载效应计算是指根据实际加载等级、加载位置及加载重量，计算出各级试验荷载作用下桥梁结构各测点的反应，如位移、应变等，以便与实测值进行比较。

（4）试验方案制订

试验方案制订包括测试内容的确定、加载方案设计、观测方案设计、仪器仪表选用等方面。试验方案是整个检测工作的技术纲领性文件，因此必须具备全面、翔实、操作性强等基本特点。

（5）现场准备

现场准备包括搭设工作脚手架、设置测量仪表支架、测点放样及表面处理、测试元件布置、测量仪器仪表安装调试、通信照明安排等一系列工作。现场准备阶段工作量大、工作条件复杂，是整个检测工作中比较重要的一个环节。

加载试验与观测阶段是整个静载试验检测工作的中心环节。这一阶段的工作是在各项准备工作就绪的基础上，按照预定的试验方案与试验程序，选取适宜的加载设备进行加载，运用各种测试仪器观测试验结构受力后的各项性能指标，如挠度、应变、裂缝等，并记录各种观测数据和资料。对于静载试验，应根据当前所测得的各种指标与理论计算结果进行现场分析比较，判断受力后的结构行为是否正常，是否可以进行下一级加载，以确保试验结构、仪器设备及试验人员的安全。

测试结果的分析总结阶段是对原始测试资料进行综合分析的阶段。原始测试资料包括大量的观测数据、文字记载和图片等。受多种因素影响，原始测试数据一般缺乏条理性和规律性，难以直接揭示试验结构的内在行为。因此，需要对其进行分析整理，去伪存真，去粗存精，由表及里地进行综合分析比较，从中提取有价值的资料，揭示结构的受力特征。对于一些数据或信号，有时还需要按照数理统计或其他方法进行分析，或依靠专门的分析仪器和软件进行分析处理，或按照有关规程的方法进行计算。这一阶段工作的好坏会直接影响整个检测工作的质量。测试数据经过分析处理后，按照检测的目的和要求，依据相关规范、规程，对检测对象作出科学准确的判断和评价。

目前，桥梁静载试验主要按照我国现行的《大跨径混凝土桥梁的试验方法》、《公路桥涵设计通用规范》(JTG D60—2004)、《公路钢筋混凝土及预应力混凝土桥涵设计规范》(JTG D62—2004)、《公路旧桥承载能力鉴定方法》、《公路桥梁养护规范》、《城市桥梁养护技术规范》(CJJ 99—2003)、《公路工程质量检验评定标准　第一册　土建工程》(JTG F80/1—2004)、《城镇桥梁安全鉴定技术规程》、《公路桥梁承载能力检测评定规程》(JTG/T J21—2011)等规范、规程，必要时可参考借鉴国内外其他相关或相近的技术规范、规程进行评价。最后，综合上述三阶段的内容，形成桥梁静载试验报告。

4.1.3.2 动载试验程序

桥梁动载试验是在桥梁处于振动的状态下,利用振动测试仪器设备对振动系统中的各种振动物理量进行测定、记录并加以分析的过程。在进行动载试验时,首先应通过激振方法使得桥梁处于某种特定的振动状态,以便进行相应项目的测试。其次,要合理选取测试仪器设备组成振动测试系统,振动测试系统一般由拾振部分、放大部分和分析部分组成。这三个部分可以由专门仪器设备配套集成使用,也可以组配使用。具体操作时,根据试验的环境条件和试验的要求,选择组配合理的振动测试系统。仪器设备组配时不仅要考虑频带范围,而且要注意仪器设备间的阻抗匹配问题。再次,要根据测试桥梁的特点,制订测试内容、测点布置和测试方法。例如对于混凝土简支梁桥的动载试验,一般的试验项目有:跨中截面的动挠度、跨中截面钢筋或混凝土的动应力。最后,利用相应的专业软件对采集的数据或信号进行分析,即可得出桥梁结构的频率、振型、阻尼比、冲击系数等振动参量。桥梁结构振动测试系统的工作原理如图 4-1 所示。

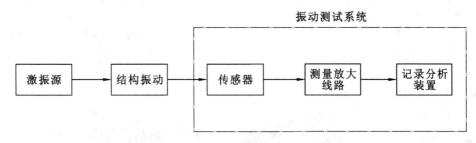

图 4-1　桥梁结构振动测试系统的工作原理

4.2　荷载试验的目的及主要内容

4.2.1　荷载试验的目的

桥梁荷载试验的目的是对新建桥梁进行竣工验收,对运营桥梁进行承载力评定,以检测桥梁的整体受力性能是否满足设计和标准规范的要求。桥梁荷载试验是对桥梁结构物的工作状态进行直接测试的一种鉴定手段。

根据国家的有关规定,大型桥梁竣工后应进行生产鉴定性质的试验。进行桥梁荷载试验时应力求达到以下目的:

① 通过现场加载试验以及对试验观测数据、试验现象的综合分析,检验桥梁的设计与施工质量,确定工程的可靠性,为竣工验收提供技术依据。对于一些大中型桥梁或者具有特殊设计的桥梁,要求在竣工后通过荷载试验来检验桥梁整体受力性能和承载能力是否达到了设计文件和规范的要求,并将试验报告作为评定工程质量优劣的主要技术资料。

② 直接了解桥跨结构的实际工作状态,判断实际承载能力,评价其在设计使用荷载下的工作性能。此外,对于旧桥,由于构件局部意外损伤、使用过程中出现明显病害、设计荷载等级偏低、原有设计资料遗失以及需要通过特种车辆等原因,都有必要通过荷载试验判定构件损伤程度及其实际承载力、受力性能的下降程度,确定其荷载等级。同时,荷载试验也是改建、加固设计的重要依据。

③ 验证设计理论、计算方法和设计中各种假定的正确性与合理性,为今后同类桥梁的设计施

工提供经验和积累科学资料。

④ 通过动载试验可以测定桥跨结构的动力特性(自振频率、阻尼特性、振型等)、结构在动荷载作用下的强迫振动响应(振幅、动应力、加速度等)及其在长期使用荷载阶段的动力性能,评估实际结构的动载性能,此外还可以测定动荷载的动力特性。

⑤ 通过荷载试验建立桥梁健康模型,记录桥梁健康参数。

4.2.2 荷载试验的主要内容

桥梁的荷载试验是一项复杂而细致的工作,应根据试验的目的进行认真的调查,必要时应进行相关的理论分析。在此基础上制订周密的试验方案,对于所有可能出现的问题都要认真考虑并做好处理预案,制订切实可行的试验方案。综上所述,荷载试验的主要内容为:

① 荷载试验的目的。
② 试验的准备工作。
③ 加载方案的设计。
④ 测点的设置与测试。
⑤ 加载控制与安全措施。
⑥ 试验结果分析与承载力评定。
⑦ 试验报告的编写。

桥梁结构动载试验的主要任务是:

① 测定动荷载的动力特性,即引起结构产生振动的作用力数值、方向、频率和作用规律等。
② 测定结构的动力特性,如结构或构件的自振频率、阻尼特性及固有振型(模态)等。
③ 测定结构在动荷载作用下强迫振动的响应,如振幅、动应力、冲击系数及疲劳性能等。
④ 疲劳性能试验主要用于测定结构或构件的疲劳性能。

桥梁动载试验的内容一般包括跑车试验、跳车试验、制动试验和脉动试验。具体实施时,先进行脉动试验,然后进行跑车试验,再进行跳车试验,最后做制动试验。

(1)跑车试验(无障碍行车试验)

跑车试验的试验荷载,一般采用接近于检算荷载(标准荷载)重车的单辆载重汽车来充当。试验时,让单辆载重汽车分偏载和中载两种情形,以不同车速匀速通过桥跨结构,测定桥跨结构主要控制截面测点的动应力和动挠度时间历程响应曲线。

(2)跳车试验(有障碍行车试验)

跳车激振的试验荷载,一般采用接近于检算荷载(标准荷载)重车的单辆载重汽车来充当。在位移响应最大位置放置一块高 10 cm 的梯形木楔,车辆以 10 km/h 的速度通过木楔,记录桥梁的动应变和动位移响应。

(3)制动试验(刹车试验)

制动试验是测定车辆在桥上紧急制动时产生的响应,用以测定桥梁承受活载水平力的性能。制动试验是以行进车辆突然停止作为激振源,试验时车辆以不同速度停在预定位置,记录动态应变和位移(加速度)响应。

(4)脉动试验

脉动试验是指在桥面上无任何交通荷载以及桥址附近无规则振源的情况下,测定桥跨结构由于桥址处风荷载、地脉动、水流等随机荷载的激振而引起的桥跨结构微小振动响应。

4.3 静载试验检测的现场组织与方案的实施

4.3.1 试验检测的现场组织

4.3.1.1 试验孔(墩)的选择

试验孔(墩)的选择应结合桥梁调查与检算工作一并进行。对多孔结构中跨径相同的桥孔(墩),可选择1~3个具有代表性的桥孔(墩)进行荷载试验。选择时应综合考虑以下条件:

① 该孔(墩)计算受力最不利。

② 该孔(墩)施工质量较差,缺陷较多或病害较严重。

③ 该孔(墩)便于搭设脚手架,设置测点,或便于试验加载的实施。

4.3.1.2 搭设测试脚手架和测试支架

试验前,应对观测脚手架的搭设及测点附属设施的设置、静载试验加载位置的放样与卸载位置的安排、试验人员的组织与分工进行详细的计划与安排。

脚手架的搭设(图4-2)要因地制宜、牢固可靠,方便布置、安装观测仪表,同时要保证不影响仪表和测点的正常工作,不干扰测点附属设施。在不便搭设固定脚手架的情况下,可考虑采用轻便灵活的吊架、挂篮或专用的桥梁检查设备,如检查车(图4-3)、检查架等。晴天进行加载时,在阳光直射的应变测点处应设置遮挡阳光的设备,以减小温度变化引起的误差;雨季加载时要备好防雨设施。

图4-2 现场脚手架的搭设

图4-3 现场检查车

4.3.1.3 静载试验加载位置的放样与卸载位置的安排

静载试验前应在桥面上对加载位置进行放样,以便于加载试验的顺利进行。如加载程序较少,时间允许时可在每个程序加载前临时放样;如加载程序较多,则应预先放样,且用不同颜色的标志区别不同加载程序时的荷载位置。

静载试验时荷载卸载的安放位置应预先安排。选择卸载位置时既要考虑加、卸载的方便,离加载位置近一些,又要使安放的荷载不影响试验孔(墩)的受力,一般可将荷载安放在桥台后的一定距离处。对于多孔桥,如有必要可将荷载停放在桥孔上,一般应停放在距试验孔较远处,以不影响试验观测为度。

4.3.1.4 试验人员的组织与分工

桥梁的荷载试验是一项技术性较强的工作,应由有资质的公路桥梁检测机构或专门的桥梁试验队伍来承担。桥梁试验队伍一般由桥梁结构工程师、专业技术测试人员、仪器仪表工程师等技术熟练的不同专业、不同层次的人员组成。试验时应根据每个试验人员的特长进行分工,每人分管的仪表数目除考虑便于进行观测外,应尽量使每人对分管仪表进行一次观测所需的时间大致相同。所有参加试验的人员应熟练掌握所分管的仪器设备,否则应在正式开始试验前进行演练。为使试验有条不紊地进行,应设试验总指挥1人,其他人员的配备可根据具体情况考虑。

4.3.1.5 其他准备工作

根据加载进行的项目和桥址处的交通状况,做好加载试验的安全措施、加载方式的选择、供电照明设施、通信联络设施、桥面交通管制等方面的准备工作。

4.3.2 试验方案的实施

4.3.2.1 试验工作

试验开始前,要注意搜集天气变化资料,估算试验过程中的温度变化情况,落实交通疏解措施,尽可能保证试验在干扰较小的情况下进行,具体实施时的工作有:

① 加载的位置、顺序、重量要准确无误,利用汽车加载时,要有专人指挥汽车行驶到指定位置。

② 试验时,每台仪器设备应安排一个以上的观测人员进行观测记录,每级荷载作用下的实测值要与对应的理论值进行比较,如有异常情况应立即检查、分析原因,并立即向试验指挥人员汇报,以便试验指挥人员作出正确判断。

③ 在每级荷载作用下,待结构反应稳定后,不同类别的测试项目(如应变、变形、裂缝)应在同一时间进行读数。如某些项目观测时间较长,则应将观测时间较短项目的读数安排在中间进行,以使设想测试项目读数同步。

④ 试验过程中,注意不要触动测试元件及两侧导线,以免造成读数的波动。

4.3.2.2 加载控制及终止条件

正式加载试验是整个实桥加载试验的核心内容,也是对试验准备工作的大检查。静载现场试验一般安排在晚上进行,主要考虑到减小加载时温度的变化和环境的干扰。如果干扰不大,或对数据不会产生任何影响(如适逢阴天,又如简支梁小桥加载车辆少、时间短的情况),就不一定非要安排在晚上加载。

在静载试验过程中,试验指挥人员应及时掌握各方面的情况,以对加载进行控制:既要取得良好的试验效果,又要确保人员、仪器设备及试验桥梁的安全,避免不应有的损失和事故。为此,应注意以下几点:

① 严格按照预定试验方案的加载程序进行加载,试验荷载的大小、测试截面的内力大小都应由小到大逐步增加,并随时做好停止加载和卸载的准备。

② 对变形控制点、应变控制点应随时观测、随时计算,必要时应对变形、应变控制点的量值变

化进行在线实时监控观测,并将测试结果及时报告试验指挥人员。如实测值超过理论计算值较多、裂缝宽度急剧增大或听到异常的声响,则应暂停加载,待查明原因后再决定是否继续加载。

③ 加载过程中应指定专人注意观察结构薄弱部位是否有新裂缝出现,组合结构的结合面是否出现错位或相对错位滑移现象,结构是否出现不正常的响声,加载时墩台是否发生摇晃现象等。如发生这些情况应及时报告试验指挥人员,以便采取相应的措施。

④ 试验过程中发生下列情况时应及时终止加载。

a. 在某一级试验荷载作用下,控制点的应变急剧增大,或某些测点的应变处于继续增大的不稳定状态。

b. 在某一级试验荷载作用下,控制测点的应变或挠度超过规范允许值。

c. 加载过程中,结构原有裂缝的长度、宽度急剧增大,或超过规范限值的裂缝迅速增多,对结构的使用寿命造成较大影响。

d. 发生其他影响桥梁结构的正常使用或承载能力的损坏。

4.4 静载加载方案和测点的布置

4.4.1 试验加载方案

4.4.1.1 荷载试验工况的确定

为了满足桥梁承载力鉴定的要求,应选择反映桥梁结构最不利受力状态的试验荷载工况,简单结构可选 1~2 个工况,复杂结构可适当多选几个工况。在进行荷载工况布置前,可通过截面内力(或变形)影响线进行理论分析,一般设两三个主要荷载工况,同时可根据试验桥梁结构的具体情况增设若干个附加荷载工况。试验控制截面应根据具体的测试项目而定。在满足鉴定桥梁承载能力的前提下,加载试验项目应抓住重点,不宜过多,一般应有 2~3 个主要内力或位移控制截面。此外,可根据桥梁具体情况设置几个附加内力控制截面。表 4-1 中列出了常见桥型的试验荷载工况。

表 4-1 常见桥型的试验荷载工况

序号	桥型		内力或位移控制截面
1	简支梁桥	主要	1. 跨中截面最大正弯矩和挠度; 2. 支点截面最大剪力
		附加	1. $L/4$ 截面最大正弯矩和挠度; 2. 墩台最大垂直力
2	连续梁桥、连续刚构	主要	1. 跨中截面最大正弯矩和挠度; 2. 内支点截面最大负弯矩; 3. $L/4$ 截面最大正弯矩和挠度
		附加	1. 端支点截面的最大剪力; 2. $L/4$ 截面最大剪力; 3. 墩台最大垂直力; 4. 连续刚构固结墩墩身控制截面的最大弯矩

序号	桥型		内力或位移控制截面
3	悬臂梁桥、T形刚构	主要	1. 锚固跨跨中最大正弯矩和挠度； 2. 支点截面最大负弯矩； 3. 挂梁跨中最大正弯矩和挠度
		附加	1. 支点截面的最大剪力； 2. 挂梁支点截面或悬臂端截面最大剪力
4	拱桥	主要	1. 拱顶截面最大正弯矩和挠度、拱脚截面最大负弯矩； 2. 刚架拱上弦杆跨中最大正弯矩
		附加	1. 拱脚最大水平推力； 2. $L/4$ 截面最大正、负弯矩及其最大正、负挠度绝对值之和； 3. 刚架拱斜腿根部截面最大负弯矩
5	刚架桥（包括框架、斜腿刚构和刚架-拱式组合体系）	主要	1. 跨中截面最大正弯矩和挠度； 2. 节点截面的最大负弯矩
		附加	柱脚截面的最大负弯矩
6	钢桁桥	主要	1. 跨中、支点截面的主桁架杆件最大内力； 2. 跨中截面的挠度
		附加	1. $L/4$ 截面的主桁架杆件最大内力和挠度； 2. 桥面系结构构件控制截面的最大内力和变位； 3. 墩台最大垂直力
7	斜拉桥与悬索桥	主要	1. 主梁最大挠度； 2. 主梁控制截面最大内力； 3. 索塔塔顶水平变位； 4. 主缆最大拉力、斜拉索最大拉力
		附加	1. 主梁最大纵向漂移； 2. 主塔控制截面最大内力； 3. 吊索最大索力

4.4.1.2 试验控制荷载的确定

荷载试验时应以与设计荷载等级相应的活载效应控制值或有特殊要求的荷载效应值作为试验控制荷载。

根据桥梁需要鉴定承载能力的荷载：汽车＋人群（标准荷载）、平板挂车或履带车（标准荷载）、需通行的重型车辆，分别计算其对控制截面产生的最不利荷载效应（内力和位移），用产生最不利荷载效应较大的荷载作为试验控制荷载。

确定静力荷载试验中各测试项目的荷载大小和加载位置时，采用静力荷载试验效率 η_q 进行控制。为保证试验效果，荷载效率 η_q 应介于 0.85～1.05 之间。静力荷载试验的效率按下式计算：

$$\eta_q = \frac{S_t}{S_d(1+\mu)}$$

(4-1)

式中 S_t——试验荷载作用下,检测部位变形或内力的计算值;

$\quad\quad S_d$——设计标准荷载作用下,检测部位变形或内力的计算值;

$\quad\quad \mu$——设计取用的冲击系数,对平板挂车、履带车、重型车辆取 0。

4.4.1.3 试验荷载的加载分级与控制

为了获取结构试验荷载与变位的相关曲线以及防止结构发生意外损伤,对主要控制截面上试验荷载的施加应分级进行,对于附加控制截面一般只设置最大内力加载程序加载。

分级与控制原则为:

① 当加载分级较为方便时,可按照最大控制截面内力荷载的工况将荷载均分为 4~5 级。

② 当使用超重车加载,车辆称重有困难时也可分为 3 级加载。

③ 当桥梁的调查和验算工作不充分或桥况较差时,应尽量增多加载分级。如限于条件加载分级较少时,应注意每级加载时车辆荷载应逐辆缓缓驶入预定加载位置,必要时可在加载车辆未达到预定加载位置前分次对控制测点进行读数监控,以确保试验安全。

④ 在安排加载分级时,应注意加载过程中其他截面中的内力也应逐渐增加,且最大内力不应超过控制荷载作用下的最不利内力。

⑤ 根据具体条件决定分组加载的方法,最好每级加载后卸载,也可逐级加载,当达到最大荷载后再逐级卸载。

桥梁静载试验目前较多使用车辆荷载进行加载。对于车辆荷载来说,加载分级的方法一是逐渐增加加载车的数量,二是先上轻车后上重车,三是加载车位于内力影响线的不同部位,四是加载车分次装载重物。

荷载试验应选择在温度较为稳定的时间段内进行,加载试验时间一般以当日晚 10 时至次日晨 6 时为宜。

4.4.2 试验测点的布置

4.4.2.1 测点布置的原则

布置测点时应遵循必要、适量、方便观测的基本原则,并使观测数据尽可能准确、可靠,具体可按照以下几点进行:

① 测点位置应具有代表性,以便进行测试数据分析。例如简支梁桥跨中处的截面挠度最大,上下缘混凝土应力也最大,这种代表性的测点必须予以量测。

② 测点的设置一定要有目的性,避免盲目设置测点。在满足试验要求的前提下,测点不宜设置过多,以便使试验工作重点突出,提高效率,保证质量。

③ 测点的布置要有利于安装与观测,并便于试验操作。要求测点在布置上宜适当集中,对于测试读数比较困难、危险的部位,应有妥善的安全措施或采用无线传输设备进行测试。

④ 宜布置一定数量的校核性测点以保证测试数据的可靠性。在现场检测过程中,由于偶然因素或外接干扰的作用,会有部分测试仪器不能处于正常工作状态或发生故障,从而影响量测数据的可靠性。因此,在量测部位应布置一定数量的校核性测点,如对于一个对称截面,在同一截面同一高度处的应变测点不应少于 2 个,同一截面的应变测点不应少于 6 个。

⑤ 在试验时,有时可利用结构对称互等原理进行数据的分析校核,从而可适当减少测点数量。例如,简支梁在对称荷载作用下,$L/4$、$3L/4$ 截面处的挠度相等,两个截面对应位置的应变也相等,

利用这一特性,可适当布置一些测点来校核数据。

4.4.2.2 基本观测内容与测点的布置

一般情况下,桥梁静载试验所观测的主要内容涉及挠度、结构正应变、剪切应变、温度等。基本观测内容有以下几点。

① 结构的最大挠度和扭转变位,包括桥梁上、下游两侧的挠度差及水平位移等。

② 结构控制截面中的最大应力(或应变),包括混凝土表面应力和最外缘钢筋应力等。

③ 支点沉降、墩台位移与转角,活动支座的变位等。

④ 桁架结构支点附近杆件及其他细长杆件的稳定性。

⑤ 裂缝的出现和扩展,包括初始裂缝的出现,裂缝的宽度、长度、间距、位置、方向和性状,以及卸载后的闭合情况。

⑥ 温度变化对结构控制截面测点应力和变位的影响。

⑦ 根据桥梁调查和检算的深度,综合考虑结构特点和桥梁技术现状等,可适当增加以下观测内容:

a. 桥跨结构挠度沿桥长或沿控制截面桥宽的分布。

b. 结构构件控制截面应变分布图,要求沿截面高度分布不少于 5 个应变测试点,包括最边缘和截面突变处的测点。

c. 控制截面的挠度、应力(或应变)的纵向和横向影响线。

d. 行车道板跨中和支点截面处的挠度或应变影响面。

e. 组合构件结合面的上、下缘应变。

f. 支点附近结构斜截面的主拉应力。

主要测点的布置不宜过多,一般情况下,主要测点的布置应能控制结构的最大应力(或应变)和最大挠度(或位移)。常见桥型的主要测点布置如下。

① 简支梁桥:跨中挠度、支点沉降,跨中截面应变。

② 连续梁桥:跨中挠度、支点沉降,支点截面应变。

③ 悬臂拱桥:悬臂端挠度、支点沉降,支点截面应变。

④ 拱桥:跨中与 $L/4$ 处挠度,拱顶、$L/4$ 处和拱脚截面应变。

⑤ 斜拉桥:主梁中孔跨中挠度、支点沉降,跨中截面应变;塔顶纵桥向最大水平位移,塔脚截面应变。

⑥ 悬索桥:加劲梁跨中与 $L/8$ 和 $3L/8$ 处挠度、支点沉降,跨中与 $L/8$、$3L/8$ 处截面应变;塔顶纵桥向最大水平位移,塔脚截面应变。

⑦ 组合体系桥:根据组合体系所呈现的主要力学特征,结合上述各类桥型的主要测点布置综合确定测点位置。

4.5 静载试验仪器设备

进行桥梁静载试验时,需要量测结构的反力、应变、位移、倾角和裂缝等物理量,应选择适当的仪器设备进行量测。常用的量测仪器有百分表、千分表、位移计、应变计(应变片)、应变仪、精密水准仪、经纬仪、全站仪、倾角仪和刻度放大镜等。这些测试仪器设备按照工作原理可分为机械式仪器、电测仪器、光测仪器等。

　　机械式仪器具有安装使用方便、迅速和读数可靠的优点,但需要搭设观测脚手架,而且需用试验人员较多,观测读数费时,不便于自动记录。电测仪器安装调试比较麻烦,影响测试精度的因素较多,但测试和记录较方便,便于数据的自动采集记录。光测仪器是利用光学原理对测试结果进行转换、放大、显示,主要包括精密水准仪、经纬仪、全站仪、光电挠度仪和刻度放大镜等。从目前的使用情况看,结构试验中使用的量测仪器多为电测式,机械式仪器已不多用。从发展的角度看,量测仪器未来的发展趋势主要体现在数字化和集成化两方面。

　　荷载试验应根据测试内容和量测值的大小选择仪器设备,试验前应对测试值进行理论分析估计,以便选择仪器的精度和量测范围。根据测试的需要,在选择仪器设备时要遵循以下几点原则:

　　① 所用仪器设备应是经过计量检定的。

　　② 必须从试验的实际情况出发,选用的仪器设备应满足测试精度的要求,一般情况下要求测量结果的最大相对误差不超过 5%。

　　③ 在选用仪器设备时,既要注意环境适用条件,又要避免盲目追求精度,因为一般使用精度较高量测仪器设备时,往往要求有较为良好的环境条件。

　　④ 为了简化测试工作,避免出现差错,量测仪器设备的型号、规格在同一次试验中的种类愈少愈好,应尽可能选用同一类型或规格的仪器设备。

　　⑤ 仪器设备应当有足够的量程,以满足测试的要求。试验中途的调试,会增加试验的误差。

　　⑥ 由于现场检测的测试条件较差,受外部环境因素的影响较大,故一般来说,电测仪器的适应性不如机械式仪器,而机械式仪器的适应性不如光测仪器。因此,应根据实际情况,选用既简便、可靠又符合要求的仪器设备。例如,当桥下净空较大、视野良好、测点较多、挠度较大时,桥梁挠度观测宜选用光学仪器(如精密水准仪),而单片梁静载试验挠度的量测宜采用百分表。

　　常用的桥梁静载试验仪器设备见表 4-2。

表 4-2　　　　　　　　　　　　　　　**常用的桥梁静载试验仪器设备**

序号	名称	单位	用途
1	全站仪(Lecia TC1800A)	台	测试桥梁结构的三维坐标
2	光电测挠仪(BJQN)	台	测试桥梁结构的挠度
3	精密水准仪(TOPCON AT-G2)	台	测试桥梁结构桥面的线形
4	光电测距仪	台	精确距离的测量
5	刻度放大镜(20 d)	个	测试裂缝的宽度
6	千分表/磁性表座	套	测试裂缝的发展情况
7	笔记本电脑	台	数据分析及结构分析计算
8	数码相机	台	拍摄桥梁结构照片
9	电阻应变仪	台	桥梁静载试验
10	程控静态应变仪	台	桥梁静载试验
11	应变片(200 mm×8 mm)	组	桥梁静载试验
12	百分表(10 mm)	只	桥梁静载试验
13	读数显微镜(20 d)	只	裂缝检测
14	钢尺	把	结构尺寸测量

序号	名称	单位	用途
15	铝合金梯	个	桥梁检查、检测使用
16	砂轮机、探照灯等	套	桥梁检查、检测使用
17	对讲机	部	现场通信工具

4.6 静载试验数据分析及桥梁承载能力评定

4.6.1 试验数据分析

静载试验数据分析的目的是为了更好地达到预定的试验目的,以便由表及里、去粗存精地对桥梁结构作出相应的技术评价。

4.6.1.1 试验数据的采集

在试验中,为保证试验数据的可靠,每次增加荷载后,必须持荷 5～10 min 后方可读数,且应每隔 3～5 min 读数一次。一般当数据增量小于上一次增量的 10％时,即可认为数据稳定可靠。

数据记录应采用仪器记录与人工记录同步进行、相互校核的方式。

4.6.1.2 试验数据的分类、汇总

试验中,各荷载阶段的各测点记录了大量的试验数据,必须科学、合理地进行分类、汇总,以便下一步分析时使用。

① 应变数据。

首先,应将各应变测值乘以各自应变计试验前标定的系数得出混凝土应变值,然后将各控制截面在每一荷载阶段的各点应变绘制成图,从而可在图上直观地判断出截面是否在各荷载阶段都处于弹性变形状态及中性轴的变化情况。其次,将各荷载阶段梁(板)在某一水平面上的混凝土应变绘制成图,判断其变化是否与弯矩图的变化相适应。最后,可将一些控制点(如各控制截面的上、下缘)在各荷载阶段的应变进行汇总,分析该点混凝土的应变是否与荷载变化相适应。

② 挠度数据。

首先,应将 1/4 跨、跨中、3/4 跨等处各荷载阶段的沉降值减去两支点处相应荷载下的平均沉降值,得出以上各截面每阶段的挠度值。其次,汇总各截面在每个荷载阶段时的挠度值,判断挠度变化是否与荷载的变化相适应。最后,将各荷载阶段的挠度值进行汇总,判断该阶段梁(板)整体挠度的分布是否均匀。

③ 端角位移由梁端上、下测点的位移差除以测点距离即可得出。

④ 各应变测点处的应力可由应力、应变间的关系得出。

4.6.1.3 试验数据与理论值的比较、分析

在将各试验数据整理、分类、汇总完毕后,应分别与相应的理论数据汇总成表或绘制成图,进行相互比较。如果各测点试验数据小于或等于理论值,则说明各测点处的应力、应变、挠度等满足要

求。如果有个别数据超出,则应分析可能的原因及数据是否可靠。在分析时,不仅应比较试验数据与理论值的差异是否在容许范围内,还应分析测试仪器是否出现异常。如在某个荷载阶段试验数据大部分超出理论值,则说明施工质量未满足规范及设计的有关要求。

另外,还应比较试验数据推算值(如中性轴位置、应力等)与理论值之间的差异,并分析是否在容许范围内。

在报告中,宜将各种数据及与其相对应的理论值绘制成图,如此不仅可以判断各测点应力、应变、挠度、梁端角位移是否超出理论值,还可以很直观地判断出该试验梁(板)在各荷载阶段的应力、应变、挠度是否均匀,梁(板)是否处于弹性工作状态,在荷载变化时梁(板)整体工作状态的变化是否与荷载变化相适应。

4.6.1.4 试验现场、施工情况对试验结果的影响及修正

试验时,由于受试验梁的混凝土龄期、配合比、梁(板)预制尺寸的偏差等因素的影响,对试验数据及理论值均应进行修正。

首先,由于预制梁(板)时各部位的尺寸存在一定偏差,故应修正各截面几何特征值,且因混凝土龄期、配合比等因素的影响,也应修正混凝土的弹性模量,然后按上述值修正应力、应变、挠度的理论值。其次,混凝土弹性模量的修正将直接导致由试验数据推算出的应力值必须随之修正。在各个数据修正完毕后,需重新比较试验数据与理论值的差异,并判断其是否超出容许范围。

另外,由于梁(板)预制尺寸的偏差及试验加载不可能达到理想状态,且试验仪器总会存在误差,故会导致荷载位置、荷载大小、测点位置都存在一定偏差,测试数据本身也会出现不对称、不均匀现象,试验报告中也应注意分析误差是否会影响到整个试验数据的判断。

(1)测值修正

根据各类仪表的标定结果进行测试数据的修正,如机械仪表的校正系数,电测仪表的率定系数、灵敏系数,电阻应变观测的导线电阻影响等。当这类因素对观测值的影响小于1%时可不予修正。

(2)温度影响修正

温度对测试的影响比较复杂。结构构件各部位不同的温度变化,结构的受力特性,测试仪表或元件的温度变化,电测元件的温度敏感性,自补性等均会对测试精度造成一定的影响。逐项分析这些影响比较困难,一般可采用综合分析的方法来进行温度影响修正,即利用加载试验前的温度稳定观测数据,建立温度变化(测点处构件表面温度或空气温度)和测点测值(应变和挠度)变化的线性关系,然后按式(4-2)进行温度影响修正计算:

$$S = S' - \Delta t \cdot K_t \tag{4-2}$$

式中　S——温度影响修正后的测点加载测值变化;

　　　S'——温度影响修正前的测点加载测值变化;

　　　Δt——相应于S'观测时间段内的温度变化,℃;

　　　K_t——空载时温度上升1 ℃时测点测值变化量:

$$K_t = \frac{\Delta S}{\Delta t_1} \tag{4-3}$$

式中　ΔS——空载时某一时段内测点测值的变化量;

　　　Δt_1——相应于ΔS同一时段内温度的变化量。

(3)支点沉降影响的修正

当支点沉降量较大时,应修正其对挠度的影响,修正量C可按式(4-4)计算:

$$C = \frac{l-x}{l}a + \frac{x}{l}b \qquad (4-4)$$

式中　l——A 支座到 B 支座的距离；

　　　x——挠度测点到 A 支座的距离；

　　　a——A 支座的沉降量；

　　　b——B 支座的沉降量。

4.6.1.5　各测点变位与应变的计算

根据量测数据进行下列计算：

总变位（或总应变）

$$S_t = S_l - S_i$$

弹性变位（或弹性应变）

$$S_e = S_l - S_u$$

残余变位（或残余应变）

$$S_p = S_t - S_e = S_u - S_i$$

式中　S_i——加载前测值；

　　　S_l——加载达到稳定时的测值；

　　　S_u——卸载后达到稳定时的测值。

4.6.1.6　主要测点的校验系数及相对残余变位的计算

对加载试验的主要测点（即控制测点或加载试验效率最大部位的测点）应进行如下计算。

（1）校验系数的计算

校验系数按式（4-5）计算：

$$\eta = \frac{S_e}{S_s} \qquad (4-5)$$

式中　S_e——试验荷载作用下量测的弹性变位（或应变）值；

　　　S_s——试验荷载作用下的理论计算变位（或应变）值。

（2）相对残余变位（或应变）的计算

相对残余变位（或应变）按式（4-6）计算：

$$S_p' = \frac{S_p}{S_t} \times 100\% \qquad (4-6)$$

式中　S_p'——相对残余变位（或应变）。

S_p、S_t 意义同前。

4.6.1.7　主要测点弹性变位（或应变）与相应理论计算值的关系

列出各加载程序时主要测点实测弹性变位（或应变）与相应理论计算值的对照表，并绘出其关系曲线图。

4.6.1.8　裂缝发展状况

当裂缝数量较少时可根据试验前后的观测情况及裂缝观测表对裂缝状况进行描述。

当裂缝发展较多时应选择结构有代表性的部位描绘裂缝展开图,图上应注明各加载程序裂缝长度和宽度的发展。

除需整理以上资料外,还可根据需要整理各加载程序控制截面变位(或应变)分布图,沿桥纵向挠度分布图等。

4.6.1.9 试验数据的取舍

在试验数据中偶尔会出现个别数据突然不正常地偏大或偏小的情况,此时应分析其产生的可能原因及对试验整体数据的影响,以决定对其的取舍。

当数据偏大时,首先应分析仪器是否工作正常;其次,如果其他相关数据均小于理论值,则可弃用该数据。

当数据偏小时,则往往是仪器工作不正常导致的,如应变片与混凝土的黏附有松动,千分表(位移计)与梁体的接触有脱落或其支座受到意外干扰,此时可弃用该数据。

4.6.2 试验结果分析与承载力评定

为了评定桥梁的整体受力性能,需要将桥梁荷载试验结果与理论计算值加以比较,以检验新建桥梁是否达到设计要求的荷载标准,或判断旧桥的实际承载能力。

4.6.2.1 结构工作状况评定分析

校验系数 η 是评定结构工作状况、确定桥梁承载能力的一个重要指标。

对加载试验的主要测点(即控制测点或加载试验效率最大部位的测点)可按式(4-5)计算校验系数 η。在实际计算时,可用实测的横截面平均值与计算值比较,也可考虑荷载的横向不均匀分布而选用实测最大值与考虑横向增大系数的计算值进行比较。

对于不同结构形式的桥梁,其 η 值常不相同,一般要求不大于 1。η 值常见的范围见表 4-3。

表 4-3 **桥梁校验系数 η 值常见范围表**

桥梁结构形式	应变(或应力)校验系数	挠度校验系数
钢筋混凝土板桥	0.20~0.40(混凝土)	0.20~0.90
钢筋混凝土梁桥	0.40~0.80(混凝土) 0.55~0.65(钢筋)	0.50~0.90
预应力混凝土桥	0.60~0.90	0.70~1.00
圬工拱桥	0.70~1.00	0.80~1.00

实测的结构或构件主要控制截面应变沿高度分布图应符合平截面假定;因理论的变位(或应变)一般按线性关系计算,故若测点实测弹性变位(或应变)与理论计算值成正比(其关系曲线接近于直线),说明结构处于良好的弹性工作状况。

测点在控制加载程序时的相对残余变位(或应变)S_p/S_t 越小,说明结构越接近弹性工作状况。一般要求 S_p/S_t 值不大于 20%,当 S_p/S_t 值大于 20% 时,应查明原因,如确系桥梁强度不足,应在评定时酌情降低桥梁的承载能力。

4.6.2.2 结构的强度和稳定性

当荷载试验项目比较全面时,可采用荷载试验主要挠度测点的校验系数 η 来评定结构的强度和稳定性。检算时,可用荷载试验后的旧桥检算系数 Z_2(表 4-4)代替相关的桥梁检算系数 Z_1 对桥梁结构抗力效应予以提高或折减。η 值应取控制截面内力最不利程序时最大挠度处的测点进行计算。

表 4-4   **经过荷载试验的旧桥检算系数 Z_2 值表**

η	Z_2
0.4 及以下	1.20～1.30
0.5	1.15～1.25
0.6	1.10～1.20
0.7	1.05～1.15
0.8	1.00～1.10
0.9	0.97～1.07
1.0	0.95～1.05

对于砖石和混凝土桥:

$$S_d\left(\gamma_{s0}\Psi\sum\gamma_{s1}Q\right)\leqslant R_d\left(\frac{R^i}{\gamma_m},\alpha_k\right)Z_2 \tag{4-7}$$

式中 S_d——荷载效应函数;

        Q——荷载在结构上产生的效应;

        γ_{s0}——结构的重要性系数;

        γ_{s1}——荷载安全系数;

        Ψ——荷载组合系数;

        R_d——结构的抗力效应函数;

        R^i——材料或砌体的极限强度;

        γ_m——材料或砌体的安全系数;

        α_k——结构的几何尺寸;

        Z_2——检算系数。

对于钢筋混凝土及预应力混凝土桥:

$$S_d\left(\gamma_g G,\gamma_q\sum Q\right)\leqslant \gamma_b R_d\left(\frac{R_c}{\gamma_c},\frac{R_s}{\gamma_s}\right)Z_2 \tag{4-8}$$

式中 G——永久荷载;

        γ_g——永久荷载安全系数;

        Q——可变荷载及永久荷载中混凝土收缩、徐变影响力,基础变位影响力;

        γ_q——荷载 Q 的安全系数;

        γ_b——结构工作条件系数;

        R_c——混凝土强度设计采用值;

        γ_c——在混凝土设计采用值基础上的混凝土安全系数;

        R_s——预应力钢筋或非预应力钢筋强度设计采用值;

        γ_s——在钢筋强度设计采用值基础上的钢筋安全系数。

符合下列条件时,Z_2 值可取高限,否则应酌减,直至取低限。

① 加载内力与总内力(加载内力+恒载内力)的比值较大,荷载试验效果较好。

② 实测值与理论值线性关系较好,相对残余变位(或应变)较小。

③ 桥梁结构各部分无损伤,风化、锈蚀、裂缝等较轻微。

4.6.2.3 地基与基础

当试验荷载作用下墩台沉降、水平位移及倾角较小,符合上部结构检算要求,卸载后变位基本恢复时,可认为地基与基础在检算荷载作用下能正常工作。当试验荷载作用下墩台沉降、水平位移及倾角较大或不稳定,卸载后变位不能恢复时,应进一步对地基、基础进行探查、检算,评价地基基础是否需进行加固。

4.6.2.4 结构的刚度要求

试验荷载作用下,主要测点处的挠度校验系数应不大于1,各点的挠度应不超过规范规定的允许值,即

① 对于圬工拱桥:全桥范围内正负挠度最大绝对值之和不应大于 $L/1000$,履带车和挂车验算时提高 20%。

② 对于钢筋混凝土桥:梁桥主梁跨中挠度不应超过 $L/600$,梁桥主梁悬臂端不应超过 $L/300$,桁架拱桥不应超过 $L/300$。

4.6.2.5 结构的裂缝

试验荷载作用下绝大部分裂缝的宽度应不大于规范规定的允许值,荷载试验后所有裂缝的宽度应不大于规范规定的允许值,见表 4-5。

表 4-5　　　　　　　　　　　　　　　　裂缝宽度限值表

结构类别	裂缝部位	允许最大缝宽/mm	其他要求
钢筋混凝土梁	主筋附近竖向裂缝	0.25	
	腹板斜向裂缝	0.30	
	组合梁结合面	0.50	不允许贯通结合面
	横隔板与梁体端部	0.30	
	支座垫石	0.50	
预应力混凝土梁	梁体竖向裂缝	不允许	
	梁体纵向裂缝	0.20	

4.7 动载试验检测的现场组织和方案实施

4.7.1 试验检测的现场组织

动载试验前,首先应按照试验方案进行准备工作,其内容主要包括:

① 搜集与试验桥梁有关的设计资料和图纸,详细研究确定试验荷载。

② 现场调查桥上和连接线线路状况、线路容许速度和车辆实际过桥速度。

③ 了解有关试验部位的情况,确定导线布置和布线方案以及仪器安放位置。

④ 对拟开展试验的项目和测试点进行理论分析计算,得出试验荷载作用下结构的应力、位移及自振频率,以便与实测值进行比较分析。

4.7.2 试验检测的方案实施

4.7.2.1 试验方法

在进行桥梁动载试验时,要设法使桥梁结构产生一定的振动,然后应用测振仪器加以量测和记录,通过对记录的振动信号进行分析得到桥梁的动力特性和响应。可用于桥梁动载试验的方法很多,应根据被测桥梁的结构形式和刚度大小选择激振效果好、易于实施的方法。

(1) 自振法(瞬态激振法)

自振法的特点是使桥梁产生有阻尼的自由衰减振动,记录到的振动图形是桥梁的衰减振动曲线,常用突加荷载法和突卸荷载法两种方法。

① 突加荷载法是在被测结构上急速施加一个冲击作用力。在现场测试中,采用试验车辆的后轮从三角垫块上突然落下的方法对桥梁产生冲击作用,激起桥梁的竖向振动,简称"跳车试验",如图 4-4 所示;当测试某一构件(如拉索)的振动时,常用木棒敲击的方法产生冲击作用。

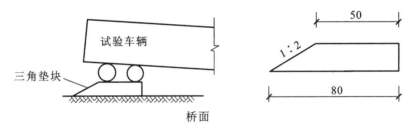

图 4-4 跳车试验示意图

② 突卸荷载法是指在结构上预先施加一个荷载作用,使结构产生一个初位移,然后突然卸去荷载,利用结构弹性使其产生自由振动。为卸落荷载,可通过自动脱钩装置或剪断绳索等方法,也可专门设计断裂装置。当预先施加的力达到一定数值时,在绳索中间的断裂装置突然断裂,进而激发结构振动。图 4-5 给出了突卸荷载法的示例。

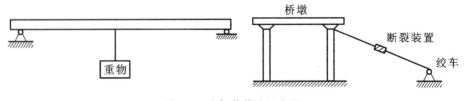

图 4-5 突卸荷载法示意图

(2) 共振法(强迫振动法)

共振法是指利用激振器对结构施加激振力,使结构产生强迫振动,改变激振力的频率而使结构产生共振现象从而确定结构的动力特性。对于原型桥梁结构,常常采用试验车辆以不同的行驶速度通过桥梁,使桥梁产生不同程度的强迫振动,简称"跑车试验"。

（3）脉动法

脉动法是指利用桥梁结构由于外界各种因素所引起的微小而不规则的振动来确定其结构动力特性,例如悬索桥、斜拉桥、塔墩以及具有分离式拱肋的大跨度下承式或中承式拱桥可采用此方法。这些微小振动常称为"脉动",主要由附近的车辆、机器等的振动,附近地壳的微小破裂和远处的地震传来的脉动所产生。某实测地脉动加速度时程曲线及其自功率谱如图4-6所示。

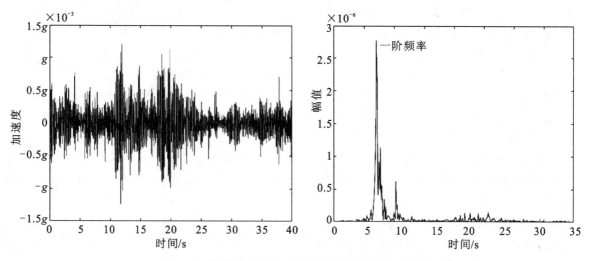

图4-6　某实测地脉动加速度时程曲线及其自功率谱

4.7.2.2　测点布置

（1）振型测点布置

应事先了解理论振型,测点数目要足以连接曲线并尽可能布置在控制断面上。选择合适的参考点(将一个拾振器放在参考点上,始终不动),分批移动其他拾振器到所有测点上,使用的测点越多,可以测到的振型阶数就越多。

（2）动应变测点布置

可以使用静态应变测试用的应变片。动应变测点一般选择在应变响应最大位置,如支座顶板以及跨中底板。

（3）动位移(加速度)测点布置

桥梁结构动位移测试包括竖向位移及横向位移测试,测点一般选择在位移响应最大位置,如跨中位置。

4.7.2.3　测试工作

（1）跑车试验(无障碍行车试验)

进行跑车试验前,应使用跑车试验车辆进行相应的静态试验:将车辆放置在测点响应最大位置,记录车辆的最大静态应变和位移值,以便和动态响应值进行比较,计算冲击系数。

跑车试验的试验荷载,一般采用接近于检算荷载(标准荷载)重车的单辆载重汽车来充当。试验时,让单辆载重汽车分偏载和中载两种情形,以不同车速匀速通过桥跨结构,测定桥跨结构主要控制截面测点的动应力和动挠度时间历程响应曲线。每个速度至少测试两次,跑车速度一般定为10 km/h、20 km/h、30 km/h、40 km/h、50 km/h、60 km/h。实际试验速度应根据桥梁现场情况确定,在车辆上安排 1 名试验人员,准确记录跑车的实际运行速度。

跑车试验主要记录车辆在桥上移动时的振动应变和振动位移、速度和加速度,每次记录应待桥梁振动基本衰减完成为止。

（2）跳车试验（有障碍行车试验）

跳车激振的试验荷载,一般采用近于检算荷载（标准荷载）重车的单辆载重汽车来充当。在位移响应最大位置放置一块高 10 cm 的梯形木楔,车辆以 10 km/h 速度通过木楔,记录桥梁的动应变和动位移响应。跳车试验的动力响应与车辆的运行速度和木楔的位置有关。

（3）制动试验（刹车试验）

制动试验是测定车辆在桥上紧急制动时产生的响应,用以测定桥梁承受活载水平力的性能。制动试验以行进车辆突然停止作为激振源,车辆以不同速度停在预定位置,记录动态应变和位移（加速度）响应,通过频谱分析可以得到相应的强迫振动频率、结构阻尼参数。

（4）脉动试验

脉动试验是指在桥面上无任何交通荷载以及桥址附近无规则振源的情况下,测定桥跨结构由于桥址处风荷载、地脉动、水流等随机荷载的激振而引起的桥跨结构微小振动响应。脉动试验主要记录桥梁的脉动加速度响应,可以进行振动模态（振型）分析和结构自振特性分析。脉动试验时间一般较长,每测点记录时间一般不少于 30 min。通过频谱分析可以得到结构的自振频率和结构阻尼,结合跳车、跑车和制动试验的测试数据,可以得到更加准确的结构自振频率和阻尼参数。

4.8　动载试验的常用仪器设备

桥梁结构振动测试的测试传感器主要包括应变传感器和振动响应传感器。应变传感器可以采用和静态应变测试相同的应变片;振动响应传感器主要用于测试动态位移、速度和加速度,采用的传感器主要有加速度传感器和拾振器。动载试验常用仪器及其技术参数见表 4-6。

表 4-6　　　　　　　　　　桥梁结构动载试验常用仪器及其技术参数

测量内容	测量系统		数据采集分析系统		备注
	仪器名称	适用范围	仪器名称	技术参数	
应变	电阻应变计及动态应变仪	1. 测量范围:±10000 $\mu\varepsilon$; 2. 频率响应:0～10 kHz; 3. 可用于行车试验、跳车试验	1.由计算机与相应软件构成的采集系统; 2.磁带记录仪	1. 输入电压范围:−5(−10)～0 V 或 0～5(10)V; 2.频率响应:0～5 kHz; 3. 采样频率不低于 1 kHz; 4. 可监视信号质量	可预埋或后装
	光纤应变计及调制解调器	1. 测量范围:±10000 $\mu\varepsilon$; 2. 频率响应:0～10 kHz; 3. 可用于行车试验、跳车试验			
位移	电阻应变式位移计及动态应变仪	1. 测量范围:±10000 $\mu\varepsilon$; 2. 频率响应:0～10 kHz; 3. 可用于行车试验、跳车试验			接触式测量,需要表架
	光电位移测量装置	1. 测量距离:500 m; 2. 测量范围:±2.5 m(当为最大测距时); 3. 频率响应:20 kHz; 4. 可用于行车试验、跳车试验			非接触式测量

测量内容	测量系统		数据采集分析系统		备注
	仪器名称	适用范围	仪器名称	技术参数	
动力特性参数	磁电式拾振器及放大器	1. 测量范围:位移±20 m,加速度±20g; 2. 频率响应:0.3~20 kHz; 3. 可用于行车试验、跳车试验、脉动试验	1.由计算机与相应软件构成的采集系统; 2.磁带记录仪	1. 输入电压范围: −5(−10)~0 V 或 0~5(10)V; 2. 频率响应:0~5 kHz; 3. 采样频率不低于1 kHz; 4. 可监视信号质量	
	应变式加速度计及动态应变仪	1. 测量范围:±0.5g; 2. 频率响应:0~100 Hz; 3. 可用于行车试验、跳车试验			
	压电式加速度计及电荷放大器	1. 测量范围:±100g; 2. 频率响应:0.5~1 kHz; 3. 可用于行车试验、跳车试验			
	伺服式加速度计放大器	1. 测量范围:±0.5g; 2. 频率响应:0~100 Hz; 3. 可用于行车试验、跳车试验、脉动试验			

4.9 动载试验数据的整理和分析

4.9.1 动载试验数据的整理

桥梁结构的振动特性,如结构的固有频率、振型及阻尼等,只与结构本身的固有性质有关(如结构的组成形式、刚度、质量分布和材料特性等),而与荷载等其他条件无关。结构的动力特性是结构振动系统的基本特性,是进行结构动力分析所必需的参数。

(1) 动力试验荷载效率系数

行车试验的动力试验荷载效率系数 η_{dyn} 可按下式计算:

$$\eta_{dyn} = \frac{S_{dyn}}{S} \tag{4-9}$$

式中 S_{dyn}——动力试验荷载作用下控制截面处的最大内力或变位计算值;

S——标准汽车荷载作用下控制截面处的最大内力或变位计算值(不计汽车荷载冲击系数)。

(2) 活载冲击系数(动力系数)

实测的活载动力增大系数$(1+\mu)$,可根据测记的测点动挠度或动应变时间历程曲线进行整理分析,按下式计算:

$$1+\mu = \frac{S_{max}}{S_{mean}} \tag{4-10}$$

式中 S_{max}——在动力荷载作用下该测点的最大挠度(或应变)值;

S_{mean}——相应静载作用下该测点的最大挠度(或应变)值。

$$S_{mean} = \frac{1}{2}(S_{max} + S_{min}) \tag{4-11}$$

式中 S_{min}——与 S_{max} 相应的最小挠度值(或应变值)。

不同部位的冲击系数是不同的。一般情况下,梁桥主要测试最大位移处或最大应变处的位移或应变冲击系数,斜拉桥和悬索桥测试吊点和加劲梁节段中点部位的冲击系数,而钢桁梁桥应分别测试弦杆、腹杆、纵梁、横梁处的冲击系数。

实测的活载冲击系数 μ 可按下式计算:

$$\mu = \frac{S_{max} - S_{min}}{S_{mean} + S_{min}} \tag{4-12}$$

式中 S_{min}、S_{max} 的意义同上。

根据不同车速的活载冲击系数或动力增大系数,绘制活载冲击系数或动力增大系数与车速的关系曲线,并求出活载冲击系数的最大值。

实测的活载冲击系数应满足下列条件:

$$\mu_t \eta_{dyn} \leqslant \mu_c \tag{4-13}$$

式中 μ_c——设计采用的冲击系数;

μ_t——行车试验实测的最大冲击系数;

η_{dyn}——动力试验荷载效率。

(3)结构自振频率

桥梁结构的自振频率可以根据桥梁跳车试验的测点余振响应信号分析而得,也可根据脉动试验测记的测点随机振动响应信号分析而得,还可根据行车试验测记的测点动挠度或动应变余振曲线分析而得。其主要分析方法是频谱分析技术,对各点测得的加速度响应(或速度、位移响应)进行自功率谱分析,读出功率谱密度值最大位置处对应的频率值。

对于跳车试验,当激振荷载对结构振动具有附加质量影响时,可按下式计算结构自振频率:

$$f_0 = f\sqrt{\frac{M_0 + M}{M_0}} \tag{4-14}$$

式中 f_0——结构的自振频率;

f——有附加质量影响的实测自振频率;

M_0——结构在激振处的换算质量;

M——附加质量。

(4)桥梁结构的阻尼比

结构阻尼比可根据跳车试验或行车试验测记的测点余振相应信号(振动衰减曲线),按下式进行计算:

$$D_r = \frac{1}{2m\pi}\ln\frac{A_i}{A_{i+m}} \tag{4-15}$$

式中 D_r——测点阻尼比;

m——在振动衰减曲线上量取的波形数;

A_i——在振动衰减曲线上量取的第 i 个波形的幅值;

A_{i+m}——在振动衰减曲线上量取的第 $i+m$ 个波形的幅值。

这种方法对于测得的比较平滑的振动响应曲线具有较好的精度,而对于干扰较大的振动曲线则精度较差。

桥梁结构阻尼比也可根据频谱分析得出的测点自功率谱图,用半功率点带宽按下式计算:

$$D_r = \frac{B_i}{2f_i} \tag{4-16}$$

式中　B_i——第 i 阶自振频率相应的半功率点带宽,即功率谱峰值的 70.7% 所对应的频率差;

　　　f_i——第 i 阶自振频率。

4.9.2　桥梁动力性能评定

在实际测试中,通常通过以下几个方面来评价桥梁结构的动力性能。

① 比较桥梁结构频率的理论值与实测值:如果实测值大于理论值,说明桥梁结构的实际刚度较大,反之则说明桥梁结构的刚度偏小,可能存在开裂或其他不正常的现象。

② 根据动力冲击系数的实测值来评价桥梁结构的行车性能:实测动力冲击系数较大则说明桥梁结构的行车性能差,桥面平整度不良。

③ 实测阻尼比的大小反映了桥梁结构耗散外部能量输入的能力:阻尼比大,说明桥梁耗散外部能量输入的能力强,振动衰减得快;阻尼比小,说明桥梁耗散外部能量输入的能力差,振动衰减得慢。但是,过大的阻尼比可能是由于桥梁结构存在开裂或支座工作不正常等现象引起的。

4.9.3　动载试验报告的编制

一般情况下,桥梁荷载试验报告包括静载试验报告与动载试验报告两部分内容。桥梁动载试验报告的主要内容包括下列各项:

① 试验目的。
② 试验依据。
③ 试验方案。
④ 试验实施过程说明。
⑤ 试验结果与分析。
⑥ 试验记录。
⑦ 技术结论。
⑧ 相关图表信息。

4.10　工 程 案 例

本节结合桥梁荷载试验检测实际工程经验,给出几种常见桥型荷载试验的具体实施案例,以为日后接触工程实例提供参考。

4.10.1　简支梁桥工程实例

4.10.1.1　工程概况

芜湖市某道路工程,新建中桥 3 座,全长 139.12 m。本次试验选择中心桩号为 K2+394 的 3 孔 20 m 预应力空心板桥梁进行静载、动载试验。

桥梁上部构造为预应力钢筋混凝土空心板,下部构造采用桩接盖梁式轻型桥台、钻孔灌注桩基础。桥面铺装为 10 cm 厚沥青混凝土＋8 cm 厚 C40 防水混凝土。

桥梁横断面布置：0.36 m×2（栏杆）＋5.14 m×2（人行道）＋3.5 m×2（人非分隔带）＋4.5 m×2（非机动车道）＋0.5 m×2（防撞护栏）＋4.0 m×2（机非分隔带）＋0.5 m×2（防撞护栏）＋11.5 m×2（机动车道）＝60.0 m。

汽车荷载：城-A 级。

桥梁概貌如图 4-7、图 4-8 所示。

图 4-7　桥梁桥面　　　　　　　　　　　图 4-8　桥梁立面

4.10.1.2　静载试验内容

（1）试验跨段的确定

① 该跨段在构造上受力较不利。

② 该跨段所处的位置便于设置测点，试验时便于加载。

③ 选择典型跨段进行试验，其试验结果基本可以代表同类桥跨的结构状况。

④ 招标文件中指定的检测跨段。

基于以上原因，经综合考虑，确定对该中桥 3×20 m 预应力空心板桥梁的边跨和中跨进行静载试验。

（2）静载试验的内容

本次静载试验主要测试梁各控制截面的最大内力和挠度，根据其内力包络图和结构检测的结果，确定其内力最不利位置。

由桥梁结构分析软件 Midas Civil 2006 计算得出弯矩包络图。根据《公路旧桥承载能力鉴定方法》和《大跨径混凝土桥梁的试验方法》的规定，并经过精确的结构分析，计算确定各跨的内力控制截面。

经过分析，确定的两个主要内力控制截面分别为：

① 边跨跨中最大正弯矩及挠度截面。

② 中跨跨中最大正弯矩及挠度截面。

对应于这两个控制截面，确定 4 个静载试验工况，即工况Ⅰ、工况Ⅱ、工况Ⅲ、工况Ⅳ。

3×20 m 预应力空心板桥梁弯矩，沿桥跨纵向正弯矩以跨中作为控制，经分析确定的两个主要内力控制截面如图 4-9 所示。

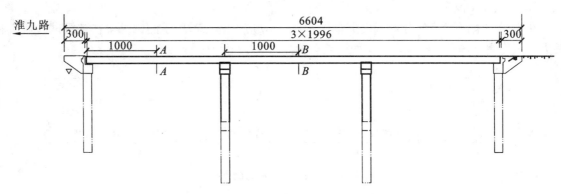

图 4-9　各测试控制截面布置图(单位:cm)

由各控制截面确定的荷载试验工况及试验内容如下。

① 工况 Ⅰ:边跨跨中 A 截面处板梁最大内力及挠度的偏载加载试验。

② 工况 Ⅱ:边跨跨中 A 截面处板梁最大内力及挠度的正载加载试验。

③ 工况 Ⅲ:中跨跨中 B 截面处板梁最大内力及挠度的偏载加载试验。

④ 工况 Ⅳ:中跨跨中 B 截面处板梁最大内力及挠度的正载加载试验。

4.10.1.3　静载试验测点的布置

(1) 弯曲应变(应力)测点

① 典型测点布置。

桥梁结构对称,本次试验主梁每个正弯矩控制截面处布置 5 个应力(应变)测点,主要用于测试纵梁等构件各控制截面在最大弯矩作用下的受力状况。各控制截面的典型测点布置如图 4-10 所示。

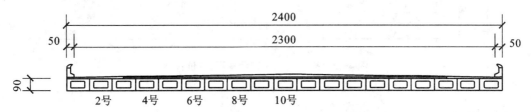

图 4-10　空心板截面弯曲应力典型测点布置图

② A 截面测点布置。

在主梁 A 截面正弯矩控制截面上布置 5 个应力(应变)测点,用于测试纵梁在各级试验荷载和最大弯矩作用下的受力状况。A 截面测点布置如图 4-11 所示。

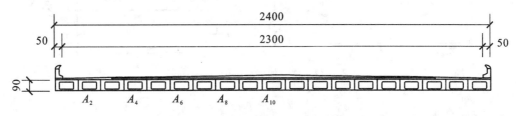

图 4-11　A 截面弯曲应力测点布置图

③ B 截面测点布置。

在主梁 B 截面负弯矩控制截面上布置 5 个应力(应变)测点,用于测试纵梁在各级试验荷载和最大弯矩作用下的受力状况。B 截面测点布置如图 4-12 所示。

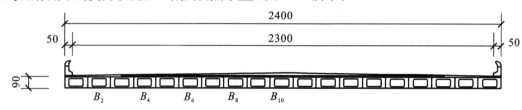

图 4-12　B 截面弯曲应力测点布置图

(2)挠度测点

桥梁挠度测点布置如图 4-13 所示,根据现场具体条件和情况选择使用精密水准仪进行各测点的挠度测量。

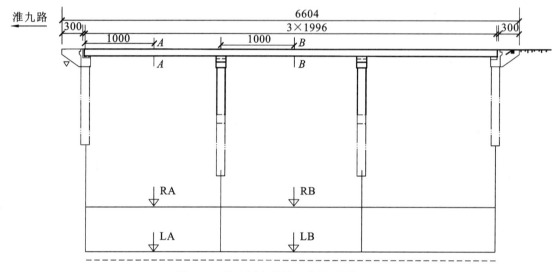

图 4-13　挠度测点布置示意图(单位:cm)

4.10.1.4　静载试验荷载及其布置

采用汽车车队的加载方式,加载车队采用装载车,满载后总重 300 kN,前轴重 60 kN,后轴重 240 kN,共使用 6 辆 300 kN 装载车。采用车型的轴、轮距离尺寸详见图 4-14。

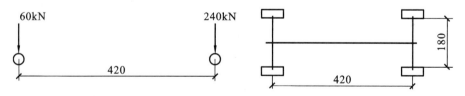

图 4-14　试验加载车型图(单位:cm)

4.10.1.5　静载试验工况

① 工况Ⅰ:边跨跨中(A 截面)应变和挠度测试荷载布置(偏载)。

本工况分三级加载,加载车辆的具体横、纵向位置如图 4-15、图 4-16 所示。

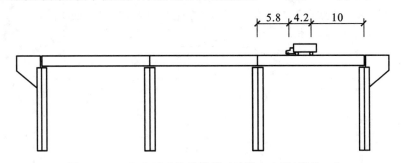

图 4-15 工况Ⅰ试验荷载满载时的纵向布置(单位:m)

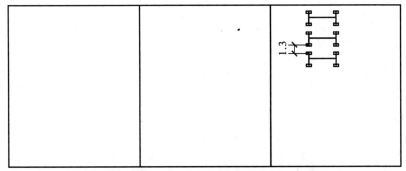

图 4-16 工况Ⅰ第三级试验荷载时的横向布置(单位:m)

② 工况Ⅱ:边跨跨中(A 截面)应变和挠度测试荷载布置(正载)。

本工况分三级加载,加载车辆的具体横、纵向位置如图 4-17、图 4-18 所示。

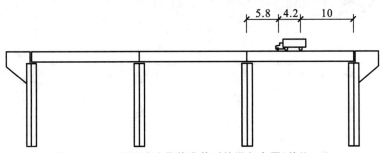

图 4-17 工况Ⅱ试验荷载满载时的纵向布置(单位:m)

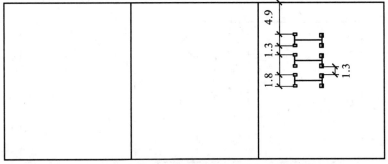

图 4-18 工况Ⅱ第三级试验荷载时的横向布置(单位:m)

③ 工况Ⅲ:中跨跨中(B 截面)应变和挠度测试荷载布置(偏载)。

本工况分三级加载,加载车辆的具体横、纵向位置如图 4-19、图 4-20 所示。

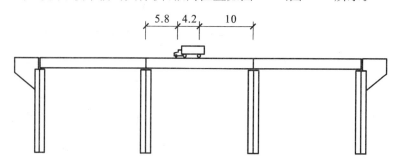

图 4-19　工况Ⅲ试验荷载满载时的纵向布置(单位:m)

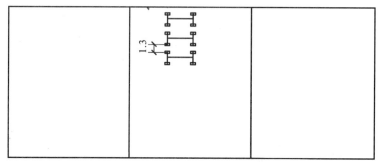

图 4-20　工况Ⅲ第三级试验荷载时的横向布置(单位:m)

④ 工况Ⅳ:中跨跨中(B 截面)应变和挠度测试荷载布置(正载)。

本工况分三级加载,加载车辆的具体横、纵向位置如图 4-21、图 4-22 所示。

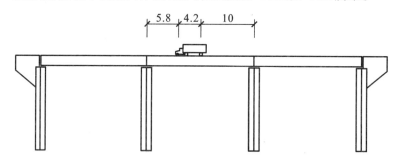

图 4-21　工况Ⅳ试验荷载满载时的纵向布置(单位:m)

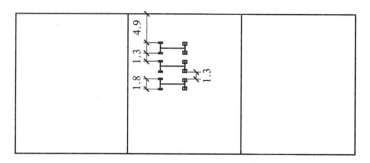

图 4-22　工况Ⅳ第三级试验荷载时的横向布置(单位:m)

工况Ⅰ～工况Ⅳ汽车满载情况如图 4-23～图 4-26 所示。

图 4-23　工况Ⅰ汽车满载

图 4-24　工况Ⅱ汽车满载

图 4-25　工况Ⅲ汽车满载

图 4-26　工况Ⅳ汽车满载

4.10.1.6　桥梁静载理论计算

桥梁静载理论计算采用 Midas Civil 程序建模计算。根据设计图纸,预应力空心板梁为 C40 预应力钢筋混凝土结构,材料的主要参数有:混凝土平均弹性模量为 3.25×10^4 MPa,泊松比为 0.2,计算模型图如图 4-27 所示。

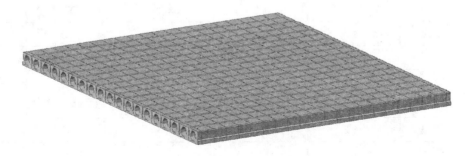

图 4-27　全桥有限元模型

4.10.1.7 静载荷载效率比值

桥梁试验荷载对跨中测试截面产生的荷载效应和标准荷载效应比较见表4-7。

表4-7 **各工况下的试验荷载效应与城市-A级荷载效应对比**

加载工况	标准荷载理论弯矩值/(kN·m)	试验荷载计算弯矩值/(kN·m)	试验荷载效率系数
工况Ⅰ	510.74	407.40	0.80
工况Ⅱ	428.79	374.24	0.87
工况Ⅲ	510.74	407.40	0.80
工况Ⅳ	428.79	374.24	0.87

注：表中工况Ⅰ、Ⅲ弯矩值给出的为4号板梁，工况Ⅱ、Ⅳ给出的为10号板梁的荷载效应。

由表4-7可见，各测试截面试验荷载效率均在0.80～1.05之间，保证了试验的有效性。

4.10.1.8 静载试验综合分析

静载试验中所测得的控制截面的应变值以及挠度均为加载后的增量，将理论计算所得的增量值与实测的增量值进行比较。

（1）试验结果分析

静载试验结果见表4-8、表4-9。其中应变值为正值代表受拉。

表4-8 **各截面实测应变与计算值的对比**

测点	加载级别	实测应变值/$\mu\varepsilon$	实测应力值①/MPa	计算应变值/$\mu\varepsilon$	计算应力值②/MPa	校验系数①/②
工况Ⅰ(A_4)	第一级	16.8	0.54	33.20	1.079	0.51
	第二级	39.5	1.28	74.65	2.426	0.53
	第三级	51.5	1.67	93.97	3.054	0.55
	卸载	2.0	0.07	0	0	—
工况Ⅱ(B_{10})	第一级	14.4	0.47	22.49	0.731	0.64
	第二级	27.2	0.88	63.78	2.073	0.43
	第三级	61.6	2.00	84.92	2.76	0.73
	卸载	4.0	0.20	0	0	—
工况Ⅲ(A_4)	第一级	12.4	0.40	33.20	1.079	0.37
	第二级	34.5	1.12	74.65	2.426	0.46
	第三级	65.0	2.11	93.97	3.054	0.69
	卸载	3.0	0.10	0	0	—
工况Ⅳ(B_{10})	第一级	12.5	0.41	22.49	0.731	0.55
	第二级	44.2	1.44	63.78	2.073	0.69
	第三级	31.3	1.02	84.92	2.760	0.37
	卸载	1.0	0.03	0	0	—

表 4-9   跨中截面实测挠度与计算值的对比

测点	加载级别	实测挠度值①/mm	挠度计算值②/mm	校验系数①/②
工况Ⅰ (A_4)	第一级	1.9	2.52	0.75
	第二级	3.9	5.19	0.75
	第三级	4.6	6.81	0.67
	卸载	0.2	0	—
工况Ⅱ (B_{10})	第一级	1.1	1.74	0.64
	第二级	2.5	4.3	0.59
	第三级	3.9	6.05	0.64
	卸载	0.5	0	—
工况Ⅲ (A_4)	第一级	1.9	2.52	0.74
	第二级	3.1	5.19	0.60
	第三级	4.9	6.81	0.72
	卸载	0.3	0	—
工况Ⅳ (B_{10})	第一级	1.3	1.74	0.73
	第二级	2.6	4.3	0.61
	第三级	3.5	6.05	0.57
	卸载	0.4	0	—

各工况下静载试验中,试验截面的测点混凝土应变校验系数 η 在 0.35～0.74 之间,在常见范围内,残余应变值小,表明桥梁结构主要控制截面的混凝土应变处于弹性状态,桥梁实际抗弯刚度大于理论简化结果,承载力满足规范要求;试验截面的测点挠度校验系数 η 基本在 0.52～0.73 范围内,基本无残余挠度,表明桥梁结构具备一定的刚度,挠度满足《公路桥涵设计通用规范》(JTG D60—2004)的要求。

(2)裂缝观察

在整个加载试验过程中,试验跨梁体在各级荷载作用下的外表面均未发现裂缝。

4.10.1.9 动载试验

(1)试验内容

动载试验用于了解桥梁的动力特性和抵抗受迫振动和突发荷载的能力。其主要内容包括桥梁结构在动力荷载作用下的受迫振动特性,如桥梁结构自身的自振特性,其自振频率、振型,另外还包括冲击系数等。

(2)试验方法

① 行车试验。

一辆 300 kN 的汽车分别以 20 km/h、30 km/h、40 km/h 的车速匀速通过桥跨结构,在行驶过程中会对桥面产生冲击作用,从而使桥梁结构产生振动。通过安装在桥面上的加速度传感器,由动力测试系统采集传感器的信号信息,可以测定桥梁结构主要控制截面处测点的动挠度时间历程曲线和车辆对桥面的冲击系数,同样可以通过对时间曲线进行频谱分析,得到桥梁结构的频率特征。

② 跳车试验。

一辆 300 kN 的汽车以 20 km/h 的速度通过桥面上的一块 10 cm 高的垫板,对桥梁作用跳车激励。

③ 制动试验。

一辆 300 kN 的汽车以 20 km/h 的速度通过桥面跨中时,紧急制动会对桥面产生冲击作用,从而使桥梁结构产生振动。

(3) 试验记录曲线

简支梁桥工程动载试验记录曲线如图 4-28～图 4-32 所示。

(4) 试验结果

桥梁模态试验自振频率实测值为 4.88 Hz,稍大于理论值 4.54 Hz,实际结构刚度满足要求;行车试验、跳车试验时冲击系数实测值为 1.264,在允许范围内,表明桥梁动力特性良好。

4.10.2　连续梁桥工程实例

4.10.2.1　工程概况

芜湖市花津桥改建工程桥梁总长 541.2 m。主桥采用三跨变截面预应力混凝土连续箱梁,跨径组合为 50 m+90 m+50 m=190 m。南岸引桥采用 5×30 m+2×25 m 等截面连续箱梁,北岸引桥采用 5×30 m 等截面连续箱梁。

设计荷载标准:公路-Ⅰ级。

地震动峰值加速度:设计桥梁按 7 度进行抗震设防。

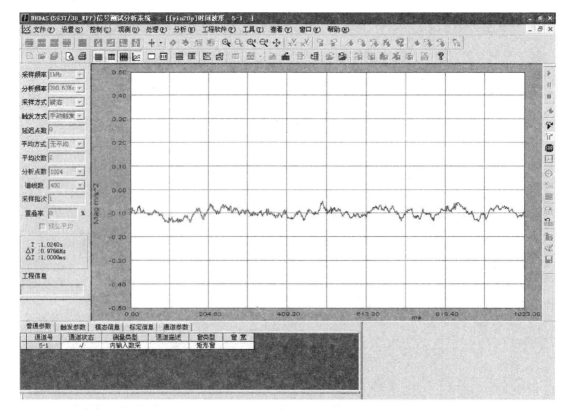

图 4-28　车辆以 20 km/h 的速度匀速通过测试桥梁时的典型时域图

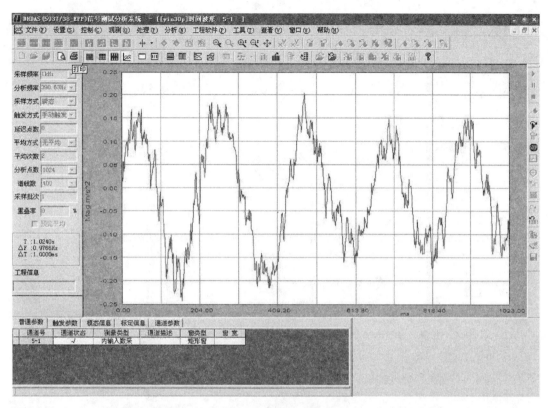

图 4-29　车辆以 30 km/h 的速度匀速通过测试桥梁时的典型时域图

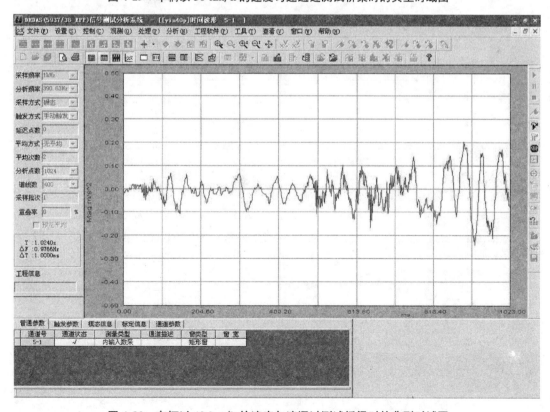

图 4-30　车辆以 40 km/h 的速度匀速通过测试桥梁时的典型时域图

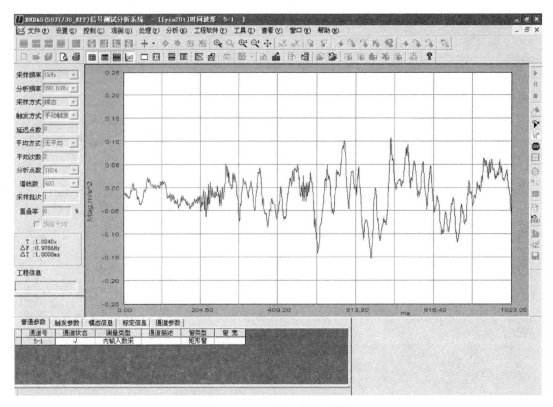

图 4-31 跨中跳车典型时域图

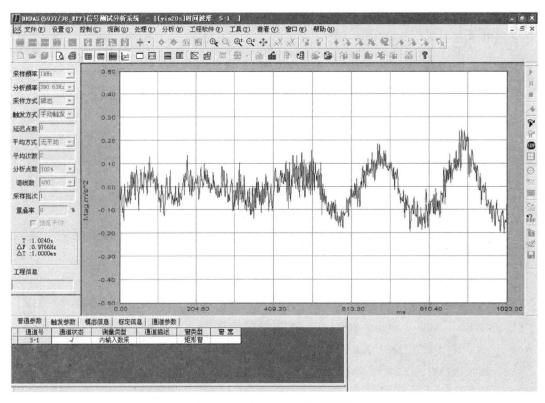

图 4-32 跨中制动典型时域图

主桥横断面布置:2.5 m(人行道)+3.5 m(非机动车道)+0.5 m(分隔带)+15 m(行车道)+0.5 m(分隔带)+3.5 m(非机动车道)+2.5 m(人行道),全宽 28 m。

通航标准:限制性Ⅲ级航道,通航净宽不小于 60 m,净高不小于 7 m,最高通航水位 9.6 m,最低通航水位 1.43 m,底宽 45 m。

主桥上部结构为三跨双箱单室变截面直腹板连续箱梁,单个箱体顶板宽 13.75 m,厚 0.28 m,设 1.5%的双向横坡。底板宽 7.25 m,厚度由跨中的 0.3 m 按 1.8 次抛物线变化至距主墩中心 3.0 m 处的 0.8 m,箱梁根部梁高 5.0 m,跨中梁高 2.4 m。箱梁混凝土强度设计等级为 C50。

引桥采用 30 m 现浇等截面连续箱梁,采用单箱双室直腹式,梁高 1.6 m,底板宽 9 m、厚 0.25 m,顶板宽 16 m,厚 0.25 m。箱梁混凝土强度设计等级为 C50。

桥梁概貌如图 4-33~图 4-36 所示。

图 4-33 主桥立面

图 4-34 主桥桥面

图 4-35 主桥底面

图 4-36 北引桥桥面

4.10.2.2 静载试验内容

本节仅介绍主桥的荷载试验内容。

主桥选择左、右幅边跨和中跨作为试验跨。

由桥梁结构分析软件 Midas Civil 2006 计算得出弯矩包络图。根据《公路旧桥承载能力鉴定方法》和《大跨径混凝土桥梁的试验方法》的规定,经过精确的结构分析计算确定该跨的内力控制截面。

经过分析,确定的 4 个测试控制截面分别为:

① 边跨跨中最大正弯矩截面。

② 支座负弯矩截面。

③ 主跨 1/4 跨处最大正弯矩截面。

④ 主跨跨中最大正弯矩截面。

对应于这 4 个内力控制截面,设计 4 个静载试验工况,即工况Ⅰ、工况Ⅱ、工况Ⅲ、工况Ⅳ。

由各控制截面确定的荷载试验工况及试验测试内容如下:

① 工况Ⅰ:边跨 A 截面处箱梁最大正弯矩及挠度的加载试验。

② 工况Ⅱ:墩顶 B 截面处箱梁最大负弯矩、最大剪力及挠度的加载试验。

③ 工况Ⅲ:主跨 1/4 跨 C 截面处箱梁最大正弯矩及挠度的加载试验。

④ 工况Ⅳ:主跨跨中 D 截面处箱梁最大正弯矩及挠度的加载试验。

4.10.2.3 静载试验测点布置

主桥测试截面如图 4-37、图 4-38 所示。各测试截面处测点的具体位置如图 4-39～图 4-42 所示。

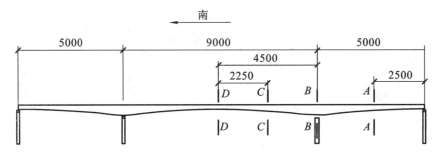

图 4-37 左幅主桥(50 m+90 m+50 m)各测试控制截面布置图(单位:cm)

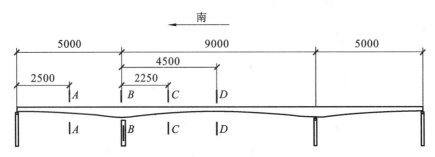

图 4-38 右幅主桥(50 m+90 m+50 m)各测试控制截面布置图(单位:cm)

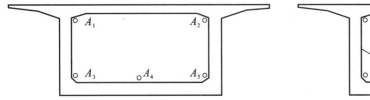

图 4-39 A 截面应变测点的具体位置

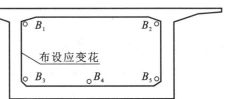

图 4-40 B 截面应变测点的具体位置

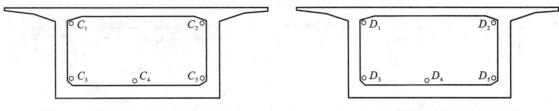

图 4-41　C 截面应变测点的具体位置　　　　图 4-42　D 截面应变测点的具体位置

4.10.2.4　静载试验荷载及其布置

采用汽车车队的加载方式,加载车队采用装载车,满载后总重 360 kN,前轴重 60 kN,后轴重 300 kN,共使用 8 辆 360 kN 装载车。采用车型的轴、轮距离尺寸详见图 4-43。

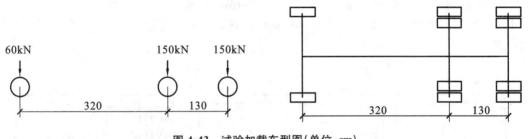

图 4-43　试验加载车型图(单位:cm)

4.10.2.5　静载试验工况

① 工况Ⅰ:边跨跨中截面(A 截面)应变和挠度测试荷载布置。

本工况分三级加载:第一级为 2 辆车,第二级为 2 辆车,第三级为 2 辆车。加载车辆的具体横、纵向位置如图 4-44、图 4-45 所示。

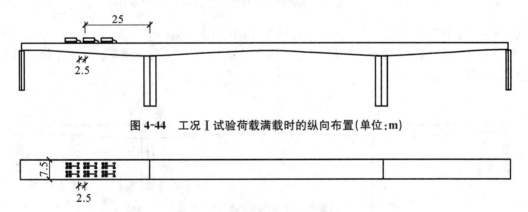

图 4-44　工况Ⅰ试验荷载满载时的纵向布置(单位:m)

图 4-45　工况Ⅰ第三级试验荷载作用时的横向布置(单位:m)

② 工况Ⅱ:墩顶截面(B 截面)应变和挠度测试荷载布置。

本工况分三级加载:第一级为 2 辆车,第二级为 2 辆车,第三级为 2 辆车。加载车辆的具体横、纵向位置如图 4-46、图 4-47 所示。

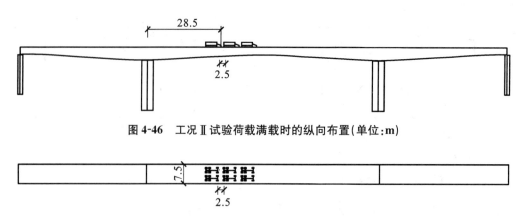

图 4-46 工况 Ⅱ 试验荷载满载时的纵向布置(单位:m)

图 4-47 工况 Ⅱ 第三级试验荷载作用时的横向布置(单位:m)

③ 工况Ⅲ:中跨 1/4 截面(C 截面)应变和挠度测试荷载布置。

本工况分三级加载:第一级为 2 辆车,第二级为 2 辆车,第三级为 2 辆车。加载车辆的具体横、纵向位置如图 4-48、图 4-49 所示。

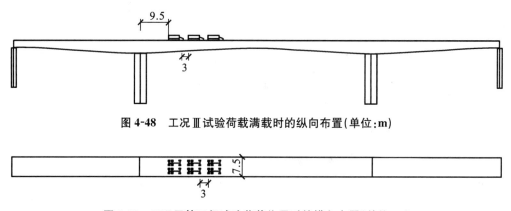

图 4-48 工况Ⅲ试验荷载满载时的纵向布置(单位:m)

图 4-49 工况Ⅲ第三级试验荷载作用时的横向布置(单位:m)

④ 工况Ⅳ:中跨跨中截面(D 截面)应变和挠度测试荷载布置。

本工况分三级加载:第一级为 2 辆车,第二级为 2 辆车,第三级为 2 辆车。加载车辆的具体横、纵向位置如图 4-50、图 4-51 所示。

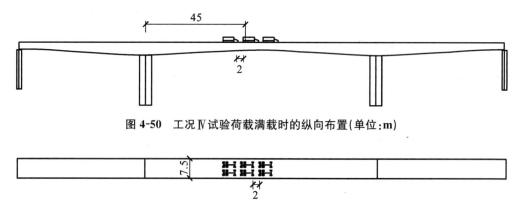

图 4-50 工况Ⅳ试验荷载满载时的纵向布置(单位:m)

图 4-51 工况Ⅳ第三级试验荷载作用时的横向布置(单位:m)

工况 Ⅰ～Ⅳ第三级加载汽车情况如图 4-52～图 4-55 所示。

图 4-52 工况 Ⅰ第三级加载汽车情况

图 4-53 工况 Ⅱ第三级加载汽车情况

图 4-54 工况 Ⅲ第三级加载汽车情况

图 4-55 工况 Ⅳ第三级加载汽车情况

4.10.2.6 静载理论计算

采用桥梁结构分析软件 Midas Civil 2006,建立三维空间几何模型,进行有限元分析,计算出结构在各工况下的应力、内力和位移,按照规范所规定的各项容许指标验算其是否满足结构承载力要求,并找出应力储备较为薄弱、易损坏的构件。桥梁模型如图 4-56 所示。

图 4-56 主桥全桥模型图

4.10.2.7 静载试验荷载效率

主桥各工况下试验荷载效应与公路-Ⅰ级荷载效应对比见表4-10。

表4-10 主桥各工况下试验荷载效应与公路-Ⅰ级荷载效应对比

加载工况	标准荷载理论弯矩值/(kN·m)	试验荷载计算弯矩值/(kN·m)	试验荷载效率系数
工况Ⅰ	17661.68	15741.34	0.891
工况Ⅱ	−28212.68	−23948.91	0.849
工况Ⅲ	9137.96	9457.86	1.035
工况Ⅳ	16262.01	16984.24	1.044

由表4-10可见,各测试截面试验荷载效率均在0.80~1.05之间,保证了试验的有效性。

4.10.2.8 静载试验综合分析

静载试验中所测得的控制截面的应变值以及挠度均为加载后的增量,将理论计算所得的增量值与实测的增量值进行比较。

（1）试验结果分析

分别取每个截面受拉翼缘工作情况良好的参与比较,如受拉翼缘传感器数据异常则用受压翼缘的数据参与比较,结果见表4-11~表4-18。其中应变值变大代表受拉,变小代表受压;右幅表示由南向北右手边的一幅,左幅同理。

表4-11 主桥右幅各截面实测应变与计算值的对比（工况Ⅰ）

测点	加载级别	实测应变值/με	实测应力值①/MPa	计算应变值/με	计算应力值②/MPa	校验系数①/②
A₁上缘	第一级	−3	−0.11	−6	−0.208	0.52
	第二级	−5	−0.17	−13	−0.444	0.39
	第三级	−9	−0.32	−17	−0.599	0.53
	卸载	−1	−0.03	—	—	—
A₁下缘	第一级	6	0.19	11	0.382	0.50
	第二级	12	0.40	24	0.812	0.49
	第三级	18	0.61	32	1.093	0.56
	卸载	1	−0.03	—	—	—

表4-12 主桥右幅各截面实测应变与计算值的对比（工况Ⅱ）

测点	加载级别	实测应变值/με	实测应力值①/MPa	计算应变值/με	计算应力值②/MPa	校验系数①/②
B₁上缘	第一级	4	0.14	7	0.228	0.62
	第二级	6	0.22	13	0.457	0.47
	第三级	9	0.31	19	0.66	0.47
	卸载	1	0.03	—	—	—

测点	加载级别	实测应变值 /με	实测应力值① /MPa	计算应变值 /με	计算应力值② /MPa	校验系数 ①/②
B_1 应变花	第一级	-1	-0.03	-2	-0.052	0.51
	第二级	-2	-0.05	-4	-0.114	0.42
	第三级	-3	-0.10	-6	-0.185	0.55
	卸载	-1	-0.03	—	—	
B_1 下缘	第一级	-3	-0.11	-6	-0.196	0.57
	第二级	-6	-0.20	-11	-0.393	0.51
	第三级	-10	-0.35	-16	-0.568	0.62
	卸载	-1	-0.03	—	—	

表 4-13　　　　　　　　　**主桥右幅各截面实测应变与计算值的对比（工况Ⅲ）**

测点	加载级别	实测应变值 /με	实测应力值① /MPa	计算应变值 /με	计算应力值② /MPa	校验系数 ①/②
C_1 上缘	第一级	-2	-0.06	-3	-0.094	0.63
	第二级	-5	-0.16	-8	-0.261	0.63
	第三级	-6	-0.21	-10	-0.356	0.58
	卸载	0	0	—	—	
C_1 下缘	第一级	2	0.07	4	0.149	0.47
	第二级	5	0.17	12	0.413	0.41
	第三级	6	0.21	16	0.558	0.37
	卸载	1	0.03	—	—	

表 4-14　　　　　　　　　**主桥右幅各截面实测应变与计算值的对比（工况Ⅳ）**

测点	加载级别	实测应变值 /με	实测应力值① /MPa	计算应变值 /με	计算应力值② /MPa	校验系数 ①/②
D_1 上缘	第一级	-2	-0.06	-5	-0.163	0.38
	第二级	-6	-0.20	-11	-0.38	0.53
	第三级	-10	-0.33	-16	-0.543	0.60
	卸载	-1	-0.03	—	—	
D_1 下缘	第一级	8	0.27	18	0.605	0.44
	第二级	29	1.01	41	1.409	0.72
	第三级	27	0.92	58	2.014	0.46
	卸载	2	0.06	—	—	

表 4-15   **主桥右幅各截面实测挠度与计算值的对比(工况Ⅰ)**

测点	加载级别	实测挠度值①/mm	挠度计算值②/mm	校验系数①/②
边跨跨中	第一级	−1.5	−2.5	0.59
	第二级	−4.1	−5.4	0.76
	第三级	−5.0	−8.1	0.62
	卸载	−0.2	—	
中跨跨中	第一级	1.6	2.2	0.74
	第二级	3.6	4.4	0.82
	第三级	3.6	6.4	0.57
	卸载	0.1	—	

表 4-16   **主桥右幅各截面实测挠度与计算值的对比(工况Ⅱ)**

测点	加载级别	实测挠度值①/mm	挠度计算值②/mm	校验系数①/②
边跨跨中	第一级	1.4	2.4	0.59
	第二级	3.2	4.9	0.64
	第三级	4.8	7.2	0.67
	卸载	0.3	—	
中跨跨中	第一级	−5.4	−8.6	0.63
	第二级	−9.4	−16	0.59
	第三级	−16.6	−21.7	0.77
	卸载	−0.4	—	

表 4-17   **主桥右幅各截面实测挠度与计算值的对比(工况Ⅲ)**

测点	加载级别	实测挠度值①/mm	挠度计算值②/mm	校验系数①/②
边跨跨中	第一级	0.9	1.3	0.71
	第二级	2.3	3.2	0.73
	第三级	4.1	5.6	0.72
	卸载	0.1	—	
中跨跨中	第一级	−1.4	−2.4	0.59
	第二级	−3.8	−6.4	0.59
	第三级	−10.0	−12.3	0.81
	卸载	−0.3	—	

表4-18 　　　　　　　　　　　主桥右幅各截面实测挠度与计算值的对比(工况Ⅳ)

测点	加载级别	实测挠度值①/mm	挠度计算值②/mm	校验系数①/②
边跨跨中	第一级	1.3	2	0.66
	第二级	2.7	4.3	0.62
	第三级	5.3	6.7	0.79
	卸载	0.2	—	
中跨跨中	第一级	−4.9	−8.2	0.60
	第二级	−10.8	−16.9	0.64
	第三级	−19.3	−25.1	0.77
	卸载	−0.2	—	

静载试验各工况中,试验截面测点处的混凝土应变校验系数 η 基本在0.36~0.72范围内,残余应变值小,表明桥梁结构主要控制截面处的混凝土应变处于弹性状态,承载力满足规范要求;试验截面测点处的挠度校验系数 η 基本在0.57~0.82范围内,基本无残余挠度,表明桥梁结构具备一定的刚度,挠度满足《公路桥涵设计通用规范》(JTG D60—2004)的要求。

(2)裂缝观察

在整个加载试验过程中,试验跨梁体在各级荷载作用下的外表面均未发现裂缝。

4.10.2.9　动载试验

(1)试验内容

动载试验用于了解桥梁的动力特性及其抵抗受迫振动和突发荷载的能力。其主要内容为桥梁结构在动力荷载作用下的受迫振动特性,如桥梁结构的自振特性,其自振频率、振型,另外还包括冲击系数等。

(2)试验方法

① 行车试验。

一辆300 kN的汽车分别以20 km/h、30 km/h、40 km/h的速度匀速通过桥跨结构,在行驶过程中会对桥面产生冲击作用,从而使桥梁结构产生振动。通过安装在桥面上的加速度传感器,由动力测试系统采集传感器的信号信息,可以测定桥梁结构主要控制截面测点处的加速度时间历程曲线,对其进行频谱分析,就可得到桥梁结构的频率特性。

② 跳车试验。

一辆300 kN的汽车以20 km/h的速度通过桥面上的一块10 cm高的垫板,对桥梁作用跳车激励。

③ 制动试验。

一辆300 kN的汽车以20 km/h的速度通过桥面跨中时,紧急制动对桥面产生冲击作用,从而使桥梁结构产生振动。

(3)试验记录曲线

连续梁桥工程动载试验记录曲线如图4-57~图4-61所示。

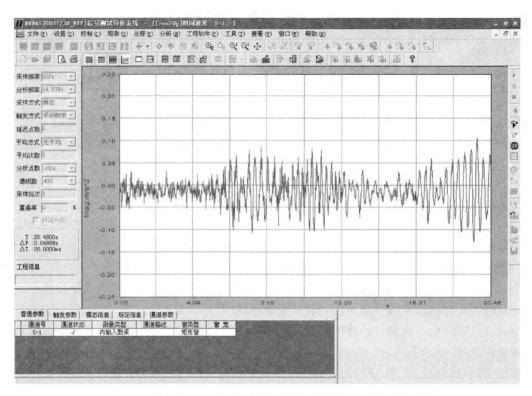

图 4-57　重车以 20 km/h 的速度匀速通过测试桥梁时的典型时域

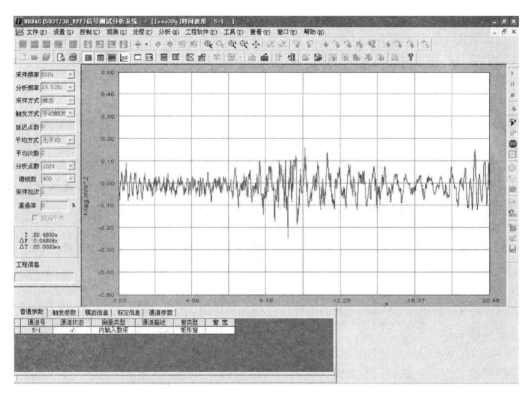

图 4-58　重车以 30 km/h 的速度匀速通过测试桥梁时的典型时域

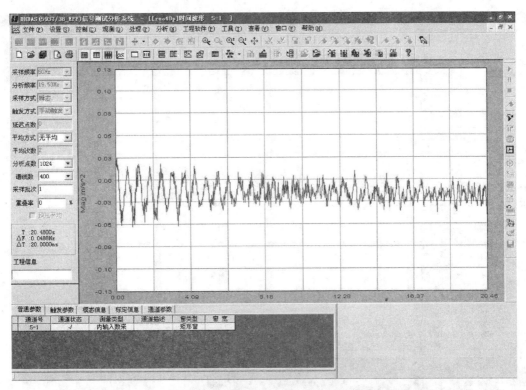

图 4-59　重车以 40 km/h 的速度匀速通过测试桥梁时的典型时域

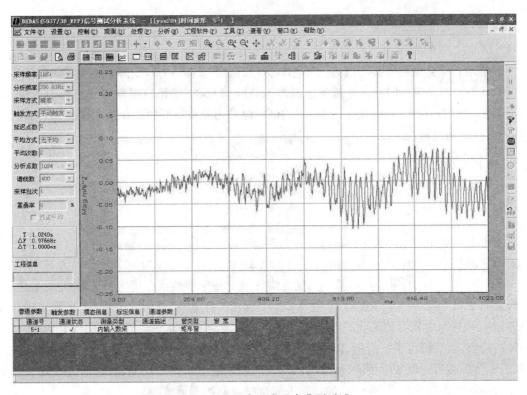

图 4-60　重车跨中跳车典型时域

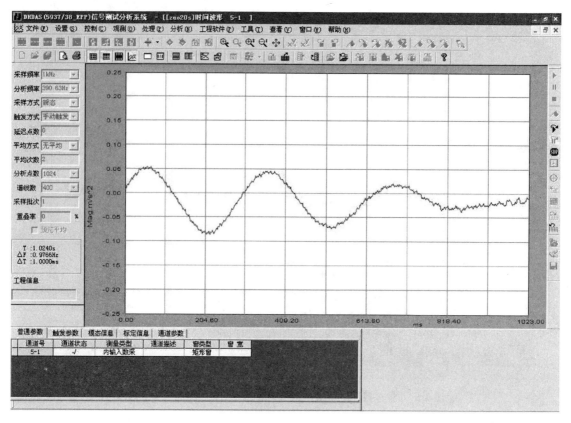

图 4-61 重车跨中制动典型时域

（4）试验结果

主桥桥梁右幅自振频率实测值为 1.95 Hz，大于理论值 1.306 Hz，实际结构刚度满足要求；行车试验、跳车试验、制动试验时冲击系数实测值为 1.066～1.068。左幅自振频率实测值为 1.61 Hz，大于理论值 1.306 Hz，行车试验、跳车试验、制动试验时冲击系数实测值为 1.094～1.102，均在允许范围内，表明桥梁动力特性良好。

4.10.3 拱桥工程实例

4.10.3.1 工程概况

六安市皋城东路桥全桥长 70 m，桩号为 K0＋284.068～K0＋346.888，跨越六安市杭淠干渠，位于六安市皋城东路。本桥为一单跨钢筋混凝土刚架拱桥，斜交角度为 10°，净跨径为 60 m，净矢高为 6 m，矢跨比为 1/10，桥宽 30 m，基础为钻孔灌注桩。桥梁横断面布置为：15 m（机动车道）＋2×1.0 m（分隔带）＋2×4.0 m（非机动车道）＋2×2.5 m（人行道）。全桥共采用 11 片刚架拱片，拱片间距为 2.8 m，桥面由具有加劲肋的微弯板（预制）和现浇混凝土填平层桥面板两部分组成。下部结构为轻型桥台，台后设水平抗滑板，以抵消拱脚的部分水平推力，桥面台后设 8 m 长地面式桥头搭板，以防止桥头跳车。刚架拱桥的预制构件，除实腹段的底弧采用二次抛物线外，其余均为直构件，实腹段与拱脚合龙后为裸拱，在裸拱的基础上架弦杆及斜撑后形成拱片。

该桥设计标准如下。机动车道：城-A 级；人行道：按相关规定执行；无通航要求；地震烈度按 7

度设防;桥面纵坡:桥梁位于竖曲线上,竖曲线半径 $R=3000$ m;桥面横坡:机动车道为 1.5%,非机动车道为 1.5%,人行道为 2%。桥梁概貌如图4-62~图 4-65 所示。

图 4-62 桥梁立面

图 4-63 桥面

图 4-64 桥梁刚架、斜腿

图 4-65 桥梁底面拱片

主要设计材料:拱片、微弯板、悬臂板、横系梁预制构件采用 C40 混凝土,拱片现浇接头采用 C50 微膨胀混凝土,桥面铺装采用 C40 防水混凝土,桥面填平层、桥台采用 C30 混凝土,人行道板预制构件采用 C25 混凝土,桥头搭板采用 C35 混凝土,桩基、承台采用 C25 混凝土,桥台抗滑板采用 C20 片石混凝土,栏杆采用仿古式石雕栏杆。

4.10.3.2 静载试验检测

(1) 试验检测内容

六安市皋城东路桥为东西走向,桥梁由 11 片刚架拱片、横向连接系和桥面部分组成。本次检测从西往东依次记为 0# 台、1# 台。根据结构特点,为了使本次试验简便及具有代表性,仅选取其中半跨桥(西半跨桥)作为静载试验对象。对该半跨桥选取拱片的跨中断面、大节点区域断面、斜腿断面、跨中微弯板、跨中横系梁作为控制断面,分别测试以下内容。

① 桥梁拱片挠度：$5^{\#}$、$6^{\#}$拱跨中断面挠度。

② 桥梁拱片应力：$3^{\#}$、$4^{\#}$、$5^{\#}$、$6^{\#}$、$7^{\#}$、$8^{\#}$拱跨中断面应力。

③ 桥梁大节点应力：桥梁中心线处的大节点断面。

④ 桥梁次斜腿应力：$3^{\#}$、$4^{\#}$、$5^{\#}$、$6^{\#}$、$7^{\#}$、$8^{\#}$拱次斜腿断面应力。

⑤ 桥梁跨中微弯板应力。

⑥ 桥梁跨中横系梁应力。

⑦ 桥梁拱片、刚架、次斜腿、微弯板、横系梁裂缝展开情况，新裂缝产生情况。

（2）试验载荷

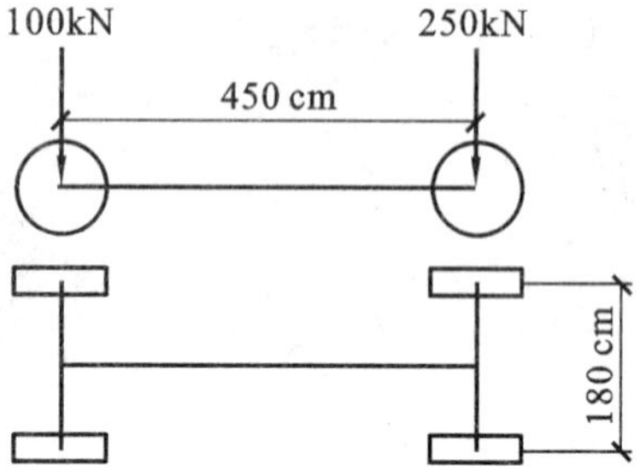

六安市皋城东路桥的设计载荷等级为城-A级，考虑到该桥建成后可能会有重型车辆通过，同时为了使荷载试验具有有效性，通过结构检算，决定采用8辆350 kN汽车进行静载试验。加载车辆前轮轴重100 kN，后轮轴重250 kN，加载车辆主要尺寸如图4-66所示。

图4-66 加载车辆示意图

（3）测试截面及测点布置

本次静载试验针对西侧钝角处进行，对$3^{\#}$、$4^{\#}$、$5^{\#}$、$6^{\#}$、$7^{\#}$、$8^{\#}$拱片的拱顶、大节点断面布设应变片，另外，对与上述6片拱对应的6片次斜腿布设应变片，选取跨中微弯板和横系梁控制断面布设应变片。本次共选取6个断面，试验需布设应变测点27个，同时布设2个共用温度补偿片。

工作应变片总计27片，此外还有2个共用温度补偿片，全桥总计27个测点29个应变片。在桥跨跨中布设百分表用来测量桥梁跨中拱片的最大挠度。

（4）载荷试验工况

对该桥进行加载，桥梁采用规范所规定的几种最不利布载方式，加载位置如图4-67～图4-74所示。

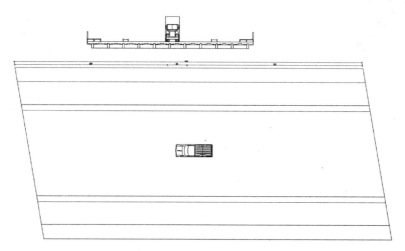

图4-67 桥梁第一种汽车布载方案示意图

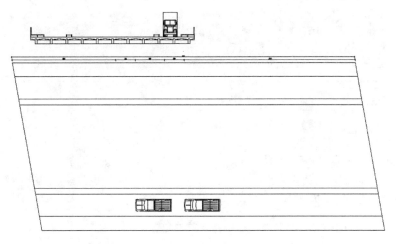

图 4-68　桥梁第二种汽车布载方案示意图

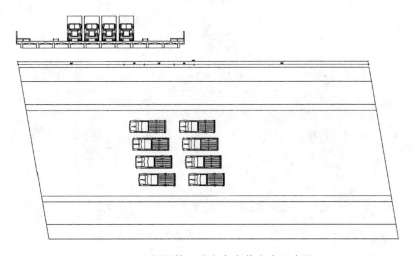

图 4-69　桥梁第三种汽车布载方案示意图

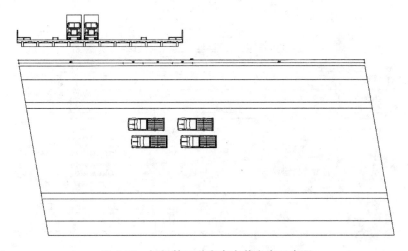

图 4-70　桥梁第四种汽车布载方案示意图

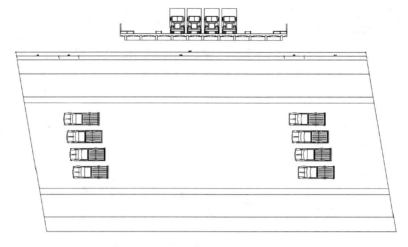

图 4-71   桥梁第五种汽车布载方案示意图

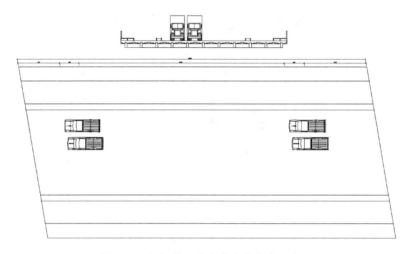

图 4-72   桥梁第六种汽车布载方案示意图

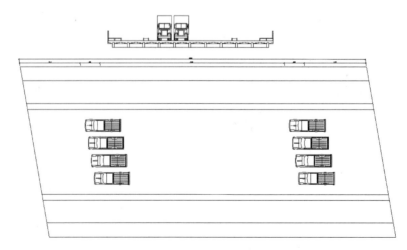

图 4-73   桥梁第七种汽车布载方案示意图

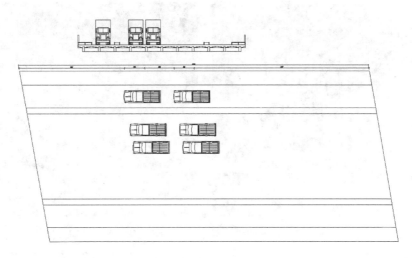

图 4-74 桥梁第八种汽车布载方案示意图

（5）加载方法

本次静载试验共有 8 个加载工况：工况 Ⅰ 为 1 辆 350 kN 汽车以第一种布载方案加载在桥跨上，测量微弯板最大正弯矩；工况 Ⅱ 为 2 辆 350 kN 汽车以第二种布载方案加载在桥跨上，对非机动车道加载；工况 Ⅲ 为 8 辆 350 kN 汽车以第三种布载方案加载在桥跨上，测量拱片纵向最大正弯矩，为中载；工况 Ⅳ 为 4 辆 350 kN 汽车以第四种布载方案加载在桥跨上，测量拱片纵向最大正弯矩，为偏载；工况 Ⅴ 为 8 辆 350 kN 汽车以第五种布载方案加载在桥跨上，测量拱片最大负弯矩，为中载；工况 Ⅵ 为 4 辆 350 kN 汽车以第六种布载方案加载在桥跨上，测量拱片最大负弯矩，为偏载；工况 Ⅶ 为 8 辆 350 kN 汽车以第七种布载方案加载在桥跨上，测量大节点最大正弯矩；工况 Ⅷ 为 6 辆 350 kN 汽车以第八种布载方案加载在桥跨上，测量横系梁最大剪力。现场加载情况如图 4-75～图 4-82 所示。

图 4-75 工况 Ⅰ 照片（汽车载荷以第一种布载方案加载在桥跨上）

图 4-76 工况 Ⅱ 照片（汽车载荷以第二种布载方案加载在桥跨上）

图 4-77　工况 Ⅲ 照片（汽车载荷以第三种
布载方案加载在桥跨上）

图 4-78　工况 Ⅳ 照片（汽车载荷以第四种
布载方案加载在桥跨上）

图 4-79　工况 Ⅴ 照片（汽车载荷以第五种
布载方案加载在桥跨上）

图 4-80　工况 Ⅵ 照片（汽车载荷以第六种
布载方案加载在桥跨上）

图 4-81　工况 Ⅶ 照片（汽车载荷以第七种
布载方案加载在桥跨上）

图 4-82　工况 Ⅷ 照片（汽车载荷以第八种
布载方案加载在桥跨上）

（6）静载试验结果

静载试验结果见表 4-19～表 4-23。

表 4-19　各工况下桥梁拱片各测点的应力值试验结果　（单位：MPa）

测点	工况 Ⅰ	工况 Ⅱ	工况 Ⅲ	工况 Ⅳ	工况 Ⅴ	工况 Ⅵ	工况 Ⅶ	工况 Ⅷ
3# 拱顶下缘	—	0.190	−0.020	−0.058	−0.365	−0.147	—	—
4# 拱顶下缘	—	0.032	0.401	0.020	−0.500	−0.194	—	—
5# 拱顶下缘	—	−0.147	−0.871	−0.355	−0.378	−0.162	—	—
6# 拱顶下缘	—	−0.020	0.512	0.203	−0.521	−0.278	—	—
7# 拱顶下缘	—	−0.030	0.407	0.312	−0.498	−0.307	—	—
8# 拱顶下缘	—	−0.030	0.224	0.228	−0.524	−0.298	—	—

表 4-20　各工况下桥梁拱片最大挠度检测结果　（单位：mm）

测点	工况 Ⅰ	工况 Ⅱ	工况 Ⅲ	工况 Ⅳ	工况 Ⅴ	工况 Ⅵ	工况 Ⅶ	工况 Ⅷ
5# 拱片	—	1.223	7.583	2.252	0.174	0.117	0.453	3.278
6# 拱片	—	1.024	8.987	4.008	0.087	0.029	0.358	5.008

表 4-21　各工况下桥梁大节点各测点的应力值试验结果　（单位：MPa）

测点	工况 Ⅰ	工况 Ⅱ	工况 Ⅲ	工况 Ⅳ	工况 Ⅴ	工况 Ⅵ	工况 Ⅶ	工况 Ⅷ
5# 拱大节点上缘	—	0.082	0.272	−0.042	−0.407	0.220	−1.457	−0.024
5# 拱大节点下缘	—	−0.157	−1.254	−0.724	0.241	−0.401	−1.576	−1.110
6# 拱大节点上缘	—	0.052	0.548	0.224	1.005	0.451	−0.398	0.119
6# 拱大节点下缘	—	−0.157	−1.578	−1.140	−2.008	−1.001	−3.571	−1.429

表 4-22　各工况下桥梁次斜腿、横系梁、微弯板各测点的应力值试验结果　（单位：MPa）

测点	工况 Ⅰ	工况 Ⅱ	工况 Ⅲ	工况 Ⅳ	工况 Ⅴ	工况 Ⅵ	工况 Ⅶ	工况 Ⅷ
跨中横系梁	—	—	—	—	—	—	—	0.922
微弯板	0.707	—	—	—	—	—	—	—
3# 次斜腿上缘	—	0.104	0.114	0.020	−0.250	−0.040	0.008	—
4# 次斜腿上缘	—	0.024	−0.025	−0.047	−1.008	−0.210	−0.058	—
5# 次斜腿上缘	—	0.010	0.155	0.081	−0.050	−0.044	0.390	—
6# 次斜腿上缘	—	−0.020	0.001	0.001	−0.880	−0.557	0.066	—
7# 次斜腿上缘	—	−0.020	−0.036	0.032	−0.824	−0.662	0.175	—
8# 次斜腿上缘	—	−0.030	−0.012	0.020	−0.448	−0.412	0.138	—

表 4-23　　　　　　　各工况下桥梁拱片测得的最大应力及残余应力　　　　　　（单位：MPa）

测点	工况 I	工况 II	工况 III	工况 IV	工况 V	工况 VI	工况 VII	工况 VIII
3# 拱顶下缘最大应力	—	0.190	−0.020	−0.058	−0.365	−0.147	—	—
残余应力	—	0.010	−0.001	−0.002	−0.004	−0.002	—	—
4# 拱顶下缘最大应力	—	0.032	0.401	0.020	−0.500	−0.194	—	—
残余应力	—	0.005	0.057	0.008	−0.007	−0.008	—	—
5# 拱顶下缘最大应力	—	−0.147	−0.871	−0.355	−0.378	−0.162	—	—
残余应力	—	−0.007	−0.100	−0.005	−0.006	−0.042	—	—
6# 拱顶下缘最大应力	—	−0.020	0.512	0.203	−0.521	−0.278	—	—
残余应力	—	0.000	0.001	0.006	−0.017	−0.015	—	—
7# 拱顶下缘最大应力	—	−0.030	0.407	0.312	−0.498	−0.307	—	—
残余应力	—	−0.008	0.041	0.026	−0.075	−0.024	—	—
8# 拱顶下缘最大应力	—	−0.030	0.224	0.228	−0.524	−0.298	—	—
残余应力	—	−0.004	0.007	0.007	−0.028	−0.065	—	—

4.10.3.3　动载试验检测

（1）试验内容及方法

本次检测对桥跨进行行车试验、跳车试验、制动试验及脉动试验。

行车试验（图 4-83）时采用一辆 200 kN 的汽车分别以时速 30 km/h、40 km/h 匀速通过桥跨结构，由于在行驶过程中会对桥面产生冲击作用，故会使桥梁结构产生振动。通过安装在桥面上的加速度传感器，由动力测试系统采集传感器的信号信息，可以测定桥梁结构主要控制截面测点的动挠度时间历程曲线和车辆对桥面的冲击系数，同样可以对时间曲线进行频谱分析，得到桥梁结构的频率特征。

跳车试验（图 4-84）时采用一辆 200 kN 的汽车分别以 20 km/h、30 km/h 的速度通过桥面上的一块 15 cm 高的垫板，对桥梁作用跳车激励。

图 4-83　现场汽车的行车试验

图 4-84　现场汽车的跳车试验

制动试验时采用一辆 200 kN 的汽车分别以 30 km/h、40 km/h 的速度行驶至桥梁跨中时紧急制动,对桥梁作制动激励。

（2）试验测试结果

拱桥工程动载试验测试结果记录曲线如图 4-85～图 4-87 所示。

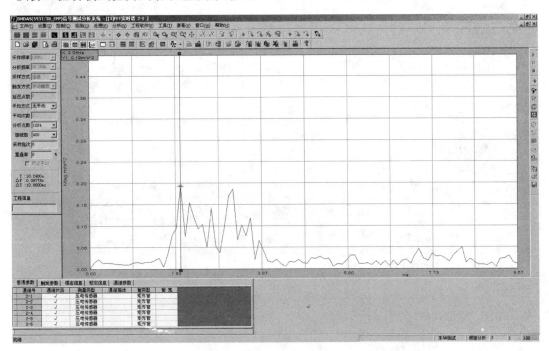

图 4-85　汽车以 30 km/h 的速度行车时主桥的典型曲线

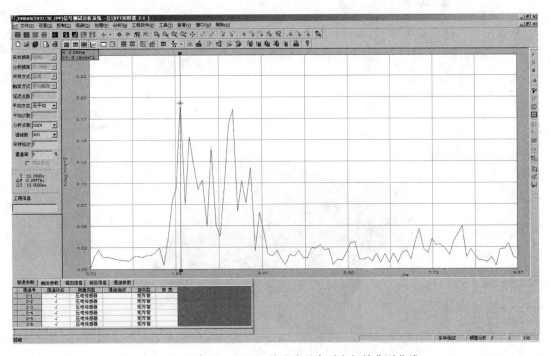

图 4-86　汽车以 20 km/h 的速度跳车时主桥的典型曲线

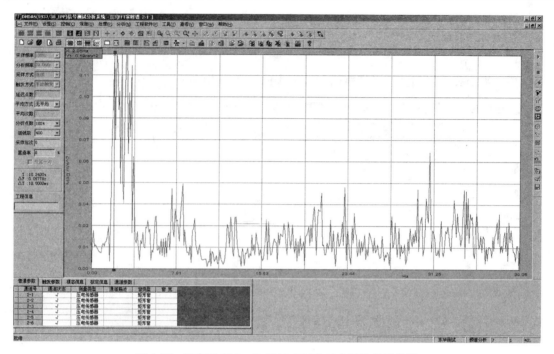

图 4-87 汽车以 30 km/h 的速度制动时主桥的典型曲线

4.10.3.4 理论计算

（1）计算方法及说明

采用有限元软件 Midis Civil 结合 ANSYS,建立三维空间几何模型,进行有限元分析,计算出结构在各工况下的应力、内力和位移,按照规范所规定的各项容许指标,验算其是否满足结构承载力要求,并找出应力储备较为薄弱、易损坏的构件。C30 混凝土的弹性模量 $E=3.0\times10^{10}$ Pa,C40 混凝土的弹性模量 $E=3.25\times10^{10}$ Pa,C50 混凝土的弹性模量 $E=3.45\times10^{10}$ Pa,泊松比 $\mu=0.2$,密度 $\rho=25$ kN/m³。桥梁模型如图 4-88、图 4-89 所示。

图 4-88 桥梁微弯板模型图

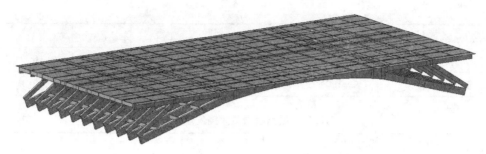

图 4-89　全桥模型图

（2）静力计算结果

根据有限元软件 Midis Civil 的计算分析，表 4-24～表 4-26 中列出了静载试验时汽车荷载下八种工况各测点的理论应力值情况，表 4-27 给出了各工况下跨中位移挠度的计算值，表 4-28、表 4-29 分别给出了应力和挠度的校验系数。

表 4-24　　　　　　　　　　**各工况下桥梁拱片各测点的理论应力值**　　　　　　　　（单位：MPa）

测点	工况 I	工况 II	工况 III	工况 IV	工况 V	工况 VI	工况 VII	工况 VIII
3# 拱顶下缘	—	0.21	−0.02	−0.06	−0.40	−0.16	—	—
4# 拱顶下缘	—	0.04	0.44	0.02	−0.50	−0.21	—	—
5# 拱顶下缘	—	−0.24	−1.15	−0.53	−0.66	−0.29	—	—
6# 拱顶下缘	—	−0.02	0.59	0.25	−0.60	−0.31	—	—
7# 拱顶下缘	—	−0.03	0.45	0.35	−0.59	−0.33	—	—
8# 拱顶下缘	—	−0.03	0.28	0.27	−0.54	−0.32	—	—

表 4-25　　　　　　　　　　**各工况下桥梁大节点各测点的理论应力值**　　　　　　　（单位：MPa）

测点	工况 I	工况 II	工况 III	工况 IV	工况 V	工况 VI	工况 VII	工况 VIII
5# 拱大节点上缘	—	0.11	0.32	−0.05	−0.43	0.28	−1.78	−0.02
5# 拱大节点下缘	—	−0.19	−1.42	−0.78	0.23	−0.44	−1.97	−1.08
6# 拱大节点上缘	—	0.05	0.74	0.24	1.21	0.39	−0.45	0.14
6# 拱大节点下缘	—	−0.19	−1.63	−1.03	−2.13	−1.00	−3.47	−1.44

表 4-26　　　　　　　**各工况下桥梁次斜腿、横系梁、微弯板各测点的理论应力值**　　　　　（单位：MPa）

测点	工况 I	工况 II	工况 III	工况 IV	工况 V	工况 VI	工况 VII	工况 VIII
跨中横系梁	—	—	—	—	—	—	—	0.94
微弯板底面	0.711	—	—	—	—	—	—	—
3# 次斜腿上缘	—	0.10	0.12	0.02	−0.26	−0.04	0.01	—
4# 次斜腿上缘	—	0.02	−0.03	−0.06	−1.00	−0.17	−0.08	—
5# 次斜腿上缘	—	0.01	0.15	0.07	−0.06	−0.05	0.45	—
6# 次斜腿上缘	—	−0.02	0	0	−1.04	−0.61	0.07	—

续表

测点	工况 I	工况 II	工况 III	工况 IV	工况 V	工况 VI	工况 VII	工况 VIII
7# 次斜腿上缘	—	−0.02	−0.04	0.04	−0.81	−0.66	0.16	—
8# 次斜腿上缘	—	−0.03	−0.01	0.02	−0.49	−0.45	0.13	—

表 4-27　　　　　　　　各工况下桥梁拱顶最大挠度理论结果　　　　　（单位:mm）

测点	工况 I	工况 II	工况 III	工况 IV	工况 V	工况 VI	工况 VII	工况 VIII
5# 拱片	—	1.341	6.819	2.491	0.157	0.134	0.404	3.700
6# 拱片	—	1.066	8.388	4.120	0.067	0.034	0.337	5.145

表 4-28　　　　　　　　　　　　　应力校验系数

工况	荷载效率系数	应力/MPa		校验系数
		5# 拱顶下缘理论值	实测平均值	
工况 I	0.94	—	—	—
工况 II	0.82	−0.24	−0.147	0.612
工况 III	0.87	−1.15	−0.871	0.757
工况 IV	0.89	−0.53	−0.355	0.669
工况 V	0.89	−0.66	−0.378	0.572
工况 VI	0.89	−0.29	−0.162	0.559
工况 VII	0.91	—	—	—
工况 VIII	0.88	—	—	—

表 4-29　　　　　　　　　　　　　挠度校验系数

工况	荷载效率系数	挠度/mm		校验系数
		5# 拱顶挠度理论值	实测平均值	
工况 I	0.94	—	—	—
工况 II	0.82	1.341	1.223	0.912
工况 III	0.87	6.819	7.583	1.112
工况 IV	0.89	2.491	2.252	0.904
工况 V	0.89	0.157	0.174	1.109
工况 VI	0.89	0.134	0.117	0.874
工况 VII	0.91	0.404	0.453	1.122
工况 VIII	0.88	3.700	3.278	0.886

（3）动力模态计算结果

① 模态计算结果（表 4-30）。

表 4-30 拱桥前 10 阶模态计算结果

模态号	角速度/(rad/s)	频率/Hz	周期/s	容许误差	备注
1	11.28188	1.795567	0.556927	0.00E+00	横向一阶振型
2	19.25938	3.065225	0.32624	1.53E-16	
3	20.5347	3.268199	0.305979	0.00E+00	
4	21.80572	3.470489	0.288144	4.78E-16	
5	22.36158	3.558956	0.280981	9.09E-16	
6	27.22691	4.333297	0.230771	0.00E+00	
7	30.52389	4.858028	0.205845	1.22E-15	
8	31.70347	5.045764	0.198186	6.79E-16	
9	33.17406	5.279815	0.189401	2.07E-16	
10	33.81213	5.381367	0.185826	0.00E+00	

② 冲击系数理论计算结果。

主桥：$\mu = 0.1767\ln f - 0.0157 = 0.087$。

③ 振型计算结果。

动力模态振型计算结果略。

4.10.3.5 试验结论

(1) 静载应力工况

① 所测桥跨的应力值与载荷均呈现出比较好的线性关系,在卸载后试验桥跨残余应力小于《大跨径混凝土桥梁的试验方法》第 3.19.2 条的规定,表明试验桥跨的上部结构处于弹性工作状态。

② 在对称和偏斜载荷条件下,检测桥跨主桥 5♯拱顶应力校验系数为 0.559～0.757,满足正常使用条件下钢筋混凝土桥应力校验系数为 0.4～0.8 的要求。

(2) 静载挠度工况

① 在对称荷载和偏载条件下,试验桥跨跨中桥面两侧挠度值与加载等级具有较好的线性关系和偏载相关性,且跨中截面在试验载荷作用下的最大挠度远小于刚度理论的计算值($L/600$),说明测试桥跨的刚度满足要求;卸载后各测点的残余挠度值与最大挠度值之比仍处于一个较低的水平,说明桥梁上部结构处于安全工作范围内。

② 在对称和偏斜载荷条件下,检测桥跨主桥挠度校验系数为 0.874～1.122,满足正常使用条件下钢筋混凝土梁桥挠度校验系数的要求。

③ 检测过程中桥梁没有产生新裂缝。

(3) 动载

检测所得的桥梁主桥结构基频为 2.05 Hz,理论计算结构基频为 1.79 Hz,校验系数为 2.05/1.79=1.145;所测主桥在动载作用下的冲击系数为 0.087,在允许范围内。主桥一阶模态分析振型曲线与 5 个测点的实测结果相符合。

【知识归纳】

（1）桥梁荷载试验是桥梁竣工验收和已建桥梁运营时进行承载能力评定,检测桥梁整体受力性能是否满足设计文件和有关标准规范的要求,或评定出桥梁运营载荷等级最直接和有效的手段。

（2）桥梁荷载试验分为静载试验和动载试验。静载试验通过测试桥梁结构在试验载荷作用下控制截面的应变、位移或进行裂缝分析判断桥梁承载能力。动载试验是指通过测试桥梁在动载作用下的响应,分析桥梁的频率、阻尼和振型等参数,根据动力响应等进行桥梁承载力的评定。

（3）静载试验是评定桥梁承载能力的最成熟的传统方法,动载试验可作为补充,和静载试验结合起来综合评定桥梁结构的实际承载能力。前者工作量大,费用高;后者工作量小,费用低。

【独立思考】

4-1　简述荷载试验的方法和程序。

4-2　简述荷载试验的目的和主要试验内容。

4-3　常用桥型的静载试验加载工况如何确定？测点如何布置？

4-4　简述静载试验的影响因素。对试验采集的数据应如何进行修正？

4-5　通过试验数据的分析,如何评定桥梁结构的承载能力？

4-6　简述动载试验的常用激振方法。现场原型桥梁检测时如何布置测点？

4-7　简述动载试验结果数据的分析方法。

4-8　通过对动载试验结果的分析,如何评定桥梁的动力性能？

【参考文献】

[1] 范立础.桥梁工程:上册.2版.北京:人民交通出版社,2012.

[2] 中华人民共和国交通部.公路旧桥承载能力鉴定方法.北京:人民交通出版社,1988.

[3] 中华人民共和国交通运输部.JTG/T J21—2011　公路桥梁承载能力检测评定规程.北京:人民交通出版社,2011.

[4] 中华人民共和国住房和城乡建设部.GB/T 50152—2012　混凝土结构试验方法标准.北京:中国建筑工业出版社,2012.

[5] 中华人民共和国交通部.JTG F80/1—2004　公路工程质量检验评定标准:第一册　土建工程.北京:人民交通出版社,2004.

[6] 中华人民共和国交通部.JTG D60—2004　公路桥涵设计通用规范.北京:人民交通出版社,2004.

[7] 中华人民共和国交通部.JTG D62—2004　公路钢筋混凝土及预应力混凝土桥涵设计规范.北京:人民交通出版社,2004.

[8] 董祥.道桥检测技术.北京:机械工业出版社,2011.

[9] 章关永.桥梁结构试验.2版.北京:人民交通出版社,2010.

[10] 王建华.桥涵工程试验检测技术.北京:人民交通出版社,2009.

[11] 王国鼎,袁海庆,陈开利,等.桥梁检测与加固.北京:人民交通出版社,2003.

[12] 谌润水,胡钊芳.公路桥梁荷载试验.北京:人民交通出版社,2003.

[13] 宋一凡.公路桥梁荷载试验与结构评定.北京:人民交通出版社,2002.

[14] 张宇峰,朱晓文.桥梁工程试验检测技术手册.北京:人民交通出版社,2009.

[15] 张俊平.桥梁检测与维修加固.2版.北京:人民交通出版社,2011.

[16] 刘自明,陈开利.桥梁工程检测手册.2版.北京:人民交通出版社,2010.

5

桥梁混凝土结构
无损检测

课前导读

▽ 内容提要

本章系统地介绍了桥梁混凝土结构无损检测的基本概念、检测的相关要求、检测结果的评定方法。其中，在混凝土强度检测内容中重点介绍了运用应用最广泛的回弹法和超声回弹综合法检测混凝土抗压强度，在混凝土构件缺陷检测内容中主要介绍了裂缝的检测、内部空洞缺陷的检测、表层损伤的检测等。本章的教学重点为混凝土强度及构件缺陷的检测技术，教学难点为根据检测结果进行综合评定的分析方法。

▽ 能力要求

通过本章的学习，学生应熟练掌握混凝土强度检测技术中的回弹法和超声回弹综合法，以及混凝土构件缺陷检测的基本方法，并能够根据现场检测结果和综合评定分析方法编写检测报告。

5.1 无损检测的基本概念

5.1.1 无损检测技术概述

混凝土结构无损（包括局部破损）检测技术，很多来自于某些基础学科或其他技术领域，但各种移植的测试技术都必须使之适应混凝土的结构特点，从而逐渐形成混凝土特有的测试技术体系。在不破坏混凝土结构的前提下，利用混凝土结构无损检测技术进行检测，可获得人们最需要的混凝土物理量信息并可将信息进行数字化、图像化处理，发现工程中可能存在的各种缺陷，减少工程损失，解决工程中出现的问题。实践证明，混凝土结构无损检测技术具有强大的生命力。

1948 年，瑞士工程师施密特（E. Schmidt）研制出了回弹仪；1949 年，莱斯利（Leslie）等人用超声脉冲成功检测了混凝土；20 世纪 60 年代，费格瓦洛（I. Facaoaru）提出用声速回弹综合法估算混凝土强度；20 世纪 80 年代中期，美国的 Mary Sansalone 等人用机械波反射法进行了混凝土无损检测；20 世纪 90 年代以来，随着科学技术的快速发展，涌现出了一批新的测试方法，如微波吸收法、雷达扫描法、红外线谱法、脉冲回波法等。我国从 20 世纪 50 年代开始引进瑞士、英国、波兰等国的超声波仪器和回弹仪，并结合工程应用开展了一定的研究工作；20 世纪 60 年代初，我国研制成功了多种型号的超声波仪器，随后广泛进行了混凝土无损检测技术的研究和应用；20 世纪 80 年代，混凝土结构无损检测技术在我国得到了快速发展，取得了一定的研究成果，除了超声、回弹等无损检测方法外，还进行了钻芯法、后装拔出法的研究；20 世纪 90 年代以来，雷达技术、红外成像技术、冲击回波技术等进入实用阶段，同时超声波检测仪器也由模拟式发展为数字式，从而可将测试数据传入计算机进行各种数据的处理，以进一步提高检测的可靠性。进入 21 世纪后，随着《回弹法检测混凝土抗压强度技术规程》（JGJ/T 23—2011）的实施和行业标准《回弹法检测高强混凝土强度技术规程》等的制定，泵送混凝土和高强混凝土强度的现场测试精度得到了进一步的提高。

应用无损检测技术可对钢筋混凝土结构实体的混凝土强度、缺陷（密实度、裂缝、新老混凝土接合面、疏松层等）、钢筋位置（直径可估测）三项参数进行检测，可真实反映结构实体的质量状况。实际工作中根据不同的参数可分别选用与其相适应的无损检测方法，同一参数也有多种无损检测方法可供选择。无损检测方法的选取主要考虑以下四个方面的因素：第一，无损检测方法与检测参数的对应性；第二，无损检测方法与检测条件的适应性；第三，检测规范及检测方法使用的普遍性、成熟性、易操作性；第四，所选用检测方法的局限性及与其他检测方法的互补性。以下从混凝土强度、缺陷、钢筋位置三个方面对无损检测方法进行探讨。

5.1.2 混凝土强度无损及半破损检测方法

混凝土强度无损检测方法有：回弹法、超声回弹综合法、钻芯法（局部破损）、拔出法等。

5.1.2.1 回弹法

回弹法是用一弹簧驱动的重锤，通过弹击杆（传力杆）弹击混凝土表面，并测出重锤被反弹回来的距离，以回弹值（反弹距离与弹击锤冲击长度之比）作为与强度相关的指标来推定混凝土强度的一种方法。它不会对混凝土结构或构件的力学性能和承载能力产生不利影响，是我国应用最广泛的无损检测方法之一。回弹值的大小表示被测混凝土表面的硬度，根据混凝土表层硬度与混凝土抗压强度之间的相关关系，可估算出混凝土的抗压强度。回弹法只能测得混凝土表层 10～15 mm

厚度范围内的质量状况,且要求内部混凝土与表层混凝土基本相同,这限制了回弹法的应用。但由于回弹法操作简便,价格低廉,适用于施工现场对混凝土强度进行随机的、大批量的检测,故在工程上还是得到了广泛应用。目前,随着科技的进步,不同型号的数显回弹仪相继面世,这使操作更加简便。与传统的回弹仪相比,显数回弹仪的特点有:①一台主机可配多个机械头,从而可确保检测工作顺利进行;②全中文大屏幕液晶显示,操作简单;③数字直方图双重显示回弹值,更直观;④ 与计算机连接,可自动生成报告。

5.1.2.2 超声回弹综合法

超声波法是根据超声脉冲在混凝土中传播的速度与混凝土的强度间存在的相关性,通过测定超声脉冲在混凝土中的传播速度进而推断混凝土强度的一种检测方法。其检测原理是超声仪用一发射换能器重复发射脉冲波,让超声波在所检测的混凝土中传播,然后由接受换能器接收。被接收到的超声波经转换后,声学参数即可显示在超声仪的示波器上,读取声时值并测量测距即可计算出超声脉冲的传播速度。超声波在混凝土中的传播速度与混凝土的弹性性质密切相关,而混凝土的弹性性质又可以反映其强度大小,从而可以在混凝土超声波传播速度与其强度之间建立起一种相关关系。这种关系通常为非线性关系,可用测强曲线来表示。对于一定配合比的混凝土,强度愈高速度越大,反之愈小。超声波法采用单一声速参数推定混凝土强度。当有关影响因素控制不严时,其精度不如多因素的综合法,但在某些无法测量回弹值及其他参数的结构或构件(如基桩、钢管混凝土等)中,超声波法仍有其特殊的适应性。

采用单一的超声波法或回弹法检测时,不同仪器对各种因素影响的反应敏感程度不同,会使测试结果误差较大。超声回弹综合法是指采用超声仪和回弹仪在结构混凝土同一测区分别测量声时值和回弹值,测量测距并计算声速,然后利用已建立起来的测强公式推算该测区混凝土强度的一种方法。影响回弹值的主要因素有水泥品种、养护方式、湿度、碳化深度和龄期,但其对骨料品种、粒径、混凝土成型工艺等因素不敏感;超声波在混凝土中的传播速度可以反映出混凝土内部的强度变化,它可以较为精确地测得水灰比和混凝土密实度对混凝土强度的影响,这种测试方法对骨料的种类、级配和环境湿度等因素敏感,而对水泥的品种和用量、混凝土硬化条件、龄期等因素不敏感。采用超声回弹综合法,通过实验建立超声波波速—回弹值—混凝土强度之间的相关关系,建立综合法测强公式或绘制出标准等强曲线,即可计算出混凝土的抗压强度值。由于超声回弹综合法不考虑碳化的影响,当碳化对回弹值的影响较大时,综合法的测试精度也会受到影响。与单一回弹法或超声法相比,综合法具有如下优点:①可减少龄期和含水率的影响;②可弥补两种方法的不足;③可提高测试精度。实践表明该法是一种较为成熟、可靠的混凝土强度无损检测方法。

5.1.2.3 钻芯法

钻芯法是指利用专用钻机从结构混凝土中钻取芯样,然后进行抗压试验,以芯样强度评定结构混凝土强度或观察混凝土内部质量的方法,是一种简便、直观、检测精度较高的局部破损检测方法。它可用于检测混凝土的强度,裂缝、接缝、分层处的质量状况,离析、孔洞等缺陷。该方法直观、准确、可靠,是其他无损检测方法无法取代的一种检测方法。应用钻芯法检测混凝土费用较高,费时较长,由于钻取芯样会对结构或构件造成局部破坏,所以不宜在同一结构中大面积使用。可与其他无损检测方法如回弹法或超声法结合起来使用,以减少钻芯数量,钻芯法的检测结果又可验证其他无损检测方法的检测结果,从而可提高检测的可靠性。

5.1.2.4 拔出法

拔出法是 20 世纪 70 年代由美国研究开发出来的一种方法,用于检测混凝土的强度。它是一种先测定被埋入混凝土表层锚件在拔出时的抗拔力,而后根据抗拔力与混凝土强度的关系来推定混凝土强度半破损(局部破损)的检测方法。它比钻芯法破损小且费用低,但其离散性较大,可靠性要低于钻芯法。拔出法可分为预埋拔出法及后装拔出法两种:预埋拔出法是指预先将锚固件埋入混凝土内的拔出法;后装拔出法是指在已硬化的混凝土上钻孔,然后在其上安装锚固件的拔出法。前者主要适用于成批、连续生产混凝土结构构件的强度检测,国外常用此法监控混凝土的浇筑质量;后者可用于新、旧混凝土各种构件的强度检测。拔出法和回弹法一样,一般不宜直接用于遭受冻害、化学腐蚀、火灾等损伤混凝土的检测。

5.1.3 混凝土缺陷无损检测方法

混凝土缺陷无损检测方法有:超声波法、冲击回波法、红外成像法。

5.1.3.1 超声波法

超声波法既可用于检测混凝土强度,又可用于检测混凝土缺陷。混凝土内部常见的缺陷有:蜂窝状或松散状的不密实区、空洞,杂物或受意外损伤而形成的酥松区、裂缝等。应用超声波法检测混凝土缺陷是根据超声波在混凝土中传播的速度、振幅、相位及主频的变化来判断混凝土内部的缺陷情况。当超声波遇到以上缺陷时,其速度、振幅等常会发生一定程度的异常变化,通过分析这种异常变化可推知混凝土内部的缺陷状况,其试验结果能够反映出被测结构物的质量。应用超声波法检测混凝土时常用的频率为 20~250 kHz。由于混凝土本身是一种非匀质复合材料,故其内部超声波传播速度会受许多因素的影响,如钢筋的配置、骨料的粒径、配合比、龄期、养护条件及混凝土的强度等级等。这些影响因素也会影响超声波法对缺陷检测的准确性,对超声波判定异常的部位如采用钻芯法验证可提高其准确性。

5.1.3.2 冲击回波法

用一钢珠冲击结构混凝土的表面,在混凝土表面会产生纵波、横波、表面波(在冲击回波测试中主要依靠纵波),从而在混凝土内产生应力波。当应力波遇到声阻抗有差异的界面(混凝土内部缺陷或混凝土底面)时会产生反射波,接收这种反射波并进行快速傅里叶变换可得到频谱图。频谱图上突出的峰值就是应力波在混凝土内部缺陷或混凝土底面上进行反射形成的,根据其峰值频率可计算出混凝土缺陷的位置或混凝土的厚度。由于该法采用单面测试,故特别适用于如路面、护坡、底板、跑道等只有一个测试面的混凝土的检测。

5.1.3.3 红外成像法

自然界中任何高于绝对零度(-273 ℃)的物体都是红外线的辐射源,都会向外界不断地辐射出红外线。红外线是介于可见光与微波之间的电磁波,其波长为 0.76~1000 μm,频率为 $3 \times 10^{11} \sim 4 \times 10^{14}$ Hz。混凝土红外线无损检测是通过测量混凝土的热量及热流来判断其质量的一种方法。当混凝土内部存在某种缺陷时,将会改变混凝土的热传导,使混凝土表面的温度场分布产生异常。用红外成像仪测出显示这种异常的热像图,由热像图中的异常特征可判断出混凝土缺陷的类型及位置特征等。这种方法属于非接触无损检测方法,可对检测物进行上、下、左、右的连续扫测,且白天、黑夜均可进行,可检测的温度为 -50~2000 ℃,分辨率可达 0.1~0.2 ℃,是一种检测精度较高、使用较方便的无损检测方法,并具有快速、直观、适合大面积扫测的特点,可用于检测混凝土遭受冻害或火灾等损伤的程度以及建筑物墙体的剥离、渗漏等。

5.1.4 混凝土钢筋位置无损检测方法

目前,混凝土结构中钢筋位置的探测可用两种方法测定,即电磁法和雷达法。

5.1.4.1 电磁法

电磁法钢筋探测仪通常由探头、主机和连接线组成。探头接收主机命令,产生电磁场,与混凝土表面持续接触并进行扫描。当混凝土中的钢筋和其他金属物体位于该磁场中时,磁力线会变形,钢筋和其他金属所产生的干扰会导致电磁场强度的分布发生改变,被探头探测到并接收输送回主机,主机以模拟方式或数字方式对金属物的位置进行显示。较为先进的电磁法钢筋探测仪大都具有影像扫描和快速扫描探测功能。影像扫描用于详细准确地探测某个区域内所有浅层钢筋的位置、保护层厚度和钢筋直径情况,探测深度可达 180 mm。由于混凝土构件中常有多根甚至多排钢筋,在探测磁场范围内各钢筋时均有信号被探头接收,导致各钢筋之间的信号发生相互干扰,进而影响电磁法的探测精度。根据对各探测仪性能的了解及局部剔凿验证可提高电磁法的探测精度。

5.1.4.2 雷达法

雷达法是近年来迅速发展起来的一种无损检测技术,其探测的依据不是材料的密度,而是电磁特性。雷达法主要是根据混凝土内部介质之间电磁性质的差异来工作的,差异越大,反射波信号越强。应用该法时,利用高频电磁波(主要为数十至数百乃至数千兆赫的电磁波)从混凝土表面向内部发射,当遇到电磁性质不同的缺陷或钢筋时,将产生反射电磁波,接收被测物体反射的电磁波可得到一波形图。通过对雷达成像图的解析和处理,可以准确确定混凝土结构及构件中钢筋的位置,保护层的厚度以及孔洞、酥松层、裂缝等缺陷的位置。它的优点是探测效率高,对探测场地和目标无破坏性,有较高的分辨率和抗干扰性。雷达法和电磁法一样,其控制精度受钢筋相互间的干扰,保护层越厚,间距越小,影响越大。

5.2 回弹法检测混凝土抗压强度

5.2.1 概述

1948 年,瑞士工程师施密特(E. Schmidt)研制成功回弹仪。

应用该项技术的主要国家和组织见表 5-1。

表 5-1　　　　　　　　　　　应用回弹法的主要国家和组织

国家和组织	应用依据	应用目的	国家和组织	应用依据	应用目的
美国	ASTMC805	A	英国	BS1881	C
德国	DIN1408	C	罗马尼亚		C
前苏联	GOCT10180	C	国际材料与结构研究实验联合会	RILEM	C
日本	无损手册	B	中国	JGJ/T 23—2011	C

注:"应用目的"中,A 指均质性,B 指辅助手段,C 指推定抗压强度。

我国的这项技术走在世界前列,国际领先。其规程的编制历史沿革如下:

①《回弹法评定混凝土抗压强度技术规程》(JGJ 23—1985)。

②《回弹法检测混凝土抗压强度技术规程》(JGJ/T 23—1992)。

③《回弹法检测混凝土抗压强度技术规程》(JGJ/T 23—2001)。

④《回弹法检测混凝土抗压强度技术规程》(JGJ/T 23—2011)。

回弹法是目前国内应用最为广泛的结构混凝土抗压强度检测方法。其主要优点是对结构没有损伤;仪器轻巧,使用方便;测试速度快;测试费用相对较低;可以基本反映结构混凝土抗压强度规律。其主要缺点是精度相对较低,不适用于表层与内部质量有明显差异或内部存在缺陷(表面遭受火灾、冻伤、受化学物质侵蚀或内部有缺陷等)的混凝土结构或构件的检测,影响因素多(水泥品种、骨料粗细、骨料粒径、配合比、混凝土碳化、龄期、模板、泵送、高强等)。

通过一系列系统性试验和统一性研究,应用回弹法检测混凝土抗压强度取得了较为满意的结果,提出了具有我国特色的回弹仪标准状态和考虑混凝土碳化深度的测强曲线,基本解决了控制回弹法测强相对误差在±15%以内的关键和普遍推广应用的中心环节,适应我国幅员辽阔、气候悬殊、材料性能多变、工程分散等特点。

5.2.2 回弹法基本原理

混凝土表面受到弹击后会产生塑性变形和弹性变形:弹性变形可恢复,而塑性变形不可恢复(形成小坑)。回弹值是剩余能量(弹性变形能)与初始(弹击)能量(2.207J)比值的平方根。回弹值的大小,取决于与冲击能量有关的回弹能量,而回弹能量主要取决于被测混凝土的弹、塑性性能。在一定冲击能量的作用下,弹性变形接近常数,因此弹回距离主要取决于混凝土的塑性变形。混凝土的强度越低,则塑性变形越大,消耗于产生塑性变形的功越大,弹击锤所获得的回弹功就越小,回弹距离相应也越小,从而回弹值就越小,反之亦然。

据此,可以由实验方法建立混凝土抗压强度-回弹值的关系曲线,通过回弹仪对混凝土表面弹击后的回弹值来推算混凝土的强度值。

5.2.3 回弹仪

5.2.3.1 回弹仪的分类

目前,回弹仪主要执行《回弹仪》(GB/T 9138—1988)、《回弹法检测混凝土抗压强度技术规程》(JGJ/T 23—2011)和《回弹仪检定规程》(JJG 817—2011)国家计量检定规程标准。

常用回弹仪的构造如图 5-1 所示。其主要的分类如下。

① 重型(HT-3000):冲击能量为 29.43 J(3 kgf·m),主要用于检测大型、重型构件的强度,如水利工程、港口、铁路隧道、矿山、桥梁、公路重载路面及飞机跑道,还可用于一般建筑物基础梁等的混凝土检测。

② 高强型(HT-1000):冲击能量为 9.8 J(1 kgf·m),主要适用于检测高层建筑构件、桥梁及混凝土构件(板、梁、柱、桥架)的强度(测强范围:50～80 MPa)。

③ 中型(HT-225):冲击能量为 2.207 J(0.225 kgf·m),主要适用于厚度为 10～80 cm 的普通混凝土强度的测定(测强范围:10～60 MPa)。

④ 轻型(HT-75):冲击能量为 0.735 J,主要适用于检测烧结普通砖的强度,也适用于轻骨料混

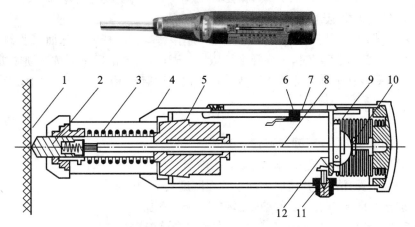

图 5-1　常用回弹仪的构造

1—试验构件表面；2—弹击杆；3—拉力弹簧；4—套筒；5—重锤；6—指针；
7—刻度尺；8—导杆；9—压力弹簧；10—调整螺丝；11—按钮；12—挂钩

凝土及其他轻质材料的强度检测。

⑤ 特轻型（HT-28）：冲击能量为 0.196 J（0.02 kgf·m），主要适用于测定一般建筑物烧结普通砖砌体中砌筑砂浆的抗压强度。

根据回弹仪数值读取方式，其可分为：直读式、数显式、直读＋数显式。我国可以使用直读式和直读＋数显式。

产品标准中只包括直读式；回弹计量仪检定标准中要求数字式回弹仪应带有指针直读示值系统，数字显示的回弹值与指针直读示值相差不应超过 1，只有数显的回弹仪不宜使用。

5.2.3.2　回弹仪的操作

使用回弹仪进行工程检测的人员，应通过主管部门认可的专业培训，并持有相应的资格证书。

检测时回弹仪的轴线应始终垂直于结构或构件的混凝土检测面，缓慢施压，准确读数，快速复位。

5.2.3.3　回弹仪的保养

当回弹仪存在下列情况之一时应进行保养：

① 弹击超过 2000 次。

② 在钢砧上的率定值不合格。

③ 对检测值有怀疑。

回弹仪的保养应按下列步骤进行：

① 先将弹击锤脱钩，取出机芯，然后卸下弹击杆，取出里面的缓冲压簧，并取出弹击锤、弹击拉簧和拉簧座。

② 清洁机芯各零部件，应重点清洗中心导杆、弹击锤和弹击杆的内孔和冲击面。清洗后，应在中心导杆上薄薄地涂抹一层钟表油，其他零部件均不得抹油。

③ 清理机壳内壁，卸下刻度尺，检查指针，其摩擦力应为 0.5～0.8 N。

④ 对于数字回弹仪，还应按产品要求的维护程序进行维护。

⑤ 保养时不得旋转尾盖上已定位紧固的调零螺丝,不得自制或更换零部件。

⑥ 保养后应按相关规定进行率定试验。

回弹仪使用完毕后,应使弹击杆伸出机壳,并应清除弹击杆、杆前端球面以及刻度尺表面和外壳上的污垢、尘土。回弹仪不用时,应将弹击杆压入机壳内,经弹击后按下按钮锁住机芯,然后装入仪器箱。仪器箱应平放在干燥阴凉处。当数字式回弹仪长期不用时,应取出电池。

5.2.3.4 钢砧率定

回弹仪的率定试验应符合下列规定:

① 率定试验宜在干燥、室温为 5~35 ℃ 的条件下进行。

② 钢砧表面应干燥、清洁,并应稳固地平放在刚度大的物体上。

③ 回弹值取连续向下弹击三次的稳定回弹结果的平均值。

④ 率定试验应分四个方向进行,且每个方向弹击前将弹击杆旋转 90°,每个方向的回弹平均值应为 80±2。

在符合标准[洛氏硬度(60±2)HRC]的钢砧上,将仪器垂直向下率定,其平均值应为 80±2,以此作为出厂合格检验及使用中是否需要调整的标准。

如率定试验不在 80±2 范围内,应对仪器进行保养后再率定,如仍不合格应送检定单位检定。

钢砧率定值不在 80±2 范围内的仪器不得用于测试。

回弹仪率定试验所用的钢砧应每两年送授权计量检定机构进行检定或校准。

5.2.3.5 回弹仪的检定

回弹仪的检定周期为半年。当回弹仪具有下列情况之一时,应由法定计量检定机构按行业标准《回弹仪检定规程》(JJG 817—2011)进行检定:

① 新回弹仪启用前。

② 超过检定有效期限。

③ 数字式回弹仪数字显示的回弹值与指针直读示值相差大于 1。

④ 经保养后,钢砧率定值不合格。

⑤ 遭受严重撞击或其他损害。

检定单位应由当地技术监督部门授权,并必须按照《回弹仪检定规程》(JIG 817—2011)的规定备有回弹仪检定器、拉簧刚度测量仪等设备。

使用回弹仪前,必须确保仪器检定合格,并符合标准状态。

5.2.4 检测技术

5.2.4.1 检测准备

采用回弹法检测混凝土强度时,应具有下列资料:

① 工程名称、设计单位、施工单位。

② 构件名称、数量及混凝土类型、强度等级。

③ 水泥安定性,外加剂、掺和料品种;混凝土配合比等。

④ 施工模板,混凝土浇筑、养护情况及浇筑日期等。

⑤ 必要的设计图纸和施工记录。

⑥ 检测原因。

一般检测混凝土结构或构件有两类方法,即单个构件检测和批量抽样检测。具体应用时视测试要求而选择。

单个构件检测方法主要用于对混凝土强度质量有怀疑的独立结构(如隧道、连续墙等)、单独构件(如结构物中的柱、梁、屋架、板、基础等)和有明显质量问题的某些结构或构件。

对于混凝土生产工艺、强度等级相同,原材料、配合比、养护条件一般一致且龄期相近的一批同类构件的检测应采用批量抽样检测法。进行批量抽样检测的构件,抽检数量不宜少于同批构件总数的 30% 且构件数量不宜少于 10 件。当检验批构件数量大于 30 时,抽样构件数量可适当调整,但不得少于国家现行有关标准规定的最少抽样数量(表 5-2)。

表 5-2   **建筑结构批量抽样检测的小样本容量**

检测批容量	检测类别和样本最小容量			检测批容量	检测类别和样本最小容量		
	A	B	C		A	B	C
2~8	2	2	3	501~1200	32	80	125
9~15	2	3	5	1201~3200	50	125	200
16~25	3	5	8	3201~10000	80	200	315
26~50	5	8	13	10001~35000	125	315	500
51~90	5	13	20	35001~150000	200	500	800
91~150	8	20	32	150001~500000	315	800	1250
151~280	13	32	50	>500000	500	1250	2000
281~500	20	50	80				

注:1. 检测类别 A 适用于一般施工质量的检测,检测类别 B 适用于结构质量或性能的一般检测,检测类别 C 适用于结构质量或性能的严格检测或复检。

    2. 无特别说明时,样本单位为构件。

5.2.4.2 测区要求

单个构件的检测应符合下列规定:

① 对于一般构件,测区数不宜少于 10 个。当受检构件的数量大于 30 个且不需提供单个构件推定强度,或受检构件某一方向的尺寸小于 4.5 m 且另一方向的尺寸小于 0.3 m 时,每个构件的测区数可适当减少,但不应少于 5 个。

② 如图 5-2 所示,相邻两测区的间距不应大于 2 m,测区离构件端部或施工缝边缘的距离不宜大于 0.5 m,且不宜小于 0.2 m。

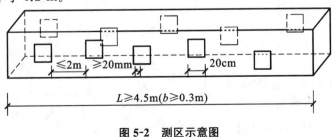

图 5-2   测区示意图

③ 测区应选在使回弹仪处于水平方向的混凝土浇筑侧面。当不能满足这一要求时,也可使回弹仪处于非水平方向的混凝土浇筑表面或底面。

④ 测区宜选在构件的两个对称可测面上,当不能布置在对称的可测面上时,也可布置在同一可测面上,且应均匀分布。在构件的重要部位及薄弱部位必须布置测区,并应避开预埋件。

⑤ 测区的面积不宜大于 0.04 m²。

⑥ 测区表面应为混凝土原浆面,并应清洁、平整,不应有疏松层、浮浆、油垢、涂层以及蜂窝、麻面。

⑦ 对弹击时产生颤动的薄壁、小型构件应进行固定。

⑧ 测区应标有清晰的编号,并宜在记录纸上绘制测区布置示意图,描述外观质量情况。

5.2.4.3 现场测量

测量回弹值时,回弹仪的轴线应始终垂直于混凝土检测面,缓慢施压,准确读数,快速复位。

每一测区应记取 16 个回弹值,每一测点的回弹值读数精确至 1 mm。测点宜在测区范围内均匀分布,相邻两测点间的净距不宜小于 20 mm;测点距外露钢筋、预埋件的距离不宜小于 30 mm。测点不应在气孔或外露石子上,同一测点只应弹击一次。

对于老旧的混凝土,由于受到大气中 CO_2 的作用,混凝土中一部分未碳化的 $Ca(OH)_2$ 会逐渐形成 $CaCO_3$ 而变硬,因而在老旧混凝土上测试的回弹值偏高,应给予修正。

回弹值测量完毕后,应在有代表性的位置上测量碳化深度值。测点数不应少于构件测区数的 30%,取其平均值作为该构件每测区的碳化深度值。当碳化深度值极差大于 2.0 mm 时,应在每一测区测量碳化深度值。

碳化深度值的测量应符合下列规定:

① 可采用工具在测区表面形成直径约 15 mm 的孔洞,其深度应大于混凝土的碳化深度。

② 应清除孔洞中的粉末和碎屑,且不得用水擦洗。

③ 应采用浓度为 1%~2% 的酚酞酒精溶液滴在孔洞内壁的边缘处。当已碳化区与未碳化区界线清楚时,应采用碳化深度测量仪测量已碳化与未碳化混凝土交界面到混凝土表面的垂直距离,并应测量 3 次,每次读数精确至 0.25 mm。

④ 应将三次测量的平均值作为检测结果,并应精确至 0.5 mm。

检测泵送混凝土强度时,测区应选在混凝土浇筑的侧面。

5.2.5 数据处理

5.2.5.1 回弹值的计算与修正

测区回弹代表值应从该测区的 16 个回弹值中剔除 3 个较大值和 3 个较小值得出,根据其余 10 个有效回弹值按下列公式计算:

$$R_{\mathrm{m}} = \frac{\sum\limits_{i=1}^{10} R_i}{10} \tag{5-1}$$

式中 R_{m}——测区平均回弹值,精确至 0.1;

R_i——第 i 个测点的回弹值。

非水平状态下测得的回弹值,应按下列公式进行修正:

$$R_a = R_m + R_{a\alpha} \tag{5-2}$$

式中 R_a——修正后的测区回弹值；

$R_{a\alpha}$——测试角度为 α 时的回弹修正值，按表 5-3 选用。

由混凝土浇灌方向的顶面或底面测得的回弹值，应按下列公式进行修正：

$$R_a = R_m + (R_a^t + R_a^b) \tag{5-3}$$

式中 R_a^t——测顶面时的回弹修正值，按表 5-4 选用；

R_a^b——测底面时的回弹修正值，按表 5-4 选用。

在测试时，如仪器处于非水平状态，同时构件测区又非混凝土的浇灌侧面，则应对测得的回弹值先进行角度修正，然后进行顶面或底面修正。

表 5-3 非水平状态下测得的回弹修正值 $R_{a\alpha}$

测试角度	α 向上				α 向下			
R_m	90°	60°	45°	30°	−30°	−45°	−60°	−90°
20	−6.0	−5.0	−4.0	−3.0	2.5	3.0	3.5	4.0
30	−5.0	−4.0	−3.5	−2.5	2.0	2.5	3.0	3.5
40	−4.0	−3.5	−3.0	−2.0	1.5	2.0	2.5	3.0
50	−3.5	−3.0	−2.5	−1.5	1.0	1.5	2.0	2.5

注：1. 当测试角度 $\alpha = 0°$ 时，修正值为 0。

2. 表中未列数值，可用内插法求得。

表 5-4 由混凝土浇灌的顶面或底面测得的回弹修正值 R_a^t、R_a^b

测试面 R_m	顶面	底面
20	2.5	−3.0
25	2.0	−2.5
30	1.5	−2.0
35	1.0	−1.5
40	0.5	−1.0
45	0	−0.5
50	0	0

注：1. 在侧面测试时，修正值为 0。

2. 表中未列数值，可用内插法求得。

5.2.5.2 混凝土强度推定值的计算

结构或构件第 i 个测区混凝土强度的换算值，可按平均回弹值（R_m）及平均碳化深度值（d_m）由《回弹法检测混凝土抗压强度技术规程》（JGJ/T 23—2011）附录 A 查表得出。当有专用测强曲线时，混凝土强度换算值应按专用测强曲线换算得出。

当测区混凝土强度换算值小于 10.0 MPa 时，可按下式表示：

$$f^{c}_{cu,i} < 10.0 \text{ MPa}$$

当测区混凝土强度换算值大于 60.0 MPa 时,可按下式表示:

$$f^{c}_{cu,i} > 60.0 \text{ MPa}$$

当测区混凝土强度换算值中出现超出所用测强曲线适用强度范围的情况时,不进行结构或构件测区混凝土强度平均值的计算。当各测区混凝土强度换算值均未超出所用测强曲线的适用强度范围时,应计算结构或构件测区混凝土强度的平均值;当测区数不少于 10 个时,应计算强度标准差。平均值及标准差应按下列公式计算:

$$m_{f^{c}_{cu}} = \frac{\sum_{i=1}^{n} f^{c}_{cu,i}}{n} \tag{5-4}$$

$$S_{f^{c}_{cu}} = \sqrt{\frac{\sum_{i=1}^{n} (f^{c}_{cu,i})^2 - n\,(m_{f^{c}_{cu}})^2}{n-1}} \tag{5-5}$$

式中　$m_{f^{c}_{cu}}$——结构或构件测区混凝土强度换算值的平均值,精确至 0.1 MPa;

　　　n——对于单个检测的构件,取一个构件的测区数,对批量检测的构件,取被抽检构件测区数之和;

　　　$S_{f^{c}_{cu}}$——结构或构件测区混凝土强度换算值的标准差,精确至 0.01 MPa。

结构或构件的混凝土强度推定值 $f_{cu,e}$ 应按下列公式确定。

① 当该结构或构件测区数少于 10 个,或该结构、构件的部分测区混凝土强度换算值大于 60.0 MPa 时:

$$f_{cu,e} = f^{c}_{cu,min} \tag{5-6}$$

式中　$f^{c}_{cu,min}$——构件中最小的测区混凝土强度换算值。

② 当该结构或构件中出现测区强度值小于 10.0 MPa 时:

$$f_{cu,e} \leqslant 10.0 \text{ MPa} \tag{5-7}$$

③ 当该结构或构件测区数不少于 10 个或按批量抽样检测时:

$$f_{cu,e} = m_{f^{c}_{cu}} - 1.645 S_{f^{c}_{cu}} \tag{5-8}$$

结构或构件的混凝土强度推定值是指相应于强度换算值总体分布中保证率不低于 95% 的结构或构件中的混凝土抗压强度值。

按批量抽样检测的构件,当该批构件混凝土强度标准差出现下列情况之一时,该批构件应全部按单个构件检测:

① 当该批构件混凝土强度平均值小于 25.0 MPa 时,$S_{f^{c}_{cu}} > 4.50$ MPa。

② 当该批构件混凝土强度平均值为 25.0~50.0 MPa 时,$S_{f^{c}_{cu}} > 5.50$ MPa。

③ 当该批构件混凝土强度平均值大于 50.0 MPa 时,$S_{f^{c}_{cu}} > 6.50$ MPa。

④ 该批构件中测区混凝土换算值出现超出所用测强曲线适用强度范围的情况。

检测后应填写检测报告,检测报告应包括下列内容:

① 工程名称及设计、施工、监理、建设和见证单位名称。

② 结构或构件的名称、数量及设计要求的混凝土强度等级。

③ 检测原因、抽样数量及抽样方法。

④ 施工时模板、浇筑、养护情况以及成型日期。

⑤ 检测时的环境温度,检测所采用的回弹仪编号,检定情况。

⑥ 计算混凝土抗压强度换算值时所采用的换算曲线。

⑦ 混凝土抗压强度换算值的平均值、标准差以及混凝土强度推定值。

⑧ 检测、审核、签发人员，检测日期。

5.3 超声回弹综合法检测混凝土抗压强度

5.3.1 综合法的基本原理

应用综合法检测结构混凝土抗压强度是指应用两种或两种以上单一无损检测方法（力学的、物理的），分别获取相应的多种参变量，并建立混凝土抗压强度与多项参变量的综合相关关系，从而从不同角度综合评价混凝土强度的方法。

超声回弹综合法是综合法中经过实践检验的一种成熟可行的方法。顾名思义，该法是同时利用超声波法和回弹法对混凝土结构构件同一测区进行检测的方法。它可以弥补单一方法的固有缺陷，使其互补。例如，回弹法中的回弹值主要受表面硬度影响，但当混凝土强度较低时，塑性变形增大，表面硬度反应不敏感；又如当构件尺寸较大、内外质量有差异时，表面硬度和回弹值难以反映构件的实际强度。相反，超声波法的声速值取决于整个断面的动弹性，主要以其密实性来反映混凝土强度，这种方法可以较敏感地反映出混凝土的内部密实性、混凝土内骨料组成以及骨料种类。此外，应用超声波法检测强度较高的混凝土时，声速随强度变化而不敏感。由此可见，超声回弹综合法可以利用超声波声速值与回弹值两个参数检测混凝土强度，弥补了单一方法在较高强度区或在较低强度区各自的不足。

超声回弹综合法最先由罗马尼亚建筑及建筑经济科学研究院提出，编制了有关技术规程并在罗马尼亚推广应用。1976 年，我国引进了这一方法。结合我国具体国情，许多科研单位进行了大量的试验，获得了多项科研成果，在结构混凝土的质量检测领域中这些科研成果已获得了广泛的应用。在此基础上，中国工程建设标准化协会组织编制并发布了《超声回弹综合法检测混凝土强度技术规程》（CECS 02—2005）。相较于之前的版本，该规程中主要增加了超声波角测、平测技术，扩大了应用范围，与相关检测规程有较好的协调。其适用范围如下：

① 所用材料、拌和用水符合现行国家有关标准。

② 人工或一般机械搅拌的混凝土或泵送混凝土。

③ 自然养护。

④ 龄期为 7～2000 d。

⑤ 混凝土强度为 10～70 MPa。

5.3.2 综合法测量仪器设备

综合法主要采用的测量仪器设备为回弹仪和非金属超声波检测仪，其技术性能，仪器的检验、检定必须满足并符合有关规程的要求，并在计量检定有效期内使用。

回弹仪主要采用中型回弹仪，冲击能量为 2.207 J。

用于混凝土检测的超声波检测仪可分为下列两类：

① 模拟式：接收的信号为连续模拟量，可由时域波形信号测读声学参数。

② 数字式：接收的信号转化为离散数字量，具有智能采集、储存数字信号，测读声学参数和对数字信号进行处理的功能。

超声波检测仪应满足下列要求：

① 具有波形清晰、显示稳定的示波装置。

② 声时最小分度值为 0.1 μs。

③ 具有最小分度值为 1 dB 的信号幅度调整系统。

④ 接收放大器频响范围为 10～500 kHz，总增益不小于 80 dB，接收灵敏度（信噪比 3∶1 时）不大于 50 μV。

⑤ 在电源电压标称值±10%的波动范围内能正常工作。

⑥ 连续正常工作时间不少于 4 h。

模拟式超声波检测仪还应满足下列要求：

① 具有手动游标和自动整形两种声时测读功能。

② 数字显示稳定：声时调节在 20～30 μs 范围内，连续静置 1 h 数字变化不超过±0.2 μs。

数字式超声波检测仪还应满足下列要求：

① 具有智能采集、储存数字信号并进行数据处理的功能。

② 具有手动游标测读和自动测读两种方式。自动测读时，在同一测试条件下，1 h 内每 5 min 测读一次，声时值的差异不超过±0.2 μs。

③ 自动测读时，在显示器的接收波形上，有光标指示声时的测读位置。

使用超声波检测仪器时，环境温度应为 0～40 ℃。超声波换能器的工作频率宜为 50～100 kHz。

换能器的实测主频与标称频率相差不应超过±10%。

5.3.3 综合法检测技术及数据处理

5.3.3.1 检测准备

（1）测试前应准备的资料

① 工程名称，设计、施工、建设和委托单位名称。

② 施工图纸，结构或构件名称及混凝土设计强度等级。

③ 水泥的品种、用量，石子、砂的品种、规格、粒径，外加剂或掺和料的品种、掺量等，混凝土配合比。

④ 模板类型，混凝土成型日期，以及浇筑和养护情况。

⑤ 结构或构件检测原因说明。

（2）被测结构或构件准备

① 按单个构件检测时，构件上均匀布置测区，每个构件上的测区数不应少于 10 个；构件某一方向上的尺寸小于 4.5 m，且另一方向上的尺寸不大于 0.3 m 时，其测区数不应少于 5 个。

② 按批进行抽样检测时，构件抽样数量不应少于同批构件的 30%，且不应少于 10 个。同批构件要符合下列条件：混凝土强度等级相同，混凝土原材料、配合比、成型工艺、养护条件及龄期基本相同，构件种类相同，施工阶段所处状态相同。

（3）测区布置要求

① 如条件允许，将测区优先布置在构件混凝土浇筑方向的侧面，也可布置在构件的两个对应面、相邻面（角测）或同一面上（平测）。

② 均匀分布，相邻两测区间距不宜大于 2 m。

③ 避开钢筋密集区和预埋件。

④ 测区尺寸宜为 200 mm×200 mm,平测时宜为 400 mm×400 mm。

⑤ 测试面应清洁、平整、干燥,不应有接缝、施工缝、饰面层、浮浆和油垢,并应避开蜂窝、麻面部位,必要时可用砂轮片清除杂物和打磨不平处,并擦除残留粉尘。

⑥ 结构或构件上的测区应注明编号,记录测区位置和外观质量情况。

5.3.3.2 回弹值的测量与计算

进行回弹测试时,应始终保持回弹仪的轴线垂直于混凝土测试面,宜首先选择混凝土浇筑方向的侧面进行水平方向测试。如不具备浇筑方向侧面水平测试的条件,可采用非水平状态测试或混凝土浇筑的顶面或底面测试。测区内应先进行回弹测试,后进行超声测试。

测量回弹值时,应在构件测区内超声波的发射和接收面各弹击 8 点;超声波单面平测时,可在超声波的发射和接收测点之间弹击 16 点。每一测点的回弹值,测读精度至 1。

测点在测区范围内宜均匀布置,但不得布置在气孔或外露石子上。相邻两测点的间距不宜小于 30 mm;测点距构件边缘或外露钢筋、铁件的距离不应小于 50 mm,同一测点只允许弹击一次。

回弹值的计算方法同 5.2.5.1 小节,此处不再赘述。

5.3.3.3 超声波声速值的测量与计算

超声波测点应布置在回弹测试的同一测区内。测量超声波声时值时,应保证换能器与混凝土耦合良好。测试的声时值应精确至 0.1 μs,声速值应精确至 0.01 km/s。超声波测距的测量误差应不大于±1%。

在每个测区内的相对测试面上应各布置 3 个测点,且发射和接收换能器的轴线应在同一轴线上。

测区声速应按下列公式计算:

$$v = \frac{l}{t_\mathrm{m}} \tag{5-9}$$

$$t_\mathrm{m} = \frac{t_1 + t_2 + t_3}{3} \tag{5-10}$$

式中　v——测区声速值,km/s;

　　　l——超声波测距,mm;

　　　t_m——测区平均声时值,μs;

　　　t_1, t_2, t_3——测区中 3 个测点的声时值,μs。

当在混凝土浇灌的顶面与底面测试时,测区声速值应按下列公式修正:

$$v_\mathrm{a} = \beta v \tag{5-11}$$

式中　v_a——修正后的测区声速值,km/s;

　　　β——超声波测试面修正系数,在混凝土浇灌顶面及底面测试时 $\beta = 1.034$,在混凝土侧面测试时 $\beta = 1$。

5.3.4 综合法检测数据的处理

构件第 i 个测区的混凝土强度换算值 $f^\mathrm{c}_{\mathrm{cu},i}$,应根据修正后的测区回弹值 R_{ai} 及修正后的测区声速值 v_{ai},优先采用专用或地区测强曲线推定。当无该类测强曲线时,经验证后也可按《超声回弹综合法检测混凝土强度技术规程》(CECS 02—2005)附录二的规定确定,或按下列公式计算。

① 粗骨料为卵石时:

$$f_{cu,i}^{c} = 0.0056 v_i^{1.439} R_{ai}^{1.769} \tag{5-12}$$

② 粗骨料为碎石时:

$$f_{cu,i}^{c} = 0.0162 v_{ai}^{1.656} R_{ai}^{1.410} \tag{5-13}$$

式中　$f_{cu,i}^{c}$——第 i 个测区混凝土强度换算值,精确至 0.1 MPa;

　　　v_{ai}——第 i 个测区修正后的超声波声速值,精确至 0.01 km/s;

　　　R_{ai}——第 i 个测区修正后的回弹值,精确至 0.1。

当结构所用材料与制订的测强曲线所用材料有较大差异时,需用同条件试块或从结构、构件测区钻取的混凝土芯样进行修正,试件数量应不少于 3 个。此时,得到的测区混凝土强度换算值应乘以修正系数。修正系数可按下列公式计算。

① 有同条件立方试块时:

$$\eta = \frac{1}{n} \sum_{i=1}^{n} \frac{f_{cu,i}}{f_{cu,i}^{c}} \tag{5-14}$$

② 有混凝土芯样试件时:

$$\eta = \frac{1}{n} \sum_{i=1}^{n} \frac{f_{cor,i}}{f_{cu,i}^{c}} \tag{5-15}$$

式中　η——修正系数,精确至小数点后两位;

　　　$f_{cu,i}$——第 i 个混凝土立方体试块抗压强度值,以边长为 150 mm 计,精确至 0.1 MPa;

　　　$f_{cu,i}^{c}$——对应于第 i 个立方体试块或芯样试件的混凝土强度换算值,精确至 0.1 MPa;

　　　$f_{cor,i}$——第 i 个混凝土芯样试件抗压强度值,以 $\phi 100 \times 100$ mm 计,精确至 0.1 MPa;

　　　n——试件数。

结构或构件的混凝土强度推定值 $f_{cu,e}$ 的确定见 5.2 节相关内容。

5.4　超声波法检测混凝土构件缺陷

5.4.1　基本原理

混凝土构件外观质量与缺陷的检测可分为蜂窝、麻面、孔洞、夹渣、露筋、裂缝、疏松区和不同时间浇筑的混凝土结合面质量检测等项目。对于一般结构构件的破损及缺陷,可通过目测、敲击、卡尺及放大镜等进行检测。

对于裂缝、内部空洞缺陷和表层损伤,可采用超声波法、冲击反射法等非破损检测方法,必要时可采用局部破损的方法对非破损检测结果进行验证。

混凝土是一种非均质的弹黏塑性建筑材料,对于超声波的吸收、散射、衰减作用较为明显,特别是对其中的高频成分更加容易产生衰减。所以,在采用超声波法对混凝土质量缺陷进行检测时,往往使用的是一些较低频率的超声波。对于不存在质量缺陷的混凝土而言,超声波在其中传播的速度以及首波幅度等主要参数并不会产生明显的变化;当混凝土内部存在明显缺陷时,混凝土的整体构造就会出现问题,超声波会从其他路径通过,所用的通过时间就会产生差异。此外,脉冲波在遇到混凝土内部的缺陷时,会产生一定的反射和折射现象,进而声能以及波幅、频率等都会出现降低的现象。

利用超声波法对混凝土缺陷进行检测时,需要选择同条件的混凝土进行比较测试。通过超声波在混凝土中的传播速度、波幅、主频率等参数的变化,来判断混凝土中是否存在明显的质量缺陷。

5.4.2 裂缝检测

进行混凝土构件裂缝检测时,首先要根据裂缝在结构中的部位及走向,对裂缝产生的原因进行分析与判断,其次应对裂缝的形状及几何尺寸进行测量。

（1）浅裂缝检测

对于结构混凝土开裂深度小于或等于 500 mm 的裂缝,可用平测法或斜测法进行检测。平测法适用于结构的裂缝部位只有一个可测表面的情况。如图 5-3 所示,将仪器的发射换能器和接收换能器对称布置在裂缝两侧,其距离为 L,超声波传播所需时间为 t_c。再将换能器以相同距离 L 平置在完好的混凝土表面,测得传播时间为 t,则裂缝的深度 d_c 可按下式进行计算:

$$d_c = \frac{L}{2}\sqrt{\left(\frac{t_c}{t}\right)^2 - 1} \tag{5-16}$$

式中　d_c——裂缝深度,mm;

　　　t, t_c——测距为 L 时不跨缝、跨缝平测的声时值,μs;

　　　L——平测时的超声波传播距离,mm。

实际检测时,可进行不同测距的多次测量,取平均值作为该裂缝的深度值。

当结构的裂缝部位有两个相互平行的测试表面时,可采用斜测法检测。如图 5-4 所示,将两个换能器分别置于对应测点 $1,2,3,\cdots,i$ 的位置,读取相应声时值 t_i、波幅值 A_i 和频率值 f_i。

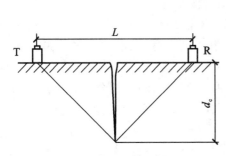

图 5-3　平测法检测裂缝深度

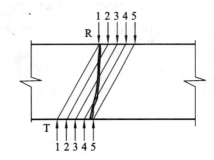

图 5-4　斜测法检测裂缝深度

当两换能器连线通过裂缝时,接收信号的波幅和频率会明显降低。对比各测点的信号,根据波幅和频率的突变,可以判定裂缝的深度以及是否在平面方向贯通。

按上述方法检测时,裂缝中不应有积水或泥浆。另外,当结构或构件中有主钢筋穿过裂缝且与两换能器的连线大致平行时,进行测点布置时应使两换能器连线与钢筋轴线至少相距 1.5 倍的裂缝预计深度,以减小测量误差。

（2）深裂缝检测

对于在大体积混凝土中预计深度在 500 mm 以上的深裂缝,采用平测法和斜测法检测有困难时,可采用钻孔探测,如图 5-5 所示。

在裂缝两侧钻两孔,孔距宜为 2000 mm。测试前向测孔中灌注清水作为耦合介质,将发射和接收换能器分别置入裂缝两侧的对应孔中,自上向下以相同高程等距同步移动,在不同的深度上进行对测,逐点读取声时值和波幅值。绘制换能器的深度和对应波幅值的 d-A 坐标图(图 5-6)。波幅值随换能器下降的深度逐渐增大,当波幅值达到最大并基本稳定时的对应深度,便是裂缝深度 d_c。测试时,可在混凝土裂缝测孔的一侧另钻一个深度较浅的比较孔(图 5-5)。将测试同样测距下无缝混凝土的声学参数与裂缝部位混凝土的声学参数进行对比,并进行判别。

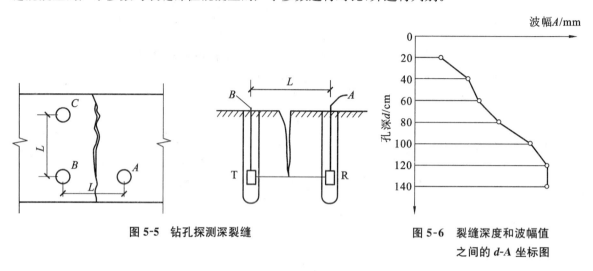

图 5-5 钻孔探测深裂缝

图 5-6 裂缝深度和波幅值
之间的 d-A 坐标图

5.4.3 内部空洞缺陷的检测

5.4.3.1 换能器的布置方法

根据被测构件的实际情况,选择下列方法之一布置换能器:

① 当构件具有两对相互平行的测试面时,应采用对测法。如图 5-7 所示,在测试部位两对相互平行的测试面上,分别画出等间距的网格(网格间距:工业与民用建筑为 $100\sim300$ mm,其他大型结构物可适当放宽),并编号确定对应的测点位置。

② 当构件只有一对相互平行的测试面时,可采用对测和斜测相结合的方法。如图 5-8 所示,在测位两个相互平行的测试面上分别画出网格线,可在对测的基础上进行交叉斜测。

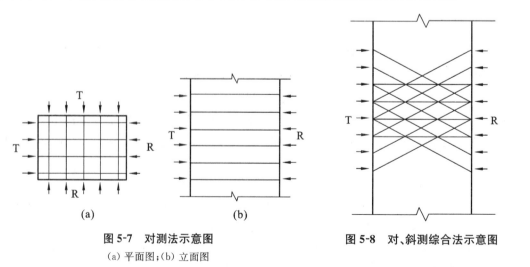

图 5-7 对测法示意图

(a) 平面图;(b) 立面图

图 5-8 对、斜测综合法示意图

③ 当测距较大时,可采用钻孔法或预埋管测法。如图 5-9 所示,在测位预埋声测管或钻出竖

向测孔,预埋管或钻孔间距宜为 2～3 m,其深度可根据测试需要确定。检测时,可用两个径向振动式换能器分别置于两测孔中进行测试,或者用一个径向振动式换能器与一个厚度振动式换能器,将其分别置于测孔中和平行于测孔的侧面进行测试。

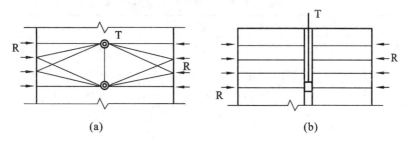

图 5-9 钻孔法示意图

(a) 平面图;(b) 立面图

5.4.3.2 数据的处理及判断

测位混凝土声学参数的平均值 m_x 和标准差 S_x 应按下式计算:

$$m_x = \frac{\sum X_i}{n} \tag{5-17}$$

$$S_x = \sqrt{\frac{\sum X_i^2 - n \cdot m_x^2}{n-1}} \tag{5-18}$$

式中 X_i——第 i 点的声学参数测量值;

n——参与统计的测点数。

异常数据可按下列方法判别:

① 将测位各测点的波幅、声速或主频值由大到小按顺序分别排列,即 $X_1 \geqslant X_2 \geqslant \cdots \geqslant X_n \geqslant X_{n+1}$,将排在后面明显小的数据视为可疑,再将这些可疑数据中最大的一个(假定为 X_n)连同其前面的数据按《超声法检测混凝土缺陷技术规程》(CECS 21—2000)第 6.3.1 条计算出 m_x 及 S_x 值,并按下式计算异常情况的判断值 X_0:

$$X_0 = m_x - \lambda_1 S_x \tag{5-19}$$

式中的 λ_1 按表 5-5 取值。

将判断值 X_0 与可疑数据的最大值 X_n 相比较:当 X_n 不大于 X_0 时,则 X_n 及排列其后的各数据均为异常值,去掉 X_n,再用 $X_1 \sim X_{n-1}$ 进行计算和判别,直至判不出异常值为止;当 X_n 大于 X_0 时,应将 X_{n+1} 放进去重新进行计算和判别。

② 当判断出测位中的异常测点时,可根据异常测点的分布情况,按下式进一步判别其相邻测点是否异常:

$$X_0 = m_x - \lambda_2 S_x \tag{5-20a}$$

或

$$X_0 = m_x - \lambda_3 S_x \tag{5-20b}$$

式中的 λ_2、λ_3 按表 5-5 取值:当测点布置为网格状时取 λ_2,当测点单排布置时(如在声测孔中检测)取 λ_3。

当测位中某些测点的声学参数被判为异常值时,可结合异常测点的分布及波形状况确定混凝土内部存在的不密实区和空洞的位置及范围。当判定缺陷是空洞时,可按《超声法检测混凝土缺陷技术规程》(CECS 21—2000)中的附录 C 估算空洞的当量尺寸。

表 5-5 　　　　　　　　　　　统计数的个数 n 与对应的 λ_1、λ_2、λ_3 值

n	20	22	24	26	28	30	32	34	36	38
λ_1	1.65	1.69	1.73	1.77	1.80	1.83	1.86	1.89	1.92	1.94
λ_2	1.25	1.27	1.29	1.31	1.33	1.34	1.36	1.37	1.38	1.39
λ_3	1.05	1.07	1.09	1.11	1.12	1.14	1.16	1.17	1.18	1.19
n	40	42	44	46	48	50	52	54	56	58
λ_1	1.96	1.98	2.00	2.02	2.04	2.05	2.07	2.09	2.10	2.12
λ_2	1.41	1.42	1.43	1.44	1.45	1.46	1.47	1.48	1.49	1.49
λ_3	1.20	1.22	1.23	1.25	1.26	1.27	1.28	1.29	1.30	1.31
n	60	62	64	66	68	70	72	74	76	78
λ_1	2.13	2.14	2.15	2.17	2.18	2.19	2.20	2.21	2.22	2.23
λ_2	1.50	1.51	1.52	1.53	1.53	1.54	1.55	1.56	1.56	1.57
λ_3	1.31	1.32	1.33	1.34	1.35	1.36	1.36	1.37	1.38	1.39
n	80	82	84	86	88	90	92	94	96	98
λ_1	2.24	2.25	2.26	2.27	2.28	2.29	2.30	2.30	2.31	2.31
λ_2	1.58	1.58	1.59	1.60	1.61	1.61	1.62	1.62	1.63	1.63
λ_3	1.39	1.40	1.14	1.42	1.42	1.43	1.44	1.45	1.45	1.45
n	100	105	110	115	120	125	130	140	150	160
λ_1	2.32	2.35	2.36	2.38	2.40	2.41	2.43	2.45	2.48	2.50
λ_2	1.64	1.65	1.66	1.67	1.68	1.69	1.71	1.73	1.75	1.77
λ_3	1.46	1.47	1.48	1.49	1.51	1.53	1.54	1.56	1.56	1.59

5.4.4 表层损伤的检测

混凝土结构受火灾、冻害和化学侵蚀等时会引起混凝土表面损伤,其损伤的厚度也可以采用表面平测法进行检测。检测时,换能器测点如图 5-10 进行布置。将发射换能器在测试表面 A 点耦合后保持不动,接收换能器依次耦合安置在 B_1、B_2、B_3 等处,每次移动距离不宜大于 100 mm,并测读响应的声时值 t_1、t_2、t_3 等及两换能器之间的距离 l_1、l_2、l_3 等,每一测区内不得少于 5 个测点。按各点声时值及测距绘制损伤层检测时-距坐标图(图 5-11)。由于混凝土损伤后会使声波传播速度发生变化,因此在时-距坐标图上会出现转折点,由此可分别求得声波在损伤混凝土与密实混凝土中的传播速度。

损伤表层混凝土的声速:

$$v_{\mathrm{f}} = \cot\alpha = \frac{l_2 - l_1}{t_2 - t_1} \tag{5-21}$$

未损伤混凝土的声速:

$$v_a = \cot\beta = \frac{l_5 - l_3}{t_5 - t_3} \tag{5-22}$$

式中 l_1, l_2, l_3, l_5 ——转折点前后各测点的测距,mm;

         t_1, t_2, t_3, t_5 ——相对于测距 l_1、l_2、l_3、l_5 的声时值,μs。

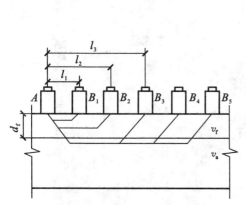

图 5-10   平测法检测混凝土表层损伤厚度

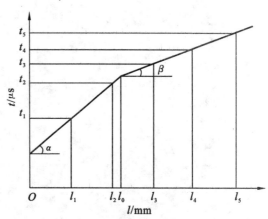

图 5-11   混凝土表层损伤检测时-距坐标

混凝土表面损伤层的厚度:

$$d_f = \frac{l_0}{2}\sqrt{\frac{v_a - v_f}{v_a + v_f}} \tag{5-23}$$

式中 d_f ——表层损伤厚度,mm;

        l_0 ——声速产生突变时的测距,mm;

        v_a ——未损伤混凝土的声速,km/s;

        v_f ——损伤表层混凝土的声速,km/s。

     超声波法检测混凝土缺陷的原理,还可应用于检测混凝土二次浇筑所形成的施工缝和加固修补结合面的质量,以及混凝土各部位的相对均匀性。

5.5   工 程 案 例

5.5.1   工程概述

     大村河枣园桥位于青岛市李沧区枣园路跨大村河处。通过查阅有关资料及向有关部门进行了解,得知该桥梁建成于 20 世纪 70 年代,设计荷载等级无档案资料。2005 年大村河综合整治时进行过外装修。桥梁全长 34.2 m,桥面布置为 2.75 m(人行道)+10.5 m(车行道)+2.75 m(人行道)= 16 m,桥梁面积为 444.6 m²。上部结构为三跨钢筋混凝土简支空心板结构,下部结构为块石混凝土重力式墩台,片石混凝土扩大基础。桥下有季节性流水。桥梁现状如图 5-12 所示。

     桥面采用沥青混凝土铺装,整体整洁度较好。桥头不平顺,台背沉降严重,桥头跳车影响行车舒适度;桥面无排水系统,排水通过纵、横坡漫流实现,雨天积水严重;铁质栏杆结构完整,造型美观,无缺损锈蚀现象。

     为了保证行车安全、道路通畅,维护和谐繁荣的交通环境,需确切评定此桥目前的质量状况,为以后桥梁的维修加固提供技术依据。受青岛市市政管理处的委托,青岛理工大学工程质量检测鉴定中心于 2011 年 3 月对此桥进行了全面的检测评估。

图 5-12　大村河枣园桥现状

5.5.2　检测目的

① 对该桥目前的技术状况进行全面检查,查明各组成部分的缺陷程度、部位;确定材料工作性能和缺损病害的相互关系,分析构件缺陷及损伤的成因;评价桥梁现行技术状态及其对桥梁承载力和耐久性的影响。

② 针对当前的技术状况,通过进行承载能力检算,确定桥梁结构在城-A 级荷载作用下控制截面处的应力和挠度,评价该桥的工作状态和整体承载能力是否满足城-A 级荷载标准的要求。

③ 针对桥梁的实际状况,对其技术状况和承载能力验算结果进行评定,并为桥梁合理的维修加固提出建议。

5.5.3　检查和检测依据

①《城市桥梁养护技术规范》(CJJ 99—2003)。

②《公路钢筋混凝土及预应力混凝土桥涵设计规范》(JTG D62—2004)。

③《公路桥涵设计通用规范》(JTG D60—2004)。

④《公路桥涵地基与基础设计规范》(JTG D63—2007)。

⑤《超声回弹综合法检测混凝土强度技术规程》(CECS 02—2005)。

⑥《超声法检测混凝土缺陷技术规程》(CECS 21—2000)。

⑦《公路桥梁承载能力检测评定规程》(JTG/T J21—2011)。

5.5.4　检查和检测项目、检测方法及仪器设备

5.5.4.1　检查和检测项目

① 全桥外观缺陷检查。

② 结构尺寸、桥面相对标高测量。

③ 基础及桥台相对位移检测。

④ 混凝土保护层厚度及钢筋数量探查。

⑤ 混凝土强度无损检测。

⑥ 混凝土碳化深度检测。

⑦ 钢筋锈蚀状况检测。

⑧ 支座状态检查。

⑨ 承载能力验算。

5.5.4.2　检测方法及仪器设备

检测方法及仪器设备见表 5-6。

表 5-6　　　　　　　　　　　　　　　　检测方法及仪器设备

序号	检测项目	检测方法	检测仪器与设备
1	外观缺陷检查及外观尺寸测量复核	量测法	三星数码相机,30 m 钢卷尺、钢直尺,激光测距仪
2	桥面相对高程及桥墩相对变形	量测法	精密水准仪 DS1
3	钢筋保护层及混凝土中钢筋的定位检测	钢筋探测法	钢筋测试仪 Profermter5
4	混凝土强度检测	超声回弹综合法	回弹仪 DIGI-2000ND、超声波测试仪 TICO
5	混凝土碳化深度检测	酚酞试剂法	碳化深度测量仪、1%酚酞酒精试剂
6	钢筋锈蚀状况检测	半电池电位法	钢筋锈蚀仪
7	裂缝检测	量测法	DJCK-2 裂缝测宽仪
8	应力测试	转换量测法	静态应变测试系统 TDS-303
9	挠度测试	机械测量法	机械百分表

5.5.5　桥梁技术状况检查和检测结果

为便于标记,测量前需对桥梁的主要构件进行编号,编号规则为由东向西顺次编号。各构件编号示例如下:

① 空心板:Bn-m,表示从东面开始第 n 跨的第 m 块空心板。

② 桥墩:Pn,表示从东面开始第 n 跨的桥墩。

5.5.5.1　全桥外观缺陷检查

(1) 桥面系

① 桥面铺装。

桥面采用沥青混凝土铺装,整体整洁度较好。桥面出现纵、横向裂缝以及网裂现象。桥头不平顺,有跳车现象,台背沉降严重。桥面现状如图 5-13 所示。

东桥头搭接板处桥面有一条横向贯通裂缝,裂缝宽度为 0.5～1.5 cm,周围出现铺装层网裂破碎现象,面积为 7.0 m²(2 m×3.5 m)。桥面存在多处裂缝,防水层失去功能,渗水甚至严重漏水。

P1 顶部桥面板有两条长约 0.5 m、宽约 0.5 m 的横向坑槽。两侧人行道铺装性能完好,有局部破损,如图 5-14～图 5-16 所示。

图 5-13　桥面现状

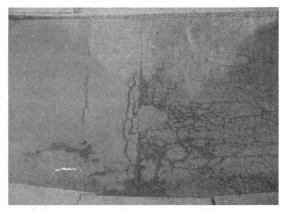

图 5-14　桥头沉降、网裂

图 5-15　桥面横向贯通裂缝

图 5-16　人行道铺装性能完好,有局部破碎

② 伸缩缝。

伸缩缝是一种缓冲位移的装置,能够防止因温度变化引起的路面结构破坏,使桥梁结构受力合理。该桥桥头未设置伸缩缝装置,桥头受力不合理,西桥头处出现了 3 条横向贯通裂缝,如图 5-17、图 5-18 所示。

图 5-17　桥头贯通裂缝

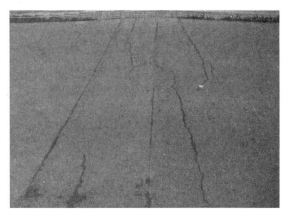

图 5-18　桥头跳车

③ 栏杆。

铁质栏杆结构完整，造型美观，未见松动、缺失、脱落等病害现象。栏杆表面有零星锈迹，影响桥梁美观，如图 5-19～图 5-21 所示。

图 5-19 栏杆现状

图 5-20 涂层脱落

图 5-21 栏杆锈蚀

④ 排水系统。

桥面雨水通过纵、横坡漫流实现排水，雨天有积水现象。部分积水通过桥面裂缝下渗到空心板，进而加速了钢筋的锈蚀，使混凝土性能劣化，如图 5-22 所示。

（2）上部结构

该桥上部结构为简支空心板结构，部分板面混凝土老化严重，有箍筋外露、钢筋锈蚀现象，桥面板有潮湿、发霉、裂缝等现象。缺陷的基本特点描述如下：

① 大部分板面的混凝土老化严重，部分板面的混凝土有破碎现象。B2-2 混凝土老化严重，主筋外露、锈蚀；漏水处长约 1 m，宽约 0.6 m；跨中位置有蜂窝现象，如图 5-23、图 5-24 所示。

② 铰缝有脱落现象，缝间雨水痕迹明显，部分梁底出现潮湿、发霉现象，主要是由于桥面排水不畅，从而在桥面形成积水，雨水通过裂缝下渗到梁底所致。这容易使钢筋发生锈蚀，从而加速混凝土性能的劣化。B3-2 全板箍筋外露，如图 5-25～图 5-27 所示。

图 5-22　路缘石旁积水现象

图 5-23　主筋外露、锈蚀

图 5-24　混凝土老化、破碎

图 5-25　铰缝脱落、渗水

图 5-26　铰缝泛白

（3）下部结构

① 墩台。

墩台浆砌块石结构完好，无裂缝，无块石脱落现象；边跨和中跨之间的盖梁存在混凝土破碎、脱落现象。桥面漫流排水，桥台有雨水渗漏的痕迹。两端桥台台帽上有大面积潮湿发白现象。其情况如图5-28所示。

图 5-27　箍筋外露

图 5-28　桥台潮湿发白

② 基础。

该桥基础采用扩大基础，状况较好，检测中未发现有过大变形或偏移沉降现象，基础附近未探测到冲刷、掏空和倾斜现象，表明该桥基础稳定、工作状态完好。

5.5.5.2　钢筋及其保护层的检查结果

（1）混凝土保护层厚度检测

利用电磁感应原理对钢筋混凝土结构中钢筋的位置、间距，保护层厚度和钢筋直径进行无损检测，局部人工凿开混凝土进行校核。检测仪器采用瑞士产 Profermter5 钢筋保护层检测仪。

选取本桥第1、2、3跨的空心板构件作为检测对象，结果见表5-7。

表 5-7 **主筋混凝土保护层厚度检测结果汇总表**

主筋	测点数	保护层厚度平均值/mm	标准差/mm	最大值/mm	最小值/mm
B1-2	10	10	1.3	12	8
B2-4	10	12	2.8	15	6
B3-2	10	11	1.6	14	8

局部凿开校核与仪器测试结果差别不大。从检测的结果看,所测各构件的主筋混凝土保护层厚度均小于 30 mm,该桥处于 I 类环境,依据现行《公路钢筋混凝土及预应力混凝土桥涵设计规范》(JTG D62—2004),其最小保护层厚度应不低于 30 mm。可见,该桥钢筋保护层厚度整体上不满足规范的规定。

(2) 结构尺寸

由于该桥修建年代较久远,设计竣工图纸已无法搜集,故各个构件的结构尺寸均以现场测得为准。现场测得的各部分结构尺寸汇总于表 5-8。

表 5-8 **各部分结构尺寸测量结果**

结构或构件名称		实测尺寸/mm
净跨径		10000
桥墩	宽	1600
	高	3000(含墩台帽)
墩(台)帽	高	1000
行车道现浇板	厚	280
	宽	8200
人行道现浇板	厚	350
	宽	3500

该桥板厚符合《公路钢筋混凝土及预应力混凝土桥涵设计规范》(JTG D62—2004)中规定的人行道现浇板厚不应小于 80 mm 的规定。

5.5.5.3 混凝土强度无损检测

① 检测方法。超声回弹综合法是目前在现场混凝土抗压强度检测中应用最广泛的一种无损检测方法。该方法首先利用标准能量为 2.207 J 的混凝土回弹仪通过测强曲线测定结构或构件混凝土的抗压强度 R,并通过混凝土超声仪在结构混凝土同一测区测量声速值 v_a,再利用已建立起来的测强公式推算该测区混凝土的强度 f_{cu}^c。本次结构、构件无损检测采用的是瑞士 DIGI-2000ND 数显混凝土回弹仪和瑞士 TICO 非金属超声波测试仪。

② 检测依据:《超声回弹综合法检测混凝土强度技术规程》(CECS 02—2005)。

③ 仪器标定方法。在实测之前,回弹仪在率定钢砧上的测试值为 80,在 80±2 标定值之间;超声波检测仪对标准棒的测试值为 20.7 μs(标定值为 20.7 μs),表明仪器均处于标准状态中,检测数据有效。

应用超声回弹综合法进行混凝土强度检测时,选择了第 1 跨、第 3 跨的空心板构件作为检测对象。检测结果表明,各构件测点混凝土强度偏差较大,按照相关规程应分别对单个构件进行评定分析,其结果见表5-9。

表5-9 混凝土强度测定值

构件	推定强度/MPa	构件	推定强度/MPa
B1-6	16.0	B1-4	18.2
B2-3	25.0	B2-5	27.6

由结果可见,各构件混凝土强度差别较大,混凝土强度整体低于现行规范中规定的大于 26.4 MPa 的要求,特别是 B1-6、B1-4 混凝土强度较低,主要是由于桥面混凝土网裂、渗漏水导致空心板混凝土老化脱落、钢筋锈蚀所致。

5.5.5.4 混凝土碳化检测

(1)混凝土碳化深度检测

混凝土中的水泥水化物呈碱性,混凝土包裹在钢筋表面,所以在钢筋表面会形成具有保护作用的钝化膜,即所谓的碱性保护。随着时间的推移,空气中的 CO_2 和水分子与混凝土中的碱性成分缓慢发生化学反应,混凝土由外到内逐渐碳化,从而使混凝土失去碱性成分。一旦碳化深度达到或超过混凝土保护层厚度,表面的钝化膜就会被破坏,混凝土就会失去保护作用。这时,外界的水分和腐蚀性物质就会通过混凝土毛细孔侵入钢筋表面,使其开始锈蚀。进行混凝土碳化深度检测时,先在混凝土表面钻孔,露出孔内新鲜的混凝土内壁表面,并除净表面粉尘,然后用1‰酚酞酒精喷涂,测量变色与不变色的临界面深度,从而得出混凝土的碳化深度:变红表示未被碳化,不变色则表示已碳化。

混凝土碳化深度检测结果见表5-10。

表5-10 混凝土碳化深度检测结果汇总表

空心板	平均碳化深度/mm	空心板	平均碳化深度/mm
B1-1	13	B1-2	14
B2-2	15	B1-4	12
B3-2	17	B3-5	11

经检测,该桥抽检构件混凝土表面均已发生碳化,碳化深度为 11～17 mm,碳化程度表现出了一定的不均匀性,但是大部分构件的碳化深度超过了混凝土保护层厚度的最小值,表明现状桥梁的混凝土保护层不能保护被包裹部分钢筋免受环境中酸性介质的影响而发生锈蚀。

(2)钢筋数量探查

由于设计图纸缺失,故钢筋数量的探查以实测为准。该桥边板混凝土保护层均脱落,内部钢筋暴露,用游标卡尺测量相关数据,测得的主筋数量及间距见表5-11。

表5-11 行车道单块板主筋数量、直径及间距检测结果汇总表

名称	检测结果
主筋数量/根	24
主筋直径/mm	25

名称	检测结果
主筋间距/mm	70
分布筋直径/mm	8
分布筋间距/mm	40

检测结果符合《公路钢筋混凝土及预应力混凝土桥涵设计规范》(JTG D62—2004)中规定的行车道板主钢筋直径不应小于 10 mm、主筋间距不应大于 200 mm 的要求。

5.5.5.5　钢筋锈蚀状况检测

① 检测原理：在钢筋发生锈蚀过程中，会在钢筋表面形成阳极区和阴极区，从而导致钢筋离解，在阳极区生成膨胀的锈蚀产物。锈蚀速率受铁离子通过混凝土从阳极迁移到阴极便利程度的影响。因此，电势越高，电阻率越低，通常锈蚀速率也就越大。

② 检验方法：本次检测采用的半电池电位钢筋锈蚀度测量法是目前在现场无损钢筋锈蚀度检测中较先进的一种方法。使用的仪器是钢筋锈蚀度检测仪。

钢筋锈蚀度检测仪能通过测量钢筋和混凝土表面之间的电位和电阻率，来评价锈蚀程度和保护层状况。锈蚀程度由电势的高低来判断：电势越高，锈蚀的可能性就越大。同时要考虑电阻率的影响：电阻率低，表明混凝土孔隙中存在水分和氯化物，因此电势最大；电阻率高，表明混凝土保护层密实、干燥、已碳化，或存在隔层，或因为检测回路不良而导致电势值不可靠。

目前国内对应用该种方法评价钢筋锈蚀还没有统一的标准，分析中对于电阻率可参照美国ASTM C 876 中的评判准则进行，见表 5-12。

表 5-12　　　　　　　　　　　　　　**ASTM C 876 评判准则**

电位(硫酸铜)/mV	锈蚀判别标准
>−200	锈蚀概率为 10%
−350～−200	锈蚀概率为 50%
<−350	锈蚀概率为 90%

检测选用硫酸铜电极，选取部分构件作为检测对象。具体检测数据见表 5-13。

表 5-13　　　　　　　　　　　　　　**钢筋锈蚀检测结果表**

空心板	电位/mV	锈蚀概率/%
B1-1	−362	90
B1-2	−376	90
B2-3	−257	50
B2-5	−383	90
B3-1	−352	90
B3-6	−334	50

从检测数据来看，所抽检构件钢筋的锈蚀概率在 50% 以上，大部分构件的锈蚀概率在 90% 左

右,说明钢筋发生锈蚀的可能性很大。现场凿开部分构件,观测表明构件主钢筋存在严重的锈蚀,与锈蚀度检测仪所测结果基本一致。

5.5.5.6 承载能力验算

根据现行规范,对该桥进行承载能力验算,荷载等级经甲方确认采用城-B级标准。根据实测结果,空心板混凝土强度取 16.0 MPa;结合桥梁实际状态,验算系数取 0.9。

经计算,截面抗弯承载力为 1380.2 kN·m,城-B级荷载跨中弯矩为 750.6 kN·m,自重及二期恒载引起的弯矩为 280.3 kN·m;按承载能力极限状态进行荷载组合计算,荷载基本组合弯矩设计值为 1030.6 kN·m,跨中挠度为 10.12 mm,主梁抗弯承载能力满足要求。

5.5.5.7 技术状态评定

通过对该桥的技术状况进行上述全面检测,按照《城市桥梁养护技术规范》(CJJ 99—2003)的技术状况评定标准,本桥桥面系的技术状况指标 BCI 为 85,其完好状况为 B 级,即桥面系处于良好状态;上部结构承载力可以满足要求,空心板混凝土出现老化、破碎现象,钢筋发生锈蚀,其状态指标 BCI 为 68,故应评定为 C 级,即上部结构处于合格状态;下部结构现状较好,结构稳定,墩帽和墩身整体情况较好,其状态指标 BCI 为 85,故将下部结构完好状态评定为 B 级,即下部结构处于良好状态。

综合桥面系、上部结构和下部结构的技术状态,结合各组成部分在桥梁整体结构中的权重,将大村河枣园桥的整体技术状态评定为 C 级,即大村河枣园桥整体上处于合格状态,但应当及时组织维修养护。

【知识归纳】

(1)桥梁混凝土结构无损检测技术是以声、光、电、磁、力或变形等物理量与混凝土组分及构造的关系为基础,或根据预先试验及数理统计建立的相关性,推定评判混凝土的强度、缺陷和损伤的方法。

(2)混凝土强度的无损检测方法主要有:回弹法、超声回弹综合法、钻芯法(局部破损)、拔出法(微破损)等。回弹法以回弹值与碳化深度值为参数来推定混凝土的强度,而超声回弹综合法则以超声波波速值与回弹值为参数来推定混凝土的强度,均为间接法。

(3)混凝土缺陷的无损检测方法有:超声波法、冲击回波法、红外成像法。应用超声波法检测混凝土缺陷是根据超声波在混凝土中传播的速度、振幅、相位及主频的变化来判断混凝土内部的缺陷情况。

【独立思考】

5-1 简述桥梁混凝土结构无损检测的含义。

5-2 桥梁混凝土结构无损检测包括哪些内容?

5-3 混凝土强度检测方法有哪几种?

5-4 如何采用回弹法检测既有混凝土的抗压强度?

5-5 如何采用超声回弹综合法检测既有混凝土的抗压强度?

5-6 如何进行混凝土结构裂缝的检测?

5-7 如何进行混凝土结构内部空洞缺陷的检测?

【参考文献】

［1］范立础.桥梁工程：上册.2 版.北京：人民交通出版社,2012.

［2］中华人民共和国住房和城乡建设部.GB/T 50152—2012　混凝土结构试验方法标准.北京：中国建筑工业出版社,2012.

［3］唐益群,叶为民.土木工程测试技术手册.上海：同济大学出版社,1999.

［4］熊仲明,王社良.土木工程结构试验.北京：中国建筑工业出版社,2006.

［5］吴慧敏.结构混凝土现场检测技术.长沙：湖南大学出版社,1988.

［6］王娴明.建筑结构试验.北京：清华大学出版社,1998.

［7］董祥.道桥检测技术.北京：机械工业出版社,2011.

［8］章关永.桥梁结构试验.2 版.北京：人民交通出版社,2010.

［9］王建华.桥涵工程试验检测技术.北京：人民交通出版社,2009.

［10］王国鼎,袁海庆,陈开利,等.桥梁检测与加固.北京：人民交通出版社,2003.

［11］宋一凡.公路桥梁荷载试验与结构评定.北京：人民交通出版社,2002.

［12］张宇峰,朱晓文.桥梁工程试验检测技术手册.北京：人民交通出版社,2009.

［13］张俊平.桥梁检测与维修加固.2 版.北京：人民交通出版社,2011.

［14］刘自明,陈开利.桥梁工程检测手册.2 版.北京：人民交通出版社,2010.

6

桥梁工程地基与基础的试验检测

课前导读

▽ 内容提要

本章主要包括两方面的内容：地基的检测及基桩的检测。其中地基的检测中主要介绍了三种较为常用的检测方法：浅层平板载荷试验法、深层平板载荷试验法、圆锥动力触探试验法。其中对浅层平板载荷试验辅以工程实例进行了说明。基桩的检测主要介绍了如下内容：钻孔灌注桩施工时泥浆性能检测与成孔质量检测，钻孔灌注桩桩身完整性检测及承载力检测。钻孔灌注桩桩身完整性检测的方法有低应变反射波法、超声透射波法和钻探取芯法。基桩承载力检测主要介绍了三种方法：竖向静压试验法、竖向静拔试验法及静推试验法。其中就常用方法给出了工程实例。

▽ 能力要求

通过本章的学习，学生应掌握桥梁工程地基浅层平板载荷试验的方法、原理、过程，掌握钻孔灌注桩施工时泥浆性能检测与成孔质量检测的方法，掌握应用低应变反射波法、超声透射波法和钻探取芯法检测桩基的完整性，掌握竖向静压试验；熟悉竖向静拔试验及静推试验；了解各检测方法的工程应用。

6.1   地基承载力检测

地基是指支承基础的土体或岩体,其主要作用是承受基础传递下来的荷载。所有的建(构)筑物基础无不以土体或岩体为地基,地基承载力能满足使用要求,是基础及上部结构得以可靠工作的重要保障。确定地基的相关物理指标及承载力的土工试验,从试验环境和方法出发,可分为室内试验、原位测试和原型试验三类。室内试验是指对从现场取回的土样或土料进行物理、力学试验,取得可塑性、密度、透水性和压缩性、抗剪强度、泊松比等指标,由此对岩、土地基进行分类,计算地基的稳定性和承载力。原位测试在现场进行,土层基本保持天然结构、含水率及应力状态,进行如静载试验、动力触探、直剪试验、旁压试验、波速测试等,可对地基进行分层,评价地基的稳定性和承载力。原型试验是指通过现场基础足尺试验或工程原型试验,监测受力、变形及孔隙水压力等土工参数,反算土的各种静、动力特性参数等,如桩的荷载试验、动力基础的模态试验等。其是评价地基基础承载力和稳定性的有效方法。本节主要介绍桥梁工程中对地基的原位测试。

6.1.1   平板载荷试验

平板载荷试验是用于确定地基承压板下应力主要影响范围内土层承载力和变形模量的原位测试方法。它要求岩土体在原有位置上,在保持土的天然结构、含水率及应力状态下来测定岩土的性质。地基平板载荷试验可分为浅层平板载荷试验和深层平板载荷试验。

6.1.1.1   浅层平板载荷试验

(1) 试验方法、原理

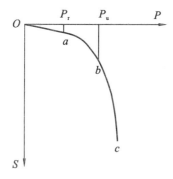

图 6-1   载荷-沉降(P-S)关系曲线

浅层平板载荷试验适用于确定浅部地基土层(深度小于 3 m)承压板下压力主要影响范围内的承载力和变形模量。试验时,在试验土层表面放置一定规格的方形或圆形刚性承压板,在其上逐级施加载荷,每级载荷增量持续时间按规范的规定进行观测,测记每级载荷作用下载荷板沉降量的稳定值,加载至总沉降量为 25 mm 或达到加载设备的最大容量为止;然后卸载,其持续时间应不小于一级载荷增量的持续时间,并记录土的回弹值。根据试验记录绘制载荷-沉降(P-S)关系曲线,如图 6-1 所示,然后分析地基土的强度与变形特性,求得地基土的容许承载力与变形模量等力学参数。

地基在载荷作用下达到破坏状态的过程可分为三个阶段,如图 6-2 所示。

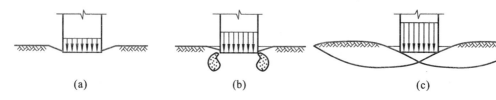

(a)   (b)   (c)

图 6-2   地基破坏过程的三个阶段

(a) 压密阶段;(b) 剪切阶段;(c) 破坏阶段

① 压密阶段。相当于 P-S 曲线上的 Oa 直线段。这时土中各点的剪应力均小于土的抗剪强度,土体压力与变形呈线性关系,土体处于弹性平衡状态。该阶段载荷板沉降主要由土中孔隙的减少引起,土颗粒主要是竖向变位,且随时间的增长将土体压密,所以称压密阶段。与点 a 相应的荷载 P_r 为比例界限。

② 剪切阶段。相当于 P-S 曲线上的 ab 段。这时 P-S 曲线中的土体载荷与变形不再呈线性关系,其沉降的增长率随载荷的增大而增大。除土体被压密外,承压板边缘局部土体的剪应力会达到或超过土的抗剪强度,土体开始发生塑性变形。土的变形是由土中空隙被压缩和土颗粒的剪切移动引起的。土颗粒同时发生竖向和侧向变位,且不易稳定,故称为剪切阶段。随着载荷的继续增大,土体中的塑性区范围也逐步扩大,直到土体中形成连续的滑动面,土在载荷板两侧被挤出而发生破坏。因此,剪切阶段是地基中塑性区的发生和发展阶段,与 P-S 曲线上点 b 相应的载荷 P_u 为极限载荷。

③ 破坏阶段。相当于 P-S 曲线上的 bc 段。当载荷超过极限载荷后,即使载荷不再增加,沉降也不能稳定,载荷板急剧下沉,土中产生连续的滑动面,土从承压板下被挤出,土体隆起呈环状或放射状裂隙,故称为破坏阶段。这时土体的变形主要由土的剪切变位引起,土体的侧向移动使地基土失稳而发生破坏。

（2）试验设备

载荷试验设备由稳压加荷装置、反力装置和沉降观测装置三部分组成。

现以半自动稳压油压荷载试验设备为例,说明如下。该设备适用于承压板面积不小于 $0.25~\mathrm{m}^2$,对于软土地基不小于 $0.50~\mathrm{m}^2$ 的情况。其利用高压油泵,通过稳压器及反力锚定装置,将压力稳定地传递给承压板。它由下列三部分组成:

① 加荷及稳压系统。其由承压板、加荷千斤顶、立柱、稳压器和支撑稳压器的三脚架组成。加荷千斤顶、稳压器、储油箱和高压油泵分别用高压油管连接,构成一个油路系统。

② 反力锚定系统。其包括桁架和反力锚定两部分,桁架由中心柱套管、深度调节丝杆、斜撑管、主钢丝绳、三向接头等组成。

③ 观测系统。用百分表或其他自动观测装置进行观测。

目前,常用的载荷板试验加载方式如图 6-3 所示。根据现场情况,也可采用地锚代替载荷的方式,或二者兼用。总的要求是加荷、卸荷要既简便又安全,并对试验的沉降量观测不产生影响。载荷板为刚性的方形或圆钢板。

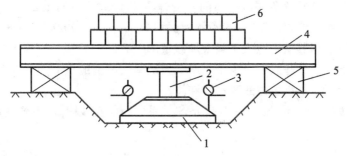

图 6-3　现场载荷试验

1—载荷板；2—千斤顶；3—百分表；4—反力架；5—枕木垛；6—载荷

用油压千斤顶加荷、卸荷虽然方便,但要注意设备是否发生变形、千斤顶是否漏油及载荷板是否下沉等,要防止千斤顶压力不稳定,故应注意随时调节,保持压力恒定。

（3）现场测试

① 基坑宽度不应小于承压板宽度 b 或直径 d 的 3 倍。

② 为方板时，承压板的面积为 50 cm×50 cm 或 70.7 cm×70.7 cm。

③ 试验土层：应使土层在原有位置上保持土的原状结构、天然湿度。试坑开挖时，在试验点位置的周围预留一定厚度的土层，在安装承压板前再清理至试验高程。

④ 承压板与土层接触处应铺设约 20 mm 厚的中砂或粗砂找平，以保证承压板与土层水平、均匀接触。

⑤ 试验加荷分级不应少于 8 级，第一级载荷包括设备重力。每级载荷增量为地基土层预估极限承载力的 1/10～1/8。最大加载量不应小于设计要求的 2 倍或接近试验土层的极限载荷。

⑥ 试验精度不应低于最大载荷的 1%，承压板的沉降采用百分表或电测位移计量测，其精度不应低于 0.01 mm。

⑦ 加荷稳定标准：每级加载后，按间隔 10 min、10 min、10 min、15 min、15 min，之后为每隔 30 min 测读一次沉降量。当在连续 2 h 内每小时的沉降量小于 0.1 mm 时，则可认为已趋稳定，可加下一级载荷。

⑧ 当试验出现下列情况之一时，可终止加载：

a. 承压板周围的土体有明显侧向挤出或发生裂纹。

b. 在某一级载荷下，24 h 内的沉降速率不能达到稳定标准。

c. 沉降量急剧增大，P-S 曲线出现陡降段，本级载荷的沉降量大于前级载荷沉降量的 5 倍。

d. 沉降量与承压板宽度或直径之比等于或大于 0.06。

满足前 3 种情况之一时，其相对应的前一级载荷定为极限载荷。

⑨ 回弹观测：分级卸荷，观测回弹值。分级卸荷量为分级加荷量的 2 倍，15 min 观测一次，1 h 后再卸下一级载荷。载荷完全卸除后，应继续观测 3 h。

⑩ 试验完后，试验点附近应有取土孔以提供土工试验指标或其他原位测试资料。试验后，应从承压板中心向下开挖取土试样，并描述两倍承压板直径（或宽度）范围内土层的结构变化。

（4）试验数据的处理

根据试验数据绘制 P-S 曲线，利用 P-S 曲线可以得到以下内容。

① 地基土承载力基本容许值的确定应符合下列规定：

a. 当 P-S 曲线有比例界限时，取该比例界限所对应的载荷值。

b. 当极限载荷值小于比例界限载荷值的 2 倍时，取极限载荷值的 1/2。

c. 若不能按上述两款要求确定时，当承压板面积为 2500 cm² 或 5000 cm² 时，可取 $S/d＝0.01～0.015$ 所对应的载荷值，但其值不应大于最大加载量的 1/2。

同一土层参加统计的试验点不应少于 3 点。当试验实测值的极差不超过其平均值的 30% 时，取其平均值作为该土层地基承载力的基本容许值。

② 计算地基土的变形模量 E_0。一般取 P-S 关系曲线的直线段，用下式计算：

$$E_0 = (1-\mu^2)\frac{\pi B}{4} \cdot \frac{\Delta P}{\Delta S} \tag{6-1}$$

式中 B——承压板直径，m，当为方形时，$B=2\sqrt{A/\pi}$，A 为方形板面积；

$\Delta P/\Delta S$——P-S 关系曲线直线段斜率，kPa/m；

μ——地基土的泊松比，对于砂土和粉土，$\mu=0.33$，对于可塑-硬塑黏性土，$\mu=0.38$，对于软塑-流塑黏性土和淤泥质黏性土，$\mu=0.41$。

当 P-S 曲线的直线段不明显时,可先用上述确定地基土承载力的方法确定出地基承载力的基本值与相应的沉降量,而后将其代入式(6-1)计算 E_0,但此时应与其他原位测试资料进行比较,综合考虑确定 E_0 值。利用 P-S 曲线还可以估算地基土的不排水抗剪强度和地基土基床反力系数等。

6.1.1.2 深层平板载荷试验

① 适用范围。

深层平板载荷试验用于确定深部地基及大直径桩桩端在承压板压力主要影响范围内土层的承载力及变形模量。该法适用于埋深等于或大于 3.0 m 和地下水位以上的地基土。承压板是直径为 800 mm 的刚性板,如采用厚约 300 mm 的现浇混凝土板,承压板周围的土层高度不应小于 0.8 m。

加载反力装置有压重平台反力装置、地锚反力装置、锚桩横梁反力装置、地锚压重联合反力装置等。

② 加载要求。

载荷可按预估极限承载力的 1/15～1/10 分级施加。每级加载后,第一小时内按间隔 10 min、10 min、10 min、15 min、15 min,之后为每隔 30 min 测读一次沉降量。当在连续 2 h 内,每小时的沉降量小于 0.1 mm 时,则认为已趋稳定,可加下一级载荷。

③ 当试验出现下列情况之一时,即可终止加载:

a. 沉降量急剧增大,P-S 曲线上有可判定的极限承载力的陡降段,且沉降量超过 0.04d(d 为承压板直径)。

b. 在某一级载荷下,24 h 内的沉降速率不能达到稳定。

c. 本级沉降量大于前一级沉降量的 5 倍。

d. 当持力层土层坚硬、沉降量很小时,最大加载量不小于设计要求的 2 倍。

④ 地基土承载力基本容许值的确定应符合下列规定:

a. 当 P-S 关系曲线有比例界限时,取该比例界限所对应的载荷值。

b. 当极限载荷值小于比例界限载荷值的 2 倍时,取极限载荷值的 1/2。

c. 若不能按上述两款的要求确定时,当承压板的面积为 2500 cm² 或 5000 cm² 时,可取 $S/d=0.01～0.015$ 所对应的载荷值,但其值应不大于最大加载量的 1/2。

⑤ 计算变形模量。深层平板载荷试验的变形模量 E_0 按下式计算:

$$E_0 = \omega \frac{Pd}{S} \tag{6-2}$$

式中 ω——试验深度和土类有关的系数;

P——P-S 曲线上线性段的压力,kPa;

S——与 P 对应的沉降量,mm;

d——承压板的直径,m。

6.1.1.3 平板载荷试验的局限性

① 平板载荷试验受荷面积小,载荷影响深度不超过 2 倍的承压板边长或直径,且加荷时间较短,因此不能通过载荷试验提供建筑物的长期沉降资料。

② 在沿海软黏土部分地区,地表往往有层"硬壳层"。当为小尺寸承压板时,对其下软弱土层不会产生影响,而实际建筑物基础大,下部软弱土层对建筑物的沉降起主要影响。

③ 当地基压缩层范围内土层单一、均匀时,可直接在基础埋置高程处进行载荷试验。如地基

压缩层范围内是成层变化的或不均匀时,则要进行不同尺寸承压板或不同深度的载荷试验。此时,可以采用其他原位测试和室内土工试验来确定载荷板试验影响不到的土层的工程力学性质。

④ 如果地基土层起伏变化很大,还应在不同地点做载荷试验。

6.1.2 圆锥动力触探试验

圆锥动力触探试验(DPT)是利用一定质量的落锤,以一定高度的自由落距将标准规格的锥形探头打入土层中,根据探头贯入的难易程度判定土层的物理、力学性质。这是公路桥涵工程勘察中的原位测试方法之一。

6.1.2.1 类型及规格、适用范围

(1)类型及规格

圆锥动力触探试验的类型可分为轻型、重型和超重型三种。试验的类型和规格见表6-1。

表6-1 圆锥动力触探试验的类型和规格

类型		轻型	重型	超重型
落锤	锤的质量/kg	10	63.5	120
	落距/cm	50	76	100
探头	直径/mm	40	74	74
	锥角/°	60	60	60
探杆直径/mm		25	42	50～60
指标		贯入30 cm的锤击数 N_{10}	贯入10 cm的锤击数 $N_{63.5}$	贯入10 cm的锤击数 N_{120}

(2)适用范围

轻型圆锥动力触探试验一般用于贯入深度小于4 m的黏性土、黏性土组成的素填土和粉土,可用于施工验槽、地基检验和地基处理效果的检测。重型圆锥动力触探试验一般适用于砂土、中密以下的碎石土和极软岩。超重型圆锥动力触探试验一般适用于较密实的碎石土、极软岩和软岩。

6.1.2.2 试验设备和方法

圆锥动力触探试验设备主要由圆锥触探头、触探杆、穿心锤三部分组成,如图6-4、图6-5所示。

(1)试验设备的安装

试验前和试验过程中,应认真检查机具设备是否完好。安装过程中,各部件应连接紧固,触探架应安装平稳,保持触探孔垂直。

(2)试验方法

触探架与触探头对准孔位,作业过程中始终与触探孔保持垂直。以重型圆锥动力触探为例,试验时质量为63.5 kg的穿心锤自动脱钩,以76 cm的落距自由下落,对土层连续进行触探,将标准试验触探头打入土中10 cm,记录其锤击数。

(3)重型和超重型圆锥动力触探试验要点

① 贯入时,穿心锤应自动脱钩,自由落下。

② 地面上触探杆的高度不宜超过1.5 m,以免倾斜和摆动过大。

③ 应尽量连续贯入。锤击速率宜为 15～30 击/min。

④ 每贯入 10 cm,记录其相应的锤击数 $N'_{63.5}$、N'_{120}。

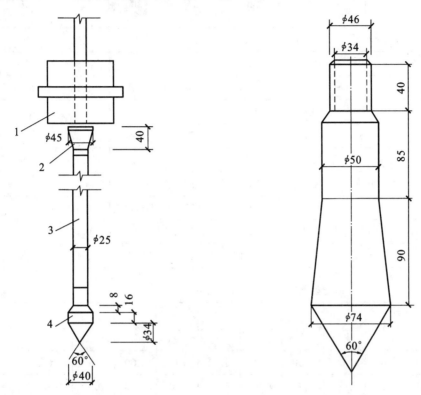

图 6-4 轻型圆锥动力触探试验设备(单位:mm) 图 6-5 重型、超重型圆锥动力触探试验探头(单位:mm)

1—穿心锤;2—锤垫;3—触探杆;4—探头

6.1.2.3 试验成果的整理

(1)触探指标

① 实测触探锤击数。

各种类型的圆锥动力触探试验以贯入一定深度的锤击数(如 N_{10}、$N'_{63.5}$、N'_{120})作为触探指标,通过与其他室内试验和原位测试指标建立相关关系获得地基土的物理、力学性能指标,从而评价地基土的性质。

② 修正后的触探杆锤击数。

a. 探杆长度的修正。当采用重型和超重型圆锥动力触探试验确定碎石土的密实度时,锤击数应按式(6-3)、式(6-4)进行修正。

$$N_{63.5}=\alpha_1 N'_{63.5} \tag{6-3}$$

$$N_{120}=\alpha_2 N'_{120} \tag{6-4}$$

式中　$N_{63.5}$,N_{120}——修正后的重型和超重型圆锥动力触探试验锤击数;

　　　α_1,α_2——重型和超重型圆锥动力触探试验锤击数修正系数,按表 6-2、表 6-3 取值;

　　　$N'_{63.5}$,N'_{120}——实测重型和超重型圆锥动力触探锤击数。

表 6-2 　　　　　　　　　　　　　重型圆锥动力触探试验锤击数修正系数 α_1

$N'_{63.5}$ 杆长/m	5	10	15	20	25	30	35	40	≥50
2	1.00	1.00	1.00	1.00	1.00	1.00	1.00	1.00	—
4	0.96	0.95	0.93	0.92	0.90	0.89	0.87	0.86	0.84
6	0.93	0.90	0.88	0.85	0.83	0.81	0.79	0.78	0.75
8	0.90	0.86	0.83	0.80	0.77	0.75	0.73	0.71	0.67
10	0.88	0.83	0.79	0.75	0.72	0.69	0.67	0.64	0.61
12	0.85	0.79	0.75	0.70	0.67	0.64	0.61	0.59	0.55
14	0.82	0.76	0.71	0.66	0.62	0.58	0.56	0.53	0.50
16	0.79	0.73	0.67	0.62	0.57	0.54	0.51	0.48	0.45
18	0.77	0.70	0.63	0.57	0.53	0.49	0.46	0.43	0.40
20	0.75	0.67	0.59	0.53	0.48	0.44	0.41	0.39	0.36

表 6-3 　　　　　　　　　　　超重型圆锥动力触探试验锤击数修正系数 α_2

N'_{120} 杆长/m	1	3	5	7	9	10	15	20	25	30	35	40
1	1.00	1.00	1.00	1.00	1.00	1.00	1.00	1.00	1.00	1.00	1.00	1.00
2	0.96	0.92	0.91	0.90	0.90	0.90	0.90	0.89	0.89	0.88	0.88	0.88
3	0.94	0.88	0.86	0.80	0.84	0.84	0.84	0.83	0.82	0.82	0.81	0.81
5	0.92	0.82	0.79	0.70	0.77	0.77	0.76	0.75	0.74	0.73	0.72	0.72
7	0.90	0.78	0.75	0.70	0.73	0.72	0.71	0.70	0.68	0.68	0.67	0.66
9	0.88	0.75	0.72	0.70	0.69	0.68	0.67	0.66	0.64	0.63	0.62	0.62
11	0.87	0.73	0.69	0.60	0.66	0.66	0.64	0.62	0.61	0.60	0.59	0.58
13	0.86	0.71	0.67	0.60	0.64	0.63	0.61	0.58	0.57	0.56	0.56	0.55
15	0.86	0.69	0.65	0.60	0.62	0.61	0.59	0.58	0.56	0.55	0.54	0.53
17	0.85	0.68	0.63	0.60	0.60	0.60	0.57	0.56	0.54	0.53	0.52	0.50
19	0.84	0.66	0.62	0.60	0.58	0.58	0.56	0.54	0.52	0.51	0.50	0.48

b. 侧壁摩擦影响的修正。对于砂土和松散、中密的圆砾、卵石,触探深度为 1～15 m 时,一般不考虑侧壁摩擦的影响。

c. 地下水影响的修正。对于地下水位以下的中砂、粗砂、砾砂和圆砾、卵石,锤击数可按式(6-5)修正。

$$N_{63.5}=1.1N'_{63.5}+1.0 \qquad (6-5)$$

式中　$N'_{63.5}$——修正前的锤击数。

③ 动贯入阻力。

荷兰公式是目前国内外应用最广泛的动贯入阻力计算公式,我国《岩土工程勘察规范》

(GB 50021—2001)和《土工试验规程》(YSJ 225—1992)都推荐该公式,如式(6-6)所示。

$$q_d = \frac{M}{M+m} \cdot \frac{MgH}{Ae} \tag{6-6}$$

式中　q_d——动贯入阻力,MPa;

　　　M——落锤质量,kg;

　　　m——圆锥探头及杆件系统(包括探头、导向杆等)的质量,kg;

　　　g——重力加速度;

　　　H——落锤高度,m;

　　　A——圆锥探头截面积,cm^2;

　　　e——每击贯入度。

该公式是建立在古典牛顿碰撞理论基础上的,且假定为绝对非弹性碰撞,不考虑弹性变形能量的消耗。

(2)触探曲线

对于圆锥动力触探试验所获得的锤击数值(或动贯入阻力),应在剖面图或柱状图上绘制随深度变化的关系曲线($N_{63.5}$-h、N_{120}-h 或 q_d-h 曲线)。根据触探曲线的形态,结合钻探资料,进行地层的力学分层。

6.1.2.4　试验成果的应用

① 利用触探曲线进行力学分层。

② 评价地基的密实度,见表6-4。

表 6-4　　　　　　　　　　　**触探击数与砂土密实度的关系**

土的分类	$N_{63.5}$	砂土密实度	孔隙比
砾砂	<5	松散	>0.65
	5～8	稍密	0.50～0.65
	8～10	中密	0.45～0.50
	>10	密实	<0.45
粗砂	<5	松散	>0.80
	5～6.5	稍密	0.70～0.80
	6.5～9.5	中密	0.60～0.70
	>9.5	密实	<0.60
中砂	<5	松散	>0.90
	5～6	稍密	0.80～0.90
	6～9	中密	0.70～0.80
	>9	密实	<0.70

③ 评价地基承载力。

a. 用轻型圆锥动力触探试验锤击数 N_{10} 确定地基土的承载力。

b. 用重型圆锥动力触探试验锤击数 $N_{63.5}$ 确定地基土的承载力。

中华人民共和国铁道部发布的行业标准中规定用 $N_{63.5}$ 的平均值评价冲积、洪积成因的中砂、砾砂和碎石类土地基的承载力,见表 6-5。

c. 用超重型圆锥动力触探锤击数 N_{120} 确定地基土的承载力。

表 6-5   **用重型圆锥动力触探试验锤击数 $N_{63.5}$ 确定地基承载力**   （单位:kPa）

锤击数平均值 $N_{63.5}$	3	4	5	6	7	8	9	10	12	14
碎石土	140	170	200	240	280	320	360	400	480	540
中砂、砾砂	120	150	180	220	260	300	340	380	—	—
锤击数平均值 $N_{63.5}$	16	18	20	22	24	26	28	30	35	40
碎石土	600	660	720	780	830	870	900	930	970	1000

④ 确定地基土的变形模量。

铁道部第二勘测设计院的研究成果(1988 年)如下。

圆砾、卵石土地基变形模量 E_0 与 $N_{63.5}$ 的关系为:

$$E_0 = 4.48 N_{63.5}^{0.7554} \tag{6-7a}$$

在《铁路工程地质原位测试规程》(TB 10018—2003)中规定,关于冲积、洪积卵石土和圆砾土地基的变形模量 E_0,当贯入深度小于 12 m 时,可根据场地土层的平均锤击数 $\overline{N}_{63.5}$ 按表 6-6 取值。

表 6-6   **卵石土、圆砾土 E_0 值**

$\overline{N}_{63.5}$/(击/10 cm)	3	4	5	6	8	10	12	14	16
E_0/MPa	9.9	11.8	13.7	16.2	21.3	26.4	31.4	35.2	39
$\overline{N}_{63.5}$/(击/10 cm)	18	20	22	24	26	28	30	35	40
E_0/MPa	42.8	46.6	50.4	53.6	56.1	58.0	59.9	62.4	64.3

对于特重型圆锥动力触探试验的实测击数,应先按下式换算成相当于重型圆锥动力触探试验的实测击数后,再按式(6-3)进行修正。

$$N_{63.5} = 3 N_{120} - 0.5 \tag{6-7b}$$

⑤ 确定单桩承载力。

⑥ 确定抗剪强度,进行地基检验,确定地基持力层。

⑦ 评价地基均匀性。

6.2 钻(挖)孔灌注桩检测

目前,我国常用的灌注桩施工有钻孔、冲击成孔、冲抓成孔和人工挖孔等方法。人工挖孔为干作业施工,成孔后孔壁的形状、孔深、垂直度、孔底沉渣及钢筋笼的安放位置等可通过目测或人下到孔内进行检查,质量较容易控制。钻孔、冲击成孔和冲抓成孔等地下湿作业施工的灌注桩,通常需用泥浆护壁,孔内充满泥浆。由于为地下施工,加上复杂的地质条件或施工人员操作不当,泥浆原料膨润土的性能差,泥浆外加剂纯碱、NaOH 或膨润土粉末等的掺入量不合适,调制出的泥浆性能指标不符合要求,从而导致钻孔过程中出现塌孔,产生扩径、缩径、夹泥、孔底沉淀土过厚等桩身缺陷,这些缺陷只能用仪器设备去检测。桩径是保证基桩承载力的关键因素,要保证桩径满足设计要求,其孔径不得小于设计要求。基桩垂直度的偏差程度是衡量基桩承载力能否有效发挥作用的关键因素。桩底沉淀土厚度的大小,会极大地影响桩端承载力的发挥。可见,成孔质量的好坏直接影响钻孔混凝土灌注桩浇筑后的成桩质量。因此,要在钻孔施工中进行泥浆各种性能指标的测定,以确保钻孔的顺利进行。在成孔后,浇灌混凝土前应进行成孔质量检测。成孔检测在以往的大型钻孔灌注桩工程中往往被忽视了,这是不应该的。实际上,成孔检测有时比成桩检测还重要,因为如果成孔质量有问题,在成桩后是很难处理的,因此我们应对成孔检测予以充分的重视。

6.2.1 泥浆性能检测指标

6.2.1.1 相对密度

相对密度用泥浆相对密度计测定。将要量测的泥浆装满泥浆杯,加盖,并洗净从小孔溢出的泥浆,然后置于支架上,移动游码,使杠杆呈水平状态(水平泡位于中央),读出游码左侧所示刻度,即为泥浆的相对密度 γ_x。

若工地无以上仪器,可用一口杯先称其质量为 m_1,再装满清水称其质量为 m_2,之后倒去清水,装满泥浆并擦去杯周溢出的泥浆,称其质量为 m_3,则

$$\gamma_x = \frac{m_3 - m_1}{m_2 - m_1} \tag{6-8}$$

6.2.1.2 黏度 η

工地用标准漏斗黏度计测定黏度,漏斗黏度计如图 6-6(a)所示。将滤去大砂粒后的泥浆注入漏斗中,然后使泥浆从漏斗下口流出,流满 500 mL 量杯所需时间(s),即为所测泥浆的黏度。

校正方法:漏斗中注入 700 mL 清水,流出 500 mL 所需时间应是 15 s,其偏差如超过 ±1 s,测量泥浆黏度时应进行校正。

6.2.1.3 静切力 θ

工地可用浮筒切力计[图 6-6(b)]测定静切力。泥浆静切力可用下式计算:

$$\theta = \frac{G - \pi d \delta h \gamma}{2\pi d h - \pi d \delta} \tag{6-9}$$

式中　G——铝制浮筒质量,g;

　　　d——浮筒的平均直径,cm;

　　　h——浮筒的沉没深度,cm;

　　　γ——泥浆重度,g/cm³;

　　　δ——浮筒壁厚,cm。

量测时,先将约 500 mL 泥浆搅匀,而后立即倒入切力计中。将切力筒沿刻度尺垂直向下移至与泥浆接触时,轻轻放下。当它自由下降到静止不动时,即静切力与浮筒重力平衡时,读出浮筒上泥浆面所对应的刻度[刻度是按式(6-9)的计算值刻画的],即为泥浆的初切力。取出切力筒,按净黏着的泥浆,用棒搅动筒内泥浆后,静置 10 min,再用上述方法量测,所得即为泥浆的终切力。其单位均为 Pa。切力计可自制。

6.2.1.4 含砂率

工地用含砂率计(图 6-7)测定含砂率。量测时,把调好的 50 mL 泥浆倒入含砂率计中,然后再

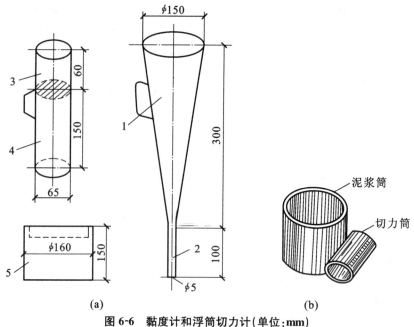

图 6-6 黏度计和浮筒切力计(单位:mm)

(a)黏度计;(b)浮筒切力计

1—漏斗;2—管子;3—量杯 200 mL 部分;4—量杯 500 mL 部分;5—筛网及杯

倒入 450 mL 清水,将仪器口塞紧,摇动 1 min,使泥浆与水混合均匀。再将仪器垂直静放 3 min,仪器下端沉淀物的体积(由仪器刻度读出)乘以 2,即为含砂率(%)。有一种大型的含砂率计,容积为 1000 mL,由刻度读出的读数不需乘以 2,即为含砂率。

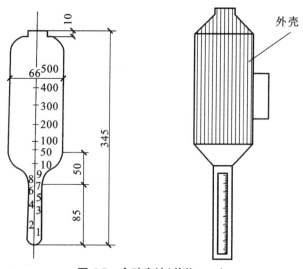

图 6-7 含砂率计(单位:mm)

6.2.1.5 胶体率

胶体率也称稳定率,它可以反映出泥浆中土粒保持悬浮状态的性能。测定方法:将 100 mL 泥浆倒入干净量杯中,用玻璃片盖上,静置 24 h 后,量杯上部泥浆可能会澄清为透明的水,测量时其体积如为 5 mL,则胶体率为(100−5)/100=95%。

6.2.1.6 失水率和泥皮厚

将一张 120 mm×120 mm 的滤纸置于水平玻璃板上,中央画一直径为 3 cm 的圆,将 2 mL 的泥浆滴入圆圈中心。30 min 后,量算湿润圆圈的平均半径,减去泥浆摊平成为泥饼的平均半径(mm)后所得的值即为失水率,单位为 mL/min。在滤纸上量出的泥浆皮厚度(mm),即为泥皮厚。泥皮愈平坦、愈薄,则泥浆质量愈高,一般不宜大于 2~3 mm。

6.2.1.7 酸碱度

酸碱度即酸和碱强度的简称,也可简称为酸碱值。pH 值是常用的酸碱标度之一。pH 值等于溶液中氢离子浓度的负对数值,即 $pH=-lg[H^+]=lg(1/[H^+])$。在常温下(25 ℃)pH 值等于 7 时溶液为中性,大于 7 时为碱性,小于 7 时为酸性。工地测量 pH 值时,可取一条 pH 试纸放在泥浆面上,0.5 s 取下试纸与标准颜色进行对比,即可读出 pH 值。

6.2.2 成孔质量检测

6.2.2.1 桩位偏差测量

桩位偏差是指成桩后的位置与设计位置间的差距。应在基桩施工前按设计桩位平面图放样桩的中心位置,但由于施工中测量放线不准、护筒埋设有偏差、钻机对位不正、钻孔偏斜、钢筋笼下孔偏差等因素,成桩后会导致桩位与设计位置出现偏离。如桩位偏离超过设计允许范围,桩的受力状况发生变化,将导致桩的承载力和可靠性降低、工程造价增加、工期延误等。因此,成桩后要对实际桩位进行复测,用精密经纬仪或红外测距仪测量桩的中心位置,看其是否满足设计规定和相应规范、标准对桩位中心位置的偏差要求。

6.2.2.2 桩倾斜度检查

在灌注桩施工过程中,能否确保基桩的倾斜度是衡量基桩能否有效发挥作用的一个关键因素,因此必须认真地测定桩孔的倾斜度。对于竖直桩,一般要求其允许偏差不应超过 1%;对于斜桩,一般要求其允许偏差不超过设计斜度的±2.5%。

图 6-8 所示为测斜简易方法。在孔口沿钻孔直径方向设一标尺,标尺上的点 O 与钻孔中心重合,并使滑轮、标尺上的点 O 和钻孔中心在同一铅垂线上,其高度为 H_0。穿过滑轮的测绳,一端与用钢筋弯制的圆球(圆球直径比钻孔直径略小些)连接,另一端通过转向滑轮用手拉住。将圆球慢慢放入钻孔中,并测读测绳在标尺上的偏距 e,则倾斜角 $\alpha=\arctan(e/H_0)$。该方法工具简单,操作方便,但测读范围以 e 值小于钻孔的半径为最大限度,且读数较为粗糙。

当检查的桩孔深度较深且倾斜度较大时,可根据地质及施工情况选用 JDL-1 型陀螺斜测仪或 JJX-3 型井斜仪检查,也可采用声波孔壁测定仪绘出连续的孔壁形状和垂直度。

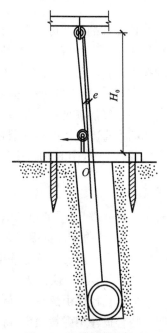

图 6-8 桩的倾斜度检查

6.2.2.3 桩的孔径和垂直度检测

桩的孔径和垂直度检测是成孔质量检测中的两项重要内容。目前有钢筋笼检测、伞形孔径仪检测、声波法检测三种方法,它们大多可同时检测孔径和垂直度。

（1）钢筋笼检测

钢筋笼式检孔器是一种使用较广泛的检测器具。钢筋笼检测是一种简易、便捷的方法,其仪器制作简单,检测方便、可行。应用钢筋笼式检孔器测量孔径和垂直度如图 6-9、图 6-10 所示。

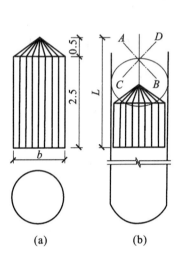

图 6-9　应用钢筋笼式检孔器测量孔径(单位:m)
(a) 检孔器;(b) 测量孔径

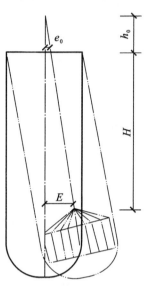

图 6-10　应用钢筋笼式检孔器测量孔的垂直度

检孔器的尺寸可根据设计桩径的大小进行设计,其外径 D 不应大于钻头直径,长度 L 应为外径的 4～6 倍。检孔器用钢筋制作,应有一定的刚度,以防止使用过程中发生变形。检测前,待钻孔的孔深、清孔泥浆指标等检查合格后,用三脚架将检孔器放入孔内。检孔器对中后,上吊点的位置应固定,并在整个检测过程中保持不变。检孔器靠自重下沉,如能在自重作用下顺利下沉到孔底,则表明孔径能满足设计要求。如不能下沉到孔底,则说明孔径小于设计孔径,应进行扩孔等处理。钻孔的垂直度可根据检孔器在孔顶对中下落孔中的深度和在护筒顶观测到的吊绳相对于放样中心点的偏移情况(图 6-10),按式(6-10)计算。

$$k = \frac{E}{H} \times 100\% = \frac{e_0}{h_0} \times 100\% \tag{6-10}$$

式中　k——桩孔垂直度,%;

　　　E——桩孔偏心距,m;

　　　H——检孔器下落深度,m。

（2）伞形孔径仪检测

伞形孔径仪由测头、设调放大器和记录仪三部分组成。测头为机械式构件,放入测孔之前,将四条腿合拢并用弹簧锁定;待测头放入孔底,四条腿即自动张开。当测头缓缓上提时,在弹簧力作用下,四条腿端始终紧贴孔壁,随着孔壁凹凸不平的状况相应地张开和收拢,带动测头密封筒内的活塞上下移动,从而使四组串联的滑动电阻来回滑动。将电阻变化转化为电压变化,经信号设调放大器放大,并由记录仪记录,即可绘出孔径大小随孔深的变化情况。伞形孔径仪如图 6-11 所示。

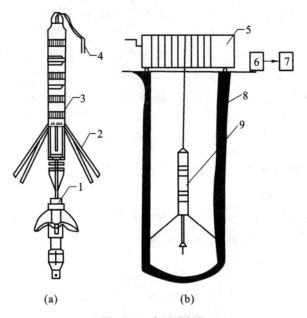

(a)　　　　(b)

图 6-11　伞形孔径仪

(a) 测头;(b) 测量原理

1—锁腿架;2—测腿;3—密封筒;4—电缆;5—电缆绞车;6—设调放大器;7—记录仪;8—桩孔;9—测头

用伞形孔径仪测量孔径倾斜度时,在孔内不同深度连续多点测量其顶角和方位角,从而可计算出钻孔的倾斜度。顶角测量利用的是铅垂原理,测量系统由顶角电阻(阻值已知)和一端装有重块并始终与水平面保持垂直的测量杆组成。当钻孔倾斜时,顶角电阻和测量杆间就会有一个角度,仪器内部机构便根据角度的大小短路一部分电阻,剩下的电阻值即可反映被测点的顶角。方位角由定位电阻、接触片等磁定向机构来测量:接触片始终保持指北状态,方位角变化时使接触片的电阻也随之变化,确定电阻值的大小后,即可确定被测点的方位角。

6.2.2.4　孔底沉淀土厚度检查

孔底沉淀土厚度的大小会极大地影响桩端承载力的发挥,因此在施工过程中必须严格控制孔底沉淀土的厚度。根据《公路桥涵施工技术规范》(JTG/T F50—2011)的规定,对于摩擦桩清孔,沉淀土厚度应符合设计要求。当设计无要求时,对于直径小于或等于 1.5 m 的桩,沉淀土厚度应小于或等于 200 mm;对于桩径大于 1.5 m、桩长大于 40 m 或土质较差的桩,沉淀土厚度应小于或等于 300 mm;支承桩的沉淀土厚度应不大于设计规定值。

测定沉淀土厚度的方法目前还不够成熟,下面介绍工程中的几种常用方法。

(1)垂球法

垂球法是一种惯用的简易测定沉淀土厚度的方法。其将质量约 1 kg 的铜制锥体垂球,顶端系上测绳,把垂球慢慢沉入孔内,凭手感判断沉淀土顶面位置,其施工孔深和量测孔深之差值即为沉淀土的厚度。

(2)电阻率法

电阻率法沉淀土测定仪由测头、放大器和指示器组成。它根据不同介质(如水、泥浆和沉淀颗粒)具有不同的导电性能,由电阻值的变化来判断沉淀土的厚度。测试时将测头慢慢沉入孔中,观察表头指针的变化。当出现突变时,记录深度 h_1;继续下沉测头,指针再次突变,记录深度 h_2;直到测头不能下沉为止,记录深度 h_3。设施工深度为 H,则各沉淀土厚度为 h_2-h_1、h_3-h_2 和 $H-h_3$。

（3）电容法

电容法的测定原理是当金属两极间距和尺寸不变时,电容量和介质的电解率成正比关系。水、泥浆和沉淀土等介质的电解率有较明显的差异,由电解率的变化量可测定出沉淀土的厚度。

钻(探)孔在终孔和清孔后,应进行孔位、孔深检验。一般情况下,孔径、孔形和倾斜度宜采用上述专用仪器测定。当缺乏专用仪器时,可采用外径为钻孔桩钢筋笼直径加 100 mm(不得大于钻头直径)、长度为 4～6 倍外径的钢筋笼检孔器吊入钻孔内检测。

6.2.2.5 超声波法检测孔径和垂直度

（1）测试原理及仪器设备

把泥浆作为均匀介质,则超声波在泥浆介质中的传播速度 c 是恒定的。若超声波的发射探测器至孔壁的距离为 L,实测声波发射至接收的时间差为 Δt,则可按式(6-11)进行计算。

$$L = c \cdot \frac{\Delta t}{2} \tag{6-11}$$

超声波孔壁测试仪一般由主机(由超声记录仪、声波发射和接收探头组成)、绕线器和绞车三大部分组成。在现场检测中,通过绞车将探测器自动放入孔内,并靠探测器的自重使测试探头处于铅垂位置。测试时,超声振荡器产生一定频率的电脉冲,经放大后由发射换能器转换为声波,并通过孔内泥浆向孔壁方向传播。由于泥浆与孔壁地层的声阻抗差异很大,声波到达孔壁后绝大部分被反射回来,经接收换能器接收。声波从发送到接收的时间,计时门打开至关闭的时间差,即为声波在孔内泥浆中的传播时间。超声波测试原理如图 6-12 所示。

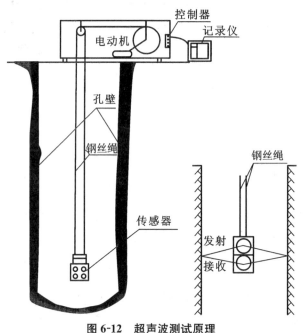

图 6-12 超声波测试原理

声波探头中的四组换能器(一发一收为一组)呈十字交叉布置,可以探测孔内某高程测点两个方向相反的换能器与孔壁之间的距离。进行连续测试,即可得到该钻孔两个方向孔壁的截面变化图。如某测点两方向相反声波探头测得的换能器至孔壁的距离分别为 L_1 和 L_2,则桩孔在该点的

孔径为 $D=L_1+L_2+d$，d 为两个方向相反换能器发射面间的距离。用同样的方法可以计算与此呈正交方向的钻孔孔径。如此改变测点的高度，就可获得整个钻孔在该断面测点处的剖面孔径变化图。记录的数据经同步放大并产生高压脉冲电流，利用记录笔的高压放电在专用记录纸上同时记录两孔壁信号。当提升声波探头的绞车在测试时始终保持吊点不变且电缆垂直，即可通过钻孔孔壁剖面图得到钻孔的垂直度。超声波法检测孔径和垂直度的实测成果如图 6-13～图 6-16 所示。

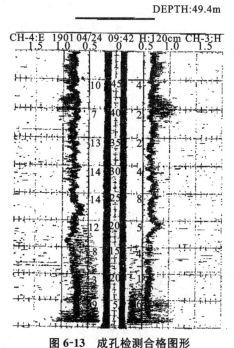

图 6-13 成孔检测合格图形

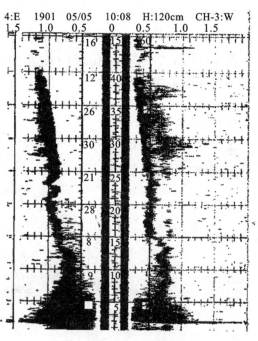

图 6-14 成孔垂直度超标

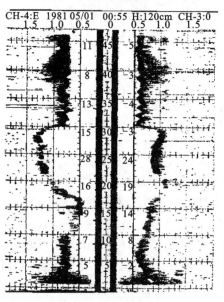

图 6-15 成孔检测部分缺陷(1)

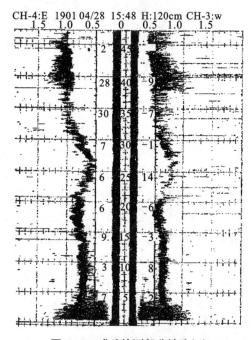

图 6-16 成孔检测部分缺陷(2)

（2）孔径分析

如图6-17(a)所示，假设某截面测试的两个方向为 AB 与 CD，孔为圆形，O 为圆心，半径为 R；O' 为测试探头中心，L_A、L_B、L_C、L_D 分别为 O' 点到 A、B、C、D 点的距离。于是可推导出 R 的计算公式为：

$$R = \frac{\sqrt{(L_C + L_D)^2 + (L_B - L_A)^2} + \sqrt{(L_A + L_B)^2 + (L_C - L_D)^2}}{4} \tag{6-12}$$

探头中心偏离孔中心的距离 OO' 为：

$$S = OO' = 0.5 \times \sqrt{(L_A - L_B)^2 + (L_C - L_D)^2} \tag{6-13}$$

孔口截面探头中心偏离孔的中心距离 S 与任一截面探头中心偏离孔的中心距离 S_0 之差，即为该截面偏离孔口中心轴线的距离。

$$\Delta L = S - S_0 \tag{6-14}$$

（3）倾斜度分析

按上述方法分析计算出孔口中心轴线的偏移距离 $\Delta L_底$，$\Delta L_底$ 与孔深 H 之比的百分率即为倾斜度，如图6-17(b)所示。

$$倾斜度 = \frac{\Delta L_底}{H} \times 100\%$$

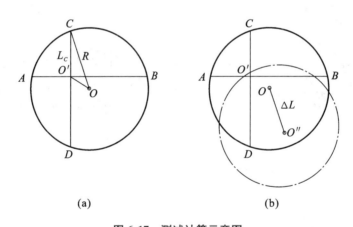

（a）　　　　　　　　　　（b）

图 6-17　测试计算示意图

（a）任意截面计算示意图；（b）倾斜度计算示意图

6.3　桩身完整性检测

钻孔灌注桩桩身完整性检测方法有低应变反射波法、声波透射法和钻芯法三种。低应变反射波法具有仪器轻便、操作简单、检测速度快、成本低等特点，可检测桩身缺陷及位置，判定桩身完整性类别，但检测深度有限，在桩基工程质量普查中应用较广。声波透射法需在基桩混凝土浇筑前预埋声测管，测试操作较复杂，可检测灌注桩桩身缺陷及其位置，可较可靠地判定桩身完整性类别。经上述两种方法检测后，对桩身缺陷仍存在疑虑时，可用钻芯法进行验证。钻芯法设备笨重、操作复杂、成本高，但检验成果直观可靠。它可以检测桩长、桩身混凝土强度、桩底沉淀土厚度，鉴别桩底岩土性状，准确地判定桩身完整性类别。如将上述三种方法进行有机结合，并考虑桩的设计条件、承载性状及施工等因素进行综合分析，不仅可对桩身的完整性类别作出可靠的评价，还可对桩的承载力作出评估。

6.3.1 低应变反射波法

6.3.1.1 基本原理

把桩视为一维弹性均质杆件,设介质密度为 ρ,截面积为 A,纵波波速为 C,弹性模量为 E,则桩身材料的广义波阻抗 $Z=\rho AC=EA/C$。当桩顶受到激励力后,则压缩波以波速 C 沿桩身向下传播。当遇到桩身波阻抗变化的界面时,压缩入射波(I)在波阻抗界面处将产生反射波(R)和透射波(T)。设桩身界面上、下的波阻抗比值为 n,则有:

$$n=\frac{Z_1}{Z_2}=\frac{\rho_1 A_1 C_1}{\rho_2 A_2 C_2} \tag{6-15}$$

根据桩身交界面连续的条件和牛顿第三定律,界面上两侧质点速度、内力均应相等,即

$$\left.\begin{array}{l}v_1=v_2\Rightarrow v_I+v_R=v_T\\N_1=N_2\Rightarrow A_1(\sigma_I+\sigma_R)=A_2\sigma_T\end{array}\right\} \tag{6-16}$$

根据波阵面动量守恒条件,可得:

$$\left.\begin{array}{l}\dfrac{\sigma_I}{\rho_1 C_1}-\dfrac{\sigma_R}{\rho_1 C_1}=\dfrac{\sigma_T}{\rho_2 C_2}\\Z_1(v_I-v_R)=Z_2 v_T\end{array}\right\} \tag{6-17}$$

将式(6-15)与式(6-16)联合求解,可得式(6-18)与式(6-19):

$$\left.\begin{array}{l}\sigma_R=\sigma_I\cdot\dfrac{Z_2-Z_1}{Z_2+Z_1}=F\sigma_I\\\sigma_T=\sigma_I\cdot\dfrac{2Z_2}{Z_2+Z_1}=T\sigma_I\end{array}\right\} \tag{6-18}$$

$$\left.\begin{array}{l}v_R=-v_I\cdot\dfrac{Z_2-Z_1}{Z_2+Z_1}=-Fv_I\\v_T=v_I\cdot\dfrac{2Z_2}{Z_2+Z_1}=Tv_I\end{array}\right\} \tag{6-19}$$

其中,反射系数由式(6-20)计算得出:

$$F=\frac{1-n}{1+n} \tag{6-20}$$

透射系数由式(6-21)计算得出:

$$T=\frac{2}{1+n} \tag{6-21}$$

式(6-15)～式(6-21)为应用低应变反射波法检测桩身完整性的理论依据。桩身各种性状以及桩底不同的支承条件,均可归纳成以下三种波阻抗变化类型:

① 当 $Z_1\approx Z_2$ 时,桩身连续,无明显波阻抗差异。此时 $n=1$,$F=0$,$T=1$,由式(6-20)、式(6-21)可知,$\sigma_R=0$,$v_R=0$,即桩身无反射波信号,应力波全透射,表示桩身完整。

② 当 $Z_1>Z_2$ 时,相当于桩身有缩径、离析、空洞及摩擦桩桩底的情况。此时 $n>1$,$F<0$,$T>0$,由式(6-20)可知,σ_R 与 σ_I 异号,反射波为上行拉力波。由式(6-21)可知,v_R 与 v_I 符号一致,所以反射波与入射波同相。另外,由弹性杆波动传播的符号定义来理解,上行拉力波与下行压力波的方向一致,则反射波引起的质点速度 v_R 与入射波的 v_I 同相,这样在桩顶检测出的反射波速度和应力均与入射波信号极性一致。

③ 当 $Z_1 < Z_2$ 时,相当于桩身扩径、膨胀或端承桩的情况,则 $n < 1, F > 0, T > 0$。由式(6-20)、式(6-21)可知,σ_R 与 σ_1 同号,反射波为上行压缩波,v_R 与 v_1 符号相反,这样在桩顶接收到的反射波速度及应力均与入射波信号的极性相反。同理可得,桩底处的速度为零,而应力加倍。

根据以上三种反射波与入射波相位间的关系,可判别某一波阻抗界面的性质。这是应用低应变反射波法判别桩底情况及桩身缺陷的理论依据。表 6-7 所示为根据上述理论绘制出的与桩身波阻抗变化相对应的反射波特征曲线及曲线特征。

表 6-7　　　　　　　　　　与桩身波阻抗变化相对应的反射波特征曲线及曲线特征

缺陷	特征曲线	曲线特征
完整	（特征曲线图）	1. 短桩:桩底反射波与入射波频率相近,振幅略小; 2. 长桩:桩底反射振幅小,频率低; 3. 摩擦桩的桩底反射波与入射波同相位,端承桩的桩底反射波与入射波反相位
扩径	（特征曲线图）	1. 曲线不规则,可见桩间反射。扩径处的第一反射子波与入射波反相位,后续反射子波与入射波同相位。反射子波的振幅与扩径尺寸正相关; 2. 可见桩底反射
缩径	（特征曲线图）	1. 曲线不规则,可见桩间反射。缩径处的第一反射子波与入射波同相位,后续反射子波与入射波反相位。反射子波的振幅与缩径尺寸正相关; 2. 一般可见桩底反射
离析	（特征曲线图）	1. 曲线不规则,一般见不到桩底反射; 2. 离析的第一反射子波与入射波同相位,幅值与离析程度呈正相关,但频率明显降低; 3. 中、浅部严重离析,可见到多次反射子波
断裂	（特征曲线图）	1. 浅部断裂(小于 2 m)由于受钢筋和下部桩的影响,反映为锯齿状子波叠加在低频背景上的脉冲子波,峰-峰间为 Δf; 2. 中、浅部断裂为多次反射子波等距出现,振幅和频率逐次下降; 3. 深部断裂似桩底反射曲线,但所计算的波速远大于正常波速; 4. 一般见不到桩底反射
夹泥 空洞 微裂	（特征曲线图）	1. 曲线不规则,一般可见桩底反射; 2. 缺陷的第一反射子波与入射波同相位,后续反射子波与入射波反相位; 3. 子波的幅值与缺陷的程度呈正相关
桩底 沉淀土	（特征曲线图）	桩底存在沉淀土时,桩底反射波与入射波同相位,其幅值大小与沉淀土的厚度呈正相关

6.3.1.2 检测仪器

根据《公路工程基桩动测技术规程》(JTG/T F81-01—2004)中对低应变反射波法检测系统的说明,可知低应变反射波法检测系统由基桩动测仪、传感器、激振设备和专用附件组成。

(1)基桩动测仪

目前,国内外的动测仪都已把采集、放大、存储各部件与计算分析软件融为一体,集成为基桩动测仪。我国已制定了《基桩动测仪》(JG/T 3055—1999)规程,对基桩动测仪的主要技术性能指标作出了规定。其将动测仪器产品的主要技术性能分为 1、2、3 三个等级:1 级较低,3 级较高。其中,2 级基桩动测仪的性能指标要求如下:

① A/D 转换器分辨率大于或等于 12 bit,单道采样频率大于或等于 20 kHz。

② 对于加速度测量系统的频率响应,幅频误差小于或等于±5%时,要求为 3~3000 Hz;幅频误差小于或等于±10%时,要求为 2~5000 Hz。幅值非线性振动应小于或等于 5%。冲击测量时,零漂应小于或等于 1%FS。传感器安装谐振频率应大于或等于 10 kHz。

③ 对于速度测量子系统的频率响应,幅频误差小于或等于±10%时,要求为 10~1200 Hz;幅值非线性振动应小于或等于 10%;传感器安装谐振频率应大于或等于 2 kHz。

④ 单通道采样点数应大于或等于 1024;系统动态范围应大于或等于 66 dB;输出噪声电平有效值应小于或等于 2 mV;衰减挡(或程控放大)误差应小于或等于 1%;任意两道间的通道幅值一致性误差应小于或等于±0.2%,相位一致性误差应小于或等于 0.05。

⑤ 环境条件:工作时相对湿度(温度 40 ℃时)应为 20%~90%。

从上述性能指标看,国内外基桩动测仪生产厂家生产的基桩动测仪,其性能指标均已达到或超过 2 级基桩动测仪的技术性能指标,完全可以满足低应变反射波法桩基检测的需要。动测仪器是在野外恶劣的环境条件下使用的,容易损坏。为了实现我国计量法规定的量值传递要求,保证有效使用范围,根据计量认证的规定,要每年定期对基桩动测仪进行计量检定。有关动测仪器各部件的技术性能指标及检定条件,可参考《基桩动测仪测量系统》(JJG 0003—1996)和《基桩动测仪》(JG/T 3055—1999)中的有关规定。

《公路工程基桩动测技术规程》(JTG/T F81-01—2004)中对采集处理仪器作了如下规定:

① 数据采集装置中的模数转换器不得低于 12 bit。

② 采样间隔宜为 10~500 μs,可调。

③ 单通道采样点不少于 1024 点。

④ 放大器增益宜大于 60 dB,可调,线性度良好,其频响范围应为 5~5000 Hz。

(2)传感器

① 传感器宜选用压电式加速度传感器或磁电式速度传感器,频率响变曲线的有效范围应覆盖整个测试信号的频带范围。

② 加速度传感器的电压灵敏度应大于 100 mV/g,电荷灵敏度应大于 20 PC/g,上限频率不应小于 5 kHz,安装谐振频率不应小于 6 kHz,量程应大于 100 g。

③ 速度传感器的固有谐振频率不应大于 30 Hz,灵敏度应大于 200 mV/(cm·s^{-1}),上限频率不应小于 1.5 Hz,安装谐振频率不应小于 1.5 kHz。

(3)激振设备

① 激振锤的材质与性能。

为了满足不同的桩型和检测目的,应选择符合材质和质量要求的手锤或力棒,以获得所需的激振频率和能量。低应变反射波法基桩质量检验用的手锤和力棒,其锤头的材质有铜、铝、硬塑、橡皮等。改变锤的质量和锤头材质,即可获得检测所需的能量和激振频谱要求。表 6-8 所列数据为用不同激振锤敲击桩头时,由安装在锤头上的力传感器和安装于桩头上的测量传感器所记录的信号,分析得到的不同效果。

表 6-8　　　　　　　　　　　　　　　　激振锤的材质与性能参数表

序号	锤型	材质	质量 m/kg	主频/kHz	脉宽 f/ms	力值/kN
1	小钢管	钢	0.09	3.28	0.60	0.14
2	小钢杆	钢	0.27	2.02	0.90	0.41
3	铁锤	钢	1.23	2.50	0.80	0.89
4	木槌	杂木	0.39	1.92	1.00	0.59
5	橡胶锤	生胶	0.30	0.86	2.00	0.43
6	RS 手锤	聚乙烯	0.94	0.96	2.00	1.30
7	RS 力棒	尼龙	2.97	1.38	1.50	4.49
8	RS 力棒	铁	2.95	1.55	1.20	4.46

由表 6-8 可见,在相同材质情况下,采用质量大的手锤或力棒,力值也大,主频相对减小;锤或棒的质量相同时,主频随钢、铝、硬塑、橡皮、杂木硬度的降低而减小。

锤击桩头的目的是在桩顶输入一个符合检测要求的初始应力波脉冲,其基本技术特性为波形、峰值、脉冲宽度或频谱、输入能量。当波形一定时,我们关注的是峰值和脉宽两个主要问题。峰值决定激励桩身的应力大小,脉宽决定激励的有效频段范围,两者组合将决定输入能量的大小及能量在整个有效频段内的分配。

② 锤击振源对基桩检测信号的影响。

a. 锤击能量。其大小取决于锤的质量和下落速度。对大直径长桩,应选择质量大的锤或力棒,以产生主频率低、能量大的激励信号,获得较清晰的桩底反射信号,但这时桩身的微小缺陷会被掩盖。

b. 锤头材料。锤头材料硬,产生的高频脉冲波有利于提高桩身缺陷的分辨率,但高频信号衰减快,不容易探测到桩身的深部缺陷;锤头材料软,产生的低频脉冲波衰减慢,有利于获得桩底反射信号,但降低了桩身缺陷的分辨率。

c. 脉冲宽度。小钢锤的脉冲宽度约为 0.6 ms,尼龙锤约为 2.0 ms,橡皮锤约为 4.8 ms。激振脉冲宽度大,有利于探测桩身的深部缺陷,但波长大于缺陷尺寸时,由于波的绕射作用,桩身内的小缺陷不容易被识别出,从而降低了分辨率;激振脉冲宽度小,应力波频率高,波长短,有利于提高对桩身小缺陷的分辨率,但在桩浅部不能满足一维弹性杆件的平截面假定条件时,会出现接收信号波形畸变。

6.3.1.3　现场检测技术

低应变反射波法现场测试仪器设备如图 6-18 所示。

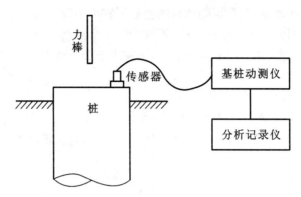

图 6-18 低应变反射波法现场测试仪器设备

（1）准备工作

① 现场踏勘及资料搜集。

在接受检测任务后，检测人员应了解场地质条件、建筑物的类型、桩型、桩设计参数、成桩工艺、施工记录及相关资料，然后根据检测委托书编制检测纲要。

② 抽样原则与抽样数量。

抽样时应遵循随机、均匀的原则抽取具有代表性的试样。随机、均匀是指在整个工程桩的范围内，每一部分抽检桩的比例应大致相等。被抽检桩应有足够的代表性是指抽检时应考虑各种因素。

《建筑基桩检测技术规范》（JGJ 106—2003）中对于应用低应变反射波法检测混凝土桩桩身完整性时的抽检数量作了如下规定：

a. 柱下三桩或三桩以下的承台抽检桩数不得少于 1 根。

b. 设计等级为甲级，或地质条件复杂、成桩质量可靠性较低的灌注桩，抽检数量不应少于总桩数的 30%，且不得少于 20 根；其他桩基工程的抽检数量不应少于总桩数的 20%，且不得少于 10 根。

c. 对端承型大直径灌注桩，应按上述两款的规定确定抽检数量；对受检桩采用钻芯法或声波透射法进行桩身完整性检测的，抽检数量不得少于总桩数的 10%。

d. 地下水位以上且终孔后桩端持力层已通过核验的人工挖孔桩，以及单节混凝土预制桩，抽检数量可适当减少，但不宜少于总桩数的 10%，且不宜少于 10 根。

e. 为了全面了解整个工程基桩的桩身完整性情况，应适当增加抽检数量。

f. 在抽检时还应考虑这些桩：施工质量有疑问的桩、设计方认为重要的桩、局部地质条件出现异常的桩、施工工艺不同的桩。

③ 桩头应进行相应处理。

④ 数量与桩位的选择。

应根据相关技术规范、标准的规定，并参考现场施工记录和基桩在工程中所起的作用来确定抽检数量及桩位。公路桥梁的钻孔灌注桩通常是每根桩都要进行检测。对受检桩，要求桩顶的混凝土质量、截面尺寸与桩身设计条件基本相同。桩头应凿去浮浆或松散、破损部分，露出坚硬的混凝土，外露主筋不宜太长。桩头表面应平整、干净、无积水，并将传感器安装点与敲击点部位磨平。

⑤ 测点与激振点的布置。

传感器安装点与激振点应远离钢筋笼的主筋。对于混凝土实心桩，传感器安装点应为距桩中心 1/2～2/3 半径处，激振点应位于桩顶中心；对于混凝土空心桩，传感器安装点与激振点应垂直布置于 1/2 半径壁厚处。

测点数量视桩径大小而定,且测点距离桩的主筋不宜小于 50 mm;当桩径不大于 1000 mm 时,不宜少于 2 个测点;当桩径大于 1000 mm 时,不宜少于 4 个测点。

对混凝土预制桩,当边长不大于 600 mm 时,不宜少于 2 个测点;当边长大于 600 mm 时,不宜少于 3 个测点。

对预应力管桩,不宜少于 2 个测点。

传感器应与桩顶紧密接触。用耦合剂黏结时,黏结层应尽可能薄。必要时,采用打孔安装方式,传感器底的安装面应与桩顶混凝土面紧密接触,其安装点宜在距桩中心 $1/2 \sim 2/3$ 半径处。

（2）仪器参数的设置

① 采样频率。

采样频率应满足采样定理,见式(6-22)。

$$f_s \geqslant 2f_m \tag{6-22}$$

式中 f_s——采样频率;

f_m——信号频率上限,在基桩检测中,通常取 $f_s = 3f_m$。

在基桩测试中,采样频率通常在 $0 \sim 2$ kHz 范围内已能满足要求。对不同的测试要求,可改变频率范围:如要测 $3 \sim 5$ m 内的浅部缺陷,可将频率调到 $1 \sim 2$ kHz;要测桩底反射信号,则可降低频率至 $0 \sim 0.6$ kHz。

② 采样点数 N。

采样点数应满足下式要求:

$$N \geqslant \frac{3L}{c\Delta t}$$

一般每通道的采样点数不少于 1024 点。

采样时间 T 又称采样长度,是一次采样 N 个点数据所需的时间,可表示为

$$T = N\Delta t$$

采样间隔 Δt 是指对信号进行离散采样时,每采一点所需的时间,可表示为

$$\Delta t = \frac{1}{f_s}$$

这样,频率间隔 Δf 的频域里两相邻数据的频率间隔,可用式(6-23)表示:

$$\Delta f = \frac{1}{T} = \frac{1}{N\Delta t} \tag{6-23}$$

由上可见,采样频率愈高,采样间隔愈小,时域分辨率愈高,而频域分辨率愈低。这是因为 Δt 与 Δf 是互为倒数的关系。

③ 适调放大器。

放大增益要足够大,在屏幕上有足够大的波形,以不限幅为原则。

（3）信号采集

① 根据桩径大小,在与桩心对称处布置 $2 \sim 4$ 个测点。

② 实测信号能反映桩身的完整性特征,有明显的桩底反射信号,每个测点记录的有效信号数不宜少于 3 个。

③ 不同测点及同一测点的多次实测时域信号一致性好。否则,应分析原因,找出问题后进行重测。

④ 信号幅值适度,波形光滑,无毛刺、振荡出现,信号曲线最终归零。

在大直径桩的测试中,由仪器本身和外界产生的随机噪声所引起的干扰频段,大都在响应信号的有效频段范围内。如果将干扰信号滤去了,有用信号也会受到很大损害。桩的尺寸效应能将桩头径向干扰振型激发出来,即使这种干扰被滤去,还是背离应力波一维纵波传播理论,它所引起的误差仍无法消除。用控制激励脉冲的宽度和传感器安装谐振频率及低频漂移的方法,可减少干扰信号的产生。所以在现场检测时改变锤头的材料或锤垫的厚度,即应用机械滤波手段,也是提高测试波形质量的有效办法。

6.3.1.4 检测数据的分析与判定

(1) 时域分析

① 桩身波速平均值的确定。

当桩长已知、桩底反射信号明确时,选用相同条件下(地质条件、设计桩型、成桩工艺相同)不少于 5 根 I 类桩的桩身波速值,按式(6-24)～式(6-26)计算其平均值。

$$c_m = \frac{1}{n}\sum_{i=1}^{n} c_i \tag{6-24}$$

$$c_i = \frac{2000L}{\Delta T} \tag{6-25}$$

$$c_i = 2L \cdot \Delta f \tag{6-26}$$

式中　c_m——桩身波速的平均值,m/s;

　　　c_i——第 i 根受检桩的桩身波速值,m/s,且 $|(c_i - c_m)/c_m| \leqslant 5\%$;

　　　L——测点下桩长,m;

　　　ΔT——速度波第一峰与桩底反射波峰间的时间差,ms;

　　　Δf——幅频曲线上相邻谐振峰间的频差,Hz;

　　　n——参加波速平均值计算的基桩数量,$n \geqslant 5$。

② 桩身缺陷位置的计算。

当桩身有缺陷但测不到桩底信号时,可根据本地区、本工程同类桩型的波速测试值,按式(6-27)计算桩身缺陷 x 的位置。

$$x = \frac{1}{2000}\Delta t_x c \quad \text{或} \quad x = \frac{1}{2}\frac{c}{\Delta f} \tag{6-27}$$

式中　x——桩身缺陷至传感器安装点的距离,m;

　　　Δt_x——速度波第一峰与缺陷反射波峰间的时间差,ms;

　　　c——受检桩的桩身波速,m/s,无法确定时,用 c_m 值代替;

　　　Δf——幅频曲线上缺陷相邻谐振峰间的频差,Hz。

(2) 频域分析

尽管现场动测时的时域信号能较真实地反映桩身情况,但许多实测曲线不可避免地夹杂着许多干扰信号,这给时域分析带来了困难,因此对测试信号进行频域分析是必要的。

根据动态信号测试原理,对于应用反射法动测桩时激励桩头所得的响应信号,在频域中可用式(6-28)表示系统响应的总和:

$$V(\omega) = P(\omega) \cdot B(\omega) \cdot F(\omega) \cdot A(\omega) \cdot R(\omega) \tag{6-28}$$

式中　$V(\omega)$——对应的傅里叶变换;

　　　$P(\omega)$——桩身完整性响应函数;

$B(\omega)$——传感器安装后的频响特性；

$F(\omega)$——激振产生的响应函数；

$A(\omega)$——采集和分析时所用带宽与放大器综合函数；

$R(\omega)$——外来干扰因素；

ω——频率自变量，$\omega=2\pi f$。

可以证明，对于自由桩而言，上式中 $P(\omega)$ 的共振峰频率与桩底和缺陷的位置有关，其系统固有频率的表达式见式(6-29)、式(6-30)：

$$f_n^L=\left(n+\frac{\arctan\lambda_L}{\pi}\right)\frac{c}{2L} \quad (n=1,2,\cdots) \tag{6-29}$$

$$f_n^b=\left(n+\frac{\arctan\lambda_b}{\pi}\right)\frac{c}{2b} \quad (n=1,2,\cdots) \tag{6-30}$$

式中 λ_L,λ_b——与桩底和缺陷有关的函数。

在自由端时，$\lambda_L\to0$；在支承端时，$\lambda_L\to\infty$。一般情况下 λ_L 介于二者之间，由此可导出完整桩的波速，见式(6-31)。

$$c=2L\cdot\Delta f \tag{6-31}$$

式中 L——桩长，m；

Δf——频谱分析中的频差峰-峰值，Hz。

而在缺陷桩处所形成的相邻共振峰频差和缺陷位置的关系如式(6-32)所示：

$$L'=\frac{c}{2\cdot\Delta f} \tag{6-32}$$

式中 L'——缺陷部位的深度，m。

将式(6-32)变换后可写成各阶振型的固有频率形式，如式(6-33)所示：

$$\Delta f=f_n-f_{n-1}=\frac{c}{2L} \tag{6-33}$$

同样，如桩存在缺陷，其缺陷处距桩顶距离 L' 与两阶谐振峰频率之差的关系如式(6-34)所示：

$$\Delta f'=f_n'-f_{n-1}'=\frac{c}{2L'} \tag{6-34}$$

式(6-33)、式(6-34)可作为频域法判断桩身缺陷的依据，桩身完整的幅频特性曲线如图 6-19 所示。

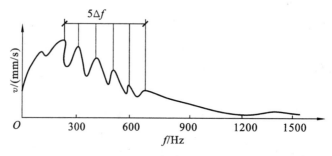

图6-19 桩身完整的幅频特性曲线

（3）桩身完整性类别判定的原则

在实际检测中，以时域分析为主，以频域分析为辅。根据时域信号特征进行桩身完整性分类时，《公路工程基桩动测技术规程》(JTG/T F81-01—2004)对桩身完整性判定的原则有以下几点。

① Ⅰ类桩:桩端反射较明显,无缺陷反射波,振幅谱线分布正常,混凝土波速处于正常范围内。

② Ⅱ类桩:桩端反射较明显,但有局部缺陷所产生的反射信号,混凝土波速处于正常范围内。

③ Ⅲ类桩:桩端反射不明显,可见缺陷二次反射波信号,或有桩端反射但波速明显偏低。

④ Ⅳ类桩:无桩端反射信号,可见因缺陷引起的多次强反射信号,或按平均波速计算的桩长明显短于设计桩长。

(4)时域与频域分析的互相验证

通常,人们只需对时域曲线进行积分、滤波、指数放大等信号处理后,即可将桩身存在的各种缺陷充分反映、展示出来,从而判断桩身的完整性问题。但有时桩身有多个缺陷,加之各种信号的干扰,时域曲线会变得非常复杂。这时需要进行信号的频域分析,将干扰信号滤去后,找出桩身的缺陷反射信息,再判定桩身完整性。时域、频域分析可作为应用低应变反射波法分析时的互相验证与补充,两者各有优缺点。

① 多数情况下,时域、频域分析结果能很好地进行统一和相互验证,但时域和频域分析的精度互相矛盾:采样频率越高,时域的分辨率越高,而频域的分辨率越低。对缺陷位置和桩长来说,应以时域计算为准。

② 非桩土系统引起的干扰振荡较严重时,时域局限性较大,应以频域分析为主。

③ 桩身存在多个等间距缺陷时,时域分析难以区分深部缺陷反射与浅部缺陷的多次反射,分析频域的基频和频差可对其加以甄别。

④ 有些桩底反射信号不明显,频谱中有较明显的整桩基频和频差。

⑤ 涉及离析、缩径、裂隙等缺陷性状的区分时,时域、频域分析的互相验证有时特别重要:离析处的谐振峰多见低缓形式,而裂隙的谐振峰较尖锐。

(5)结合其他检测方法

进行桩身完整性分析时,当出现下列情况之一时,宜结合其他检测方法:

① 超过有效检测长度范围的超长桩,其测试信号不能明确反映桩身下部和桩端情况。

② 桩身截面渐变或多变,且变化幅度较大的混凝土灌注桩。

③ 当桩长的推算值与实际桩长明显不符,且又缺乏相关资料加以解释或验证时。

④ 实测信号复杂、无规律,无法对其进行准确的桩身完整性分析和评价。

⑤ 对于预制桩,时域曲线在接头处有明显反射,但又难以判定是断裂错位还是接桩不良。

6.3.1.5 低应变反射波法的特点

(1)优点

其仪器设备轻便,操作简单,成本低廉;可对桩基工程进行普查,检测覆盖面大;可检测桩身完整性和桩身存在的缺陷及位置,估计桩身混凝土的强度、核对桩长等。

(2)局限性

① 检测桩长的限制:对于软土地区的超长桩,其长径比很大,桩身阻抗与持力层阻抗匹配好,常检测不到桩底反射信号。

② 桩身截面阻抗渐变等时,容易造成误判。

③ 当桩身有两个以上缺陷时,较难判别。

④ 在桩身阻变小的情况下,较难判断缺陷的性质。

⑤ 嵌岩桩的桩底反射信号多变,容易造成误判。

嵌岩桩的时域曲线中,桩底反射信号变化复杂。一般情况下,桩底反射信号与激励信号极性相反。但如果桩底混凝土与岩体阻抗相近,则桩底反射信号不明显,甚至没有;如桩底有沉淀土,则有明显的同相反射信号。因此,要对照受检桩的桩型、地层条件、成桩工艺、施工情况等进行综合分析,不宜单凭测试信号定论。

（3）混凝土强度与波速的关系

在工程检测中,人们常用波速估计混凝土的强度等级,这是一种平均强度的概念。实际上,桩身混凝土强度远非平均强度指标所能评价的。混凝土强度与波速之间的关系比较复杂,影响混凝土强度的因素很多。表6-9中所列的混凝土强度等级与波速的关系仅供分析时参考。

表6-9   试验室内混凝土强度等级与波速的关系

波速/(m/s)	3000～3250	3250～3500	3500～3570	3570～4000
抗压强度/MPa	20	25	30	35

表6-9中所列数据是根据 TIJOU 1984 年的试验得出的。表6-10所示为由中国科学院武汉岩土力学研究所根据大量的地区性现场测试资料得出的波速与混凝土质量间的关系。

表6-10   波速与混凝土质量的关系

波速/(m/s)	>4000	3500～4000	3000～3500	2000～3000	<2000
混凝土质量	优	好	中等	差	极差
等级	I	II	III	IV	V

6.3.2 超声透射法

6.3.2.1 特点与适用范围

超声透射法是指在预埋声测管的混凝土灌注桩中检测桩身完整性,判定桩身缺陷的程度及其位置。它的特点是检测范围可覆盖全桩长的各个检测剖面,检测全面、细致,信息量大,成果准确、可靠;现场操作不受场地、桩长、长径比的限制,操作简便,工作进度快。超声透射法以其鲜明的特点,成为混凝土灌注桩(尤其是大直径桩)桩身完整性检测的一个重要手段,在工业与民用建筑、水利、交通桥梁和港口等工程建设领域中得到了广泛应用。

《公路工程基桩动测技术规程》(JTG/T F81-01—2004)中规定超声透射法适用于直径不小于 800 mm 混凝土灌注桩的完整性检测,包括跨孔透射法和单孔折射法。

6.3.2.2 检测原理

应用超声透射法时,在灌注桩中预埋两根或两根以上的声测管作为检测通道,管中注满水作为耦合剂,将超声发射换能器和接收换能器置于声测管中,由超声仪激励发射换能器产生超声脉冲,向桩身混凝土中辐射传播。声波在混凝土中传播过程中,当桩身混凝土介质存在阻抗差异时,将发生反射、绕射、折射和声波能量的吸收、衰减,经另一声测管中的接收换能器接收,并经超声仪放大、显示、处理、存储,可在显示器上观察到接收超声波波形,判读出超声波穿越混凝土后的首波声时、波幅及接收波主频等声学参数,通过桩身缺陷处的声学参数或波形变化来检测桩身混凝土是否存在缺陷。

（1）依据的基本物理量

① 周期 T:相位相同的相邻波之间所经历的时间。

② 频率 f:周期的倒数,单位为 Hz。混凝土超声检测中使用的频率为 20～200 kHz。

③ 振幅 A:波动的幅度,表征波的强弱,以屏幕上波高度的毫米数、输出电压值或分贝值(dB)表示。

④ 波长 λ:声波波动一次所传播的距离。

⑤ 波速 v:波单位时间传播的距离,单位为 m/s。

波长、频率、波速间的关系可用式(6-35)表示:

$$\lambda = \frac{v}{f} \tag{6-35}$$

(2) 声波在介质界面的反射和折射

声波在传播过程中,由一种介质到达另一种介质时,在两种介质的分界面上会发生方向和能量的变化:一部分声波被反射回到原来的介质中,称为反射波;另一部分声波透过界面在另一种介质中继续传播,称为折射波。

反射系数与透射系数的大小取决于两种介质的声学特性,具体来说取决于介质的特性阻抗 Z。特性阻抗 Z 表征介质的声学特性,其值为介质密度和波速的乘积,即 $Z=\rho v$。反射能量与折射能量之和为入射能量,符合能量守恒定律。

$Z_1=Z_2$ 时,$R=0$,$T=1$,即当两种介质特性阻抗相等时,声波全部透过界面,无反射。声波在分界面的反射、折射示意图如图 6-20 所示。

两种介质特性阻抗相差悬殊时($Z_1 \ll Z_2$),$R \to 1$,$T \to 0$,即声波能量在界面处绝大部分被反射,难以进入第二种介质。

目前,我国的超声仪都采用专用的处理软件进行波速、声幅、PSD 的计算,并可绘制出这些参数随深度变化的曲线图,以供检测人员分析、判断桩身存在缺陷的位置和范围,估算缺陷的尺寸等,并按规范的规定对基桩进行完整性分类。

图 6-20 声波在分界面处反射、折射示意图

6.3.2.3 检测仪器设备

超声仪是混凝土灌注桩缺陷超声透射法检测的基本装置,可以分为两大类。一类是模拟式超声仪,它所显示和分析的是模拟信号,其声波幅值随时间的变化是连续的,这种信号称为时域信号。对于这类模拟式超声仪,由于测试时为人工操作,现场工作量大,工作效率低,容易出错,故使用场所越来越少。另一类是数字式超声仪,它通过信号采集器采集信号,将采集的模拟信号变为数字信号,由计算软件自动进行声时和波幅判读。这既提高了检测的精确度,又提高了效率,因而得到了广泛的应用。

(1) 数字式超声仪的组成

数字式超声仪原理图如图 6-21 所示。

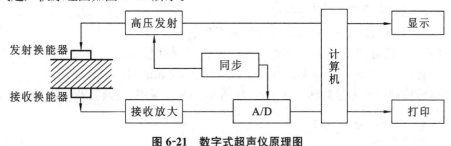

图 6-21 数字式超声仪原理图

数字式超声仪的作用是重复产生 100 Hz(或 50 Hz)频率的高压电脉冲去激励发射换能器。为了测量从发射到接收声波所经过的时间,超声仪从刚开始向桩身混凝土发射声波脉冲时,就将同步计时门打开,计时器开始计时。发射换能器发射的超声波经水耦合进入混凝土,在混凝土中传播后被接收换能器接收,经超声仪放大、A/D 转换为数字信号后加以存储,再经 D/A 转换为模拟量。在某一时刻出现接收波形时,超声仪即将波形采集下来,转变为数字信号存储,然后转化为模拟波形,显示在屏幕上。同时,启动计算机分析软件,比较前后各信号,找到波形开始变大且以后一直较大的那个采样点,即为接收波的起点,并立即关闭计时器,获得声时结果。数字信号便于存储、传输和进行各种处理分析,由计算软件自动进行声时和波幅判读后显示、打印,可得到声速、波幅、PSD 随深度变化的曲线,以供基桩桩身质量分析,判定桩身完整性类别。

(2)超声仪的技术性能要求

① 检测仪系统应包括信号放大器、数据采集及处理存储器、径向振动换能器等。

② 检测仪应具有"一发双收"功能。

③ 发射波应采用高压阶跃脉冲或矩形脉冲,其电压最大值不应小于 1000 V,且分挡可调。

(3)接收放大器与数据采集器的要求

① 接收放大器的频带宽度应为 5～200 kHz,增益不应小于 100 dB,放大器的噪声有效值不应大于 2 μV;波幅测量范围不应小于 80 dB,测量误差应小于 1 dB。

② 计时显示范围应大于 2000 μs,精度优于 0.5 μs,计时误差不应大于 2%。

③ 数据采集器模-数转换精度不应低于 8 bit,采样频率不应小于 10 MHz,最大采样长度不应小于 32 kB。

(4)径向振动换能器的要求

① 径向水平面无指向性。

② 谐振频率宜大于 25 kHz。

③ 在 1 MPa 水压下能正常工作。

④ 接收、发射换能器的导线均应有长度标注,其标注允许偏差不应大于 10 mm。

⑤ 接收换能器宜带有前置放大器,频带宽度宜为 5～60 kHz。

⑥ 单孔检测采用"一发双收"一体型换能器,其发射换能器至接收换能器的最近距离不应小于 30 cm,两接收换能器的间距宜为 20 cm。

(5)声测管埋设要求

声测管应选择透声性好、便于安装和费用较低的材料。考虑到混凝土的水化热作用及施工过程中受外力作用较大,容易使声测管发生变形、断裂,从而影响换能器上、下管道的畅通,故以选用强度较高的金属管为宜。

① 声测管内径宜为 50～60 mm。

② 声测管应下端封闭,上端加盖,管内无异物。声测管连接处应光滑过渡,管口应高出桩顶 100 mm 以上,且各声测管管口高度应一致。

③ 应采取适当方法固定声测管,使之成桩后相互平行。

④ 声测管埋设数量与桩径大小有关,根据《公路工程基桩动测技术规程》(JTG/T F81-01—2004)的规定:桩径 $D \leqslant 1500$ mm 时,应埋设三根;$D > 1500$ mm 时,应埋设四根。

声测管应沿桩截面外侧呈对称形状布置,按图 6-22 所示顺时针旋转依次编号。

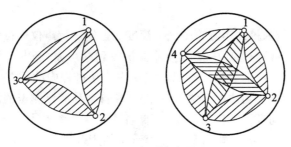

图 6-22　声测管布置图

6.3.2.4　现场检测技术

(1) 准备工作

对混凝土龄期的要求,原则上应满 28 d;工期要求急时,可适当缩短时间(约 14 d),但混凝土强度不应小于 15 MPa。

检测前的准备工作:

① 用大于换能器直径的圆钢疏通,以保证换能器在声测管全程范围内升降顺畅,然后用清水清洗声测管。

② 准确测量声测管的内、外径与声测管外壁间的净距离。

③ 采用标定法确定仪器系统的延迟时间。

④ 计算声测管及耦合水层的声时修正值。

(2) 检测方法

应用超声透射法检测混凝土灌注桩有桩内单孔透射法和跨孔透射法两种。单孔透射法在桩身只有一个通道的情况下使用,如钻孔取芯后需要了解孔芯周围的混凝土质量情况时,其可作为钻芯检测的补充手段使用。这时采用"一发两收"一体型换能器放于一个钻芯孔中,声波从发送换能器经水耦合进入孔壁混凝土表层滑行,再经水耦合到达接收换能器,从而测出声波沿孔壁混凝土传播的各项声学参数。单孔透射法中的声波传播途径比跨孔透射法复杂得多,信号分析难度大,且有效检测范围仅约一个波长,故此法不常采用。

跨孔透射法是在桩内预埋两根或两根以上的声测管,把发射和接收换能器分别置于两根管中。跨孔透射法现场检测装置如图 6-23 所示。测试系统由超声仪、换能器、位移量测系统(深度记录、三脚架、井口滑轮)、传输电缆等组成。其中,超声仪和径向换能器组成超声脉冲测量部分。

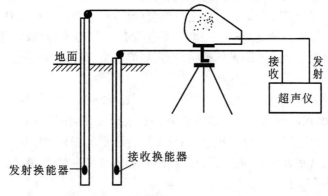

图 6-23　跨孔透射法现场检测装置示意图

（3）检测过程

将发射、接收换能器放入桩内声测管中同一深度测点处。超声仪通过发射换能器发射超声波，经桩身混凝土传播，在另一声测管中的接收换能器接收到超声波，经电缆传输给超声仪，实时高速记录、显示接收波形，并判读声学参数。换能器在桩内移动过程中的位置，也可以由位移测量系统实时传输给超声仪。当换能器到达预定位置时，超声仪自动存储该测点的波形及声学参数，从而实现换能器在桩身测管内移动过程中自动记录、存储各测点声学参数及波形的目的。全桩各个检测剖面检测出的桩身声学参数（声时、幅值和主频等），按照规范编制软件进行数据处理后，可绘制出基桩质量分析的成果图。

现场测试过程中应保持发射电压与仪器设置参数不变，以使同一次测得的声学参数具有可比性。

（4）检测方式

超声透射法的检测方式可分为对测、斜测和扇形测三种，如图 6-24 所示。

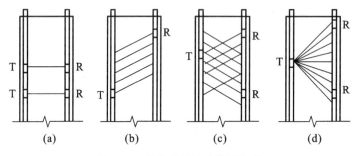

图 6-24　超声透射法的检测方式
（a）对测；（b）单向斜测；（c）交叉斜测；（d）扇形测

① 对测（普查）。发射和接收换能器分别置于两声测管的同一高度，自下而上将接收、发射换能器以相同步长（不大于 250 mm）向上提升，进行水平检测。若平测后存在桩身质量的可疑点，则进行加密平测，以确定异常部位的纵向范围。

② 斜测。让接收、收射换能器保持一定的高程差，在声测管中以相同步长同步升降进行测试。斜测分单向斜测和交叉斜测。斜测时，接收、收射换能器中心连线与水平方向的夹角一般取 30°～40°。斜测可探测出局部缺陷、缩径或专测管附着泥团、层状缺陷等。

③ 扇形测。扇形测在桩顶、桩底斜测范围受限或为减少换能器升降次数时采用。检测时，一只换能器固定在某一高程不动，另一只逐步移动，测线呈扇形分布。此时换算的波速可以相互比较，但幅值无可比性，只能根据相邻测点幅值的突变来判断是否有异常。

通过上述三种方法进行检测，结合波形进行综合分析，可查明桩身存在缺陷的性质和范围的大小。当进行现场平测后，如发现其 PSD、声速、波幅明显超过临界值，接收频率、波形（或频谱）等物理量异常时，为了找出缺陷所造成阴影的范围，确定缺陷位置、范围大小和性质，需要进行更详细的检测。

双管对测时，各种缺陷的细测判断法如图 6-25～图 6-28 所示。其基本方法是将一个探头固定，另一探头上下移动，找出声阴影所在边界位置。在混凝土中，由于各种不均匀界面的漫射和低频波的绕射等原因，阴影边界会十分模糊，但通过上述物理量的综合运用仍可定出其范围。

在运用上述分析、判断方法时，应注意排除声测管和耦合水声时值、管内混响、箍筋等因素的影响，且检测龄期应在 7 d 以上。

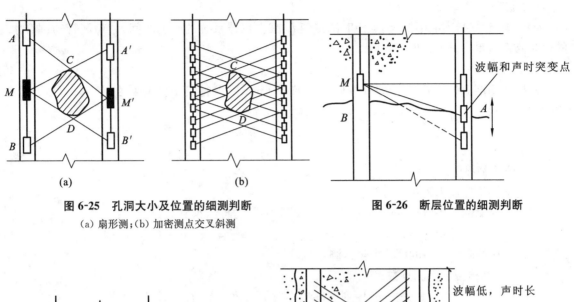

图 6-25　孔洞大小及位置的细测判断　　　　　图 6-26　断层位置的细测判断

(a) 扇形测；(b) 加密测点交叉斜测

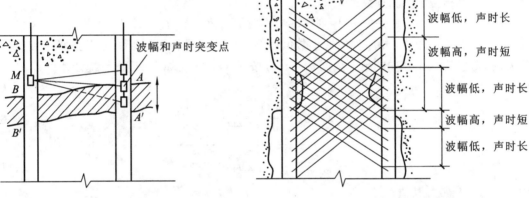

图 6-27　厚夹层上下界面的细测判断　　　　图 6-28　缩径现象的细测判断

　　如用 PSD 判据，也可用于其他结构物大面积扫测时缺陷的判别，即将扫测网络中每条测线上的数据用 PSD 判据处理，然后把各测线的处理结果综合在一起，同样可定出缺陷的性质、大小及位置。

　　现场检测一般首先采用水平同步平测法：将接收、发射换能器置于两个声测管中，从管顶（或管底）开始，以一定间距向下（或向上）逐点进行水平对测，直到管底（或管顶）为止。为保证测点间声场可以覆盖而不致漏测，其测量点距可取 20~40 cm。超声仪会对每一个测点进行自动步进式编号，从测点编号即可知道换能器的测试深度。一对声测管测完后，再转入下一对声测管进行测试，对全桩各个检测剖面进行检测，即可测出桩身声学参数（声时、幅值和主频等）供计算分析，从而判定桩身混凝土质量情况。

6.3.2.5　检测数据的分析与判定

　　应用超声透射法进行检测分析和处理的参数主要有声时、声速、波幅及主频，同时要观测和记录实测波形。目前使用的数字式超声仪有很强的数据处理和分析功能，可以直接绘制出声速深度（v-z）曲线、波幅-深度（A-z）曲线和 PSD 判据图来分析桩身的质量情况。下面对数据整理的方法进行简要介绍，这将有助于对桩身缺陷的判定。

(1) 波速计算

第 i 测点声时 t_{ci} 可由第 i 测点声时测量值 t_i 减去仪器系统的延迟时间 t_0、声测管与耦合水层的声时修正值得到,如式(6-36)所示。

$$t_{ci} = t_i - t_0 - t_w - t_t \qquad (6\text{-}36)$$

根据检测剖面处两声测管的外壁间净距离 l'（mm），求得第 i 测点处的声速 v_i（km/s），如式(6-37)所示。

$$v_i = \frac{l'}{t_{ci}} \qquad (6\text{-}37)$$

(2) 声速临界值的计算

声速临界值应按下列步骤计算。

将同一检测剖面各测点处的声速值 v_i 由大到小依次排序,得到式(6-38):

$$v_1 \geqslant v_2 \geqslant \cdots \geqslant v_i \geqslant \cdots \geqslant v_{n-k} \geqslant \cdots \geqslant v_{n-1} \geqslant v_n \quad (k=0,1,2,\cdots) \qquad (6\text{-}38)$$

式中　v_i——按序排列后的第 i 个声速测量值;

　　　　n——某检测剖面测点数;

　　　　k——从 0 开始逐一去掉 v_i 序列尾部最小数值的数据个数。

对从 0 开始逐一去掉 v_i 序列中最小数值后余下的数据进行统计计算。当去掉的最小数值个数为 k 时,对包括 v_{n-k} 在内的余下数据 $v_1 \sim v_{n-k}$ 按式(6-39)～式(6-41)进行统计计算。

$$v_0 = v_m - \lambda S_x \qquad (6\text{-}39)$$

$$v_m = \frac{1}{n-k} \sum_{i=1}^{n-k} v_i \qquad (6\text{-}40)$$

$$S_x = \sqrt{\frac{1}{n-k-1} \sum_{i=1}^{n-k} (v_i - v_m)^2} \qquad (6\text{-}41)$$

式中　v_0——异常判断值;

　　　　v_m——$n-k$ 个数据的平均值;

　　　　S_x——$n-k$ 个数据的标准差。

λ 为可由《建筑基桩检测技术规范》(JGJ 106—2003)表 10.4.2 中查得的与 $n-k$ 相对应的系数。

根据《公路工程基桩动测技术规程》(JTG/T F81-01—2004)中的规定,取 $\lambda = 2$,即声速临界值采用正常混凝土声速平均值与 2 倍声速标准差之差。

将 v_{n-k} 与异常判断值 v_0 进行比较,当 $v_{n-k} \leqslant v_0$ 时,v_{n-k} 及其以后的数据均为异常,将其去掉;之后再用数据 $v_1 \sim v_{n-k-1}$ 重复上述计算步骤,直到 v_i 序列中余下的全部数据满足式(6-42):

$$v_i > v_0 \qquad (6\text{-}42)$$

此时的 v_0 为声速异常判断临界值 v_{c0}。

声速异常时的临界值判据为式(6-43):

$$v_i \leqslant v_{c0} \qquad (6\text{-}43)$$

当式(6-43)成立时,声速可判定为异常。

在分析中应注意:测点总数不应少于 20 个,异常点不应参与统计。声速明显高于混凝土正常值时,分析原因后剔除。

当检测剖面 n 个测点的声速值普遍偏低且离散性很小时,宜采用声速低限值判据,如式(6-44)所示。

$$v_i < v_L \qquad (6\text{-}44)$$

式中 v_i——第 i 测点声速，km/s；

　　 v_L——声速低限值，km/s，由预留同条件混凝土试件的抗压强度与声速对比试验，并结合地区经验确定。

当式(6-44)成立时，可直接判定为声速异常。

与声速低限值相对应的混凝土强度不宜低于 $0.9R$ （R 为混凝土设计强度）。若试件为钻孔取芯样，则不宜低于 $0.85R$。当实际混凝土声速低于声速低限值时，应将其作为可疑缺陷区。混凝土强度与声速关系见表 6-11。

表 6-11　　　　　　　　　　　混凝土强度与声速关系参考表

声速/(m/s)	>4500	3500～4500	3000～3500	2000～3000	<2000
强度定性评价	好	较好	可疑	差	非常差

（3）波幅计算

波幅可由式(6-45)、式(6-46)计算：

$$A_{pi} = 20\lg\frac{a_i}{a_0} \tag{6-45}$$

$$f_i = \frac{1000}{T_i} \tag{6-46}$$

式中 A_{pi}——第 i 测点波幅值，dB；

　　 a_i——第 i 测点信号首波峰值，V；

　　 a_0——0 dB 信号幅值，V；

　　 f_i——第 i 测点信号主频值，kHz，可由信号频谱的主频求得；

　　 T_i——第 i 测点信号周期，ms。

波幅异常时的临界值判据应按式(6-47)、式(6-48)计算：

$$A_m = \frac{1}{n}\sum_{i=1}^{n}A_{pi} \tag{6-47}$$

$$A_{pi} < A_m - 6 \tag{6-48}$$

式中 A_m——波幅平均值，dB；

　　 n——检测剖面测点数。

当式(6-48)成立时，波幅可判定为异常。

（4）PSD 判据

当采用斜率法的 PSD 值作为辅助异常点判据时，PSD 值应按式(6-49)～式(6-51)计算：

$$\text{PSD} = K \cdot \Delta t \tag{6-49}$$

$$K = \frac{t_{ci} - t_{c(i-1)}}{z_i - z_{i-1}} \tag{6-50}$$

$$\Delta t = t_{ci} - t_{c(i-1)} \tag{6-51}$$

式中 t_{ci}——第 i 测点声时，ms；

　　 z_i——第 i 测点深度，m；

　　 z_{i-1}——第 $i-1$ 测点深度，m。

可根据 PSD 值在某深度处的突变，结合波幅变化情况，作为异常点判定的辅助依据。

　　从工程实践经验可知,声速指标比较稳定,重复性好,数据有可比性,但对桩身缺陷不够敏感。波幅指标虽对桩身缺陷反应很敏感,但它受传感器与桩身混凝土耦合状态的影响很大,可比性较差。斜率法(PSD)判据将桩内缺陷处与正常测点的声时差取平方,将其特别放大,但 K 值很大的地方,有可能是缺陷的边缘。因为 K 值的大小主要取决于相邻两点的声时差值,对于因声测管不平行造成的测试误差的干扰有削弱作用。针对灌注桩各种类型的缺陷,声学参数变化的特征有所不同。如沉淀土是松散介质,则声速很低(2000 m/s 以下),因其对声波衰减相当剧烈,故其波幅、声速均剧烈下降。如泥沙与水泥砂浆的混合物在桩身中存在,则是断桩;如在桩顶出现,则是混凝土强度不够。它们的特点是声速、波幅都明显下降,但前者是突变,后者为缓变。孔壁坍塌或遇有泥团时,其声速、波幅均较低,如果是局部泥团且未包裹声测管时,下降程度不大。对于粗集料,测试时波速高,但声学界面多,对声波的反射、散射加剧,致使能量损耗,幅值下降。混凝土中气泡密集时,虽不致形成空洞,但会使混凝土质量下降,波速不会明显下降,波幅却会明显下降。

　　一般分析步骤:首先,以波速值进行概率统计法统计判断,得到低于临界值的异常点的位置和深度;然后分析振幅大小的变化,将上述两者都偏低的测点定为异常部位;再进一步进行细测和斜测,确定缺陷的范围和大小;最后,根据施工情况综合判定缺陷的种类和性质,判定桩身完整性类别。桩身完整性类别的判定见表 6-12。

表 6-12　　　　　　　　　　　　　　　　　桩身完整性类别的判定

类别	特征
Ⅰ类桩	各声测剖面处每个测点的声速、波幅均大于临界值,波形正常
Ⅱ类桩	某一声测剖面处的个别测点的声速、波幅略小于临界值,波形基本正常
Ⅲ类桩	某一声测剖面处的连续多个测点或某一深度桩截面处的声速、波幅值小于临界值,PSD 值变大,波形畸变
Ⅳ类桩	某一声测剖面处的连续多个测点或某一深度桩截面处的声速、波幅值明显小于临界值,PSD 值突变,波形严重畸变

6.3.3　钻芯法

6.3.3.1　目的与适用范围

(1) 目的

① 检测桩身混凝土的胶结状况,检测是否存在空洞、蜂窝、夹泥、断桩等缺陷,判定桩身完整性类别,从而分析研究产生质量问题的原因、程度及处理措施。

② 检测混凝土灌注桩桩长,检验桩底沉淀土是否满足设计要求,鉴别桩底持力层的岩土性状和厚度是否符合设计或规范要求。

③ 通过对混凝土芯样进行力学试验,评定桩身混凝土的强度。

④ 对施工中出现异常或因质量问题采取处理措施后的桩,通过钻探取芯,检验其成桩质量及对工程的影响程度。

⑤ 桩身存在缺陷的桩,可以利用钻孔进行压浆补强处理。

（2）适用范围

钻芯法是用于检测混凝土灌注桩成桩质量的一种有效方法,不受场地条件的限制,特别适用于大直径混凝土灌注桩的成桩质量检验。但钻芯孔的垂直度不容易控制,故要求受检桩的桩径不宜小于 800 mm,长径比不宜大于 30,且桩身混凝土强度等级不宜低于 C10。

6.3.3.2　主要设备

《建筑基桩检测技术规范》(JGJ 106—2003)中对钻芯法作了如下规定。

① 钻探取芯宜采用液压操纵的钻机,钻机设备应符合以下规定:

a. 额定最高转速不低于 790 r/min。

b. 转速调节范围不少于 4 挡。

c. 额定配用压力不低于 1.5 MPa。

② 钻机应配备单动双管钻具以及相应的孔口管、扩孔器、卡簧、扶正稳定器和可捞取松软渣样的钻具。钻杆应顺直,直径宜为 50 mm。

③ 钻机应根据混凝土设计强度等级选用合适粒度、浓度、胎体硬度的金刚石钻头,且外径不宜小于 100 mm。

④ 水泵的排水量应为 50～160 L/min,泵压应为 1.0～2.0 MPa。

⑤ 锯切芯样试件用的锯切机应具有冷却系统和牢固夹紧芯样的装置,配套使用的金刚石圆锯片应有足够的刚度。

⑥ 芯样试件端面的补平器和磨平机应满足芯样制作的要求。

6.3.3.3　钻探技术要求

钻探取芯应在混凝土浇筑 28 d 后进行;钻孔位置一般在桩的中心;抽芯深度为全桩长,并深入基岩 60 cm。钻头外径一般选用 101 mm 或 110 mm,以保证稳妥地安装钻机,精确地掌握施工工艺。一般要求钻孔垂直度偏差小于 1%,混凝土采样率达到 95% 以上,以确保混凝土芯样的可靠性与真实性。

① 钻芯孔数与孔位。

a. 桩径小于 1.2 m 的桩钻 1 孔,1.2～1.6 m 的桩钻 2 孔,大于 1.6 m 的桩钻 3 孔。对桩端持力层的钻探,每根受检桩不应少于 1 孔,且钻探深度应满足设计要求。

b. 当钻芯孔为 1 个时,宜在距桩中心 10～15 cm 的位置钻孔;当钻芯孔为 2 个以上时,宜在距桩中心 $0.15D$～$0.25D$ 内均匀对称布置。

② 钻机设备的安装必须周正、稳固,底座水平;钻机立轴中心、天轮中心与孔口中心必须在同一垂直线上。钻孔垂直度偏差不大于 0.5%。钻进过程中,钻孔内循环水不得中断,每次进尺控制在 1.5 m 内。钻至桩底时,测定沉淀土厚度,对桩端持力层岩土性状进行编录鉴别。提钻取芯时,严禁敲打卸取岩芯。

③ 钻取的芯样应自上而下按回次、顺序放进岩样箱中,并对标有工程名称的芯样及其标示牌等进行全貌拍照。在钻进过程中,对混凝土芯样的描述应包括深度、混凝土芯样是否为柱状、完整性、胶结情况、表面光滑情况、断口吻合程度、骨料大小分布情况、气孔、蜂窝麻面、沟槽、破碎、夹泥、松散等情况。

④ 当单桩质量评价满足设计要求时,应采用 0.5～1.0 MPa 的压力,从钻芯孔孔底往上用水泥浆回灌封闭;否则应封存钻芯孔,留待处理。

6.3.3.4 芯样试件的截取与加工

应科学、准确、客观地评价混凝土的实际质量,避免人为因素的影响,特别是混凝土强度;取样位置应标明其深度和高程。有缺陷部位的芯样强度应满足设计要求。

截取混凝土抗压芯样试件时应符合下列规定:当桩长为 10～30 m 时,每孔截取 3 组芯样;当桩长小于 10 m 时,取 2 组芯样;当桩长大于 30 m 时,芯样不小于 4 组。

钻芯技术的基本要求:桩两头的芯样位置距桩顶设计标高、桩底不宜大于桩径或 1 m,中间芯样宜等间距截取;同根桩孔数大于 1 孔或 1 孔某深度有缺陷时,其他孔应在同一深度取芯进行抗压强度试验。

持力层岩芯可制成芯样时,应在接近桩底部位取一组岩石芯样,每组芯样应制作三个芯样抗压试件。芯样试件的高度对抗压强度有较大的影响,为避免高度修正带来误差,应取试件高径比为 1,可在 0.95～1.05 的范围内,且芯样试件内不能含有钢筋,芯样侧面表观混凝土粗集料的粒径应小于芯样试件平均直径的 1/2。芯样端面的平整度和垂直度应满足要求。

6.3.3.5 抗压强度试验

芯样抗压强度试验应按《普通混凝土力学性能试验方法标准》(GB/T 50081—2002)中的有关规定执行。一般情况下,桩的工作环境比较潮湿,故试验宜在潮湿状态下进行。芯样试件抗压强度试验应按式(6-52)计算。

$$f_{cu} = \frac{\xi \cdot 4P}{\pi d^2} \tag{6-52}$$

式中 f_{cu}——混凝土芯样试件抗压强度,MPa;

$\quad\quad P$——芯样试件抗压强度试验中测得的破坏载荷,N;

$\quad\quad d$——芯样试件的平均直径,mm;

$\quad\quad \xi$——混凝土芯样试件抗压强度折减系数,应考虑芯样的尺寸效应、钻芯机械对芯样的扰动和混凝土成型条件的影响,通过试验统计确定,当无试验统计资源时,宜取 1.00。

桩底岩芯单轴抗压强度试验可参照《建筑地基基础设计规范》(GB 50007—2011)附录 J 执行。当判断桩底持力层岩性时,检测报告中只给出平均值即可。

6.3.3.6 检测资料的分析与判定

① 混凝土芯样试件抗压强度代表值应为一组三块试样强度的平均值。同一受检桩同一深度部位有两组或两组以上混凝土芯样试件抗压强度代表值时,取其平均值作为该桩该深度处混凝土芯样试件抗压强度代表值。

② 单桩混凝土芯样试件的抗压强度代表值是指该桩中不同深度位置处混凝土芯样试件抗压强度代表值中的最小值。

③ 桩底持力层岩土性状,应根据芯样特征、岩石芯样单轴抗压强度试验、动力触探或标准贯入试验的结果进行综合判定。

④ 因场地层的复杂性和施工中的差异,成桩后的差异较大。为保证工程质量,应按单桩进行桩身完整性和混凝土强度评价。

⑤ 成桩质量评价应结合钻芯孔数、现场混凝土芯样特征、芯样单轴抗压强度试验结果,按《建筑基桩检测技术规范》(JGJ 106—2003)中的有关规定和表 6-13 中的特征进行综合判定。

表 6-13 桩身完整性判定

桩身类别	特征
Ⅰ 类桩	混凝土芯样连续、完整,表面光滑,胶结好,集料分布均匀,呈长柱状,断口吻合,芯样侧面仅见少量气孔
Ⅱ 类桩	混凝土芯样连续、完整,胶结较好,集料分布基本均匀,呈柱状,断口基本吻合,芯样侧面局部见蜂窝麻面、沟槽
Ⅲ 类桩	大部分混凝土芯样胶结较好,无松散、石夹泥或分层现象,但有下列情况之一:芯样局部破碎且破碎长度不大于 10 cm,集料分布不均匀,呈短柱状或块状,侧面蜂窝麻面、沟槽连续
Ⅳ 类桩	钻进很困难,芯样任一段松散夹泥或分层,芯样局部破碎且破碎长度不大于 10 cm

当出现下列情况之一时,应判为该桩不满足设计要求:

① 桩身完整性类别为Ⅳ类的桩。

② 芯样试件抗压强度代表值小于混凝土设计强度等级的桩。

③ 桩长、桩底沉淀土的厚度不满足设计或规范要求的桩。

④ 桩端持力层岩土性状(强度)或厚度未达到设计或规范要求的桩。

6.4 基桩承载力检测

基桩承载力的确定方法有静载试验法和动力试验法两大类。

静载试验法是确定单桩承载力最原始、最基本的方法,也是最可靠的方法。按照试验目的的不同,静载试验可分为为设计提供依据的试验及验收性试验两种类型。进行为设计提供依据的静载试验时,一般情况下工程桩尚未施工,试桩静载试验的结果可能会改变工程桩的桩长、桩数等。对于以桩周土控制承载力的桩,一般应加载至地基土破坏或试桩下沉量达到一定限度;对于以桩身强度控制承载力的桩,一般应加载至桩身材料达到设计强度。

动力试验法是近代发展起来的新的基桩承载力检测方法,可分为高应变动力试桩法、自平衡测试法和静动法等。其都是在与静载试验的成果进行对比的基础上,建立相关关系,从而可提高其成果的可靠性。因此,国内外规范一致规定,凡属重要工程,都应通过静载试验确定单桩承载力。

基桩在公路桥梁工程中得到了广泛应用,如何正确评价基桩的承载能力,选择合理的设计参数是关系到桥梁工程是否安全、经济的重要问题。基桩静载试验是获得基桩轴向抗压、抗拔以及水平向承载力最直接、可靠的方法,也可为进一步研究桩-土作用机理提供条件。基桩竖向受载荷作用的极限承载力大小取决于桩身自身的混凝土强度和桩周地基土强度两大要素。当桩身混凝土强度足够时,基桩承载力取决于桩周土的侧摩阻力和端阻力大小。对于承受侧向载荷的基桩,随着侧向载荷的不断增加,桩侧土塑性区逐渐扩大加深,最终会使基桩丧失水平承载力。

对于公路特大桥和地质条件复杂的大、中型桥,一般应采用静载试验确定基桩的承载力,以提供设计依据。基桩静载试验通常可分为单桩竖向静载试验、抗拔试验和水平静推试验三种。静载试验的方法有等贯入速率法、循环加卸载法、终极荷载长时间维持法等,我国惯用的是维持荷载法。维持荷载法又可分为慢速维持荷载法和快速维持荷载法。

(1)对检测桩的数量要求

不同的规范对检测桩的数量要求不尽相同,在确定检测桩的数量时应考虑桩的数量能达到统计要求,桩的位置有代表性。《建筑地基基础设计规范》(GB 50007—2011)规定:复杂地质条件下的工程桩竖向承载力的检验宜用静载试验,检验桩数不得少于同一条件下总桩数的 1%,且不少于 3 根;《岩土工程勘察规范》(GB 50021—2001)规定:单桩竖向和水平承载力,应根据工程等级、岩土性质和原位测试成果并结合当地经验确定,甲级地基建议做静载试验,试验数量不得少于工程桩数的 1%,且每个场地不少于 3 根。《建筑基桩检测技术规范》(JGJ 106—2003)规定:对于单桩竖向抗拔及水平静载试验的抽检数量,不应小于总桩数的 1%,且不应少于 3 根。

(2)试桩的选取

试桩的选取应充分考虑其代表性。根据《建筑基桩检测技术规范》(JGJ 106—2003)的规定,试桩应满足下列要求:

① 施工质量有疑问的桩。

② 设计方认为重要的桩。

③ 局部地质条件出现异常的桩。

④ 施工工艺不同的桩。

⑤ 适量选择完整性检测中判定的Ⅲ类桩。

⑥ 同类型桩宜均匀随机分布。

(3)间歇时间的确定

间歇时间根据不同的施工岩土性质进行确定。《建筑基桩检测技术规范》(JGJ 106—2003)作了如下规定。在桩身混凝土强度达到设计要求的前提下,当无成熟的地区经验时,休止时间至少应满足:对于砂类土,不应少于 7 d;对于粉土,不应少于 10 d;对于非饱和黏性土,不应少于 15 d;对于饱和黏性土,不应少于 25 d。对于泥浆护壁灌注桩,宜适当延长休止时间。《建筑地基基础设计规范》(GB 50007—2011)规定间歇时间应为:预制桩在砂土中入土 7 d 后,黏性土不得少于 15 d,对于饱和软黏土不得少于 25 d。灌注桩应在桩身混凝土达到设计要求后,才能进行。

6.4.1 竖向静载试验

竖向静载试验指的是在桩顶部逐级施加竖向压力,观测桩顶部随时间产生的沉降量,以确定相应单桩竖向抗压承载力的试验方法。应用此检测方法可以直观地检测基桩的竖向抗压承载力。该试验的破坏形式包括基桩本身材料的破坏和地基土的强度破坏。

6.4.1.1 试验目的

① 确定单桩竖向抗压承载力。

② 判定竖向抗压承载力是否满足设计要求。

③ 通过桩身内力及变形测试,测定桩侧、桩端阻力。

④ 验证高应变法的单桩竖向抗压承载力检测结果。

6.4.1.2 静载试验设备

静载试验设备由加载装置与载荷及变形观测装置等组成。加载装置由主梁、次梁、锚桩或压重等反力装置,千斤顶及油泵等组成。载荷及变形观测装置由压力表、压力传感器或荷重传感器等组成。

静载试验一般采用油压千斤顶加载,载荷测力系统可采用荷重传感器测量荷重或采用压力传感器测定油压,实现加卸荷与稳压自动化控制。这样不仅可减轻试验人员的工作强度,而且可提高试验的精确度。

（1）加载装置

用油压千斤顶加载的反力装置可根据现场条件选用，主要有锚桩横梁反力装置（图6-29）、压重平台反力装置（图6-30）、锚桩压重联合反力装置三种形式。

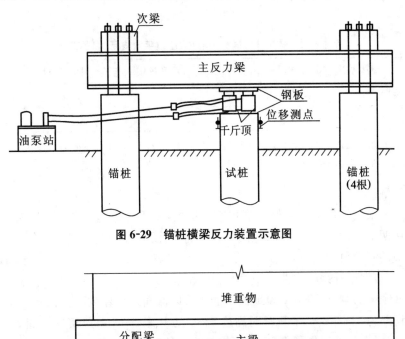

图6-29　锚桩横梁反力装置示意图

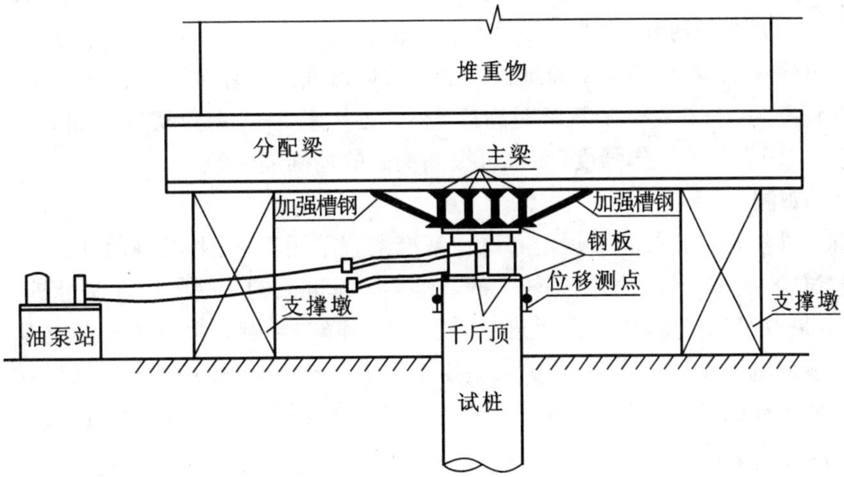

图6-30　压重平台反力装置示意图

① 锚桩横梁反力装置。锚桩横梁反力装置能提供的反力，应不小于预估最大试验载荷的1.3～1.5倍。锚桩一般采用4根，如入土较浅或土质松软时可增至6根。锚桩与试桩的中心间距：当试桩直径（或边长）小于或等于800 mm时，可为试桩直径（或边长）的5倍；当试桩直径大于800 mm时，上述距离不得小于4 m。应对加载反力装置的全部构件进行强度和变形验算，使其在最大试验载荷的作用下避免产生过大的变形，并有足够的安全储备。每根锚桩的钢筋笼要沿桩身全长配置，还应对锚桩抗拔力（地基土、抗拔钢筋、混凝土抗拉能力）进行验算，并监测锚桩上拔量。一般情况下，锚桩的上拔量不应大于15 mm。

② 压重平台反力装置。利用平台上的压重作为对桩进行静载试验的反力装置。压重不得小于预估最大试验载荷的1.2倍，应在试验前一次性加上。试桩中心至压重平台支承边缘的距离与锚桩横梁反力装置中试桩中心至锚桩中心的距离相同。当需施加更大载荷时，要考虑施加于地基上的压应力，不宜大于地基承载力特征值的1.5倍。

③ 锚桩压重联合反力装置。当试桩的最大加载量超过锚桩的抗拔能力时,可在横梁上放置或悬挂一定重物,由锚桩和重物共同承受千斤顶的反力。当试桩达到破坏程度时,横梁上的重物容易产生振动反弹,因此要注意安全。基准桩中心与试桩、锚桩中心(或压重平台支承边)的距离宜符合表 6-14 中的要求。

表 6-14   **基准桩中心与试桩、锚桩中心(或压重平台支承边)的距离**

反力装置	基准桩中心与试桩中心	基准桩中心与锚桩中心(或压重平台支承边)
锚桩横梁反力装置	$\geqslant 4D$	$\geqslant 4D$
压重平台反力装置	$\geqslant 2.0$ m	$\geqslant 2.0$ m

注:表中为试桩的直径 D(或边长)不大于 800 mm 时的情况;若试桩直径 D 大于 800 mm,基准桩中心与试桩、锚桩中心(或压重平台支承边)的距离不宜小于 4 m。

(2)载荷的测量

静载试验一般采用油压千斤顶与油泵相连的形式,由千斤顶施加载荷。千斤顶平放于试桩中心位置。当采用两个及两个以上千斤顶加载时,应将千斤顶并联同步工作,并使千斤顶的合力通过试桩中心。载荷的测量可通过放置在千斤顶上的荷重(应变式压力)传感器直接测量,也可用压力传感器测定油压,根据千斤顶率定曲线换算载荷。前者无须考虑千斤顶活塞摩擦对出力的影响;后者受千斤顶活塞摩擦的影响,不能简单地按照油压乘以截面积计算载荷。在同等情况下,相同油压时的出力相对误差为 1‰~2‰,非正常时高达 5‰。近年来,一些单位实现了加卸荷与稳压自动化控制,这不仅可减轻人员的工作强度,而且可提高测试的精确度。

(3)沉降的观测

基准梁和基准桩要严格按相关规定布置。基准梁宜采用工字钢,其高跨比不宜小于 1/40。对于大吨位静载试验,要采用较长和刚度较大的基准梁。基准梁的一端固定在基准桩上,另一端简支于基准桩上,并采取遮挡措施,以减少温度、气候等对沉降的影响。沉降由安装在基准梁与桩身间的大量程百分表或电子位移计测量,测量误差要求不大于 0.1%FS,分辨率不低于 0.01。对于直径或边宽大于 500 mm 的桩,应在桩径的两个正交方向对称安装 4 个位移计测量。

(4)桩身内力测量器件

通过桩身内力测量,可得到桩侧各土层的摩擦阻力和桩端支承力,桩身内力的测量可采用应变式传感器(简称应变计)测量应变、振弦式传感器测量力、沉降杆测量位移的方式实现。需要检测桩身某断面或桩底位移时,可在需检测的断面处设置沉降杆。

电阻(全桥)应变式传感器可焊接或绑扎在钢筋笼主筋上,随钢筋笼一起下入钻孔内,灌注在桩身混凝土中。成桩后,试桩在轴向载荷作用下,桩身产生应变,在桩身中的电阻应变片的阻值随之发生变化。通过测量电阻应变片阻值的变化,可以得到桩身的应变值,进而得到桩身的应力变化。该传感器受工作环境温度的影响,可通过温度补偿片予以消除。传感器的测量片与补偿片应选用同一规格、同一型号的产品,按轴向、横向准确地粘贴在钢筋同一断面上。测点用屏蔽电缆连接,导线对地绝缘电阻大于 500 MΩ。正式测试前,电阻片与电缆系统间的绝缘电阻不应低于 200 MΩ。电阻应变式传感器所用的电阻应变仪宜有多点自动测量功能。

埋设于桩身中的振弦式传感器,当桩顶施加载荷时会产生微量变形,从而改变钢弦原来的应力状态和自振频率。根据事先标定的应力与频率关系曲线,可得到桩身所承受的轴向力。振弦式传感器应选择与桩身主筋直径大小相同的,直接焊接在桩身的主筋上,并替代这一段钢筋的工作。其频率分辨率不应大于 1 Hz,可测范围应大于桩在最大载荷频率时的 1.2 倍。

桩身应力测试器件应安放在两种不同性质的地层界面处,以测量桩侧不同土层的侧摩阻力。同一地层应根据桩径的大小对称设置 2~4 只传感器。

桩底的反力可用埋置于桩端的扁式千斤顶测得。桩端(身)位移可通过沉降杆进行测量,沉降杆宜采用内、外管形式:外管固定在桩身上;内管(沉降杆)下端固定在需测试的部位,上端高出外管10~20 cm,数据的观测应与桩顶位移观测同步。当为大直径灌注桩时,也可采用较大直径的外管,在其内设置多根沉降杆,同时测量桩身不同深度的位移。

当沉降杆底端固定断面处的桩身上埋设有内力传感器时,可得到该断面处的桩身轴力与位移。其计算公式如式(6-53)所示:

$$Q_i = \frac{2AE(S_t - S_{t0} - S_i + S_{i0})}{L} - Q_t \tag{6-53}$$

式中　L——有效桩长;

　　　A——桩身截面面积;

　　　E——桩材弹性模量;

　　　S_t——桩顶沉降量;

　　　S_i——测点处的桩身沉降量;

　　　Q_t——桩顶载荷;

　　　Q_i——测点处的桩身轴力;

　　　S_{t0}——桩顶载荷卸载至 0 后桩顶的沉降量;

　　　S_{i0}——桩顶载荷卸载至 0 后测点处的桩身沉降量。

(5)载荷与位移的量测仪表

采用连接荷载箱的压力表测定油压,根据荷载箱率定曲线换算载荷。桩身位移采用电子位移计测量,并用伸出桩顶的位移棒测量向上和向下的位移。

6.4.1.3　试验过程

(1)加卸载方式

一般采用慢速维持荷载法逐级加载,每级载荷达到相对稳定后,再加下一级载荷,直至试桩达到破坏或终止加载条件时为止,然后分级卸载至 0。

(2)试验的加载分级、沉降观测、稳定标准

① 加载分级。加载分级不宜少于 10 级。每级加载为最大加载量或预估极限承载力的 1/15~1/10。其中第一级可按 2 倍的分级加载。最大加载量不应小于设计要求加载量的 2 倍。

② 沉降观测。每级加载后,前 1 h 中每隔 15 min 观测一次,1 h 后每隔 30 min 观测一次。

③ 稳定标准。每级加载后的下沉量,在下列时间内如不大于 0.1 mm,即可认为稳定:

a. 桩端下为巨粒土、砂类土、坚硬黏质土,最后 30 min。

b. 桩端下为半坚硬和细粒土,最后 1 h。

(3)可终止加载的情况

当出现下列情况之一时,可终止加载:

① 某级载荷作用下,桩顶沉降量大于前一级载荷作用下沉降量的 5 倍。

当桩顶沉降量相对稳定且总沉降量小于 40 mm 时,宜加载至桩顶总沉降量超过 40 mm。

② 某级载荷作用下,桩顶沉降量大于前一级载荷作用下沉降量的 2 倍,且经 24 h 尚未达到相对稳定标准。

③ 已达到设计要求的最大加载量。

④ 当工程桩作锚桩时,锚桩上拔量已达到允许值。

⑤ 当载荷沉降曲线呈缓变形时,可加载至桩顶总沉降量为 60~80 mm。在特殊情况下,可根据具体要求加载至桩顶累计沉降量超过 80 mm。

（4）桩的卸荷与回弹量观测

① 卸荷应分级进行,每级卸载量为两个加载级的载荷量。每级卸载后,应观测桩顶的回弹量,观测办法与沉降量相同。

② 卸载到 0 后,至少每隔 30 min 测读一次。在第一个 30 min 内,每 15 min 观测一次。

（5）试验记录

所有试验数据应规范填写、记录,绘制静载试验曲线,并编写试验报告。

6.4.1.4 检测数据的分析与判定

（1）检测数据的整理

① 绘制竖向载荷-沉降（P-S）、沉降-时间对数（S-$\lg t$）曲线。需要时,也可绘制其他辅助分析曲线。

② 当进行桩身应力、应变和桩底反力测定时,应整理出有关数据的记录表,并按相关规范绘制桩身轴力分布图,计算不同土层的分层侧摩阻力和端阻力值。

（2）单桩竖向抗压极限承载力的确定

单桩竖向抗压极限承载力是指单桩在竖向载荷作用下,达到破坏状态前或出现不适于继续承载的变形时所对应的最大载荷。它包含桩身结构极限承载力和支承桩侧、桩端地基土的极限承载力两层含义。

按下列规定确定单桩竖向抗压极限承载力:

① 根据沉降随载荷变化的特征确定。载荷-沉降（P-S）曲线呈陡降形时,取其发生明显陡降的起始点对应的载荷值。

② 根据沉降随时间变化的特征确定。取曲线尾部出现明显向下弯曲的前一级载荷值。

③ 当出现终止载荷第二种情况,取前一级载荷值。

④ 对于缓变形 P-S 曲线,可根据沉降量确定,宜取 $S=40$ mm 对应的载荷值;当桩长大于 40 m 时,宜考虑桩身弹性压缩量;对直径大于或等于 800 mm 的桩,可取 $S=0.05D$（D 为桩端直径）对应的载荷值。

当按上述四点判定桩的竖向抗压承载力未达到极限时,桩的竖向抗压极限承载力应取最大试验载荷值。

6.4.2 竖向抗拔试验

6.4.2.1 试验目的

① 确定单桩竖向抗拔极限承载力。

② 判定竖向抗拔承载力是否满足设计要求。

③ 通过桩身内力及变形测试,测定桩的抗拔摩阻力。

6.4.2.2 加载装置

可采用油压千斤顶加载。千斤顶的反力装置一般由两根锚桩和承载梁组成,试桩和承载梁用拉杆连接,将千斤顶置于两根锚桩之上,顶推承载梁,从而引起试桩上拔。试桩与锚桩间的距离应不小于试桩直径的 1 倍,加载反力结构的承载能力应不小于预估最大试验载荷的 1.3~1.5 倍。图 6-31 所示为抗拔试验检测示意图。

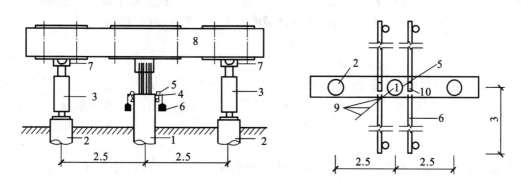

图 6-31 抗拔试验检测示意图(单位:m)

1—试桩;2—锚桩;3—液压千斤顶;4—表座;5—测微计;6—基准梁;
7—球铰;8—反力梁;9—地面变形测点;10—10 cm×10 cm薄钢板

6.4.2.3 加载方法

一般采用慢速维持载荷法进行加载,施加的静拔力必须作用于桩的中轴线。加载应均匀、无冲击,每级加载量不应大于预计最大载荷的 1/15~1/10。

6.4.2.4 位移观测

每级加载完毕后,前 1 h 每隔 15 min 观测一次,之后每隔 30 min 观测一次。下沉未达到稳定时不得进行下一级加载。

6.4.2.5 稳定标准

位移量小于或等于 0.1 mm/h,即可认为稳定。

6.4.2.6 加载终止

在勘察设计阶段,总位移大于或等于 25 mm 时加载即可终止;在施工阶段,加载不应大于设计容许抗拔载荷。

6.4.2.7 试验记录

所有试验观测数据应按规范及时填写、记录,并绘制相关曲线。

6.4.3 静推试验

6.4.3.1 试验目的

① 确定单桩水平临界和极限承载力,推定土抗力参数。
② 判定水平承载力是否满足设计要求。
③ 通过桩身内力及变形测试,测定桩身弯矩和挠曲。

6.4.3.2 试验方法

对于承受反复水平载荷的基桩,采用单向多循环加卸载法;对于承受长期水平载荷的基桩,采用单循环加载法。为设计提供依据的试验桩,宜加载至桩顶出现较大水平位移或桩身结构出现破坏时为止;对工程桩进行抽样检测时,可按设计要求的水平位移容许值控制加载。

6.4.3.3 加载装置

① 一般采用两根单桩,通过高压油泵驱动的水平向千斤顶施加水平力,相互顶推加载;或在两根锚桩间平放一根横梁,用千斤顶向试桩加载;有条件时还可利用墩台或专设反力座用千斤顶向试桩加载。在千斤顶与试桩接触处宜安设一球形铰座,以保证千斤顶作用力能水平通过桩身轴线。

② 加载反力结构的承载能力应为预估最大试验载荷的 1.3~1.5 倍,其作用方向的刚度不应小于试桩。反力结构与试桩之间的净距按设计要求确定。

③ 固定百分表的基准桩宜设在桩侧面靠水平位移的反方向,与试桩间的净距不应小于试桩直径的 1 倍。单桩水平静推试验装置如图 6-32 所示。

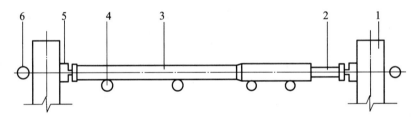

图 6-32 单桩水平静推试验装置

1—桩;2—千斤顶及测力计;3—传力杆;4—辊轴;5—球形铰座;6—百分表

6.4.3.4 单向多循环加卸载试验法

单向多循环加卸载试验按下列规定进行。

(1)加载分级

加载分级可按预计最大试验载荷的 1/15~1/10 确定,一般可采用 5~10 kN,过软的土可采用 2 kN 级差。

(2)加载程序与位移观测

各级载荷施加后,恒载 4 min 后测读水平位移,然后卸载至 0,2 min 后测读残余水平位移,至此完成一个加载循环。如此循环 5 次,便可完成一级载荷的试验检测。加载时间应尽量缩短,测量位移的间隔时间应严格准确,试验不得中途停歇。

(3)加载终止条件

当出现下列情况之一时即可终止加载:

① 桩顶水平位移超过 20~30 mm(软土取 40 mm)。

② 桩身已经断裂。

③ 桩侧地表有明显裂纹或隆起。

6.5 工程案例

6.5.1 地基承载力检测实例

（1）工程概况

某工程基础由均质泥砾分层碾压回填形成，根据施工方案，充分考虑到安全系数，要求地基承载力不小于 180 kPa，因此需对现有基础进行测试，以确定该基础地基承载力的特征值，判断该基础是否满足承载力要求。

（2）试验方案

① 承压板：采用 0.5 m² 圆形钢板。

② 压力源：设计要求的地基承载力为 180 kPa，最大加载量不应小于设计要求加载量的 2 倍，本次试验最大加载量取 360 kPa，按 0.5 m² 接触面计算，加载力应为 180 kN。本次试验压力源采用液压千斤顶，其额定出力为 500 kN，额定工作压力为 63 MPa，满足要求。压力观测采用精密压力表，量程为 0～100 MPa，精度等级为 0.4 级。

③ 反力构架：根据加载力 180 kN，且反力构架承受能力不小于最大载荷的 1.5～2.0 倍的要求，计算反力构架的重量应为 27.6～36.7 t。本次试验采用 21.5 t 重的挖掘机作为反力构架主体，再增加 6.5 t 编织袋土配重，总重 28 t，满足规范要求。

④ 沉降观测装置：沉降观测采用百分表，量程为 0～50 mm，精度为 0.01 mm。

⑤ 测试点布置：基础面长 24 m，宽 12 m，布置 3 个测试点，见图 6-33。对测试点部位进行整平，整平范围不小于承压板直径的 3 倍，即 1.5 m。

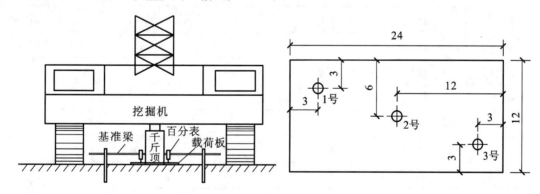

图 6-33　测试布置示意图

（3）仪器设备安装

① 安装承压板。在整平后的测试面上铺设不超过 2 cm 厚的中砂，用水平尺找平，使承压板与测试面平整接触。

② 安装加载装置。将挖掘机移动至测试部位，使挖掘机中心与承压板中心对正，然后将千斤顶安装到中心位置，并安装好压力表。

③ 安装沉降观测装置，采用 C12 槽钢作基准梁，基准梁支点距承压板应有一定距离，不受沉降变形影响。固定好基准梁后，在千斤顶两侧对称安装百分表。

（4）加载

加载分级不应少于 8 级，本次试验分 10 级加载，每级 36 kPa。每级加载后，按间隔 10 min、10 min、10 min、15 min、15 min，以后为每隔 30 min 测读一次沉降量。当在连续 2 h 内，每小时的沉降量小于 0.1 mm 时，则认为已趋稳定，可加下一级载荷。当出现下列情况之一时，即可终止加载：

① 承压板周围的土明显侧向挤出。

② 沉降 S 急剧增大，载荷-沉降（P-S）曲线出现陡降段。

③ 在某一级载荷下，24 h 内沉降速率不能达到稳定。

④ 沉降量与承压板宽度或直径之比大于或等于 0.06。

当满足前三种情况之一时，其对应的前一级载荷定为极限载荷。本次试验加载至最大载荷 360 kPa 时，未出现上述情况。当需要卸载观测回弹时，每级卸载量可为加载增量的 2 倍，历时 1 h，每隔 15 min 观测一次，载荷安全卸除后继续观测 3 h。

（5）采集数据

1 号测点～3 号测点针对各级载荷所测得的数据见表 6-15～表 6-17。

表 6-15　　　　　　　　　　　　　　浅层平板静载荷试验汇总表（1 号测点）

序号	载荷/kPa	历时/min		沉降/mm	
		本级	累计	本级	累计
0	0	0	0	0	0
1	72	120	120	1.19	1.19
2	108	120	240	1.08	2.27
3	144	120	360	1.24	3.51
4	180	120	480	1.33	4.84
5	216	120	600	1.41	6.25
6	252	120	720	1.46	7.71
7	288	120	840	1.5	9.21
8	324	120	960	1.64	10.85
9	360	120	1080	1.81	12.66
10	288	60	1140	−0.11	12.55
11	216	60	1200	−0.28	12.27
12	144	60	1260	−0.46	11.81
13	72	60	1320	−0.9	10.91
14	0	180	1500	−2.34	8.57

表 6-16 浅层平板静载荷试验汇总表(2 号测点)

序号	载荷/kPa	历时/min		沉降/mm	
		本级	累计	本级	累计
0	0	0	0	0	0
1	72	120	120	0.94	0.94
2	108	120	240	0.95	1.89
3	144	120	360	1.31	3.2
4	180	120	480	1.52	4.72
5	216	120	600	1.55	6.27
6	252	120	720	1.72	7.99
7	288	150	870	2.21	10.2
8	324	120	990	2.28	12.48
9	360	150	1140	2.35	14.83
10	288	60	1200	−0.07	14.76
11	216	60	1260	−0.22	14.54
12	144	60	1320	−0.32	14.22
13	72	60	1380	−0.99	13.23
14	0	180	1560	−3.17	10.06

表 6-17 浅层平板静载荷试验汇总表(3 号测点)

序号	载荷/kPa	历时/min		沉降/mm	
		本级	累计	本级	累计
0	0	0	0	0	0
1	72	120	120	1.24	1.24
2	108	120	240	1.94	3.18
3	144	120	360	2.2	5.38
4	180	150	510	2.64	8.02
5	216	120	630	3.56	11.58
6	252	150	780	4.05	15.63
7	288	180	960	4.56	20.19
8	324	150	1110	4.63	24.82
9	360	150	1260	4.85	29.67
10	288	60	1320	−0.08	29.59
11	216	60	1380	−0.2	29.39
12	144	60	1440	−0.59	28.8

序号	载荷/kPa	历时/min		沉降/mm	
		本级	累计	本级	累计
13	72	60	1500	−2.05	26.75
14	0	180	1680	−6.28	20.47

（6）检测结果

对原始数据进行检查校对后，根据沉降时间与沉降值的对应关系绘制载荷-沉降（P-S）曲线，如图 6-34～图 6-36 所示。地基承载力特征值是指由载荷试验测定的地基土压力变形曲线线性变形段内规定的变形所对应的压力值，其最大值为比例界限值。承载力特征值的确定应符合下列规定：当 P-S 曲线上有比例界限时，取该比例界限所对应的载荷值；当极限载荷小于对应比例界限载荷值的 2 倍时，取极限载荷值的 1/2；当不能按上述两种要求确定，且压板面积为 0.25～20.5 m² 时，可取 $S/b = 0.01 \sim 0.015$ 所对应的载荷，但其值不应大于最大加载量的 1/2。本次测试 P-S 曲线上无比例界限，也没有加载到极限载荷，故只能确定出本基础地基承载力特征值大于 180 kPa，由此可以判定此基础满足工程要求。

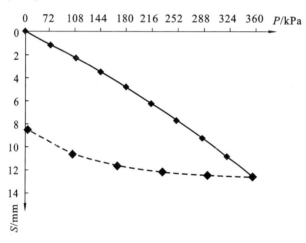

图 6-34　1 号测点 P-S 曲线

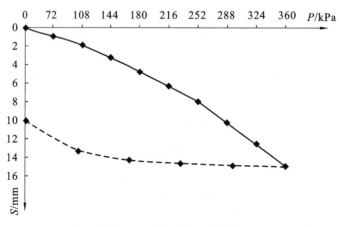

图 6-35　2 号测点 P-S 曲线

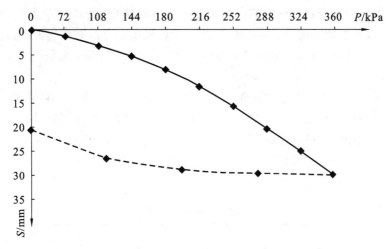

图 6-36　3 号测点 *P-S* 曲线

6.5.2　低应变反射波法检测桩身完整性实例

（1）工程概况

该新建桥梁位于宿松县陈汉乡，基础采用钻孔灌注圆桩，测桩平面布置如图 6-37 所示。基桩混凝土设计强度等级为 C25，设计桩长 18 m，施工桩长 16～18 m，桩径 1300 mm，设计承载力 7331 kN。工程桩总数为 14 根，检测根数为 12 根，最后完工桩施工日期为 2010 年 11 月 24 日。设计持力层为中等风化片麻岩。

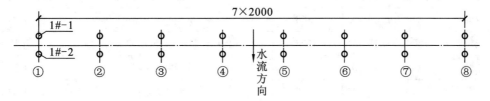

图 6-37　测桩平面布置示意图

（2）检测依据

①《公路工程基桩动测技术规程》（JTG/T F81-01—2004）。

②《建筑基桩检测技术规范》（JGJ 106—2003）。

（3）检测方案

综合考虑最后完工桩施工日期与天气情况，确定检测日期为 2010 年 12 月 9 日；桩径为 1300 mm，大于 1000 mm，每根桩在桩顶至少布置 4 个测点，根据相关检测规范布置测试点。

（4）测试原理与仪器设备

① 测试原理。

基桩低应变反射波法检测是采用便携式微型计算机控制多通道瞬态信号记录处理仪，来接收弹性波在桩和桩-土体系中传播时所携带的各种信息，并把这些信息记录在计算机的硬盘上，以便进行室内分析处理。具体做法是当在桩顶施加一瞬态机械激振力（敲击）时，接触点受迫产生振动，并沿桩身向下传播应力波，当波前到达桩的末端时就会向上反射；在桩身某处存在广义波阻抗（如桩截面积变化处、混凝土密度变化处）变化时，也会产生波的反射并与入射波叠加。这些包含有桩身质量信息的反射信号被安置在桩顶的高灵敏度传感器所接收,仪器把传感器拾得的模拟信号放大后通过高速 A/D 转换器转换成数字信号存储在计算机里。通过对反射波的波形、振幅、频谱和相位的综合分析,可判断出被测桩的桩身完整性,并可对桩身缺陷部位和程度作出判断。

② 测试仪器。

本次检测所使用的仪器是某公司研制的 RS1616K(S)型 16 位浮点一体化专用基桩检测仪,使用的传感器是某传感技术有限公司研制的 KD1010L 型高灵敏度加速度传感器。用安装在桩顶的传感器接收由力棒激振而在桩底及桩间反射的应力波信息,运用多通道数字滤波、指数放大、数字频谱分析等高新技术,可提高测试信噪比,从而保证了测试结果的可靠性。

仪器设备相关技术参数见表 6-18。

表 6-18 仪器设备相关技术参数

设备	型号	量程/灵敏度
主机	RS1616K(S)	±10 Vp-p
传感器	KD1010L	98.7 mV/g
激振设备	手锤	平整黏结

（5）检测数据与处理结果

检测数据与处理结果见表 6-19。典型低应变基桩完整性检测分析图如图 6-38 所示。

表 6-19 桩身混凝土结构完整性检测结果表

序号	桩号	桩径/mm	桩长/m	波速/(m/s)	桩身结构完整性描述	类别	备注
1	2#-1	1300	16.10	3506	桩身完整	Ⅰ类	
2	2#-2	1300	16.41	3506	2.7 m 左右缩径,桩身基本完整	Ⅱ类	
3	3#-1	1300	17.00	3559	桩身完整	Ⅰ类	
4	3#-2	1300	17.00	3559	桩身完整	Ⅰ类	
5	4#-1	1300	18.00	3788	桩身完整	Ⅰ类	
6	4#-2	1300	17.37	3521	在 11.7 m 处,存在轻微离析,桩身基本完整	Ⅱ类	
7	5#-1	1300	17.00	3502	桩身完整	Ⅰ类	
8	5#-2	1300	16.96	3503	12.7 m 左右轻微离析,桩身基本完整	Ⅱ类	
9	6#-1	1300	16.20	3506	桩身完整	Ⅰ类	
10	6#-2	1300	16.60	3507	桩身完整	Ⅰ类	
11	7#-1	1300	16.10	3506	桩身完整	Ⅰ类	
12	7#-2	1300	16.10	3506	桩身完整	Ⅰ类	

（6）检测结论

本次试验共检测 12 根工程桩:其中Ⅰ类桩 9 根,占所测桩数的 75%;Ⅱ类桩 3 根,占所测桩数的 25%。

据可见桩底反射统计,实测波速平均值为 3539.1 m/s,标准差为 81.0 m/s,离散系数为 2.3%。其中最小波速为 3502 m/s,是 5#-1 桩;最大波速为 3788 m/s,是 4#-1 桩。

低应变基桩完整性检测附图

工地：×××大桥　　桩号：2#-1　桩径：1300 mm　强度等级：C25　波速：3506 m/s　日期：2010-12-9

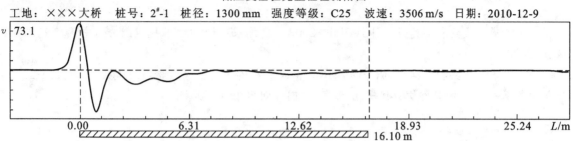

工地：×××大桥　　桩号：2#-2　桩径：1300 mm　强度等级：C25　波速：3506 m/s　日期：2010-12-9

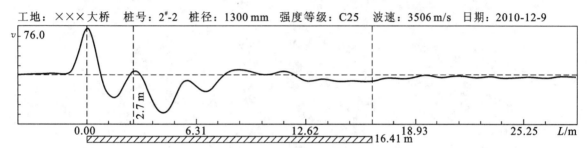

图 6-38　典型低应变基桩完整性检测分析图

【知识归纳】

（1）地基承载力检测内容及其方法。

（2）钻(挖)孔灌注桩检测内容及其方法。

（3）桩身完整性检测内容及其方法。

（4）基桩承载力检测内容及其方法。

【独立思考】

6-1　简述平桥载荷试验的基本原理。

6-2　简述钻孔灌注桩施工时成孔质量检测指标。

6-3　简述低应变反射波法测试的激振点与测点位置的布置要求。

6-4　简述低应变反射波法测试将桩身完整性分成Ⅰ、Ⅱ、Ⅲ、Ⅳ类的原则。

6-5　简述应用超声透射法测试基桩完整性时为什么不用 PVC 管。

6-6　应用超声透射法检测时为什么用清水作为耦合剂？泥浆行不行？空气可以吗？为什么？

6-7　简述静载试验的仪器设备。

【参考文献】

［1］崔京浩.简明土木工程系列专辑：岩土工程实用原位测试技术.北京：中国水利水电出版社,2007.

［2］周东泉.基桩检测技术.北京：中国建筑工业出版社,2010.

［3］何玉珊,章关永.公路工程试验检测人员考试用书：桥梁.北京：人民交通出版社,2010.

［4］赵宗启.公路工程实验检测技术.江苏：中国矿业大学出版社,2010.

［5］薛卫军.浅层平板荷载试验确定地基承载力特征值.陕西水利,2012：85-87.

［6］中华人民共和国交通部.JTG/T F81-01—2004　公路工程基桩动测技术规程.北京：人民交通出版社,2004.

［7］中华人民共和国建设部.JGJ 106—2003　建筑基桩检测技术规范.北京：中国建筑工业出版社,2003.

［8］中华人民共和国建设部,中华人民共和国国家质量监督检验检疫总局.GB 50202—2002 建筑地基基础工程施工质量验收规范.北京：中国计划出版社,2004.

7

桥梁工程施工监控

课前导读

▽ **内容提要**

桥梁工程施工监控也称桥梁监控或桥梁施工控制，是新桥施工过程中，按照实际施工工况，对桥梁结构的内力和线形进行量测，经过误差分析，进行修正、调整以尽可能达到设计目标，是一个施工→量测→识别→修正→预告→施工的循环过程。本章介绍了桥梁工程施工监控的基本概念、工作内容与实施方法，并给出了典型的工程实例。本章的教学重难点为桥梁工程施工监控方案的确定、结构模型的计算和数据的分析处理。

▽ **能力要求**

通过本章的学习，学生应熟悉桥梁监控方案的设计，熟练运用有限元软件进行结构模型施工阶段的仿真计算，理解施工监控的基本原理和方法，掌握常用的数据分析处理方法

7.1 施工监控的目的和依据

7.1.1 施工监控的概念

桥梁监控是指新桥施工过程中,按照实际施工工况,对桥梁结构的内力和线形进行量测,经过误差分析,进行修正、调整以尽可能达到设计目标的过程。桥梁监控也可称为桥梁施工监控,在大跨径悬索桥、斜拉桥、拱桥和连续刚构桥的平衡悬臂浇筑施工中,其后一块件是通过预应力筋及混凝土与前一块件相接而成的,因此,每一施工阶段之间都是密切相关的。为使结构达到或接近设计的几何线形和受力状态,施工各阶段需对结构的几何位置和受力状态进行监测,根据测试值对下一阶段的控制变量进行预测和制订调整方案,实现对结构的施工控制。由于建桥材料的特性、施工误差等是随机变化的,因而施工条件不可能是理想状态。因此,确定上部结构每一待浇块件的预拱度是施工监控的重中之重。

虽然可采用各种施工计算方法计算出各施工阶段的预抛高值、位移值、挠度,但当按这些理论值进行施工时,结构的实际变形却未必能达到预期的结果。

这主要是由设计时所采用的诸如材料的弹性模量、构件自重、混凝土的收缩徐变系数、施工临时载荷的条件等设计参数,与实际工程中所表现出来的参数不完全一致而引起的;或者是由于施工中的立模误差、测量误差、观测误差、悬拼梁段的预制误差等;或者两者兼而有之。

这种偏差随着悬臂的不断加伸逐渐累积,如不加以有效的控制和调整,主梁标高最终将显著地偏离设计目标,造成合龙困难,并影响成桥后的内力和线形。所以,桥梁工程施工监控就是一个施工→量测→识别→修正→预告→施工的循环过程。

7.1.2 施工监控的目的

随着时代的发展,载荷等级、交通流量、行车速度都在不断地提高,还有一些不可预测的潜在威胁也可能会危及桥梁的安全。在桥梁施工监控过程中,预留长期观测点,为桥梁创造终身安全监测条件,为桥梁营运阶段的养护工作提供科学、可靠的数据,是具有重大意义的;也能为桥梁养护部门提供该桥的监测数据,反映出桥梁的实际使用情况,从而能够有效地对其进行养护和加固,而不是目前一些只靠外观检查等简单手段得到粗略的检查结果。如果想要较为主动地预报桥梁各部位的营运情况,必须在桥梁施工过程中建立施工控制系统,并使得该控制系统能够长期对桥梁营运阶段进行有效、精确的监测。这样才能确保桥梁在运营阶段的安全性和耐久性。对于桥梁工程而言,施工监控包括施工监测和施工控制两个方面。

7.1.2.1 施工监测的目的

① 通过施工监测,可实时确定桥梁结构各组成部分的应力应变状态。
② 通过施工监测及其分析,可判断桥梁结构的安全状态,为施工质量控制提供数据。
③ 通过施工监测及其分析,可为下一步施工方案及安全保障措施的确定提供决策依据。
④ 通过施工监测,可为桥梁竣工验收提供重要依据。

7.1.2.2 施工控制的目的

① 通过对桥梁设计方案的检算分析,可校核主要设计数据,避免出现重大差错。

② 通过对施工方案的模拟分析,可对施工方案的可行性作出评价,以便对施工方案进行确认或修改。

③ 通过对施工过程的控制、分析,可确定各施工理想状态的线形及位移,为施工提供目标与决策依据。

④ 通过施工控制的实时跟踪分析,可对随后施工状态的线形及位移作出预测,提供施工控制参数,使施工沿着设计的轨道进行,在提供目标与决策依据的同时,保证施工安全和质量,最终使施工成桥状态符合设计要求。

7.1.3 施工监控的依据

根据测量、测试和结构分析得到的结果与相应规范及设计要求进行对比,判别新建桥梁施工过程中的状态是否与设计要求一致。主要判断标准为:

① 大桥施工图文件。

②《公路桥涵设计通用规范》(JTG D60—2004)。

③《公路钢筋混凝土及预应力混凝土桥涵设计规范》(JTG D62—2004)。

④《公路桥涵施工技术规范》(JTG/T F50—2011)。

⑤《城市桥梁设计规范》(CJJ 11—2011)。

⑥《公路工程技术标准》(JTG B01—2003)。

⑦《公路桥涵钢结构及木结构设计规范》(JTJ 025—1986)。

⑧《公路桥涵地基与基础设计规范》(JTG D63—2007)。

⑨《城市桥梁工程施工与质量验收规范》(CTJ 2—2008)。

7.2 施工监控的主要内容

桥梁的施工监控与设计和施工有着密切的关系,为了符合设计要求、安全优质地建成桥梁,需要从监测、控制两方面建立控制体系。施工阶段的施工控制是一个施工→量测→识别→修正→预告→施工的循环过程,最根本的要求是在保证结构安全施工的前提下,确保桥梁结构的内力和变形始终处于容许的安全范围内。不同类型的桥梁,其施工控制工作的内容并不完全相同。

施工监控主要包括以下几方面的内容。

① 结构计算分析、检算复核。

② 几何变形测量,主要包括主梁线形测量,线形测量主要包括标高测量和轴线测量。

③ 应力控制测量,主要是混凝土应力测量以及支座附近墩身混凝土竖向应力测量。

④ 温度测量,分为昼夜温差和季节温差两种。

⑤ 混凝土弹性模量、容重的测定。

⑥ 预应力材料检查。

⑦ 结构尺寸检查。

⑧ 进行施工控制误差分析。消除差异从以下几方面来进行:调整计算参数,修正理想状态,反馈控制分析预测立模标高。

⑨ 结构设计参数识别。

⑩ 结合控制的实时跟踪分析。其工作流程为施工→量测→识别→修正→预告→施工的循环过程。它包括下述几部分内容:

a. 实测状态温差效应修正分析。

b. 结构各状态数据实测值与理论值的对比分析。

c. 结构设计参数识别。

d. 结构行为的预测分析。

e. 理想状态修正分析。

f. 反馈控制分析。

具体的实时观测与控制系统框图如图 7-1 所示。

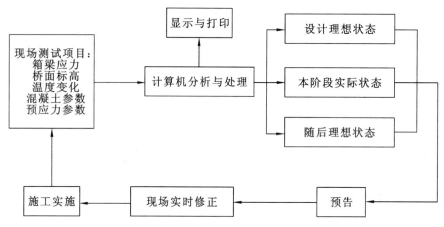

图 7-1 实时观测与控制系统框图

桥梁工程施工监控的内容主要包括成桥理想状态的确定、理想施工状态的确定和施工适时控制分析。成桥理想状态是指在恒载作用下,结构达到设计线形和理想受力状态;理想施工状态以成桥理想状态为初始条件,按与实际施工相逆的步骤,逐步拆去每一个施工项对结构的影响,从而确定结构在施工各阶段的状态参数(轴线高程和应力),一般由倒退分析法确定;施工适时控制是指在施工时,根据理想施工状态,按一定的准则调整,通过对影响结构变形和内力的主要设计参数的识别及修正,使结构性能、内力达到目标状态。

7.2.1 结构分析

结构分析是结构施工控制的主要工作内容之一。该项工作是根据施工过程与成桥运营情况来完成各施工状态及成桥后的内力与位移计算,进而确定出结构各施工阶段的内力与位移理论值的。计算时可考虑施工的进程、时间、相应状态临时载荷、环境温度、截面的变化、结构变化、混凝土的收缩与徐变、预加应力等因素,及时对当前阶段的偏差进行分析、纠正并预测下一施工状态及施工成桥状态的内力与位移。

结构施工过程中的结构行为分析运用倒装计算法与正装计算法两种方法,结构分析采用有限元法。

(1) 桥梁结构的检算复核

桥梁的施工控制工作应该是在桥梁施工过程安全的情况下进行的,因此首先应根据设计文件对桥梁进行结构分析,验证桥梁在常规载荷以及确定的施工方案情况下的结构安全性,并对设计提供的斜拉索初张力进行校核,以确保施工安全,同时为现场监测、危险预告提供预警控制值。这一点对确保结构施工过程中的安全非常重要。

(2) 施工过程中的稳定性计算

对于悬吊结构而言,为确保塔、梁在施工过程中的安全,要进行施工过程中塔、梁的稳定性计算,确定最不利状态,提出相应的抗失稳措施。

在建立了正确的模型和性能指标之后,就要依据设计参数和控制参数,将桥梁结构的结构状态、施工工况、施工载荷、二期恒载、活载等输入前进分析系统中,从前进分析系统中可获得结构按施工阶段进行的每阶段的内力和挠度及最终成桥状态的内力和挠度。接着,假设成桥时为理想状态,对桥梁结构进行倒拆,利用前进分析所得的数据,可获得使桥梁结构最终为理想状态的各阶段的预抛高值,得出各施工阶段的立模标高以及混凝土浇筑前、混凝土浇筑后,钢筋张拉前、钢筋张拉后的预计标高。然后通过卡尔曼滤波器,预测出各阶段的实际状态值,再由最后的最优控制,结合实际观测值,得出最优调整方案,最终完成整个控制过程。以上这些内容均由计算机完成。

下面对桥梁工程施工监控中用到的正装计算法、倒装计算法和误差分析作简要介绍。

① 正装计算法。

正装计算法的目的在于确定成桥结构及各施工阶段的受力状态。这种计算的特点是:随着施工阶段的推进,结构形式、边界约束、载荷形式在不断改变,前期结构发生徐变和几何位置的改变,因而前一阶段的结构状态将是本施工阶段结构分析的基础。正装计算可按有限元法进行,目前此类计算已可由软件完成。

② 倒装计算法。

利用正装计算系统可以严格按照设计好的施工步骤进行各阶段的内力分析,但由于分析中载荷的不断变化以及结构节点的相互影响,会使最终的结构轴线不可能达到设计轴线。因此,采用倒装计算在施工过程中设置预拱度,可使在成桥状态时结构线形满足设计要求。

③ 误差分析。

由倒装计算法得到的理想施工状态是我们期望在施工中实现的目标,而实际施工中的结构状态总是由于设计参数、施工误差、测量误差、结构分析模型误差等因素而偏离目标。为了能及时有效地将实测数据(体系本身的变化、挠度、应力、现场气温等数据)、调整参数信息、误差信息反馈到实际施工控制中,指导现场施工作业,可编制基于现代控制理论的随机最优控制理论和有限元法的计算程序,建立现场计算机工作站(EWS),将实测结构控制参数输入,得出有效调整量,获得最优调整方案,同时预告下阶段的结构状态。

7.2.2 几何变形测量

几何变形测量的目的主要是获取(识别)已形成结构的实际几何形态,并对测量结果进行分析、处理,提出相应的控制意见。常用桥型的几何变形测量包括主梁线形测量和主塔变位测量。

(1)主梁线形测量

主梁线形测量主要包括标高测量和轴线测量。

① 标高测量一般采用几何水准测量法,测出已施工各节段控制水准点的绝对标高,再根据各节段竣工时测得的其与梁底的高差,推算出相应节段的梁底标高。为消除日照温差引起的梁体标高的变化,标高测量应选择在气温稳定的时间段进行,并且测量工作持续的时间越短越好。

② 轴线测量是观测已施工节段的中线相对于桥轴线的偏距。由于梁体受混凝土徐变和现浇段超重以及施工偏差、塔柱扭转等因素的影响,故梁体容易发生局部变形或整个梁体偏离桥梁中心线的情况。为了保证边、中跨按设计中线正确合龙,必须控制主梁中线偏差值。轴线测量观测时间应与标高测量同步。轴线测量和标高测量的测点一般均应布置在主梁顶面上,观测点断面间距应根据主梁长度确定。一般情况下,在梁体应力、温度测量断面处必须设观测点,其他部位可酌情确定。经测量后可提供主梁在各个施工阶段的标高实测值和轴线实测值,同时可提供主梁线形随温

度变化的曲线。

（2）主塔变位测量

主塔变位测量包括顺桥向和横桥向两个方向变位值的测量。主塔在施工和成桥状态下通过斜拉索均承担相当部分的梁体重量，在不平衡载荷、大气温差及日照等的影响下，将产生不同程度的变形。为了不影响主梁的架设施工，必须研究、掌握主塔在自然条件下的变化规律以及在索力影响下偏离平衡位置的程度。

测量主要采用天顶基准法、投影法（或称测小角法）、测距法三种方法。测点一般选在梁顶面上比较适当的位置，可随测试阶段适时作相应的调整，一般设置在塔柱侧壁或顶端部位。测量结果提供塔柱在日照下随温度变化发生纵、横向偏移的曲线，以及在主梁施工过程中塔柱的变位偏移值。

7.2.3 混凝土应力测量

常用桥型的混凝土应力测量包括主梁的安装应力测量和主塔的施工应力测量两大类。其主要目的是了解梁、塔控制截面的应力状况，并对梁体重量及其他载荷变化情况进行判断，以确保结构施工安全。

桥梁施工时间一般较长，所以应力测量是一个长期的、连续的测量过程。目前，应力测量分直接法和间接法两种。直接法是通过传感器直接感知混凝土内部应力的一种测量方法，但目前仅限于 Carlson 发明的压应力传感器，其价格昂贵，不满足大型桥梁应力测量多截面、多测点的要求，所以很少使用。间接法是先通过应变计测量出混凝土内部的应变，再换算成应力的一种测量方法，也是目前国内外采用较多的一种方法。

间接法一般选用振弦式传感器，并用无应力计加以补偿，其测试结果较好，可以满足施工控制的要求。大跨度桥梁的施工应力测试影响因素相当复杂，除载荷作用引起的弹性应变之外，还有与收缩、徐变、温度等因素有关的应变。对于混凝土梁，应在埋设应力测点的相同部位埋设无应力计，以补偿混凝土自身的体积应变、收缩应变以及自由温度应变；在测试工艺上要采取有效措施，以使混凝土徐变和温差产生的应变减小到最低限度，或根据测量时的龄期、环境温度状态进行修正。这样，基本上可以达到施工监控的目的。

桥梁施工应力测量截面一般由设计单位或监控单位根据施工计算的控制截面确定。原则上应包含以下截面：安装阶段的最大正、负弯矩截面，成桥状态的最大正、负弯矩截面，主塔及其横梁的应力控制截面，以及设计单位从设计角度考虑的其他控制截面。

由于施工应力测量成本相当高，故为了既能满足施工监控的要求，又不致投入过多的财力，一般情况下梁体应力测量截面可选择 6～10 个，主塔应力测量截面可选择 4～6 个。混凝土梁施工的应力测点一般用于检测截面的法向应力：对于箱梁截面，应在顶板和底板上布设测点；对于边主梁结构，应在主梁的上、下边缘处布设测点，方向与截面法向一致。在横隔梁中部，宜布设横桥向应力测点。主塔应力测点也是用于监测截面法向应力，一般布置在主塔截面边缘，方向与截面法向一致。

结构应力控制的好坏不像变形控制那样易于发现。若应力控制不力将会给结构造成危害，严重者将发生结构破坏，所以它比变形控制更加重要，必须对结构应力实施严格监控。对应力控制的项目和程度需根据实际情况确定，通常包括：

① 结构在自重下的应力（实际应力与设计应力相差宜控制在 ±5%）。

② 结构在施工载荷下的应力（实际应力与设计应力相差宜控制在 ±5%）。

③ 结构预应力除对张拉实施双控(油表控制和伸长量控制,伸长量误差允许在±6%以内)外,还必须考虑管道摩阻影响(对于后张结构)。

④ 斜拉桥拉索张力,允许偏差宜为±5%。

⑤ 温度应力,特别是对于大体积基础、墩柱等。

⑥ 其他应力,如基础变位、风荷载、雪荷载等引起的结构应力。

⑦ 施工中用到的对桥梁施工安全有直接影响的支架、挂篮、缆索吊装系统等的应力,应在安全范围内。

7.2.4 斜拉桥索力测量

斜拉桥索力测量效果的好坏将直接影响主梁的线形及结构的施工质量和施工安全,因此,在施工过程中准确地了解索力实际状态,选择恰当的测量方法和仪器,并设法消除现场测量中各种误差因素的影响是非常关键的。目前,可供现场索力测量的方法主要有两种:压力表测量法和振动频率测量法。

(1) 压力表测量法

目前,索结构通常使用液压千斤顶张拉。由于千斤顶张拉油缸中的液压和张拉力有直接关系,所以只要测定张拉油缸中的液压就可求得索力。利用标定好的压力表和千斤顶测量索力的精度可以达到1%~2%。

由于液压换算索力的方法简单易行,可直接借助施工中已有的千斤顶,故已成为施工控制中对索力测量最实用的方法之一。

(2) 振动频率测量法

这种方法是利用索力与索的振动频率之间存在对应关系的特点,在斜拉索上附着高灵敏传感器拾取拉索在激励振动下的振动信号,根据测量的斜拉索的振动频率、长度、两端约束条件以及分布质量等参数,可计算出斜拉索的拉力。

考虑到斜拉索抗弯刚度的影响,为保证索力测量的精度,应在正式测量前对斜拉索进行标定,得出频率和索力的关系,以此对用理论公式计算得出的索力进行修正。索力换算不仅要符合基频,并且要用前3~4阶频率作验证。

7.2.5 温度测量

温度影响可分为昼夜温差影响和季节温差影响两种。昼夜温差影响是指日照引起的桥梁混凝土结构由表及里的表层温度梯度,会使混凝土产生非均匀变形。其对桥梁结构内力和变形的影响是极为复杂的,尤其在施工阶段,昼夜温差对主梁变形和主塔水平位移的影响尤为显著。季节温差影响是指长期的昼夜温差变化会使混凝土结构产生均匀的伸缩。其对结构影响较小,在施工控制中可以不考虑。

由于日照的时间、方位和强度在不断变化,而结构各部分的受温性能又各不相同,因此要精确、迅速地模拟实际温度变化所产生的内力和变形是相当困难的。一般宜在一天中日照温差对结构影响最小的时候(如清晨)进行测量,并在对温度变化所产生的内力和变形作定性分析后采取相应措施,以最大限度地保证施工监测值的真实性。

7.2.6 混凝土弹性模量及容重的测量

结构设计时的参数一般按规范取用,对设计这是可以的,但对于结构施工控制则应对部分主要设计参数进行实际测定,以便在施工前对部分结构设计参数进行修正,从而进一步修正原设计线形,为该桥在成桥后满足设计要求奠定基础。具体测定工作应根据大桥所处的自然环境情况、所用材料情况、施工工艺及工序情况来进行。

(1) 弹性模量的测量

混凝土弹性模量的测量主要是为了测定混凝土弹性模量随时间的变化过程,即 E-t 曲线。采用现场取样然后通过万能试验机试压的方法,分别测定混凝土在 3 d、7 d、28 d、60 d 龄期时的 E 值,以得到完整的曲线。

(2) 容重的测量

混凝土容重测量时,先在现场取样,而后采用实验室常规方法进行测定。

7.2.7　预应力材料检查

对预应力材料(包括斜拉索)应检测其弹性模量,每一批次均应送检。斜拉索厂家对每根斜拉索均应有检测报告。

7.2.8　结构尺寸检查

结构构件的截面尺寸除决定了构件刚度外,也决定了构件的自重,因此其对结构的内力、应力和变形影响较大。应加强构件尺寸的检测,以避免累计误差对结构的影响。

竣工构件的尺寸误差以及变形、偏位误差均应满足《公路工程质量检验评定标准　第一册　土建工程》(JTG F80/1—2004)的要求。

7.2.9　施工监控误差分析

施工监控的目的是尽可能消除理论计算与施工实际情况间的差异。这种差异表现为:计算参数与实际情况的差异、计算假定与实际情况的差异、施工误差、测量误差等。消除这些差异应从以下两个方面来进行。

(1) 调整计算参数,修正理想状态

结构实测值与理论值存在着一定的偏差,通过对应力或位移的偏差分析,结构参数敏感性分析,结构参数识别,可进一步分析找出偏差原因,确定出设计参数真实值,为施工成桥符合设计要求服务,也为同类桥的设计与施工积累经验。

(2) 反馈控制分析,预测立模标高

根据结构理想状态、现场实测状态和误差,分析、预测出下阶段模板标高的最佳取值是克服误差的有力手段。

7.2.10　主跨结构设计参数识别

一部分结构设计参数可通过施工前的测定加以修正,还有一些参数是难以确定的设计参数,加之其受临时载荷及环境的影响,故必须进行结构施工监测,通过实测值与理论值的对比分析以及参数识别,方可确定这些用试验难以确定的设计参数,从而减小理论值与实测值的差异。这样才能进一步全面地把握主跨结构行为。

参数识别采用最小二乘法。本法较为成熟,国内应用较广。

7.2.11　稳定性及安全控制

桥梁结构的稳定性关系到桥梁结构的安全,由于结构失稳征兆不明显、过程不可逆,因此其往往比桥梁的强度有着更加重要的控制意义。桥梁施工过程中,不仅要做好变形和应力的控制,还要严格控制施工各个阶段结构构件的局部和整体稳定。桥梁的稳定安全系数主要通过稳定分析计算,结合结构应力、变形情况综合评定。除了对桥梁结构自身的稳定性必须进行严格控制外,施工过程中支架、挂篮、缆索吊装系统等施工设备的稳定性也应满足要求。

桥梁施工安全控制是变形控制、应力控制、稳定控制等的综合体现。结构体型不同,直接影响施工安全的因素就会有所不同。在具体监控工作中,需要根据结构形式、施工方法、施工工序、施工载荷等实际情况,确定施工控制重点。

7.3 施工监控的基本理论和方法

7.3.1 概述

桥梁结构的理论计算通常用有限元法进行,主要是对各节段施工工况下相应截面的应力、位移进行分析,将其作为监测和施工控制的依据。目前,桥梁施工控制的结构计算方法主要包括正装计算法、倒装计算法和无应力状态计算法。

正装计算法能较好地模拟桥梁结构的实际施工历程,得到桥梁结构在各个施工阶段的位移和受力状态,同时能较好地考虑结构的非线性问题和混凝土收缩、徐变等问题。对于大跨度预应力混凝土桥梁,必须首先进行正装计算。

施工预拱度应按照桥梁结构实际施工加载顺序的逆过程来进行结构行为计算和予以确定,此时应用倒装计算法。只有按照倒装计算出的桥梁结构各阶段中间状态指导施工,才能使桥梁的成桥状态符合设计要求。

无应力状态计算法以桥梁结构各构件的无应力长度和曲率不变为基础,将桥梁结构的成桥状态和施工各阶段的中间状态联系起来。这种方法特别适用于大跨度拱桥和悬索桥的施工控制。

在进行有限元分析时,根据其结构特点建模。一般来说,大跨度预应力混凝土梁桥可按空间(平面)梁单元进行分析。在选用计算分析软件时,考虑工程应用的方便,应选用国内外有相当声誉的正版结构有限元分析软件包(如桥梁博士、ANSYS、COS-MOS、SUPSAP、GQJS 等)进行计算与分析,这些软件有很好的前后处理功能。结构载荷应包括:混凝土自重,挂篮自重及钢筋、人员和设备的重量,挂篮移动各施工阶段的施工载荷,二期恒载的重力;预应力索张拉力;温度荷载、风荷载及与结构形成过程有关的载荷,如混凝土的收缩徐变等。这些载荷能引起结构的附加变形和应力。一般而言,以正装计算法的计算结果作为应力监测的依据,以倒装计算法的计算结果作为预拱度控制的依据。

7.3.2 施工监控方法

7.3.2.1 桥梁施工过程模拟分析方法

(1) 正装计算法

对结构静力分析的一般认识是对整个结构的施工结束状态作单工况或多工况的受力分析和变位计算。但是对于桥梁结构,尤其是大跨径桥梁结构,单作这样的分析是不够的,其都有一个分阶段施工过程,结构的某些载荷如自重力、施工载荷、预应力等是在施工过程中逐级施加的,每一施工阶段都可能伴随着徐变、边界约束增减、预应力张拉和体系转换等。后期结构的力学性能与前期结构的施工情况有着密切联系。换言之,施工方案的改变,将直接影响成桥结构的受力状态。在确定了施工方案的情况下,如何分析各施工阶段及成桥结构的受力特性及变形是施工设计中的首要任务。

为了计算出桥梁结构成桥后的受力状态,需根据实际结构配筋情况和施工方案设计逐步、逐阶段地进行计算。这种计算方法的特点是:随着施工阶段的推进,结构形式、边界约束、载荷形式在不断地改变,前期结构将发生徐变,其几何位置也在改变,因而前一阶段的结构状态将是本次施工阶段结构分析的基础。我们将这种按施工阶段的前后次序进行的结构分析方法称为正装计算法,也称为前进分析法。

现以单跨简支悬索桥为例,以传统的加劲梁吊装顺序——从跨中向两侧对称施工的方法来说明正装计算法的原理。

① 确定结构的初始状态。其主要包括:两主塔塔顶中心距、主塔塔顶中心至散索鞍顶面中心距、主缆锚固中心至散索鞍顶面中心距、主塔塔顶标高、散索鞍顶面中心高程、主缆锚固中心高程。图 7-2 所示为上部结构在施工前的初始状态。

② 架设主缆索股至主缆成型。计算主缆在自重力作用下的形状及应力,如图 7-3 所示。

图 7-2　上部结构在施工前的初始状态

图 7-3　主缆成型阶段

③ 吊装加劲梁跨中 1 号梁段。计算主缆的变形和应力,确定本阶段结构的几何形状和受力状况,如图 7-4 所示。

④ 对称地吊装加劲梁 2 号梁段。以上一阶段结束时的结构状态为基础,计算主缆的变形和应力,确定本阶段结构的几何形状和受力状况,如图 7-5 所示。

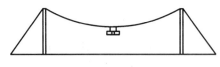

图 7-4　开始吊装加劲梁阶段

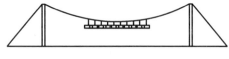

图 7-5　加劲梁吊装中间阶段

⑤ 对称地吊装加劲梁 3 号梁段、4 号梁段、5 号梁段,即加劲梁吊装结束。计算每个吊装阶段主缆的变形和应力。每阶段的计算均以上一阶段结束时结构的几何形状为基础,确定加劲梁吊装结束后的几何形状和受力状况,如图 7-6 所示。

⑥ 将各梁段固结形成加劲梁,计算成桥状态下结构的变形和内力,如图 7-7 所示。

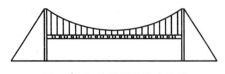

图 7-6　加劲梁吊装结束阶段

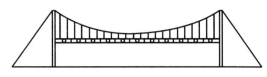

图 7-7　成桥状态阶段

⑦ 桥面铺装。计算二期恒载作用下结构的变形和内力,如图 7-8 所示。

通过以上分析,我们可以清楚地看到正装计算法有如下一些特点:

① 桥梁结构在正装计算之前,必须制订详细的施工方案。只有按照施工方案中确定的施工加

载顺序进行结构分析,才能得到结构中间阶
段或最终成桥阶段的实际变形和受力状态。

② 在结构分析之初,要确定结构最初
实际状态,即以符合设计要求的实际施工结
果(如跨径、标高等)倒退到施工的第一阶段
作为结构正装计算分析的初始状态。

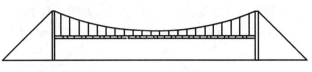

图 7-8 二期恒载完成阶段

③ 本阶段的结构分析必须以前一阶段的计算结果为基础,前一阶段的结构位移是本阶段确定
结构轴线的基础,以前各施工阶段的结构受力状态是本阶段结构时差、材料非线性计算的基础。

④ 对于混凝土徐变、收缩等时差效应在各施工阶段中逐步计入。

⑤ 在施工分析过程中严格计入结构几何非线性效应,本阶段结束时的结构受力状态用本阶段
载荷作用下结构受力与以前各阶段结构受力平衡而求得。

应用正装计算法不仅可以为成桥结构的受力提供较为精确的结果,为结构强度、刚度验算提供
依据,而且可以为施工阶段理想状态的确定、为完成桥梁结构的施工控制奠定基础。

(2) 倒装计算法

应用正装计算法可以严格按照设计好的施工步骤进行各阶段内力分析,但由于分析中结构节
点坐标的迁移,致使最终结构线形不可能完全满足设计线形。

实际施工中,桥梁结构线形的控制与强度控制同样重要,线形误差将造成桥梁结构合龙困难,
影响桥梁建成后的美观和运营质量。为了使竣工后的结构保持设计线形,在施工过程中需用设置
预拱度的方法来实现。而对于分段施工的连续梁桥、斜拉桥、悬索桥等复杂结构,一般要给出各个
施工阶段结构物控制点的标高(预抛高),以便最终使结构物满足设计要求。这个问题用正装计算
法难以解决,而用倒装计算法可以解决这一问题。它的基本思想是,假设 $t=t_0$ 时刻的内力分布满
足正装计算 t_0 时刻的结果,线形满足设计要求。在此初始状态下,按照正装计算的逆过程,对结构
进行倒拆,分析每次拆除一个施工段对剩余结构的影响,在一个阶段内分析得出的结构位移、内力
状态便是该阶段结构施工的理想状态。

所谓结构施工的理想状态,就是指在施工各阶段结构应有的位置和受力状态。每个阶段的施
工理想状态都将控制着全桥最终的形状和受力特性。

如图 7-9 所示,按施工逆顺序进行倒拆分析,其倒拆顺序如下:

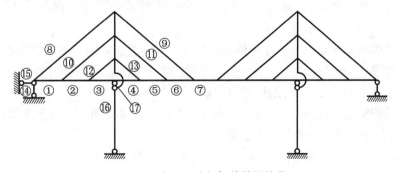

图 7-9 有限元分析杆件单元编号

第一步,拆除杆件⑦,计算剩下结构的内力,如图 7-10 所示。

第二步,固结杆件⑰后再拆除杆件⑭、⑮、⑯,如图 7-11 所示,求得斜拉索⑧、⑨的张拉力及结
构的变形。

第三步,继续拆除⑧、⑨、①、⑥,如图 7-12 所示,求得斜拉索⑩、⑪的张拉力及结构的变形。

第四步,拆除⑩、⑪、②、⑤,如图 7-13 所示,求得斜拉索⑫、⑬的张拉力及结构变形。

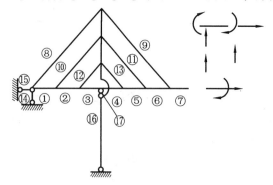

图 7-10　拆除杆件的力学计算图式

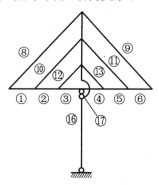

图 7-11　塔梁开始固结

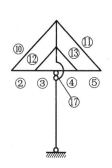

图 7-12　施工中间状态

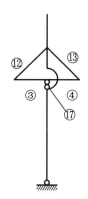

图 7-13　最后阶段

通过以上分析,我们可以清楚地看到用倒装计算法确定桥梁结构各阶段理想状态的过程,必须注意以下几点:

① 倒装计算时的初始状态必须由正装计算来确定,如前面倒装分析的第一步中⑦号杆件的端力以及斜拉索的初始拉力等。但初始状态中的各杆件轴线位置可取设计轴线位置。

② 拆除单元的等效载荷,将被拆单元接缝处的内力反方向作用在剩余主体结构接缝处加以模拟。

③ 拆除杆件后的结构状态为拆除杆件前的结构状态与被拆除杆件等效载荷作用状态的叠加。换言之,本阶段结束时,结构的受力状态由本阶段载荷作用下的结构受力与前一阶段的结构受力状态叠加而得,即认为在这种情况下线性叠加原理成立。

④ 被拆构件应满足零应力条件,剩余主体结构新出现的接缝面应力等于此阶段对该接缝面施加的预应力。这是正确进行倒退分析的必要条件。

除此之外,我们还应该了解倒装计算法的局限性,这主要指以下两个方面:

① 对于几何非线性十分明显的大跨度桥梁,如斜拉桥、悬索桥,由于缆索的非线性影响,按倒装计算法的结果进行正装施工时,桥梁结构将偏离预定的成桥状态。这类问题的处理方法,我们将在以后进行讨论。

② 原则上讲,应用倒装计算法无法进行混凝土收缩、徐变计算,因为混凝土构件的收缩、徐变与结构的形成历程有密切关系。由于倒装计算的顺序是结构形成历程的逆过程,所以在作倒装分

析时,考虑结构时差效应的影响是有一定困难的。对这个问题更详细的讨论我们将在以后进行。

（3）无应力状态法

通过上述内容,我们得知通过进行倒装计算可确定大跨度桥梁结构在施工各阶段的中间理想状态。倒装计算法是通过分析桥梁结构的内力来建立起各施工阶段中间状态与桥梁结构成桥状态之间联系的。由于结构的内力与结构的形成历程密切相关,是一个相对不稳定、不独立的量,因而用倒装计算法确定结构的中间理想状态是比较困难的。

设想将一座已建成的桥梁结构解体,结构中各构件或者单元的无应力长度和曲率是一个确定的值。在桥梁结构施工中或建成后,不论结构温度如何变化、如何位移以及如何加载,即在任何受力状态下,各构件或单元的无应力长度和曲率恒定不变,只是构件或单元的有应力长度和曲率不相同而已。用构件或单元的无应力长度和曲率保持不变的原理进行结构状态分析的方法叫作无应力状态法。

桥梁结构无应力状态只是一个数学目标,通过它可将桥梁结构安装的中间状态和终结状态联系起来,从而为分析桥梁结构各种受力状态提供一种有效的方法。

7.3.2.2　桥梁施工控制结构分析方法

根据具体情况来选择施工控制结构分析方法,一般情况下采用有限元法,有时也可以采用解析法。以下主要介绍有限元法在施工监控过程中的应用。

有限元法就是先将连续体分成有限个单元,单元间相互由结点连接为理想结点系统。分析时,先进行单元分析,用结点位移表示单元内力,然后将单元再合成结构,进行整体分析,建立整体平衡关系,由此求出结点位移。

有限元法是随着计算机的发展以及出于复杂结构分析的需要而发展起来的一种有效的数值分析方法。目前,有限元法已成为结构分析的通用方法,究其原因:一是计算机基本普及,采用有限元计算机程序进行结构分析可大大减轻劳动强度,缩短计算时间,提高工作效率;二是桥梁结构属于空间结构,且结构越来越复杂,超静定次数越来越高,如采用解析法手算,就必须进行结构简化,这些简化与实际结构之间往往存在较大的差别,从而使计算结果与实际不符,只有采用空间有限元分析法才能得出较精确的结果;三是随着建桥材料性能的提高,桥梁跨径越来越大,如对大跨径桥梁也采用中小桥梁分析所用的弹性结构线性分析法,已不能反映结构的真实受力情况,故必须考虑非线性的影响(包括材料、几何非线性),进行桥梁结构非线性分析,而这只有通过电算才能实现;四是大跨径桥梁除必须满足强度、刚度要求外,结构的稳定性、动力特性往往成为控制因素,结构的稳定与动力分析也需借助于有限元分析来完成;五是桥梁施工方法多样,一般情况下,桥梁结构分析计算必须考虑结构施工与形成过程,结构施工过程仿真分析计算复杂、量大,绝非简单的解析手算所能完成。

采用有限元法进行施工控制中的结构分析计算与通常的结构分析计算一样,首先要建立数据文件。数据文件的准备按照所采用分析软件的具体要求进行,一般分为以下四步。

① 桥梁结构的模型化。

桥梁结构的模型化就是将实际结构理想化为有限个单元的集合。计算模型建立得正确与否(是否与实际结构相符)是计算分析结果是否正确的关键。其中,根据结构的受力特性与工作行为选择恰当的单元形式来模拟实际结构以及选择正确的约束模拟形式尤为重要。

就结构分析模型来看,与一般的成桥分析不同的是:施工控制中的结构分析模型一般是随着施工的不断推进而不断变化的。这是由于桥梁在形成过程中的结构体系是在不断发生变化的。实际工作中,可对不同的施工状态建立不同的分析模型,但其工作量大,不够方便。通常可考虑建立一个统一的模型,而对某个施工状态的结构模拟则可通过某些单元的是否激活来实现。

计算模型中单元的选择应以能准确描述施工过程中的结构受力与变形状态为准。有限元分析中的单元类型较多,根据不同的结构体系、构造形式以及受力情况,模型中的单元可以是杆元、梁元、板元、体元、索元等;一个模型可由一种单元组成,也可由几种单元组成。

除上述基本单元外,对一些特殊施工工艺需要采用特殊的单元来描述。以具有自架设系统的劲性骨架法施工的大跨径混凝土拱桥施工控制结构分析为例,其混凝土浇筑在纵向分层(环)、分段并在横向分块进行,将拱圈的重量分为许多小部分分散到各个施工阶段,从而逐步形成拱圈结构。对于这种单元组分逐渐增加的结构体系,一般软件(包括一些大型通用软件)都没有一种单元成分逐渐增加、单元形心和扭心变化的单元,更没有对这种结构进行包括混凝土收缩、徐变、温度变化、材料与几何非线性在内的综合分析功能。在万县长江大桥的施工控制结构分析中,为对实际结构进行几何、材料、时间的非线性分析,真实模拟自架设施工全过程,专门开发了一种空间复合梁单元,其特点就是单元的组成部分是变化的,单元的形心、扭心不固定且不重合。

② 桥梁结构的离散化。

桥梁结构的离散化是指在模型化处理后,将结构离散为带有有限个自由度的结构。单元大小与结点位置的确定应充分考虑结构受力情况与施工单元的划分。

③ 按所用软件的输入要求形成数据文件。

④ 检查、校正数据文件。

计算模型最终体现为数据文件,数据文件正确方能保证计算模型的正确,从而保证计算结果的正确性。

其次,运行分析软件。结构分析软件种类较多,可以采用自己开发的专用软件,也可以采用通用软件(如 SAP、ADINA、NASTRAN、MIDAS 等)。选择何种软件关键是看所分析对象的实际受力情况、分析内容等。对于桥梁施工控制中的结构分析,由于计算模型会随着施工过程发生改变,同时要求分析跟踪进行,故采用常规通用软件来分析是有一定困难的,应采用具有施工控制跟踪、仿真分析功能的软件,也可将通用软件作为一个平台,通过作必要的前后处理来适应施工控制结构分析的需要。

最后,对分析结果进行分析和处理。

7.3.3　施工监控的影响因素

桥梁工程施工监控的目的是使成桥状态最大限度地与设计理想状态吻合。为了达到这个目标,必须全面了解整个施工过程中有可能使桥梁状态偏离理想设计状态的各种因素,以便对施工进行有的放矢的监控。一般来说,影响桥梁工程施工监控的因素主要有以下几方面。

(1) 结构参数

结构参数主要包括结构构件截面尺寸、材料弹性模量、材料重度、材料的热膨胀系数、施工载荷、预加应力等。结构参数是施工监控过程中对结构内力和变形进行理论模拟的基本资料,其偏差程度直接影响理论分析结果的准确性,可能导致判断上的失误。但事实上,完全和设计所用结构参数吻合的实际桥梁结构是不存在的,总是存在一定的误差,所以施工监控中要记入这些误差,使得结构参数尽量接近真实结构参数。

(2) 温度、湿度的变化

温度变化包括季节温差、昼夜温差、骤变温差等,在不同温度条件下对结构应力和变形进行测量,其结果会有明显差异。通常在监控实施过程中将控制理想状态定位在某一特定温度条件下进行模拟,尽可能接近该温度条件,且在温度变化较小的情况下(晚上十点至清晨六点)进行结构状态的测量。对于应力的监测应采取足够的温度补偿措施。

(3)混凝土的收缩徐变和剪滞效应

无论在多低的应力状态下,混凝土都会产生徐变。在恒定应力和被测点与周围介质湿度、温度平衡的条件下,随时间增加的应变称为基本徐变。如果在被测结构干燥过程中施加了载荷,则通常认为徐变和干缩是可以叠加的。边干燥边承受载荷测得的徐变大于基本徐变的代数和。总之,对于混凝土应变的长期测量而言,要获取准确的机械应变,消除徐变干缩的影响是必不可少的。在竖向载荷作用下,主梁应力存在剪滞效应。由于翼板存在剪切变形,弯曲应力在截面横向是不均匀的,故这种效应随上、下缘翼板的宽度而变化:翼板愈宽,梁高愈低,剪滞效应就愈突出。

(4)结构分析计算模型

进行理论计算分析时,总要对实际桥梁结构进行简化,从而使得分析计算模型与实际桥梁结构之间存在误差。施工监控时应尽可能使得理论计算分析更深入,必要时还需对关键节点进行细部模型分析。

(5)施工监测

桥梁工程施工监控过程中,由于现场采用的仪器设备、测量方法、数据采集、环境条件等因素的影响,施工监测的结果会存在误差。在施工过程中,要尽可能保证测量的可靠性,要从测量仪器设备和方法上设法减小测量误差。除此之外,在进行控制分析时还应进行结构状态监控测量结果的最优估计。

(6)施工管理

施工管理的好坏直接影响桥梁施工质量和进度,也会影响施工监控的正常进行。在做好项目施工管理的同时,还要与施工监控相配合,避免由于一些交叉工序的脱节而影响工程的正常进度。

7.4　工 程 案 例

本节结合编者近年来的工程实践,选取连续梁桥和斜拉桥两种桥型工程实例介绍该类桥梁施工监控的主要内容和方法,以供参考。

7.4.1　连续梁桥工程实例

7.4.1.1　工程概况

滁州市明光路跨线桥工程是滁州市的重点建设项目,建成之后将是贯通滁州市东、西的主干道。该桥起点为定远路,终点为扬子路,设计全长 1.4 km,其中桥梁长 1135 m,道路长 276 m,桥梁全宽 32.5 m,按照双向 6 车道、机非混行城市主干道标准设计。

(1)主梁

明光路跨线桥主桥跨径组成为 45 m+70 m+45 m,为单箱双室全预应力混凝土三跨连续梁桥。主桥宽 32.5 m,引桥宽 20 m,引桥靠近主桥 90 m 内实现宽度渐变。本桥中间主跨为通航孔。全桥满足通航净宽、净空要求,同时满足东西大堤通车和防洪通道要求,全桥的立面图如图 7-14所示。

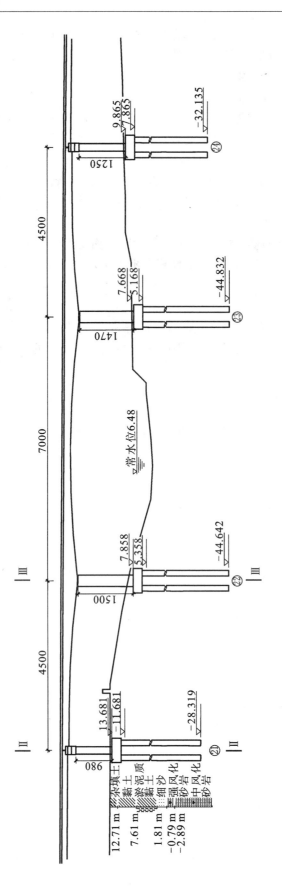

图 7-14 明光路跨线桥二标段主桥立面图

梁单幅采用单箱双室大悬臂截面，外腹板采用竖直腹板形式，箱梁顶板宽度为 16 m，箱梁底板宽度为 10 m。主墩墩顶梁高 4 m，向中、边跨方向 34 m 范围内采用二次抛物线梁高变化，其余为等高梁段，梁高 2 m。箱梁合龙段底板厚度为 26 cm，0 号块端部底板厚 100 cm，在梁高变化段内，底板厚度变化采用二次抛物线。顶板厚度不变，为 28 cm。边腹板厚度为 50 cm，中腹板厚度为 50 cm。在支座处均设横隔板，中间支座处的横隔板厚度是 1.8 m，两侧支座处的横隔板厚度是 1.2 m，截面尺寸见图 7-15、图 7-16。梁采用三向预应力结构，纵向、横向预应力均采用符合《预应力混凝土用钢绞线》(GB/T 5224—2003) 的低松弛钢绞线，标准强度 1860 MPa。竖向预应力筋采用符合国标 75/100 级 φ32 高强精轧螺纹钢，标准强度 1000 MPa。梁按挂篮悬臂浇筑法施工设计。

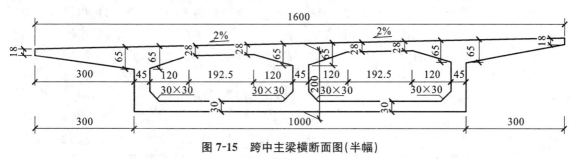

图 7-15　跨中主梁横断面图(半幅)

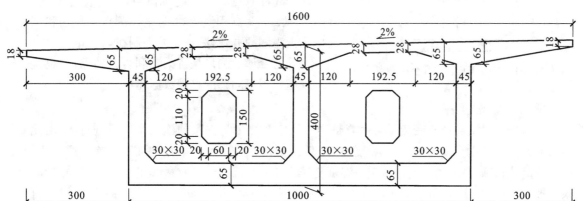

图 7-16　支座横断面图(半幅)

（2）下部结构

下部结构主墩采用带扩大头椭圆柱实体墩，主墩基础采用 9 根 φ2.0 m 的钻孔灌注桩基础，按摩擦桩设计。墩帽、墩身采用 C40 混凝土，承台采用 C30 混凝土，桩基采用 C30 水下混凝土。

（3）施工步骤

滁州市明光路跨线桥连续梁桥挂篮悬臂浇筑施工的具体施工步骤如下：

① 0# 块施工。0# 块施工一般采用托架或支架，且多采用分次浇筑的形式，规范要求分两次或三次浇筑，这是由于 0# 块较长且截面尺寸存在突变。

② 临时固结。多采用墩旁支架和墩顶预埋预应力筋张拉固结。如墩柱较宽、跨径较小的话，可采用墩顶预埋预应力钢筋张拉作为临时固结。实际工程中多采用墩旁支架，本案例中的工程实例也为墩旁支架。

③ 挂篮设计及试验。挂篮设计主要依据两项：强度和变形。设计根据所在桥梁的块段最大重量进行，使得挂篮总体变形不超过 20 mm。试验是指对现行的挂篮作强度和变形试验，要求其满足设计要求。

④ 悬臂施工。悬臂浇筑主要考虑不平衡载荷(梁顶的堆积载荷、自由载荷、由于浇筑不同步造成的不平衡载荷等)的控制、预应力的张拉和挂篮的移动与安装。

⑤ 合龙段施工。合龙段施工时主要考虑刚性支撑设计、合龙顺序,以及各截面的高程变化。

⑥ 体系转换。合龙段施工完成后要拆除临时固结体系,进行体系转换。

7.4.1.2 施工监控的内容

预应力混凝土连续梁桥在建造过程中,随着悬臂浇筑施工的进行,桥梁结构的内部受力和截面竖向位移在不断变化,难以控制。因此,要使悬臂浇筑的预应力连续梁桥各阶段的内力和竖向位移逼近预计值,最终符合设计要求,就必须对其进行施工控制。在施工控制过程中,可以通过应力、位移实际值与理论值的比较得出偏差,分析在施工过程中可能出现的不合理,及时更正错误,对施工作出调整,以保证桥梁建造的顺利进行。因此对滁州市明光路跨线桥进行施工监控是桥梁施工过程中的安全保障。

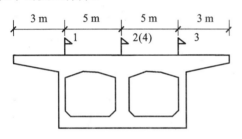

图 7-17 高程测点和坐标测点

（1）几何变形的测量

几何变形测量分为高程测量和坐标测量。根据以往的监控实例,明光路跨线桥的测点布置为每个截面布置 3 个高程测点和 1 个坐标测点,所在位置见图 7-17。图中 1、2、3 为高程测点,4 为坐标测点。高程和坐标采用隔天观测的方式,测量误差控制在 0.1 mm 以内。

几何变形的测量是桥梁顺利合龙的保证,也是及时发现施工现场问题的直观数据体现。

（2）应力和温度测量

应力的测量是通过应变测量值换算得到的。应变测量与主梁的施工是同步进行的,因此要求测试元件具用抗损伤能力强、长期稳定性好、埋设定位容易以及抗干扰性强等性能。通过比较,在明光路跨线桥项目中采用振弦式应变-温度传感器 JTM-V5000 作为测试元件(图 7-18),检测仪器采用振弦检测仪 JTM-V10A(图 7-19)。将振弦式应变-温度传感器绑扎在受力钢筋上,可以直接读出频率和内部温度,通过应变-频率的标定曲线,换算出实测应变,再根据弹性关系得出实测应力。外部温度测量采用温度计直接得出。

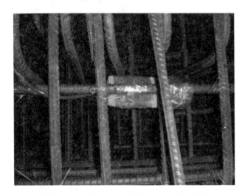

图 7-18 振弦式应变-温度传感器

图 7-19 振弦检测仪

应变测试截面的位置如图 7-20 所示,共布置 7 个截面,应变计的横截面布置位置如图 7-21 所示。

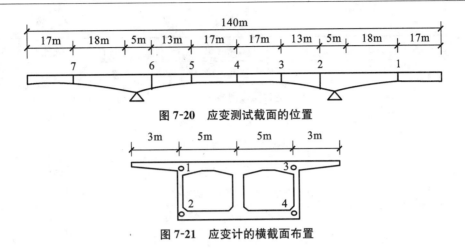

图 7-20 应变测试截面的位置

图 7-21 应变计的横截面布置

在监控过程中,对以下四种情况进行应力控制测量:①混凝土浇筑之前;②混凝土浇筑之后;③预应力张拉之后;④挂篮移动后。

JTM-V5000 指标如下。

测量范围:拉 800 $\mu\varepsilon$、压 1200 $\mu\varepsilon$;测量分辨率:≤0.02%FS;综合误差:≤2.0%FS;工作温度:−25~60 ℃。

JTM-V10A 指标如下。

测量范围:频率为 400~6000 Hz,温度为 −30~60 ℃;时基精度:0.01%;测频率分辨率:0.1 Hz;测模数分辨率:0.1F;测温精度:±0.5 ℃。

(3) 截面尺寸测量

混凝土超方对悬臂施工主梁的挠度、内力影响很大,必须尽可能避免,因此超方的测量是非常重要的。除了应变和标高数据能够反映超方现象外,对每一节段梁截面尺寸进行测量也是一个好方法。具体做法是每浇筑一节段梁,就对其截面进行测量。测量项主要包括底板厚度、腹板厚度、顶板厚度和截面高度,测量精度控制在 0.1 cm 以内。

(4) 现场监控的流程

监控工况明细见表 7-1。

表 7-1　　　　　　　　主桥监控工况明细

工况号	工况描述	测试时机	主梁标高	主梁水平位移	应力	温度
1	0#、1# 块现浇	施工结束	√	√	√	√
2	挂篮对称悬浇 1# 梁端	挂篮定位	√	√		
3		浇筑梁体混凝土初凝前	√			
4		梁体混凝土浇筑后第二天	√	√	√	√
5		梁体预应力束张拉完成后	√	√	√	√
6	挂篮对称悬浇 2# 梁端	挂篮定位	√	√		
7		浇筑梁体混凝土初凝前	√			
8		梁体混凝土浇筑后第二天	√	√	√	√
9		梁体预应力束张拉完成后	√	√	√	√

工况号	工况描述	测试时机	主梁标高	主梁水平位移	应力	温度
10	挂篮对称悬浇 3# 梁端	挂篮定位	√	√		
11		浇筑梁体混凝土初凝前	√			
12		梁体混凝土浇筑后第二天	√	√	√	√
13		梁体预应力束张拉完成后	√	√	√	√
14	挂篮对称悬浇 4# 梁端	挂篮定位	√	√		
15		浇筑梁体混凝土初凝前	√			
16		梁体混凝土浇筑后第二天	√	√	√	√
17		梁体预应力束张拉完成后	√	√	√	√
18	挂篮对称悬浇 5# 梁端	挂篮定位	√	√		
19		浇筑梁体混凝土初凝前	√			
20		梁体混凝土浇筑后第二天	√	√	√	√
21		梁体预应力束张拉完成后	√	√	√	√
22	挂篮对称悬浇 6# 梁端	挂篮定位	√	√		
23		浇筑梁体混凝土初凝前	√			
24		梁体混凝土浇筑后第二天	√	√	√	√
25		梁体预应力束张拉完成后	√	√	√	√
26	挂篮对称悬浇 7# 梁端	挂篮定位	√	√		
27		浇筑梁体混凝土初凝前	√			
28		梁体混凝土浇筑后第二天	√	√	√	√
29		梁体预应力束张拉完成后	√	√	√	√
30	对称悬浇 8# 梁端	浇筑梁体混凝土初凝前	√			
31		梁体混凝土浇筑后第二天	√	√	√	
32		梁体预应力束张拉完成后	√	√	√	√
33	施工边跨合龙段	梁体预应力束张拉完成后	√	√	√	√
34	拆除边跨支架	拆除边跨支架完成后	√	√	√	√
35	拆除主墩旁临时支墩及箱梁的临时锚固	体系转换完成以后	√	√	√	√
36	主跨合龙前一天的连续观测			√	√	√
37	施工中跨合龙段，张拉梁体内预应力束	拆除中跨挂梁后	√	√	√	√
38	桥面及附属工程施工	施工完成	√	√	√	√
39	交工验收	交工验收前	√	√	√	√

7.4.1.3 施工控制的理论计算

（1）施工控制的计算

根据施工图设计文件拟订的结构尺寸、配筋情况及施工顺序，采用桥梁博士及 Midas Civil 等大型空间有限元程序对施工过程进行仿真分析计算，计算内容考虑结构恒载、预应力张拉、分阶段施工流程、温度变化、混凝土收缩徐变、施工载荷、体系转换、二期恒载和活载效应，并按照施工组织设计中的桥梁施工顺序，计算结构变形、结构内力和应力分布状况，对设计进行全面的复核计算。

由于理论设计参数与实际参数存在差异，施工载荷、实际混凝土弹性模量、容重及施加的预应力等不可能与理论计算完全一致，因此在施工过程中，要按照施工和设计所确定的施工工艺，以及实际收集的材料指标及参数，对计算模型进行不断的修正，使计算值与实测值之间的差异最小，以便对结构的当前施工状态实施有效的控制，并科学地预测下一施工阶段的结构状态。

在开始施工之前，为对该桥在每一施工阶段的应力状态和线形有预先的了解，需要对其进行结构计算。该桥的施工控制计算除了必须满足与实际施工方法相符合的基本要求外，还要考虑诸多相关的其他因素。

① 施工方案。

连续梁桥的恒载内力、挠度与施工方法、施工程序密切相关，进行施工控制计算前首先应对施工方法和施工程序进行研究，并对主梁架设期间的施工载荷给出一个较为精确的数值。在开始施工前，施工单位应给出挂篮的载荷值及刚度值（或变形），监控单位将根据此数据进行计算分析。

② 计算图式。

本桥连续梁部分要经过墩梁固结→悬臂施工→边跨合龙→中跨合龙→解除墩梁固结的过程。在施工过程中结构体系会不断发生变化，故在各个施工阶段应根据符合实际情况的结构体系和载荷状况选择正确的计算图式进行分析计算。

③ 结构分析程序。

对于连续梁桥的施工控制计算，采用空间结构分析方法以满足施工控制的需要。结构分析采用梁单元通过桥梁有限元计算软件 Midas Civil 2006 进行控制计算。

④ 预应力的影响。

预应力直接影响结构的受力与变形，施工控制应在设计要求的基础上充分考虑预应力的实际施加程度。为反映工程实际情况，通过前几个悬浇节段的回归统计来确定摩阻损失的计算参数。

⑤ 混凝土收缩、徐变的影响。

混凝土的收缩、徐变对结构的测试应力和施工阶段中的梁体挠度有较大影响，必须加以考虑，计算按照规范规定的收缩、徐变系数进行分析。

⑥ 温度。

温度对结构的影响比较复杂。在本桥的施工监控中，在计算中予以考虑季节温差，对昼夜温差则在观测和施工中采取一些措施予以消除，以减小其影响。

⑦ 施工进度。

本桥的施工控制计算需按照实际的施工进度以及确切的合龙时间分别考虑各部分的混凝土徐变变形，按照施工单位给出的施工进度计划进行分阶段计算。

（2）施工控制的计算方法

正装计算法是根据施工的实际顺序进行分析计算的，因此能够知道各个施工阶段的受力情况和截面的位移情况,而且可以考虑结构的非线性、收缩、徐变等因素。但正装计算法具有自身的局限性。它是按照结构设计的施工顺序进行内力和位移计算的,所以无法考虑机构自身的几何非线性因素,因此最后很难和设计完全一致。利用正装计算法的计算结果确定的预拱度会有一定误差。正装计算法的具体流程如图 7-22 所示。

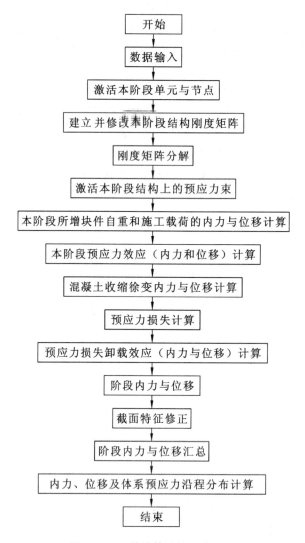

图 7-22　正装计算法的具体流程

　　悬臂浇筑施工桥梁的最终形成需经历一个复杂的施工过程以及结构体系的转换过程。对施工过程中每个阶段的变形计算和受力分析,是桥梁结构施工控制中的最基本内容。采用合理的理论分析和计算方法来确定桥梁结构施工过程中每个阶段的结构行为。针对该桥的实际情况,采用正装计算法进行施工控制结构分析。

　　① 计算方法:有限元法。

　　② 计算软件:Midas Civil 2006 程序、桥梁博士、自编误差分析程序。

　　③ 模型划分:依据施工阶段的实际状态。

　　④ 计算载荷:依据施工技术方案提供的施工加载程序设计。

（3）施工控制的计算内容

在施工控制开始前，根据设计图及施工单位提供的施工技术方案对结构进行全过程施工模拟计算。根据计算结果对桥梁结构在施工过程中的应力按规范要求进行验算，并与设计单位核对计算结果。主要结果为：

① 各梁段挂篮前移定位控制截面的混凝土应力和结构挠度。

② 各梁段浇筑混凝土前后控制截面的混凝土应力和结构挠度。

③ 各梁段张拉预应力后控制截面的混凝土应力和结构挠度。

④ 合龙段临时连接前后控制截面的混凝土应力和结构挠度。

⑤ 合龙段浇筑混凝土前后控制截面的混凝土应力和结构挠度。

⑥ 桥面铺装完成后控制截面的混凝土应力和结构挠度。

⑦ 运营十年后控制截面的混凝土应力和结构挠度。

（4）结构离散

根据设计图反映的内容，对全桥总体结构建立能反映施工载荷的有限元模型，对该桥进行正装分析，得到各阶段主梁变形状态。计算模型中，根据悬臂施工梁段的划分、支点、跨中、截面变化点等控制截面，将全桥划分为 65 个节点、64 个单元。总体计算模型如图 7-23、图 7-24 所示。

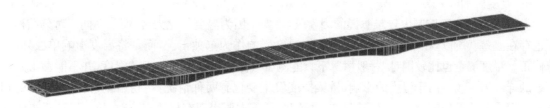

图 7-23 全桥总体模型

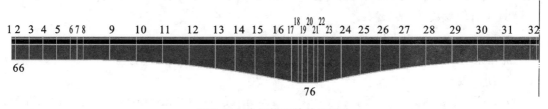

图 7-24 半桥模型的单元划分

（5）主要计算参数

① 主要材料特性。

主梁采用 C50 混凝土，混凝土容重为 26 kN/m³，C50 混凝土抗压弹性模量为 3.45×10^4 MPa，泊松比为 0.2，轴心抗压设计强度为 22.4 MPa，抗拉设计强度为 1.83 MPa，相对湿度为 55%。考虑混凝土的收缩、徐变对结构的测试应力和施工阶段梁体挠度、应力的影响，计算按照规范规定的收缩、徐变系数进行分析，以便更加符合结构的实际变化。预应力采用钢绞线束施加，钢绞线弹性模量取 1.95×10^5 MPa，采用 ASTM 标准，抗拉标准强度为 1860 MPa，控制应力采用钢绞线抗拉标准强度的 70%，即 1302 MPa，预应力钢绞线的参数值由厂家提供的参数确定。

② 计算图式。

连续梁施工要经过墩梁固结→悬臂施工→合龙边跨→合龙中跨→解除墩梁固结的过程。在施工过程中结构体系会不断发生变化，故在各个施工阶段应根据符合实际情况的结构体系和载荷状况选择正确的计算图式进行分析计算。本案例对于各个施工阶段都进行了计算。该桥有平曲线（$\rho = 1/200$）和竖曲线，在建模时如果考虑平曲线和竖曲线的话会比较烦琐，而且会导致结构的扭转变形，较为复杂，因此在计算中应对其进行简化，假定本桥为平、直桥。

③ 挂篮及施工临时载荷的取值。

根据施工单位提供的数据，挂篮及模板等重量取为 35 t，与结构间采用后锚固方式定位。边跨合龙吊架重 35 t，合龙时的平衡压重取合龙段箱梁重量的 1/2，边浇筑混凝土边卸压重。

④ 箱梁方量测量。

根据误差分析理论，桥梁上部混凝土的重量对悬臂施工的大跨径连续梁桥影响很大，必须尽可能减小混凝土超方的影响。具体做法是：每浇筑一节段梁，统计好所浇筑的方量，并与设计方量进行对比，计算出浇筑误差。

⑤ 挂篮变形误差。

浇筑混凝土过程中，挂篮会发生变形。这包括纵向变形和横向变形，也包括弹性变形和非弹性变形。挂篮非弹性变形对施工控制质量有较大影响。再者，挂篮的刚度不足会导致挂篮横向、竖向变形不一致，一侧变形量大，另一侧变形量小。由于挂篮变形的不确定性在本次计算中没有考虑，故在实际监控过程中会逐步拟合出挂篮变形曲线，以尽量减小与实际变形的误差。

⑥ 温度影响。

温度影响是施工控制中较难掌握的因素，这主要是因为温度变化无常，而且在同一时刻结构各部分也存在温差。所以，在结构计算中一般不把温度影响作为单独工况，而是将温度影响单独列出，以作修正。温度测量也比较困难，一般情况下只能测量气温和结构上某些点的温度，并不能够得到结构所处的详细温度场。由于温度的影响，桥梁挠度发生变化有两种情况：均匀温差、箱梁内外侧的相对温差。温度变化虽然随时存在，但其对施工控制的危害主要表现在挂篮定位时，故一般选择夜间或者早晨进行挂篮定位比较合适（明光路跨线桥的施工过程中并没有考虑这一点）。温度影响变化无常，每座桥都有各自的特点，所以施工控制前必须加强观测，及时掌握规律，尽可能排除温度影响。

⑦ 理论计算参数。

a. 自重。

现浇箱梁 C50 混凝土，重力密度 $\gamma = 26$ kN/m^3，自重系数取 1.0。

b. 二期恒载。

100 mm 沥青混凝土铺装：重力密度 $\gamma = 24$ kN/m^3，$g_1 = 28.2$ kN/m；80 mmC40 钢筋混凝土铺装：重力密度 $\gamma = 25$ kN/m^3，$g_2 = 32$ kN/m；护栏：32.6 kg/m，$g_3 = 0.33$ kN/m；人行道板：缘石截面积 0.328 m^2，重力密度 $\gamma = 25$ kN/m^3，$g_4 = 8.2$ kN/m；80 mm 人行道板，重力密度 $\gamma = 25$ kN/m^3，$g_5 = 7.7$ kN/m；80 mm 混凝土铺装：重力密度 $\gamma = 25$ kN/m^3，$g_6 = 7.7$ kN/m；防撞栏：C30 混凝土 0.11 m^3/m，钢筋 0.082 kN/m，$g_7 = 2.83$ kN/m；二期恒载均布载荷：$g = 86.96$ kN/m。

c. 挂篮。

根据施工单位提供的数据，挂篮及模板等重量取为 35 t，挂篮受力情况见表 7-2，考虑与结构间的后锚固方式定位。边跨合龙吊架等重 35 t，合龙时平衡压重取合龙段箱梁重量的 1/2，边浇筑混凝土边卸压重。

d. 湿重。

根据悬臂施工段的划分，计算出各个悬臂施工段的体积，从而得出各个悬臂施工段的湿重具体数值，见表 7-3。

表7-2 挂篮受力情况

悬臂浇筑块	挂篮竖向力/kN	挂篮弯矩/kN·m
1	−350	525
2	−350	525
3	−350	525
4	−350	700
5	−350	700
6	−350	700
7	−350	700
8	−350	700

表7-3 各个悬臂施工段的湿重

悬臂浇筑块	湿重竖向力/kN	湿重弯矩/kN·m
1	−1246.4	1869.6
2	−1168.7	1753.1
3	−1099.9	1649.9
4	−1376.2	2752.3
5	−1291.6	2583.2
6	−1211.1	2422.2
7	−1134.1	2268.1
8	−1097.5	2195.1

e. 钢束预应力。

顶板束由 12 根公称直径为 15.2 mm 的钢绞线组成,底板、腹板及顶板合龙束由 15 根公称直径为 15.2 mm 的钢绞线组成,张拉控制力分别为 2187.4 kN 和 2734.2 kN,即张拉控制应力均为 1302 MPa,采用两端张拉,共 190 根钢束。锚下控制张拉力:$\sigma_{con}=0.70 f_{pk}=1302$ MPa;锚具变形与钢束回缩值(一端):$\Delta l=6$ mm;管道摩擦系数:$\mu=0.25$;管道偏差系数:$\kappa=0.0015$ m^{-1};钢束松弛系数:$\zeta=0.3$。

f. 合龙压重。

根据合龙段的体积,计算出合龙压重为 −276.2 kN。

g. 温度载荷。

(a) 整体温度载荷:按整体升温 25 ℃、降温 15 ℃考虑。

(b) 温度梯度载荷:根据《公路桥涵设计通用规范》(JTG D60—2004),温度梯度载荷按 100 mm 沥青混凝土铺装层的温度基数来计算,计入负温效应。

h. 移动载荷。

车道载荷:依《公路工程技术标准》(JTG B01—2003),公路为Ⅰ级车道荷载、单向三车道时,对于单向双室大箱梁横向分布系数计算如下:

$$偏载系数 \times 车道数 \times 横向折减系数 = 1.15 \times 3 \times 0.78 = 2.691$$

人群载荷为 3.5 kN/m² ,人行道宽度为 4 m,载荷扩大系数为 1.2,故系数为 4.8。

汽车载荷纵向整体系数的计算。按照《公路桥涵设计通用规范》(JTG D60—2004)附录4.3.2，连续梁桥计算冲击力的正弯矩及剪力效应时基频

$$f_1 = \frac{13.616}{2\pi l^2}\sqrt{\frac{EI_c}{m_c}} = 1.198$$

冲击力的负弯矩效应时基频

$$f_1 = \frac{23.651}{2\pi l^2}\sqrt{\frac{EI_c}{m_c}} = 2.080$$

按照《公路桥涵设计通用规范》(JTG D60—2004)式(4.3.2)，当 1.5 Hz ≤ f ≤ 14 Hz 时，冲击系数 μ 可按下式计算：

$$\mu = 0.1767\ln f - 0.0157$$

计算冲击力的正弯矩及剪力效应时，冲击系数 $\mu_1 = 0.016$；计算冲击力的负弯矩效应时，冲击系数 $\mu_2 = 0.11$。

i. 支座的不均匀沉降。

考虑三个支座分别沉降 1 cm 时的最不利组合。

（6）计算结果

计算结果主要分为两个部分：应力和位移。在这里给出各个施工阶段的应力和位移，并给出总体的应力、位移累计变化曲线。在本小节最后将给出预拱度的计算结果。

① 应力计算结果。

应力计算结果主要有成桥状态下的应力、最大悬臂状态下的应力和各个施工段的应力。

根据上述全桥梁段的各施工阶段划分，通过有限元软件计算得出控制截面处测点应力的历程如图 7-25～图 7-28 所示。

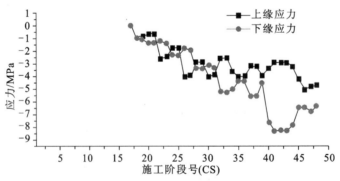

图 7-25　1—1 断面(6—6 截面)应力历程图

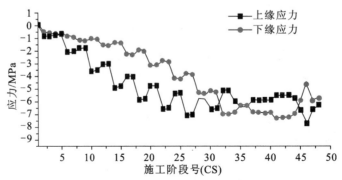

图 7-26　2—2 断面(2′—2′ 截面)应力历程图

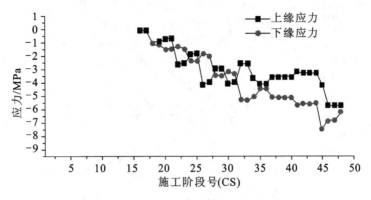

图 7-27　3—3 断面($6'$—$6'$截面)应力历程图

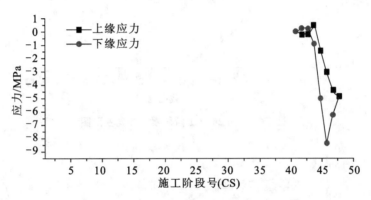

图 7-28　4—4 断面($11'$—$11'$截面)应力历程图

② 位移计算结果。

根据结构正装计算法,其位移值的计算要考虑各种因素对结构产生的影响,这些因素包括结构自重、预应力作用、移动挂篮、混凝土收缩徐变、施工临时载荷、体系转换、单元脱离工作及拆除临时支撑。图 7-29～图 7-32 给出了部分关键施工阶段的竖向位移图。

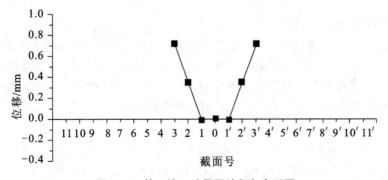

图 7-29　第 6 施工阶段累计竖向变形图

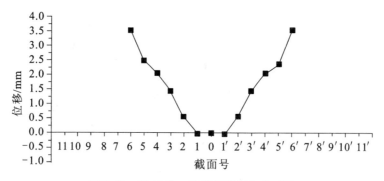

图 7-30　第 18 施工阶段累计竖向变形图

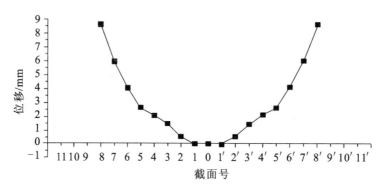

图 7-31　第 26 施工阶段累计竖向变形图

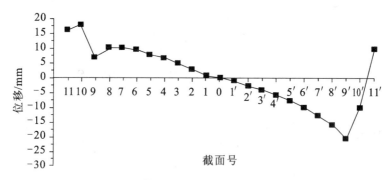

图 7-32　第 48 施工阶段累计竖向变形图

③ 预拱度的计算结果。

连续梁桥施工过程中，张拉预应力、浇筑混凝土、移动安装挂篮等都将引起悬臂浇筑梁段的向上或向下变形，且二期载荷也将引起梁体的挠度变形。若不调整桥梁的施工标高，按照设计标高修建的话，成桥营运后其线形必将与设计线形相差甚远。为了保证桥梁在营运阶段的线形能够满足设计要求，施工阶段应适当提高桥梁标高，即设置桥梁预拱度。

预拱度的计算公式如下：

$$预拱度＝施工阶段抛高＋使用阶段抛高＋挂篮变形$$

施工阶段抛高为施工桥面铺装后各节点的累计位移值，在上述内容中已经计算给出。使用阶段的抛高值由两部分叠加而成：a.1/2 汽车载荷引起的变形取反向值；b.收缩徐变完成变形值取反向值。在这里根据以往国内同类桥梁的监控研究成果，取使用阶段的抛高值为二次抛物线。具体取值见表 7-4。

表 7-4　　　　　　　　　　　　　　**使用阶段抛高值**　　　　　　　　　（单位:mm）

22#墩				23#墩			
11～0 断面		0～11' 断面		11'～0 断面		0～11 断面	
截面号	抛高值	截面号	抛高值	截面号	抛高值	截面号	抛高值
11	3.11	0	0	11'	9.41	0	0
10	3.36	1'	0.42	10'	9.39	1	0.32
9	4.10	2'	0.71	9'	9.01	2	1.07
8	4.38	3'	1.45	8'	8.19	3	1.72
7	4.19	4'	2.39	7'	7.07	4	2.36
6	3.69	5'	3.38	6'	5.76	5	2.97
5	2.97	6'	4.40	5'	4.40	6	3.69
4	2.36	7'	5.76	4'	3.38	7	4.19
3	1.72	8'	7.07	3'	2.39	8	4.38
2	1.07	9'	8.19	2'	1.45	9	4.10
1	0.32	10'	9.01	1'	0.42	10	3.36
0	0	11'	9.39	0	0	11	3.11

其中,挂篮弹性变形值理论上应根据挂篮加载试验曲线内插求得,实际上则是在施工过程中根据实际测量结果结合适当的简化方法计算得出。挂篮变形抛高值见表 7-5。

表 7-5　　　　　　　　　　　　　　**挂篮变形抛高值**　　　　　　　　　（单位:mm）

22#墩				23#墩			
11～0 断面		0～11' 断面		11'～0 断面		0～11 断面	
截面号	抛高值	截面号	抛高值	截面号	抛高值	截面号	抛高值
11	0	0	0	11'	0	0	0
10	16.74	1'	0	10'	16.74	1	0
9	17.28	2'	0	9'	17.28	2	0
8	18.46	3'	18.97	8'	18.46	3	18.97
7	19.66	4'	17.79	7'	19.66	4	17.79
6	20.93	5'	16.92	6'	20.93	5	16.92
5	16.92	6'	20.93	5'	16.92	6	20.93
4	17.79	7'	19.66	4'	17.79	7	19.66
3	18.97	8'	18.46	3'	18.97	8	18.46
2	0	9'	17.28	2'	0	9	17.28
1	0	10'	16.74	1'	0	10	16.74
0	0	11'	0	0	0	11	0

根据本节给出的公式可以计算得出理论预拱度,其值见表 7-6。

表 7-6   **理论预拱度**   (单位:mm)

22# 墩				23# 墩			
11~0 断面		0~11′ 断面		11′~0 断面		0~11 断面	
截面号	预拱度	截面号	预拱度	截面号	预拱度	截面号	预拱度
11	−12.88	0	0	11′	−0.21	0	0
10	2.38	1′	1.49	10′	36.08	1	−0.32
9	14.47	2′	3.63	9′	46.72	2	−1.69
8	12.68	3′	24.63	8′	42.1	3	15.87
7	13.66	4′	25.94	7′	39.34	4	13.66
6	15.26	5′	27.92	6′	36.63	5	12.14
5	12.12	6′	35.29	5′	28.93	6	15.29
4	13.64	7′	38.06	4′	26.92	7	13.68
3	15.86	8′	41.01	3′	25.56	8	12.69
2	−1.7	9′	45.94	2′	4.36	9	14.46
1	−0.32	10′	35.74	1′	1.49	10	2.36
0	0	11′	−0.23	0	0	11	−12.9

7.4.1.4 施工监控的相关记录表格

施工监控的相关记录表格见表 7-7～表 7-9。

表 7-7   **2010-10-4 监控汇总**

截面编号	应变计编号	实测值 1	实测值 2	实测值 3	应变		温度
		应变	应变	应变	平均值	方差	
2—2	SG-2L-1a						
	SG-2L-1b						
	SG-2L-2						
	SG-2L-3						
	SG-2L-4						
	SG-2R-1a						
	SG-2R-1b						
	SG-2R-2						
	SG-2R-3						
	SG-2R-4						

表 7-8 逐桩坐标表

桩号	坐标		桩号	坐标	
	X	Y		X	Y
K0+000	3576508.334	505784.481	K0+580	3576918.741	506194.201
K0+020	3576522.732	505798.362	K0+600	3576932.533	506208.685
K0+040	3576537.130	505812.244	K0+620	3576946.324	506223.169
K0+060	3576551.529	505826.125	K0+640	3576960.116	506237.653
K0+080	3576565.927	505840.006	K0+649.69	3576966.798	506244.671
K0+100	3576580.325	505853.888	K0+651.964	3576968.376	506246.317
K0+120	3576594.723	505867.769	K0+653.783	3576969.621	506247.635
K0+140	3576609.121	505881.650	K0+654.807	3576970.327	506248.376
K0+160	3576623.520	505895.532	K0+655.833	3576971.035	506249.119
K0+180	3576637.918	505909.413	K0+657.290	3576972.039	506250.174
K0+193.780	3576647.838	505918.977	K0+658.517	3576972.885	506251.063
K0+200	3576652.314	505923.296	K0+660	3576973.908	506252.137
K0+220	3576666.680	505937.211	K0+660.360	3576974.156	506252.398
K0+240	3576681.006	505951.167	K0+669.172	3576980.233	506258.779
K0+260	3576695.293	505965.163	K0+670.708	3576981.292	506259.892
K0+280	3576709.539	505979.200	K0+671.939	3576982.141	506260.783
K0+300	3576723.745	505993.278	K0+673.382	3576983.136	506261.828
K0+320	3576737.911	506007.397	K0+674.660	3576984.018	506262.754
K0+340	3576752.036	506021.556	K0+675.991	3576984.935	506263.718
K0+360	3576766.121	506035.755	K0+680	3576987.700	506266.621
K0+380	3576780.165	506049.994	K0+700	3577001.492	506281.105
K0+400	3576794.169	506064.274	K0+720	3577015.284	506295.589
K0+420	3576808.131	506078.593	K0+740	3577029.076	506310.073
K0+440	3576822.053	506092.952	K0+760	3577042.867	506324.557
K0+460	3576835.933	506107.351	K0+780	3577056.659	506339.041
K0+480	3576849.773	506121.790	K0+800	3577070.451	506353.525
K0+493.010	3576858.753	506131.203	K0+811.525	3577078.399	506361.871
K0+500	3576863.573	506136.265	K0+820	3577084.256	506367.996
K0+520	3576877.365	506150.749	K0+840	3577098.181	506382.352
K0+540	3576891.157	506165.233	K0+860	3577112.249	506396.568
K0+560	3576904.949	506179.717	K0+880	3577126.458	506410.643

桩号	坐标		桩号	坐标	
	X	Y		X	Y
K0+893.471	3577136.108	506420.042	K1+024.984	3577233.560	506508.316
K0+900	3577140.807	506424.574	K1+040	3577245.015	506518.026
K0+901.471	3577141.868	506425.593	K1+060	3577260.271	506530.958
K0+910.171	3577148.158	506431.604	K1+080	3577275.528	506543.891
K0+916.471	3577152.729	506435.940	K1+100	3577290.784	506556.823
K0+920	3577155.295	506438.362	K1+120	3577306.040	506569.755
K0+921.171	3577156.148	506439.165	K1+140	3577321.297	506582.688
K0+929.071	3577161.912	506444.567	K1+160	3577336.553	506595.620
K0+938.071	3577168.504	506450.694	K1+180	3577351.809	506608.552
K0+940	3577169.920	506452.004	K1+200	3577367.065	506621.485
K0+945.171	3577173.724	506455.507	K1+220	3577382.322	506634.417
K0+957.271	3577182.659	506463.666	K1+240	3577397.578	506647.349
K0+960	3577184.681	506465.499	K1+260	3577412.834	506660.282
K0+961.371	3577185.698	506466.419	K1+280	3577428.091	506673.214
K0+963.571	3577187.331	506467.893	K1+300	3577443.347	506686.147
K0+980	3577199.576	506478.846	K1+320	3577458.603	506699.079
K0+982.471	3577201.426	506480.484	K1+340	3577473.859	506712.011
K0+991.971	3577208.555	506486.763	K1+360	3577489.116	506724.944
K0+993.971	3577210.060	506488.080	K1+380	3577504.372	506737.876
K1+000	3577214.604	506492.043	K1+400	3577519.628	506750.808
K1+009.971	3577222.145	506498.566	K1+411.438	3577528.354	506758.204
K1+020	3577229.763	506505.089			

表 7-9　　　　　　　　　　**2010-10-01 主梁高程与坐标监控表**

截面编号	测点编号					
	1	2	3	4	5	6
10						
11						
12						
13						
14						
15						
16						

7.4.2 斜拉桥工程实例

7.4.2.1 工程概况

环湖道路南淝河大桥位于环巢湖道路跨南淝河处,是合肥市滨湖新区、巢湖之间连接的重要桥梁,桥梁全长 856 m。本项目监控桥梁为南淝河公路大桥主桥部分,桥梁跨径组成为 60 m+100 m+60 m,为双塔单索面预应力混凝土矮塔斜拉桥。桥梁结构立面图如图 7-33 所示。主桥跨中横截面如图 7-34 所示。主桥墩顶横截面如图 7-35 所示。

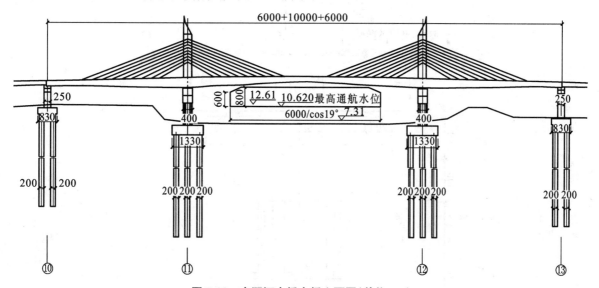

图 7-33 南淝河大桥主桥立面图(单位:cm)

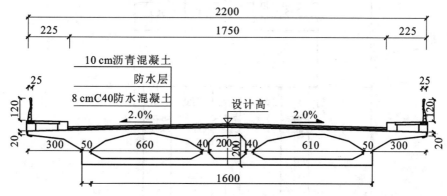

图 7-34 南淝河大桥主桥跨中横截面

(1) 主梁

主梁单幅采用单箱三室大悬臂截面,外腹板采用竖直腹板形式,箱梁顶板宽度为 22 m,箱梁底板宽度为 15.5 m。主墩墩顶根部梁高 4 m,向中、边跨方向 46 m 范围内梁高变化采用二次抛物线,其余为等高梁段,梁高 2.2 m。箱梁合龙段底板厚度为 25 cm,0 号块端部底板厚 80 cm,在梁高变化段内,底板厚度变化采用二次抛物线。顶板厚度不变,边室 28 cm,中室 50 cm。边腹板厚度为 50 cm,中腹板厚度为 50 cm。斜拉索锚固区均设横隔板,边室横隔板厚度为 40 cm,中室横隔板厚度为 40 cm。

主梁采用三向预应力结构,纵向、横向预应力均采用符合《预应力混凝土用钢绞线》(GB/T

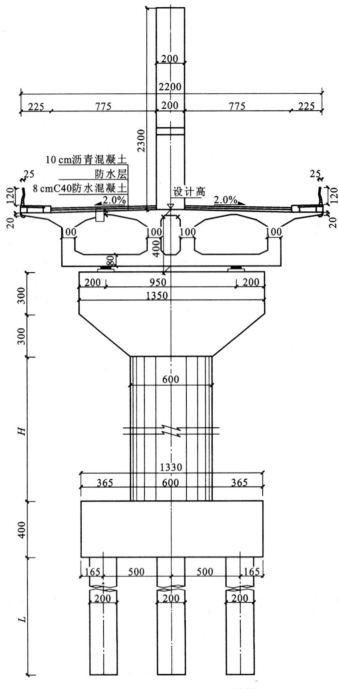

图 7-35　南淝河大桥主桥墩顶横截面

5224—2003)要求的低松弛钢绞线,标准强度为 1860 MPa。竖向预应力筋采用符合国标 75/100 级 Φ32 高强精轧螺纹钢,标准强度为 1000 MPa。主梁按挂篮悬臂浇筑法施工设计。

(2)主塔

主塔计算塔高为 18 m,采用实心矩形截面。其布置在中央分隔带上,塔身上设鞍座,以便拉索通过。斜拉索横桥向呈单排布置,鞍座也设计为单排。

（3）鞍座

鞍座采用分丝管形式,每根分丝管穿一根钢绞线,以便将来可以单根换索。在两侧斜拉索出口处设抗滑锚板,以防止钢绞线发生滑动。

（4）拉索

斜拉索为单索面,考虑到张拉设备、施工能力以及为使施工方便,单索面在横向分为 1 排,拉索分别由 31 根、37 根、43 根光面钢绞线组成。

拉索采用多重防腐措施,单根钢绞线外部涂有油脂,外包单层 PE,钢绞线索外包 HDPE 套管。在锚具区钢绞线由 PE 导管防护,其端部浸泡在油脂中。

（5）下部结构

主墩采用带扩大头的椭圆柱实体墩,主墩基础采用 9 根直径 2.0 m 的钻孔灌注桩基础,按摩擦桩设计。墩帽、墩身采用 C40 混凝土,承台采用 C30 混凝土,桩基采用 C30 水下混凝土。

（6）施工方案概述

依据设计方提供的该桥施工图和施工方提供的施工组织设计文件,该矮塔斜拉桥采用悬臂浇筑法施工,其设计施工工序为:

① 0# 段、1# 段箱梁施工。

0# 段、1# 段箱梁（图 7-36）的施工顺序为:钢管支架焊接→铺设 0# 段（1# 段）平台纵向、横向型钢→搭设脚手架、钢管支架→盆式支座安装→铺设木方及竹夹板底模→测量放线→安装箱梁外侧模→绑扎底腹板钢筋→安装底腹板预应力管道→安装箱梁内模→绑扎顶板钢筋→安装顶板预应力管道→安装封头模板（模板上固定纵横向锚具）→浇筑混凝土→养生→张拉压浆。

图 7-36 0# 段、1# 段箱梁施工

② 主桥挂篮悬浇施工。

悬臂施工箱梁分为左、右幅,每幅分为两个 T 形结构进行悬臂浇筑施工。每个 T 形结构从 2# 块至合龙段前采用挂篮悬浇施工。

挂篮在每个块段（图 7-37～图 7-39）的施工顺序为:底模及外模调整就位→测量底模外侧模标高→绑扎底板钢筋,安放底板预应力管道,绑扎底板齿板钢筋→绑扎腹板钢筋→安放腹板预应力管道→内模前移,调整就位→绑扎顶板钢筋,安放顶板预应力管道和各种预埋件、预埋孔→混凝土浇筑→养生及预应力钢束穿束→预应力钢束张拉→前移挂篮→张拉拉索。

③ 合龙段施工。

合龙梁段作为梁体浇筑的最后一个块段,是连续梁施工的关键。它包含了线形控制、设计控制应力、体系转换、合龙精度、箱梁温度伸缩等一系列悬浇连续施工的重点和难点。在完成梁体各悬浇块段及边跨直线段施工后,应尽早完成合龙段梁体施工,其合龙顺序为先边跨后中跨。

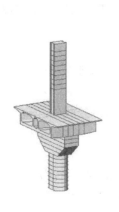
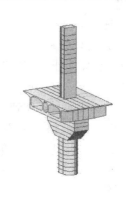

图 7-37 浇筑主塔

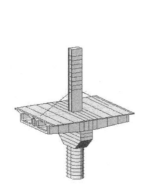
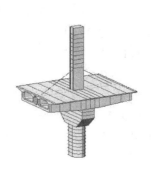

图 7-38 悬臂浇筑施工阶段拉索 1

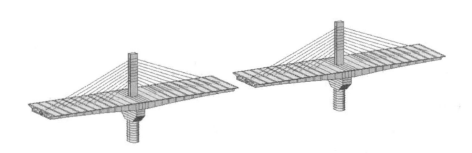

图 7-39 悬臂浇筑施工阶段拉索 9

a. 边跨合龙段的施工顺序为:吊架安装→外侧及底模就位→绑扎底腹板钢筋及预应力→内模安装→顶板钢筋及预应力安装→悬臂端压配重→在温度最低时刻锁定劲性骨架并浇筑边跨合龙段混凝土(同时按浇筑速度卸载配重)→当混凝土强度达 90% 时张拉边跨合龙束→拆除边跨合龙段临时锁定→拆除边跨吊架及 0# 块、1# 块墩顶固结,体系转换为单悬臂结构。边跨合龙施工如图 7-40 所示。

b. 中跨合龙段的施工顺序为:吊架及模板安装→安装底、腹板钢筋及预应力→内模安装→顶板钢筋及预应力安装→悬臂端压配重→在温度最低时刻锁定劲性骨架并浇筑中跨合龙段混凝土(同时按浇筑速度卸载配重)→当混凝土强度达 90％时张拉中跨合龙束→拆除中跨合龙段临时锁定→拆除中跨合龙吊架→体系转换成墩梁铰接体系,并完成全桥合龙。中跨合龙施工如图 7-41 所示。

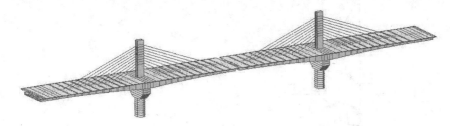

图 7-40 边跨合龙施工

④ 边跨现浇段施工

边跨现浇段可采用搭设满堂支架进行现浇施工,工艺流程为:基础处理→支架搭设预压→铺设底模及外侧模板→绑扎底腹板钢筋及安装预应力管道→安装内模→绑扎顶板钢筋及安装预应力管道→浇筑混凝土→养护。

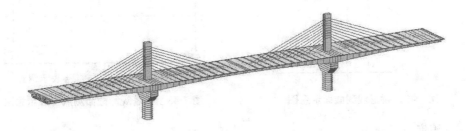

图 7-41 中跨合龙施工

7.4.2.2 施工监控的内容

(1)桥塔断面应力测试

在桥塔的控制截面处布置应力测量点,以观察桥塔在施工过程中这些截面处的应力变化、应力分布情况以及斜拉索张拉过程对桥塔的受力影响情况。

① 测点布置。

在本次监测中,选取桥塔根部进行监测研究。每个桥塔在塔底布置一个观测断面,共 2 个观测点,每个观测断面的四个角增加四个竖直方向的应力计,共 8 个应力测量点。通过应变的观测,了解斜拉索施工过程中主塔应力的变化情况。

桥塔观测截面与桥塔观测截面测点安放情况分别如图 7-42、图 7-43 所示。

② 测试手段。

由于振弦式应变计具有较好的长期稳定性,故比较适合用于施工监控。本桥将主要采用振弦式应变计。

a. EBJ-57 应变仪指标如下。

(a) 测量范围:拉 800 $\mu\varepsilon$,压 1200 $\mu\varepsilon$。

(b) 测量分辨率:≤0.02％ FS。

(c) 综合误差:≤1.5％ FS。

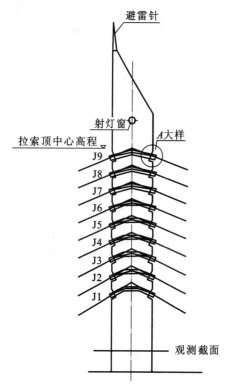

图7-42　桥塔观测截面示意图

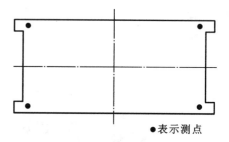

●表示测点

图7-43　桥塔观测截面测点安放示意图

（d）工作温度：$-25\sim60$ ℃。

b. ZXY-2型频率读数仪指标如下。

（a）测量范围：频率（f）$500\sim5000$ Hz 显示值$\times10^{-3}$。

（b）测量精度：±0.008 Hz。

（c）分辨力：±0.1 Hz。

（d）工作温度：$-10\sim50$ ℃。

（e）灵敏度：接收信号$\geqslant300$ μV。

（f）持续时间：$\geqslant500$ ms。

③ 测试工况。

每一对斜拉索张拉前后均要进行应力测试。

④ 测量结果。

顺桥方向测点依次为左侧1、2，右侧3、4。两墩主塔应力控制断面分别为12、13断面。应力实测值和理论值很接近，误差很小，主塔断面应力符合规范规定。

（2）桥塔垂直度测试

桥塔垂直度是影响斜拉索安装、张拉以及全桥外观质量的重要因素。因此，桥塔施工过程中垂直度的监测是施工监测工作的主要内容，也是纠偏工作的主要依据。

① 测点布置。

桥塔的每个施工节段均为观测断面，选择塔身四边中心作为垂直度观测点。

② 测试手段。

利用全站仪或经纬仪对四边的测点进行量测。

③ 测试工况。

采用人工测量,测量下述三个工况:

a. 立模后。

b. 浇筑混凝土后。

c. 预应力张拉后。

④ 测量结果。

本桥采用全站仪对桥塔垂直度进行测量。从测量结果看,南淝河大桥在施工过程中主塔偏移量较小,这与斜拉索两端同时张拉且张拉力控制较好有关。

(3)环境温度测试

作为超高静定结构,矮塔斜拉桥在施工过程中,温度的变化对桥梁的受力影响比较显著。本桥上部结构从夏季施工至第二年春季,其中冬期暂停施工了 2 个月,施工平均气温在 0 ℃以上,环境温度掌握较好。

(4)主梁断面应力测试

在大桥上部结构(箱梁)的控制截面处布置应力量测点,以观察施工过程中这些截面的应力变化及应力分布情况。结合反馈控制的实时跟踪分析系统,由反馈控制子系统提供最优可调变量的调整方案,由实时跟踪分析系统分析在计入误差和变量调整之后每阶段乃至竣工后结构的实际状态,同时可根据当前施工阶段向前计算至竣工,预告今后施工可能出现的问题,并预报下一阶段当前已安装的构件或即将安装的构件是否会出现不满足强度要求的状态,以确定是否在本施工阶段对可调变量实施调整。

① 测点的布置。

全桥共布置 11 个截面,96 个应力量测点。3#、4#、9#、10# 截面各布置 10 个测点,除侧板 2 个测点与水平成 45°方向布置外(测剪应力),其余 8 个测点均为顺桥向布置。其余 7 个截面每个截面只布置 8 个测点,均为顺桥向布置。

箱梁应力测点断面布置及箱梁断面应力测点布置如图 7-44、图 7-45 所示。

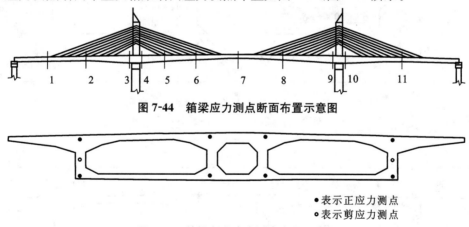

图 7-44　箱梁应力测点断面布置示意图

● 表示正应力测点
○ 表示剪应力测点

图 7-45　箱梁断面应力测点布置示意图

② 测试手段。

与主塔相同,采用弦式应变计(EBJ-57 应变仪)。

③ 测量结果。

应力测量结果略。图 7-46～图 7-49 所示为控制断面实测布置示意图。

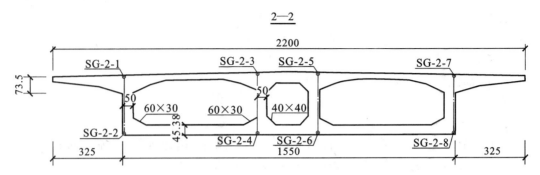

图 7-46 2# 主梁控制截面应力测量示意图

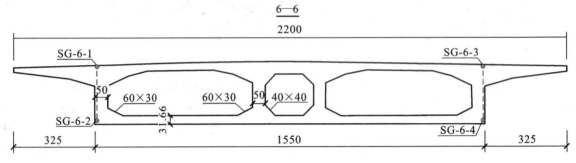

图 7-47 6# 主梁控制截面应力测量示意图

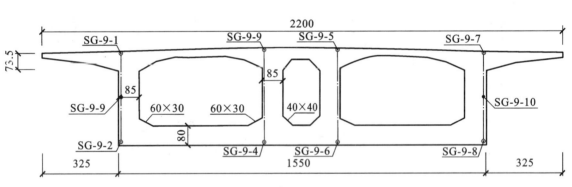

图 7-48 9# 主梁控制截面应力测量示意图

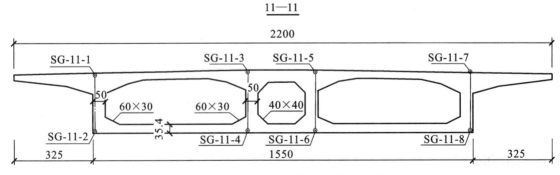

图 7-49 11# 主梁控制截面应力测量示意图

（5）主梁标高和水平偏差测量

对于矮塔斜拉桥施工监控来说，测试主梁控制断面的标高和水平偏差及其变化规律也是一个重要内容。标高和水平偏差测量由监控单位完成，并必须经监理单位认可。

① 测点布置。

根据悬浇施工的特点，0#块布置 10 个观测点（图 7-50）。每次浇筑一个节段梁，每个悬臂施工节段均为测试断面。考虑到箱梁可能会发生扭转变形，每个断面布置 2 个测点。

各块标高和水平偏差测量示意图如图 7-51 所示。

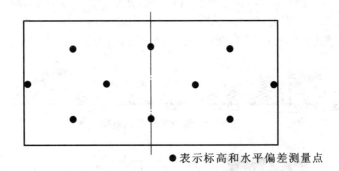

● 表示标高和水平偏差测量点

图 7-50　0#块标高和水平偏差测量示意图

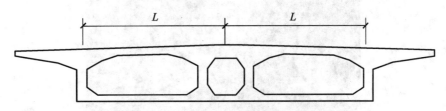

图 7-51　各块标高和水平偏差测量示意图

② 测试手段。

测量仪器需达到三等水准测量标准。

③ 测试工况。

采用人工测量，测量下述四个工况：

a. 挂篮移动到位后。

b. 浇筑混凝土后。

c. 预应力张拉后。

d. 斜拉索张拉后。

每次测量从悬臂端往桥塔方向的 3 个断面，如施工到 7#块时，需测量 7#、6#、5#块的标高和水平偏差。

④ 测量精度。

要求测量精度在 2 mm 以内。为确保施工测量的精度，应在 0#块顶部中心布置一个及一个以上的控制点，且控制点要求进行水平位移和竖向沉降观测，观测周期随悬臂的伸长而逐步缩短，初步观测周期要求不低于 15 d。

⑤ 测量结果。

总体线形控制良好，测量结果略。

（6）斜拉索索力测试

① 监测各斜拉索张拉索力。

此值根据斜拉索张拉阶段千斤顶张拉系统读数获得。为克服张拉索力的误差,建议施工中采用附测力传感器的千斤顶张拉系统控制测力精度,以作为校核,并提高对各施工工况中斜拉索索力变化情况的测试精度。

② 监测各施工工况中斜拉索索力的变化情况。

主要采用脉动法(或称频谱分析法),利用附着在拉索上的高灵敏度传感器拾取拉索在环境振动激励下的振动信号,经过滤波、放大和频谱分析,再根据频谱图来确定拉索的自振频率,最后根据自振频率与索力的关系确定索力。

斜拉索位置示意图如图 7-52 所示,激振法测量斜拉索索力如图 7-53 所示。

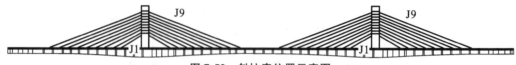

图 7-52　斜拉索位置示意图

图 7-53　激振法测量斜拉索索力

③ 索力测量结果。

具体数值见表 7-10(内侧到外侧依次为 J1～J9)。

从结果上看,实测值和理论值相差不大,误差的存在是由于斜拉索较短和激振不明显造成的;成桥索力合理,没有出现张拉力过大和过小的情况,说明斜拉索受力正常,桥梁整体受力稳定。

表 7-10　　　　　　　　　　　斜拉索索力测量结果统计表　　　　　　　　　　（单位:MPa）

桥墩编号	拉索编号	初始拉力			成桥索力		
		初拉力	实测值	误差	理论值	实测值	误差
11#墩	11-J1	3467	3431.2	−1.0%	2940.7	3005.1	2.2%
	11-J2	3473	3299.8	−5.0%	2973.0	2681.8	−9.8%
	11-J3	3433	3539.3	3.1%	2990.0	3095.8	3.5%
	11-J4	3824	3858.8	0.9%	3401.5	3473.5	2.1%
	11-J5	3832	3724.1	−2.8%	3425.9	3571.2	4.2%

桥墩编号	拉索编号	初始拉力			成桥索力		
		初拉力	实测值	误差	理论值	实测值	误差
11#墩	11-J6	3842	3924.8	2.2%	3454.0	3153.6	−8.7%
	11-J7	4166	4248.3	2.0%	3721.1	4029.7	8.3%
	11-J8	4180	4033.3	−3.5%	3766.3	3550.5	−5.7%
	11-J9	4283	4433.4	3.5%	3775.7	3434.2	−9.0%
12#墩	12-J1	3455	3285.9	−4.9%	2940.1	2735.5	−7.0%
	12-J2	3458	3608.4	4.4%	2972.3	3059.0	2.9%
	12-J3	3429	3288.8	−4.1%	2989.3	2967.2	−0.7%
	12-J4	3806	3978.6	4.5%	3400.7	3140.6	−7.6%
	12-J5	3833	3709.7	−3.2%	3425.0	3279.4	−4.3%
	12-J6	3825	3692.8	−3.5%	3453.3	3722.2	7.8%
	12-J7	4220	4347.1	3.0%	3721.3	3795.9	2.0%
	12-J8	4175	3978.2	−4.7%	3768.1	3689.9	−2.1%
	12-J9	4187	4312.5	3.0%	3774.5	3450.7	−8.6%

（7）悬臂温度测试

桥梁结构处于一个变化的温度场中,理论上由于温度的变化,桥梁的截面应力和主梁标高每时每刻都在变化,这就给测量结果带来不确定的因素。要完全解决温度问题,有很大的难度。根据以往的经验,我们通过对气温的测量,推算其对结构温度的影响,取得了较好的效果。具体做法是在进行其他测试任务时,采用气温表测量箱内和箱外的温度,测量精度控制在 0.5 ℃以内。

① 测点布置。

考虑到各个悬浇施工段的温度大致相同,故选一个悬浇施工段的一个悬臂作为温度测试对象。共设 2 个观测截面,每个截面各布置 12 个温度观测点。将数字温度计先贴在钢筋上,做防潮和防机械损伤处理后埋入混凝土体内,测试导线引到混凝土表面。全桥共计 24 个观测点。

箱梁温度测点布置示意图如图 7-54 所示,箱内温度测点布置示意图如图 7-55 所示。

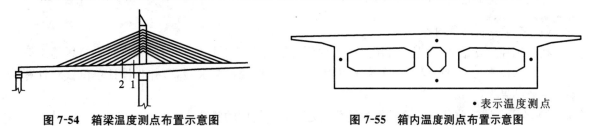

图 7-54 箱梁温度测点布置示意图　　图 7-55 箱内温度测点布置示意图

• 表示温度测点

② 测量结果。

从测量结果可以看出,在混凝土浇筑后第二天悬臂主梁温度偏高,这是由于浇筑混凝土水化热的原因,整个施工过程中没有出现温度过高或者过低的情况,悬臂箱梁温度控制良好。

（8）截面尺寸测量

具体做法是每浇筑一节段梁,在悬臂端进行截面尺寸测量,包括截面高度,顶板、底扳和腹板的厚度等,测量精度应控制在 2 cm 以内。从提交的阶段性监控报告来看,截面尺寸控制良好,除个别位置偏出±2 cm 范围外,其余均符合要求,防止了混凝土的超方和少方,保证了严格按照设计图纸所提供的截面尺寸施工。

测量主梁箱室边腹板厚度如图 7-56 所示。

图 7-56　测量主梁箱室边腹板厚度

（9）主梁混凝土弹性模量测试

① 测点布置:在悬浇的不同时期取样浇筑试块测试。

② 测试仪器:压力机或万能试验机。

③ 测试要求:按《公路工程水泥及水泥混凝土试验规程》(JTG E30—2005)进行。

④ 测试结果:施工单位试验室在每阶段均对混凝土的弹性模量进行测试,经监理单位核对,其强度值等均高于要求值。

（10）与监控有关的其他资料收集

与监控有关的其他资料包括施工单位的施工组织设计、桥面临时载荷的布置和浇筑混凝土方量的资料。

根据施工单位的施工组织设计对全桥结构进行施工控制计算;通过对桥面临时载荷和混凝土浇筑方量资料的收集,施工监控单位做出正确的误差分析,使计算模型接近于实际结构。

7.4.2.3　施工控制的理论计算

（1）施工控制计算内容

在施工控制开始前,根据设计图及施工单位提供的施工技术方案,对结构进行全过程施工模拟计算。根据计算结果对桥梁结构在施工过程中的应力按规范要求验算,并与设计单位核对计算结果。主要结果为:

① 各梁段挂篮前移定位前后各关键截面处应力及挠度的验算。

② 各梁段浇筑混凝土前后控制截面处应力及挠度的验算。

③ 各梁段挂篮前移定位控制截面处应力及挠度的验算。

④ 各梁段浇筑混凝土前后控制截面处应力及挠度的验算。

⑤ 各梁段张拉预应力前后控制截面处应力及挠度的验算。

⑥ 各梁段张拉拉索前后控制截面处应力及挠度的验算。

⑦ 合龙段临时连接前后控制截面处应力及挠度的验算。

⑧ 合龙段浇筑混凝土前后(假定为载荷)控制截面处混凝土应力和结构挠度。

⑨ 合龙段浇筑混凝土前后(已成为结构)控制截面处混凝土应力和结构挠度。

⑩ 桥面铺装完成后控制截面处混凝土应力和结构挠度。

⑪ 运营三年后控制截面处混凝土应力和结构挠度。

(2) 主要计算参数和假定

① 主要材料特性。

主梁采用 C50 混凝土,混凝土比重采用 2.6 t/m³,C50 混凝土抗压弹性模量为 3.45×10^4 MPa。混凝土的收缩、徐变对结构的测试应力和施工阶段中的梁体挠度有较大影响,必须加以考虑。计算按照规范规定的收缩、徐变系数进行分析,以便更加符合结构的实际变化。

混凝土抗压强度、弹性模量及容重由施工单位提供。每节混凝土浇筑时,现场取样 1~3 组,试验时取几组试件做混凝土 3 d、7 d、14 d、28 d、60 d、90 d 的静态弹性模量测试,试件从施工现场取样后进行试验室试验。试验前的试件应保持与原结构养护地点相似的干湿状态。用其平均值作为混凝土施工控制计算中的实测值。混凝土的容重、强度参数直接使用施工单位进行此类常规测试的资料。

预应力采用钢绞线束施加:钢绞线弹性模量取 1.95×10^5 MPa;钢绞线采用 ASTM 标准,抗拉标准强度为 1860 MPa;控制应力采用钢绞线抗拉标准强度的 75%,为 1395 MPa,预应力钢绞线的参数值根据施工单位的试验或生产厂家提供的参数确定。

② 计算图式。

矮塔斜拉桥要经过墩梁固结→悬臂施工→合龙边跨→合龙中跨→解除墩梁固结的过程。在施工过程中结构体系不断发生变化,故在各个施工阶段应根据符合实际情况的结构体系和载荷状况选择正确的计算图式进行分析计算。

本桥平面位于直线上,纵坡及竖曲线对结构影响很小,因此在计算中假定本桥为平、直桥。

③ 挂篮及施工临时载荷的取值。

挂篮及施工临时载荷的取值由施工单位提供数据。合龙时平衡压重采用合龙段箱梁一半的重量压重,边浇筑混凝土边卸压重。

④ 施工进度。

本桥的施工控制计算需按照施工单位提供的施工计划以及确切的合龙时间进行分阶段计算。

⑤ 箱梁方量测量。

根据误差分析理论,桥梁上部混凝土重量对悬臂施工的大跨径连续梁桥影响很大,必须尽可能减小混凝土超方的影响。具体做法是:每浇筑一节段梁,统计好所浇筑的方量并与设计方量进行对比,计算出浇筑误差。浇筑误差由施工单位提供。

⑥ 挂篮变形误差。

浇筑混凝土过程中挂篮会发生变形,这包括纵向变形和横向变形,也包括弹性变形和非弹性变形。

挂篮非弹性变形对施工控制质量有较大影响,挂篮的刚度不足会导致挂篮横向和竖向变形不一致:一侧变形量大,另一侧变形量小。由于挂篮变形的不确定性在本次计算中没有考虑,故在监控过程中要逐步拟合出挂篮变形曲线,尽量减小与实际变形的误差。

⑦ 温度影响。

温度影响是施工控制中较难掌握的因素,这主要是因为温度变化无常,而且在同一时刻结构各部分也存在温差。所以,在结构计算中一般不把温度影响作为单独工况,而是将温度影响单独列出,以作修正。温度测量也比较困难,一般情况下,只能测量气温,而气温和结构温度是有很大差别的。

温度影响产生桥梁挠度变化有两种情况,即均匀温差和箱梁内外侧的相对温差。

温度变化虽然始终存在,但其对施工控制的危害主要表现在挂篮定位时,故选择夜间或者早晨进行挂篮定位比较合适。温度影响变化无常,每座桥都有各自的特点,所以施工控制前必须加强观测,及时掌握规律,尽可能排除温度影响。

(3)主桥上部结构有限元分析模型的建立

上部结构采用桥梁计算软件 Midas Civil 2010 进行结构分析,考虑到主桥采用塔梁固结、塔墩分离体系,全桥受力更像连续梁桥。本模型采用了空间分析模型,其离散图如图 7-57 所示,以顺桥向为 X 轴,横桥向为 Y 轴,竖向为 Z 轴。

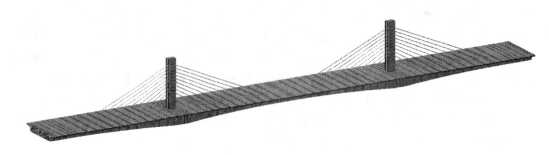

图 7-57 双塔单索面部分斜拉桥结构离散图

根据施工图及优化设计文件,并考虑施工阶段的效应,建立有限元分析模型。模型共有 175 节点,164 个单元,其中梁单元 126 个,桁架单元 36 个。

(4)持久状况承载能力极限状态验算

① 正截面抗弯承载能力计算。

载荷基本组合表达式:

$$\gamma_0 S_{ud} = \gamma_0 \left(\sum_{i=1}^{m} \gamma_{Gi} S_{Gik} + \gamma_{Q1} S_{Q1k} + \psi_c \sum_{j=2}^{n} \gamma_{Qj} S_{Qjk} \right)$$

其中,公路桥涵设计安全等级按《公路桥涵设计通用规范》(JTG D60—2004)第 1.0.9 条取用,$\gamma_0 = 1.1$;其他各分项系数的取值见《公路桥涵设计通用规范》(JTG D60—2004)式(4.1.6-1)。

由程序计算得到的各跨主要控制截面抗弯承载能力见表 7-11。

表 7-11 各跨主要控制截面抗弯承载能力 (单位:kN·m)

截面位置	效应 $\gamma_0 M_d$		抗力 M_n	
	M_{dmax}	M_{dmin}	M_{nmax}	M_{nmin}
边跨支点	−113.9223	−1569.9410	113457.8738	97682.7493
边跨 1/4	93575.9243	17209.1681	201297.8867	201293.5625
边跨跨中	48657.7014	−54372.3379	154570.4038	214306.0030
边跨 3/4	−86674.2705	−219475.5014	391496.4901	428403.2145
中跨支点	−287365.8387	−486703.6925	−486703.6925	−486703.6925
中跨 1/4	60612.9755	−20754.7197	142191.5018	181888.3241
中跨跨中	217438.0698	107402.9355	256000.5047	257298.0299

② 斜截面抗剪承载能力计算。

根据《公路钢筋混凝土及预应力混凝土桥涵设计规范》(JTG D62—2004)第 5.2.7 条,抗剪承载力应符合以下规定:

$$\gamma_0 V_d \leqslant V_{cs} + V_{sb} + V_{pb}$$

$$V_{cs} = \alpha_1 \alpha_2 \alpha_3 0.45 \times 10^{-3} b h_0 \sqrt{(2+0.6P)\sqrt{f_{cu,k}} \rho_{sv} f_{sv}}$$

$$V_{sb} = 0.75 \times 10^{-3} f_{sd} \sum A_{sb} \sin\theta_s$$

$$V_{pb} = 0.75 \times 10^{-3} f_{pd} \sum A_{pb} \sin\theta_p$$

各分项系数的取值见上述规范。进行抗剪强度计算时,$\alpha_1 = 1.0$、0.9,$\alpha_2 = 1.25$,$\alpha_3 = 1.1$。

由程序计算得到的各跨主要控制截面剪力组合设计值 V_d 及抗剪强度 V_n 见表 7-12。

表 7-12　　各跨主要控制截面抗弯承载能力　　(单位:kN·m)

截面位置	效应 $\gamma_0 V_d$		抗力 V_n	
	V_{dmax}	V_{dmin}	V_{nmax}	V_{nmin}
边跨支点	2750.0124	456.4102	37203.2836	37203.2836
边跨 1/4	4229.9686	4229.9686	21785.1531	21785.1531
边跨跨中	10233.5275	4456.6497	25381.0669	214306.0030
边跨 3/4	17874.8843	10648.9446	38982.0321	38982.0321
中跨支点	33515.3800	23025.1221	45042.4744	45042.4744
中跨 1/4	−8120.8696	−14538.0196	28269.8484	27034.4498
中跨跨中	2205.5410	−2210.3794	−2210.3794	−2210.3794

(5)持久状况正常使用极限状态验算

① 正截面抗裂验算。

永久载荷作用为标准值效应与可变作用频遇值效应组合,其作用短期效应组合表达式为:

$$S_{sd} = \sum_{i=1}^{m} S_{Gik} + \sum_{j=1}^{n} \psi_{1j} S_{Qjk}$$

各项系数的具体取值参见《公路桥涵设计通用规范》(JTG D60—2004)式(4.1.7-1)。

根据《公路钢筋混凝土及预应力混凝土桥涵设计规范》(JTG D62—2004)第 6.3 节,全预应力混凝土构件在载荷短期效应组合下,对于分段现浇构件应满足:

$$\sigma_{st} - 0.80\sigma_{pc} \leqslant 0$$

式中　σ_{st}——在载荷短期效应组合下构件抗裂验算边缘混凝土的法向拉应力;

σ_{pc}——扣除全部预应力损失后的预加力在构件抗裂验算边缘产生的混凝土预压应力。

式中各参数的取值见《公路钢筋混凝土及预应力混凝土桥涵设计规范》(JTG D62—2004)第 6.3 节。

短期效应组合下主要控制截面的正截面验算情况详见表 7-13,其中压应力取值为负值。

表 7-13   **抗裂验算短期效应组合下主要控制截面正应力**   （单位：MPa）

截面位置	效应（短期组合）		全预应力构件规范容许值
	上缘	下缘	
边跨支点	0.4096	8.4046	0
边跨 1/4	1.7176	9.0968	0
边跨跨中	1.2869	9.3433	0
边跨 3/4	1.1102	7.8823	0
中跨支点	0.1876	8.7391	0
中跨 1/4	1.8102	7.3214	0
中跨跨中	11.8311	0.2073	0

② 斜截面抗裂验算。

由《公路钢筋混凝土及预应力混凝土桥涵设计规范》(JTG D62—2004)第 6.3.1 条：在作用短期效应组合（组合式同上）下，对于现场浇筑全预应力混凝土构件，主拉应力应满足：

$$\sigma_{tp} \leqslant 0.4 f_{tk}$$

式中 σ_{tp}——由作用短期效应组合和预加力在构件抗裂验算边缘产生的混凝土主拉应力；

f_{tk}——混凝土的抗拉强度标准值，对于 C50 混凝土，$f_{tk}=2.65$ MPa。

经计算机程序计算得抗裂验算短期效应组合下主要控制截面的主拉应力情况详见表 7-14。

表 7-14   **抗裂验算短期效应组合下主要控制截面主拉应力**   （单位：MPa）

截面位置	效应（短期组合）	全预应力构件规范容许值
	Sig-max	
边跨支点	−0.3273	−1.06
边跨 1/4	−0.0923	−1.06
中跨支点	−0.0045	−1.06
中跨跨中	−0.0235	−1.06

③ 挠度验算。

主梁按全预应力混凝土构件设计，按《公路钢筋混凝土及预应力混凝土桥涵设计规范》(JTG D62—2004)第 6.5.2 条的规定：取截面刚度 $B_0=0.95E_cI_0$。

由《公路钢筋混凝土及预应力混凝土桥涵设计规范》(JTG D62—2004)第 6.5.3 条：当采用 C40~C80 混凝土时，长期增长系数 $\eta_\theta=1.45~1.35$，则 C50 混凝土内插得 $\eta_\theta=1.425$。

钢筋混凝土和预应力混凝土受弯构件按上述计算的长期挠度值，在消除结构自重产生的长期挠度后，梁式桥主梁的最大挠度处不应超过计算跨径的 1/600。

由《公路钢筋混凝土及预应力混凝土桥涵设计规范》(JTG D62—2004)第 6.5.4 条：计算预应力引起反拱值时，取截面刚度 $B_0=E_cI_0$，长期增长系数取用 2.0。

挠度验算见表 7-15（表中挠度以向下为正），各单向载荷位移见表 7-16。

表 7-15 挠度验算表 （单位:mm)

梁位		短期效应组合挠度 f_d	$f_d\eta_\theta$	消除自重长期挠度 f_q	消除自重长期挠度允许值	预加力引起长期挠度 f_y	长期上拱值 $f_y+f_d\eta_\theta$
主梁	边跨	18.46	26.31	−5.13	100.00	−77.18	−50.87
	中跨	66.25	94.41	18.08	166.67	−126.48	−32.07

表 7-16 单向载荷位移 （单位:mm)

载荷	位置	
	边跨跨中	中跨跨中
恒载荷	20.96	50.89
预应力	−38.59	−63.24
温度(升温)	−0.14	1.04
温度(降温)	0.14	−1.04
温度梯度(升温)	−4.01	9.08
温度梯度(降温)	2.01	−4.54
汽车载荷(最大)	−13.92	−15.44
汽车载荷(最小)	14.84	39.98
人群载荷(最大)	−2.83	−3.44
人群载荷(最小)	2.66	7.90
支座沉降(最大)	−3.28	−4.63
支座沉降(最小)	18.95	29.27

表 7-16 中结果表明:在消除结构自重产生的长期挠度后箱梁最大挠度不大于 $l/600$,满足规范要求;边跨及中跨预应力长期反拱值大于载荷短期效应组合计算的长期挠度,故不需设置预拱度。

(6) 持久状况和短暂状况构件应力验算

① 使用阶段正截面法向应力验算。

按《公路桥涵设计通用规范》(JTG D60—2004)式(7.1.5-1)的规定,载荷取其标准值,汽车载荷考虑冲击系数。

a. 受压区混凝土的最大压应力。

对未开裂构件

$$\sigma_{kc}+\sigma_{pt}\leqslant 0.5f_{ck}=16.2\ \text{MPa}$$

式中　σ_{kc}——混凝土法向压应力;

　　　σ_{pt}——由预加力产生的混凝土法向拉应力;

　　　f_{ck}——混凝土抗压强度标准值。

作用标准组合,汽车载荷考虑冲击系数下,主要控制截面的混凝土正应力情况详见表 7-17(压应力用正值表示)。

表7-17　　　　　　　　　　持久状况应力主要控制截面正应力　　　　　　　（单位：MPa）

截面位置	效应（标准组合）		全预应力构件规范容许值
	上缘	下缘	
边跨支点	5.4225	11.6342	16.2
边跨1/4	1.9571	12.1519	16.2
边跨跨中	13.1700	4.3731	16.2
边跨3/4	13.2367	2.6339	16.2
中跨支点	11.4730	5.3922	16.2
中跨1/4	12.8725	3.3952	16.2
中跨跨中	14.1002	1.2226	16.2

b. 受拉区预应力钢筋的最大拉应力。

按《公路钢筋混凝土及预应力混凝土桥涵设计规范》（JTG D62—2004）第7.1.5条的规定，对未开裂构件，受拉区预应力钢筋（本案例中采用钢绞线）的最大拉应力为

$$\sigma_{pe}+\sigma_p\leqslant 0.65f_{pk}=1209 \text{ MPa}$$

其中　σ_{pe}——全预应力混凝土，受拉区预应力钢筋扣除全部预应力损失后的有效预应力；

　　　σ_p——预应力钢筋应力。

作用标准组合，汽车载荷考虑冲击系数条件下，受拉区预应力钢筋的最大拉应力情况详见表7-18，其中表中各种预应力筋效应均取最大值。

表7-18　　　　　　　持久状况应力受拉区预应力钢筋的最大拉应力　　　　　　（单位：MPa）

预应力筋名称	效应		规范容许值
	Sig-DL	Sig-LL	
悬浇束（BT）	1190.0179	1197.5334	1209.0000
腹板束（BW）	982.7535	1056.1709	1209.0000
中跨底板束（BM）	1005.2268	1124.1240	1209.0000
边跨底板束（BS）	1087.6060	1091.2569	1209.0000
中跨顶板合龙束（TM）	1190.0184	1124.6755	1209.0000
边跨顶板合龙束（TS）	1123.4002	1142.3944	1209.0000

② 使用阶段混凝土主压应力、主拉应力验算。

混凝土的主压应力计算按《公路钢筋混凝土及预应力混凝土桥涵设计规范》（JTG D62—2004）第7.1.6条的规定，混凝土的主压应力应符合：

$$\sigma_{cp}\leqslant 0.6f_{ck}=19.44 \text{ MPa}$$

主要控制截面的混凝土主压应力情况详见表7-19。

表 7-19　　　　　　　　　持久状况下主要控制截面主压应力　　　　　　（单位：MPa）

截面位置	效应	全预应力构件规范容许值
	Sig-max	
边跨支点	11.6342	19.44
边跨 1/4	12.1519	19.44
边跨跨中	13.1700	19.44
边跨 3/4	13.2367	19.44
中跨支点	11.4730	19.44
中跨 1/4	12.8725	19.44
中跨跨中	14.1002	19.44

混凝土主要控制截面的混凝土主拉应力情况详见表 7-20。

表 7-20　　　　　　　持久状况下应力计算主要控制截面主拉应力　　　　　　（单位：MPa）

梁位	规范容许值	边跨支点	边跨跨中	中跨支点	中跨跨中
主梁	−1.325	−0.77	0	−0.1	−0.1

除中墩支点截面外，其他各截面主拉应力均满足 $\sigma_{tp} \leqslant 0.5 f_{ck}$，箍筋仅按构造要求设置，采用 HRB335 钢筋：$\phi = 16$ mm。

③ 施工阶段应力验算。

预应力混凝土受弯构件在预应力和构件自重等施工载荷作用下，截面边缘混凝土的法向应力按《公路钢筋混凝土及预应力混凝土桥涵设计规范》(JTG D62—2004)第 7.2.8 条的规定进行验算。

施工阶段压应力应满足：

$$\sigma_{cc}^t \leqslant 0.7 f'_{ck} = 0.7 \times 25.92 = 18.144 (\text{MPa})$$

施工时混凝土标准强度取 C50 混凝土抗压强度标准值的 80%，即 $f'_{ck} = 32.4 \times 0.8 = 25.92 (\text{MPa})$。

施工阶段主要经制截面最大压应力见表 7-21。

表 7-21　　　　　　　　施工阶段主要控制截面最大压应力　　　　　　　（单位：MPa）

截面位置	效应		规范容许值
	上缘	下缘	
边跨支点	2.3432	12.4231	18.144
边跨 1/4	2.9938	14.6291	18.144
边跨跨中	5.8226	10.3000	18.144
边跨 3/4	12.2640	−0.0160	18.144
中跨支点	11.1460	1.9392	18.144
中跨 1/4	7.8996	5.7781	18.144
中跨跨中	3.5197	12.0077	18.144

各施工阶段主要控制截面拉应力统计最大值见表 7-22。

表 7-22 施工阶段主要控制截面最大拉应力 （单位：MPa）

截面位置	效应（施工阶段）		规范容许值
	上缘	下缘	
边跨支点	−0.0101	0.0148	−1.757
边跨 1/4	0.7300	−0.0304	−1.757
边跨跨中	1.5666	−0.2167	−1.757
边跨 3/4	4.0751	−0.5286	−1.757
中跨支点	−0.4361	0.3989	−1.757
中跨 1/4	2.6557	−0.3354	−1.757
中跨跨中	−0.0802	−0.3874	−1.757

表中拉应力均满足 $\sigma_{ct}^{t} \leqslant 0.7 f'_{tk} = 1.757$ MPa，预拉区只需按配筋率不小于 0.2% 配置纵向钢筋。

7.4.2.4 施工监控的相关表格

（1）主梁控制截面应力

$5^{\#}$ 控制截面应力变化统计表见表 7-23。

表 7-23 $5^{\#}$ 控制截面应力变化统计表 （单位：MPa）

施工阶段	左腹板		中左腹板		中右腹板		右腹板	
	顶板	底板	顶板	底板	顶板	底板	顶板	底板
12	−1.15	0.04	−0.12	0.47	−0.08	0.39	−0.04	0.42
13	−3.25	0.25	−2.22	0.68	−2.18	0.6	−2.14	0.63
14	−3.72	0.46	−2.74	0.89	−2.67	0.81	−2.63	0.82
15	−3.86	0.25	−2.83	0.68	−2.79	0.6	−2.75	0.63
16	−3.24	−0.04	−2.21	0.39	−2.17	0.31	−2.13	0.33
17	−4.75	0.16	−3.72	0.59	−3.68	0.51	−3.64	0.54
18	−5.36	0.23	−4.33	0.7	−4.29	0.62	−4.25	0.65
19	−5.37	0.26	−4.34	0.69	−4.3	0.61	−4.25	0.64
20	−4.33	−0.23	−3.35	0.2	−3.29	0.12	−3.25	0.15
21	−5.78	−0.03	−4.75	0.4	−4.71	0.32	−4.67	0.35
22	−6.56	0.35	−5.53	0.78	−5.49	0.7	−5.45	0.73
23	−6.68	0.36	−5.63	0.79	−5.61	0.71	−5.57	0.74
24	−5.54	−0.44	−4.51	−0.01	−4.47	−0.09	−4.43	−0.05
25	−6.64	−0.27	−5.65	0.16	−5.57	0.08	−5.53	0.11
26	−7.65	0.44	−6.62	0.87	−6.58	0.79	−6.54	0.82

施工阶段	左腹板		中左腹板		中右腹板		右腹板	
	顶板	底板	顶板	底板	顶板	底板	顶板	底板
27	−7.53	0.45	−6.5	0.88	−6.46	0.8	−6.43	0.83
28	−6.44	−0.66	−5.41	−0.23	−5.37	−0.31	−5.33	−0.28
29	−7.41	−0.64	−6.43	−0.21	−6.39	−0.29	−6.35	−0.26
30	−8.67	0.17	−7.64	0.6	−7.6	0.52	−7.52	0.55
31	−8.56	0.27	−7.52	0.7	−7.49	0.62	−7.45	0.63
32	−7.14	−1.05	−6.11	−0.62	−6.07	−0.7	−6.03	−0.67
33	−8.15	−1.14	−7.12	−0.71	−7.08	−0.79	−7.04	−0.76
34	−9.54	0.005	−8.51	0.435	−8.47	0.355	−8.43	0.385
35	−9.57	−0.004	−8.54	0.426	−8.5	0.346	−8.46	0.376
36	−7.64	−1.56	−6.61	−1.13	−6.57	−1.21	−6.53	−1.18
37	−8.77	−1.56	−7.74	−1.13	−7.7	−1.21	−7.66	−1.18
38	−10.36	−0.24	−9.32	0.19	−9.28	0.11	−9.24	0.16
39	−10.36	−0.25	−9.33	0.18	−9.29	0.1	—	0.13
40	−8.67	−2.27	−7.64	−1.84	−7.6	−1.92	—	−1.89
41	−9.26	−2.25	−8.23	−1.82	−8.19	−1.9	—	−1.85
42	−10.75	−0.64	−9.71	−0.21	−9.68	−0.29	—	−0.26
43	−10.86	−0.63	−9.83	−0.2	−9.79	−0.28	—	−0.25
44	−8.64	−2.53	−7.61	−2.1	−7.57	−2.18	—	−2.15
45	−9.55	−2.74	−8.52	−2.31	−8.48	−2.39	—	−2.36
46	−9.54	−2.65	−8.52	−2.22	−8.47	−2.3	—	−2.27
47	−8.85	−3.26	−7.82	−2.85	−7.78	−2.91	—	−2.84
48	−9.03	−3.04	−8	−2.61	−7.92	−2.69	—	−2.66
49	−6.22	0.46	−5.22	0.89	−5.18	0.81	—	0.84
50	−9.76	−2.23	−8.73	−1.8	−8.69	−1.88	—	−1.85
51	−9.24	−3.03	−8.21	−2.6	−8.17	−2.68	—	−2.65
52	−9.25	−2.87	−8.22	−2.44	−8.18	−2.52	—	−2.49
53	−12.36	0.24	−11.33	0.67	−11.29	0.59	—	0.62
54	−11.03	−0.96	−10	−0.53	−9.96	−0.61	—	−0.58

（2）主塔根部应力

12#墩主塔根部应力统计表见表7-24。

表7-24   **12#墩主塔根部应力统计表**   （单位：MPa）

施工阶段	测点1	测点2	测点3	测点4	施工阶段	测点1	测点2	测点3	测点4
2	−0.43	−0.43	−0.42	−0.42	29	−2.87	−2.86	−2.82	−2.86
3	−0.42	−0.45	−0.43	−0.45	30	−3.23	−3.23	−3.23	−3.23
4	−0.45	−0.46	−0.45	−0.42	31	−3.22	−3.26	−3.26	−3.23
5	−0.43	−0.43	−0.43	−0.42	32	−3.36	−3.33	−3.33	−3.35
6	−0.45	−0.43	−0.41	−0.45	33	−3.22	−3.26	−3.21	−3.26
7	−0.41	−0.42	−0.42	−0.42	34	−3.66	−3.62	−3.62	−3.63
8	−0.45	−0.45	−0.43	−0.41	35	−3.63	−3.66	−3.63	−3.62
9	−0.41	−0.41	−0.46	−0.45	36	−3.72	−3.72	−3.75	−3.71
10	−1.06	−1.01	−1.02	−1.02	37	−3.76	−3.73	−3.71	−3.76
11	−1.03	−1.06	−1.03	−1.01	38	−4.03	−4.06	−4.02	−4.02
12	−1.02	−1.05	−1.01	−1.05	39	−4.06	—	−4.03	−4.06
13	−0.96	−0.93	−0.93	−0.96	40	−4.23		−4.25	−4.22
14	−1.43	−1.46	−1.45	−1.42	41	−4.17	—	−4.11	−4.16
15	−1.46	−1.42	−1.43	−1.46	42	−4.43	—	−4.45	−4.42
16	−1.52	−1.51	−1.51	−1.52	43	−4.42		−4.41	−4.41
17	−1.43	−1.46	−1.42	−1.49	44	−4.66		−4.65	−4.62
18	−1.96	−1.93	−1.93	−1.96	45	−4.67		−4.62	−4.64
19	−1.92	−1.95	−1.96	−1.91	46	−4.67		−4.61	−4.62
20	−1.93	−1.92	−1.95	−1.94	47	−4.63		−4.65	−4.65
21	−1.96	−1.95	−1.91	−1.93	48	−4.67	—	−4.61	−4.62
22	−2.33	−2.36	−2.32	−2.32	49	−4.63	—	−4.62	−4.61
23	−2.36	−2.32	−2.33	−2.31	50	−4.62		−4.65	−4.65
24	−2.42	−2.46	−2.45	−2.46	51	−4.66		−4.61	−4.62
25	−2.46	−2.43	−2.41	−2.43	52	−4.62		−4.62	−4.61
26	−2.87	−2.86	−2.82	−2.82	53	−4.56	—	−4.55	−4.55
27	−2.83	−2.83	−2.83	−2.81	54	−4.42	—	−4.42	−4.41
28	−2.83	−2.82	−2.86	−2.83					

（3）箱梁立模标高通知单

箱梁立模标高通知单如图 7-58 所示。

监控单位：<u>合肥工业大学南淝河大桥施工监控组</u>　　　　编　　号:11-04

南淝河大桥主桥悬臂浇筑施工
箱梁立模标高通知单

墩号：<u>11</u>号	梁段号：<u>4</u>号					端部梁高：<u>3.0711</u> m				
项　目	中跨方向					边跨方向				
	测点1	测点2	测点3	测点4	测点5	测点1	测点2	测点3	测点4	测点5
设计标高/m	22.638	22.903	22.683	19.832	19.832	21.905	22.125	21.905	19.054	19.054
施工阶段抛高/m	0.016					−0.025				
使用阶段抛高/m	0					0				
挂篮反变形/m	0.030					0.030				
立模标高/m	22.729	22.949	22.729	19.878	19.878	21.910	22.130	22.910	19.059	19.059
状态栏	施工监控组签字：　　　　　监理签字： 　计算：_____　复核：_____　　审核：_____ 　　　　　　　　　　　　　　　日期：　　年　月　日									
	备注:模板安装允许偏差为±3 mm									

示意图：

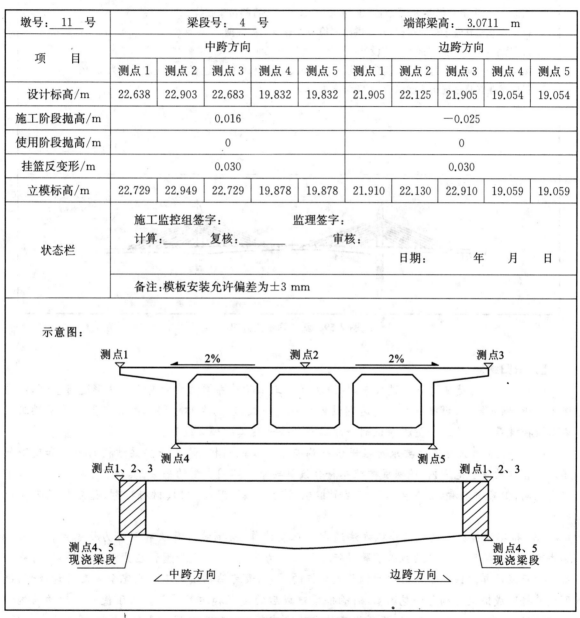

图 7-58　箱梁立模标高通知单

（4）斜拉索张拉通知单

斜拉索张拉通知单如图 7-59 所示。

监控单位：**合肥工业大学南淝河大桥施工监控组**　　　　　　　　编　　号:11-J4

南淝河大桥斜拉索预应力张拉通知单

斜拉索张拉监控指标：

1. 主梁 6# 块现浇完毕并达到设计强度的 90% 后,方可进行斜拉索张拉。

2. 斜拉索及锚具应按规定送检,并提供出厂检验报告等相关数据。

3. 11# 墩斜拉索 J4 张拉力采用设计单位提供的数值(3800 kN)。

4. 张拉过程中同时进行油压表读数以及斜拉索伸长量的控制,张拉过程中的允许误差为±5%。

5. 斜拉索在安装过程中要确保 PE 护套不被损坏。

单位:＿＿＿＿＿

日期:＿＿＿＿＿

斜拉索 J4 位置示意图:

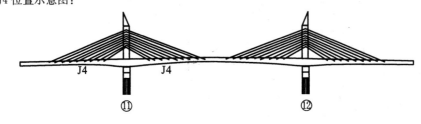

图 7-59　斜拉索张拉通知单

【知识归纳】

（1）桥梁监控是新桥施工过程中,按照实际施工工况对桥梁结构的内力和线形进行量测,经过误差分析,继而修正、调整以尽可能达到设计目标。桥梁监控,也称桥梁工程施工监控。桥梁工程施工监控就是一个施工→量测→识别→修正→预告→施工的循环过程。

（2）桥梁监控最根本的要求是在保证结构安全施工的前提下,确保桥梁结构的内力和变形始终处于容许的安全范围内,确保成桥状态符合设计要求。不同类型的桥梁,其施工控制工作内容不完全相同,但集中来看,主要包括几何变形控制、应力控制、温度控制、材料控制、稳定性及安全性控制。

（3）桥梁监控施工过程的模拟方法通常有正装计算法、倒装计算法和无应力状态法。正装计算法可以严格按照设计好的施工步骤进行各阶段内力分析,对于大跨度预应力混凝土桥梁,首先必须进行正装计算。但由于分析中结构节点坐标的迁移,最终结构线形不可能完全满足设计线形,线形误差将造成桥梁结构的合龙困难,影响桥梁建成后的美观和运营质量。为了使竣工后的结构保持设计线形,在施工过程中用设置预拱度的方法来实现,一般可以通过倒装计算法解决这一问题。用构件或单元的无应力长度和曲率保持不变的原理进行结构状态分析的方法叫作无应力状态法。应用这种方法可以建立各施工阶段中间状态与桥梁结构成桥状态之间的联系,从而解决了倒装计算法确定结构中间理想状态的难题。这种方法特别适用于大跨度拱桥和悬索桥的施工控制。

【独立思考】

7-1 简述桥梁工程施工监控的含义及其重要性。

7-2 简述桥梁工程施工监控的目的和主要内容。

7-3 桥梁施工过程中的常用模拟方法有哪些？各自有何特点？

7-4 何谓误差分析？在桥梁工程施工监控中有何应用？

7-5 桥梁工程施工监控的影响因素有哪些？如何采取相应的措施？

7-6 桥梁工程施工监控中建立的结构分析模型与一般的已成桥梁结构分析模型有何不同？

【参考文献】

[1] 范立础.桥梁工程:上册.2版.北京:人民交通出版社,2012.

[2] 中华人民共和国交通部.JTG F80/1—2004 公路工程质量检验评定标准:第一册 土建工程.北京:人民交通出版社,2004.

[3] 中华人民共和国交通部.JTG D60—2004 公路桥涵设计通用规范.北京:人民交通出版社,2004.

[4] 中华人民共和国交通部.JTG D62—2004 公路钢筋混凝土及预应力混凝土桥涵设计规范.北京:人民交通出版社,2004.

[5] 张宇峰,朱晓文.桥梁工程试验检测技术手册.北京:人民交通出版社,2009.

[6] 张俊平.桥梁检测与维修加固.2版.北京:人民交通出版社,2011.

[7] 刘自明.桥梁工程检测手册.2版.北京:人民交通出版社,2010.

[8] 徐君兰.大跨度桥梁施工控制.北京:人民交通出版社,2000.